日本の
インテリアデザイン全史

大川三雄・大橋智子・大山亜紀子・勝原基貴・加藤千晶・
佐藤光彦・重枝豊・染谷正弘・高木愛子・田所辰之助・矢代眞己

柏書房

序 文

　本書に先立って柏書房より刊行された『インテリアデザインの歴史』（J・パイル著、柏書房、2015年）は、大判で迫力のあるインテリアの写真を数多く掲載し、古今東西の名建築を1冊に集約した本として好評を博しました。その内容は、従来の西洋建築史や近代建築史の枠組みに沿った構成にもとづいて時代・様式・運動といった項目の中で作品事例が選択され、さらにインテリアデザインという観点からの解説が添えられたものです。いわば建築やインテリアの設計に携わる人々や、建築の愛好家の方々を対象としたヴィジュアルな世界建築の通史ともいえます。本書はその姉妹版として企画されたもので、前書と同様にふたつの大きな特徴をもっています。ひとつは建築史的な解説と併せて、内部空間の特徴や魅力にも言及し、その参考に資するため多くのインテリアの図版を掲載している点、もうひとつは、古代から近現代までの日本建築を1冊に集約しているという点です。

　従来の建築史関連の本は外観の写真を主に掲載することが多く、まるで建築の価値が外観意匠のみにあるかのような印象を受けますが、それは「日本建築史」や「西洋建築史」が様式史を基本としてきたことに由来します。しかし「近代建築史」の発展とともに、建築を評価する方法として空間という概念が注目されるようになってきました。本書は日本の古代から現代にいたる作品事例の中から重要なものを選び、様式や技術にもとづく建築史的評価とともに内部空間の特徴や魅力にも考察を試みたものです。

　日本において建築史という体系は、「日本建築史」と「西洋建築史」と「東洋建築史」という枠組みの中で論じられてきました。戦後になると「近代建築史」が加えられ、1960年代以降には「日本近代建築史」という分野の充実が図られてきました。多くの建築教育機関においても、そうした枠組みを前提とした講座が採用されているはずです。実は、それぞれの分野は時代や地域の違いだけではなく研究の方法論にも違いがあります。「日本建築史」はどちらかといえば様式史あるいは技術史として語られることが多く、それに対し近代建築史のほうは理念史や思想史、あるいは空間史として語られる側面をもっています。その結果、日本という国の中で展開されてきた建築の歴史にもかかわらず、「日本建築史」と「日本近代建築史」とが同じ書籍の中で描かれることはほとんどありませんでした。

　本書は従来の建築史の枠組みに沿いながら、空間史あるいはインテリア史という視点を導入することによって、古代から現代までの日本建築の流れを概観することを試みたもので、いわば"日本建築の空間史"試論ともいえるものです。とくに近世以前の日本建築史の領域では、様式や技術の変化に触れながらも、空間の変遷史として解き明かすことを主眼としています。古建築の解説の中に平面図や断面図などを数多く掲載した理由もそこにあります。

　木造の柱梁構造である日本の古建築は、組積造の伝統から生まれた西洋的な空間概念では捉えきれないものをもっています。日本建築では内部と外部とがけっして対立的ではなく、両者の間に中間領域ともいえる曖昧な空間をつくり出してきたことはよく知られています。むしろ境内、中庭、縁側といった建築の内外部をつなぐ空間と建物との関係性にこそ、日本における重要な空間特性があると言えるかもしれません。

　大陸文化の導入から始まり、常に外からの影響を受けながら醸成され、明治期からは欧米の圧倒的な洋風文化の嵐にさらされながらも、外来の文化を消化しつつ日本独自の空間を生み出してきました。本書はそうした日本の建築空間の変遷を捉え直したものです。厳密な考察という点ではまだ多くの課題を残していますが、古代から現代に至る日本建築の空間の歩みを、魅力的な図版とともに味わっていただければ幸いです。

執筆者を代表して　　大川 三雄（日本大学理工学部特任教授）

目 次

日本のインテリアデザイン全史

序文 ··· 003

第I部　古代・中世・近世

第1章　寺院の中心建築とその空間 [重枝豊] ················· 008
金堂の系譜──仏像の空間 ··· 009
礼堂と空間拡張の系譜──双堂・孫庇の付加から一体化へ ········ 015
塔の系譜──仏塔から仏堂へ ··· 022

第2章　小仏堂の空間 [重枝豊] ································· 032
阿弥陀堂成立の系譜(古代)──密教と浄土空間の登場 ·········· 035
阿弥陀堂展開の系譜(中世)──祖型からの展開 ················· 048

第3章　多様化した信仰の空間 [重枝豊] ··················· 052
円堂の系譜──聖人を祀る空間の成立 ································· 053
開山堂の系譜──祖師信仰の興隆と影響 ····························· 057
霊場行場の建築の系譜──浮遊空間の建築化 ······················· 060

第4章　伽藍内のさまざまな建築空間 [重枝豊] ··········· 064
門の系譜──境内の門から都市の門へ ································· 065
倉の系譜──内部空間の視覚・ビジュアル化 ······················· 070

第5章　新様式の空間 [大山亜紀子] ························· 084
大仏様の建築──合理性の追求 ··· 085
禅宗仏殿──空間と意匠の洗練 ··· 090
禅宗三門の普及──伝統と様式の再構築 ····························· 096

第6章　中世和様の展開 [大山亜紀子] ······················· 100
和様仏堂の変質 ·· 101
伝統の継承と和様の再構築 ··· 108

第7章　住居と多機能な複合空間 [大山亜紀子] ··········· 114
儀礼空間と住空間の融合──古代貴族の住まい ····················· 115
機能別住空間の成立──禅宗寺院と武家 ····························· 117
格式と対面の空間──書院造の展開 ····································· 124

第8章　茶の湯の空間 [重枝豊] ······························· 132
小間(四畳半茶室)の成立──機能空間の特化と独立 ············ 133
草庵茶室の成立──形式の否定と極みの追求 ······················· 136
バリエーションを求めて──形式の多様化 ··························· 141

第9章　大規模空間の創出と大衆化 [重枝豊] ··············· 152
仏堂の巨大化──新しい大空間の創出 ································· 153
過去の継承と再構築──宗教空間の大衆化 ··························· 160
復古意匠としての建築──寝殿意匠の採用 ··························· 167

第10章　近世社殿と霊廟の空間 [加藤千晶] ··············· 172
権現造の系譜──本殿と拝殿の複合化 ································· 173
権現造の様式化──権現造の完成と普及 ····························· 178

第11章　民家の空間 [大橋智子] ····························· 184
「農家」の系譜 ·· 186
「町家」・「商家」の系譜 ··· 193
庶民が暮らした長屋 ·· 200

民衆の生活を彩った建築 ･･････････････ 203
Column 民家研究者の取り組み［大橋智子］ ･･････････ 206
Column 民藝運動の試み［大橋智子］ ･･････････････ 207

第Ⅱ部　近代：明治・大正・昭和戦前

第1章　お雇い外国人と大工棟梁の時代［大川三雄］ ･･････ 210
洋式工場の導入 ･･････････････････････ 211
コロニアル建築と天主堂 ･･････････････ 215
擬洋風建築の開花 ･･････････････････ 220

第2章　明治日本の歴史主義［染谷正弘］ ･･････････ 226
権威と格式の古典主義 ･･････････････ 227
非古典としての中世主義 ･･････････････ 232
プレモダンへの憧憬と冒険 ･･････････････ 236

第3章　"新しい和風"の創造［大川三雄］ ･･････････ 240
和風様式の創出 ･･････････････････ 241
和風様式の展開 ･･････････････････ 246

第4章　日本の西洋館［大川三雄］ ･･････････････ 250
外国人建築家たちの西洋館 ･･････････････ 251
皇族たちの西洋館 ･･････････････････ 254
ブルジョワジーの西洋館 ･･････････････ 259

第5章　近代和風大邸宅の世界［大川三雄］ ･･････････ 266
皇室と皇族の和風大邸宅 ･･････････････ 267
財閥系の和風大邸宅 ･･････････････ 269
富裕層への拡がり ･･････････････････ 272
近代数寄者たちの建築世界 ･･････････････ 278

第6章　日本建築のアイデンティティを求めて［染谷正弘］ ･･････ 284
歴史主義の変容と綻び ･･････････････ 285
日本趣味と帝冠様式論争 ･･････････････ 290
新素材「コンクリート」による革新 ･･････････ 294

第7章　多様化する日本の建築［染谷正弘］ ･･････････ 298
日本の分離派と表現派 ･･････････････ 299
「ライト式」の流行 ･･････････････････ 303
ヴォーリズの西洋館 ･･････････････ 308

第8章　モダニズム建築の登場とその受容［高木愛子・勝原基貴］ ･･･ 312
モダニズムの展開 ･･････････････････ 313
住宅の近代化とモダニズム住宅 ･･････････ 316
A・レーモンドの探求と実践 ･･････････････ 322

第Ⅲ部　現代：昭和戦後・平成

第1章　戦後復興の道のり［田所辰之助］ ･･････････ 326
最小限住宅の模索 ･･････････････････ 327
戦後モダニズムの胎動 ･･････････････ 330
公共のかたち ･･････････････････････ 334

目次

日本のインテリアデザイン全史

第2章 戦後モダニズムによる「和」の表現［染谷正弘］………… 338
　数寄屋造の新たな展開 ……………………………………… 339
　日本趣味のゆくえ …………………………………………… 344

第3章 テクノロジーの新たな展開［田所辰之助］……………… 348
　メタボリズムの建築・都市イメージ ……………………… 349
　テクノロジーの表現 ………………………………………… 353
　祈りの空間 …………………………………………………… 360

第4章 都市と建築の境界［田所辰之助］………………………… 364
　集合住宅の展開 ……………………………………………… 365
　進化するオフィスビル ……………………………………… 368

第5章 モダニズムを越えて［田所辰之助］……………………… 372
　地域への眼差し ……………………………………………… 373
　装飾の復権 …………………………………………………… 378

第6章 「ポストモダン」の到来［矢代眞己］…………………… 382
　ポストモダニズムの作法──饒舌なるかたちと表層の戯れ … 383
　モダニズムを越えるもう一つのかたち──寡黙なる空間のきらめき … 388
　都市を彩るインテリアデザイナーの登場と活躍 ………… 392

第7章 「都市住宅」の季節［矢代眞己］………………………… 394
　都市居住への執念──戦後社会が理想を描いた生活スタイルへの抵抗 … 395
　「アート」となった住空間──非住宅的住宅の様相 …… 398
　住空間からの建築思想──都市から社会へ ……………… 402
　集合住宅の革新 ……………………………………………… 405

第8章 空間の巨大化と複合化［佐藤光彦］……………………… 408
　公共空間の巨大化・複合化 ………………………………… 409
　エンターテイメント空間化する複合商業施設 …………… 415
　Column "大空"と"大地"の間に暮らすことの魅力
　　　　　　──タワーマンションの登場［染谷正弘］…… 417

第9章 現代建築の試み［佐藤光彦］……………………………… 418
　情報化時代の建築空間 ……………………………………… 419
　ホワイトキューブの群れ …………………………………… 422
　ゆがむカルテジアン座標 …………………………………… 425
　建築素材の新たな可能性を求めて ………………………… 430

第10章 サスティナブルな建築を目指して──3.11以降の建築［染谷正弘］……… 434
　エコロジカルな建築を目指して …………………………… 435
　建築のリサイクルへ ………………………………………… 440
　人と人をつなぐ建築 ………………………………………… 444

参考文献 ………………………………………………………… 449
図版出典および提供者一覧 …………………………………… 453
索引 ……………………………………………………………… 456

＊図版説明文の冒頭に、各建築物の基本データとして、
①建築年代／②所在地（都道府県）／③設計者（不詳
の場合を除く）／④構造を記載した。

第Ⅰ部

古代
中世
近世

第 1 章　寺院の中心建築とその空間
第 2 章　小仏堂の空間
第 3 章　多様化した信仰の空間
第 4 章　伽藍内のさまざまな建築空間
第 5 章　新様式の空間
第 6 章　中世和様の展開
第 7 章　住居と多機能な複合空間
第 8 章　茶の湯の空間
第 9 章　大規模空間の創出と大衆化
第10章　近世社殿と霊廟の空間
第11章　民家の空間

>>> [第1部] 古代・中世・近世

第1章 寺院の中心建築とその空間

　日本における「インテリア」への意識は、仏教建築の伝来した飛鳥時代にその萌芽がみられる。仏教建築における塔は、釈迦の遺骨である仏舎利を収めるモニュメンタルな建築として取り入れられ、法隆寺五重塔にはじまる本格的な高層建築の出現は、飛鳥時代の人々を驚かせた。同時に、仏像群を安置する金堂は、たとえば〈法隆寺金堂〉のように、塔に比べると低層ながら大きな瓦屋根を載せたマッス（量塊）の中に黄金に輝く仏像を収めている。創建時に塔と金堂が回廊に囲まれて外界と隔離されているのは、塔と金堂の重要性を強調するためであった。さらに、回廊の出入口として門、法隆寺では中門を付属させることで回廊内の領域の重要性を強めた。

　金堂や塔などの中心建物は贅沢に材料を使って造営されたが、その他の建築の多くは、経済的な理由から長大な部材を使うことができなかった。平安時代末頃まで、柱が配置されないのは中央の奥行が原則2間[*1]の範囲で、間口は原則奇数の長方形のスペースであった。そこは身舎（母屋）と呼ばれる建物内でもっとも重要な空間で、古代建築の中心だった。その身舎周囲に庇を設けて中心空間を補充した。庇は柱を並べて身舎の補強をするという構造的な意味もあり、庇空間は身舎に従属することを宿命づけられていた。奈良時代には〈唐招提寺金堂〉〈新薬師寺本堂〉などの本格的な建築がつくられた。

　それらに対して、身舎だけの単純な構成の建築も多くつくられた。そのような建物を拡大するには、間口の柱間を増やした。しかし、横長の建築は人が利用するには不向きで、その解決法として細長いもう1棟の建築を平行に配置して使った。この双堂（並び堂）という空間拡張の手法も多用された。その代表的な遺構が、〈法隆寺食堂〉と〈細殿〉にみられる。双堂は、主たる機能をもつ建物（この場合は食堂）と、それに従う建物（細殿）という、古代建築特有の関係を生み出した。

　〈室生寺金堂〉のように前身建物として身舎と庇による正堂（中心建物）が造営され、その前面に礼堂を別棟で建てて双堂とした時期もあった。現在は、平安時代になって正堂に直接孫庇を付加して外陣とした形式が残っている。平安時代以降に多くの建築がさまざまに変容する要因は、礼拝者のための空間として外陣が求められたためである。

　このような孫庇によって礼堂空間を付加する手法は、正堂内部が暗くなるために、大規模な建築には適しなかった。ところが平安時代末期に、礼堂と正堂を一体化した事例が現れる。〈當麻寺曼陀羅堂（本堂）〉がそれである。同様に双堂としてつくられていた礼堂を、鎌倉時代初期に正堂と一体化した〈東大寺法華堂〉などもある。双堂から内部でつながった空間へと進化していった。〈石山寺本堂〉も平安時代末期に造営された正堂と礼堂が一体化されている。當麻寺本堂に始まる二つの建物を一体化するためには、〈法隆寺大講堂〉の再建で用いられた「野屋根」という技術が用いられた。

　塔（塔婆）はインドにおける仏舎利を祀る中心施設を起源とする。日本においても初期には仏教信仰の中心であったが、金堂や講堂が重視されるようになると、その位置づけが変化する。飛鳥時代には四天王寺や飛鳥寺などのように塔が中心建物としてつくられていたが、しだいに〈法隆寺五重塔〉〈法起寺三重塔〉などのように塔と金堂との関係が対等となり、薬師寺では中心軸からはずれて東西に二塔の三重塔がつくられる。塔は伽藍の中心の座を失って、東大寺のように中心軸から遠く離れて配置されるようになる。そのような塔の重要性の変化に伴って、塔自体のプロポーションも変化する。〈室生寺五重塔〉は石段下から見上げることを意識させた小塔で、同時に奥院に向かう高所から見下ろす新たな視線が意図されるようになる。〈醍醐寺五重塔〉ではまわりの環境を意識して造形化され、〈浄瑠璃寺三重塔〉では下から見上げる意図は〈室生寺五重塔〉と同じだが、平面と構造が大きく変化している。初層まで伸びていた心柱と四天柱を切り取って初層の天井裏で支えることにより、その空間を仏堂として用いるようになる。それは密教建築が採用した初層を仏堂とした多宝塔〈石山寺多宝塔〉が平安時代末期以降の塔婆に大きな影響を与えたためである。

---

*1　身舎と庇による構成
この身舎と庇による構成は、奈良時代から南北朝時代において用いられた平面表現の一つで、間面記法（けんめんきほう）と呼ばれた。建築平面を身舎は桁行の柱間数（間）で表し、庇は身舎に付属する庇の数（面）で示す。身舎の奥行の多くが2間であったので、平面構成がわかるだけでなく、おおよその断面構成も知ることができた。

間面記法　三間四面の例

金堂の系譜
—— 仏像の空間

〈法隆寺金堂〉[1-1,2,3,4,5,6,7]は、精緻な技術でつくられた日本における最初の大型建築であった。黄金に光り輝く仏像は、人々に強い宗教的感動を与え、堂内には美術作品を提示する場が形成された。

現存する〈法隆寺西院伽藍〉は、天智9（670）年の焼失後、7世期後半になって位置を移して再建された。金堂は二重屋根の重厚な建築で、さらに初重には裳階が付属して下層部の安定感を高めている。上層には高欄や連子窓があるために内部空間の存在を感じるが、上部空間に実質上の機能はない。

内部に入って身舎上部を見上げると、三つの天蓋上に組入天井*2があって上層の存在はわからない。金堂の上層部分は、外観に重厚さを与えるための仮構といえる。

法隆寺金堂
7世紀後半／奈良県／木造

内部は薄暗く、上方には天蓋が三つ並び、その隙間から支輪で持ち上げられた組入天井がある。下方は身舎全体につくられた一段高い漆喰塗りの壇上に須弥壇がある。その須弥壇を10本の胴張りのある柱が囲んでいる。中央の釈迦三尊像は2本の内柱で、左右の像も柱で囲まれて区切られている。身舎周囲の庇は一段低くつくられ、庇は身舎に従属する空間となっている。

*2 組入天井
天井の仕組みには大きく二つの種類がある。建物にとって構造的に必要な天井（組入天井など）と、梁や桁から吊された意匠としての天井（吊り天井）である。古代建築では重たい屋根を支えるのに、主に組物を使って柱に荷重を集中させていた。身舎（中央部分）の中には仏像安置のために柱がなかったから、内側に倒れようとする力が働く。折り上げられた組入天井は、彩色が施された意匠でもあるが、内側に倒れる力に対抗している。構造的制約から上部は組入天井で規定されていたといえる。

[1-1]
法隆寺金堂 須弥壇中央

釈迦三尊像は大きな胴張りのある柱に囲まれ、その直上に天蓋がある。来迎壁がないので、奥に身舎よりヒエラルキーの低い庇空間の存在がわかる。金堂全体が仏像群のためにあることを暗示している。

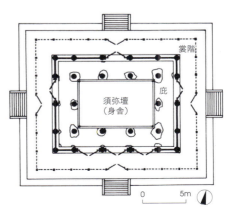

[1-2,3]
法隆寺金堂 外観・平面図

平面図をみると身舎の柱下には大きな自然石の礎石があり、庇柱下の礎石はそれほど大きくない。裳階の柱は極端に細く、礎石も小さい。

第1部　古代・中世・近世　009

[1-4,5]
**法隆寺西院伽藍
新旧配置図と航空写真**

配置図の赤色は創建時で、黒色は現状を示す。平安時代の〈大講堂〉再建時に回廊が大きく変化している。航空写真でも〈大講堂〉を取り込みながらも前面には飛鳥時代の塔と金堂の配置を残しているのがわかる。創建時には中門のすぐ前に〈南大門〉があった。

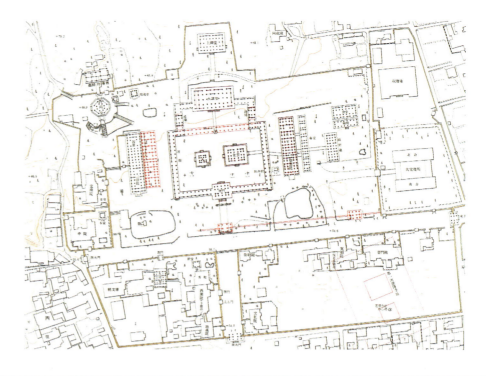

第1章　寺院の中心建築とその空間

[1-6]
法隆寺金堂　金堂身舎
薄暗い内部には燭台による明かりくらいしかなかった。そのなかで光を放つ鍍金された諸像が神々しくみえただろう。目が慣れなければ細部を観察することはできないほどの暗さであった。

第1部　古代・中世・近世　011

金堂は仏像群を収める建築で、中央に釈迦三尊、西に阿弥陀如来、東に薬師如来が安置され、支輪で四周を大きく折り上げ諸像を包み込むようにして一体感を生み出している。須弥壇上の像はそれぞれのグループが別の台座上にあり、仏像上部の天蓋が各尊像の領域を規定している。堂内上部は組入天井で区画され、下方は朱塗りの須弥壇で囲まれた横長の空間が広がっている。

床面をみると、高さが同じ太い円柱が身舎のまわりに立ち並び、その外周にも同じ高さの庇の柱（入側柱*3）が囲んでいる。身舎柱下には大きくて不整形の礎石が据えられているのに対して、庇の礎石は身舎よりも小さな自然石が使われ、身舎と庇へかかる荷重の違いを示している。床、天井、それらをつなぐ柱や壁などが内部を構成する装置として組み込まれているが、きわめて構造的である。同時に、正面からみることを前提とした絵画的構成を示している。室内が本格的なインテリアとして完成するには、構造からの自由度が増し、さまざまな角度からの視線による立体的（彫塑的）な内部空間の成立を待たなければならなかった。

記録によると奈良時代になるまで僧侶や貴族といえども金堂内に入ることがなかったらしい。儀式の際にも回廊にしつらえられた場に留め置かれ、僧侶も金堂の石階（石段）で礼拝していた。金堂内部を外部から覗き込むことはできただろうが、内部に入ることを意図して建築はつくられていなかった。金堂の須弥壇が身舎全体に及んでいることからみて、金堂は諸像のための大きな厨子であった。中門を潜って伽藍内に入ることは、回廊内側にある仏の世界に入ることを意味しており、回廊に囲まれた空間全体が仏のための広義のインテリアを構成していたといえる。

〈唐招提寺金堂〉[1-8,9,10]は奈良時代に創建された本格的な遺構である。桁行（正面）7間、梁間（側面）4間の大型の金堂で、前面1間幅を吹き放しとしている。軒は三手先組物を用いて寄棟の大屋根を支えている。その屋根は江戸時代に改造されたもので、創建時は〈新薬師寺本堂〉や〈東大寺法華堂正堂〉のような棟高の低いゆるやかな勾配であった。正面の柱間寸法は中央が16尺ともっとも広く、その両脇は15尺、次の間は13尺、両端の間は11尺と減じている。柱高はほぼ中央間の柱間寸法に近いために、全体として垂直感の強い、安定した比例をもつ。

柱間の間隔を変則的にしたのは、創建時には中門と金堂が回廊で囲まれていたことによる。金堂両端の柱間の11尺は回廊の幅と奥行と同一寸法で、金堂の前庭を回廊で包み込むようにして計画された。金堂の11、13、15尺という柱間寸法は、柱径の2尺を基準として増減されており、金堂と回廊とが統一的な基準でつくられたことを示している。

金堂正面の庇部分を吹き放ちにしているのは、機能的にも視覚的にも回廊と金堂の連続

*3　入側柱
建物外側の柱列からもう一段内側にある柱のこと。

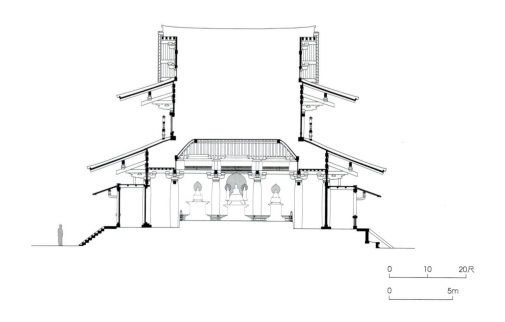

[1-7]
**法隆寺金堂
金堂の断面図**
全体の4割程度しか内部空間はなかった。隣接する塔との関係から外観を整えると同時に金堂の重厚感を表現したとみられる。

性を強調するためである。回廊を通ってその延長上にある金堂への動線が計画された。金堂正面には壁のない独立柱が並ぶことから、柱間を変化させ、全体のプロポーションを整える必要があった。

同時に柱間寸法の変化は、諸仏の大きさと配置を勘案したためとみられる。各柱間は中央（16尺）に本尊である盧舎那仏坐像、向かって右（15尺）に薬師如来立像、左（15尺）に千手観音立像の3体の巨像が安置されている。前面の吹き放ちの空間を通過するだけで、3体の仏像の存在を認識することができた。

堂内では中央3間に仏壇を築いて、3体の本尊を配している。この堂は身舎の幅が広く、上部にある支輪も高くてゆるやかな曲線を描いているために、拡がりのある空間をつくり出している。また、背後に来迎壁と呼ばれる板壁があるために、諸像が引き立ってみえる。創建時には内部は極彩色で彩られていたから、鎮座する仏の世界が体感できたであろう。金堂の壁面は正面5間と背面1間が板扉で、ほかはすべて連子窓である。裳階と庇で囲まれた法隆寺金堂の暗い堂内と比べ内部は明るくなり、吹き放たれた庇から内部の諸像を順次みせるという、移動による視線の変化を実現させている。しかし、正面性の高い絵画的な内部構成から逸脱するには至っていない。

〈新薬師寺本堂〉[1-11,12,13]は本堂と呼ばれているが、創建期の新薬師寺の中では副次的な建築であった。この堂は大正期に解体修理がなされ、ほぼ創建期の状態に復元されている。外観は水平性が強調された、のびやかな天平時代のプロポーションを示している。

正面の板扉を開け放つと、台座上に薬師如来像が安置されている。そこから一段下がった土壇上に、円を描くように十二神将が配置されている。薬師像に注目すると、左右を柱に囲まれ、上部は白く塗られた野地板と垂木によって空間の奥深さが表現されている。前面に3段の石階があり、さらにその上に3段の須弥壇状の壇が築かれており、礼拝者と薬師像との視線の高さを調整している。

現在の拝観口である妻側（西）からみると、本尊を側面から拝することになる。薬師像を囲む円壇と12体の像の存在は、日本における最初期の立体的な像の配置である。内部の天井は円形断面の地垂木をそのままみせる化粧屋根裏で、身舎上方を支える垂木*4は急勾配だが、庇（下方）の垂木は勾配がゆるやかで、2種類の垂木が折線をつくっている。これは身舎と庇という二つの空間の質の違いを具体的に表している。垂木上の野地板は白く塗られ、黒ずんだ垂木が力強く並んで、白い野地板とのコントラストが美しい。

この身舎と庇の関係を外観上も表現したのが、錣葺*5と呼ばれる屋根形式であった。錣葺が法隆寺金堂の再建以降に用いられなくなったのは、中国北部の乾燥地帯とは異なり降雨量が多い日本では、折れた接続部からの漏水を防ぐためだろう。〈法隆寺金堂〉ではすで

唐招提寺金堂
7世紀後半／奈良県／木造
平面構成としては扉列を1列身舎側に移動させたため、須弥壇前面に庇がないので3体の像の前面がやや窮屈にみえる。しかし、曲面状の支輪と組入天井、さらに太い虹梁の存在により身舎高を意識させている。

*4 垂木
屋根の荷重を支える骨組み（垂木の上に野地板が並べられ瓦が載る）。

*5 錣葺
大坂の四天王寺で復元された金堂と中門、法隆寺宝物である玉虫厨子（7世期）で屋根勾配を変えることによって身舎と庇空間を差別化する手法は、もっとも古い屋根形式であった。

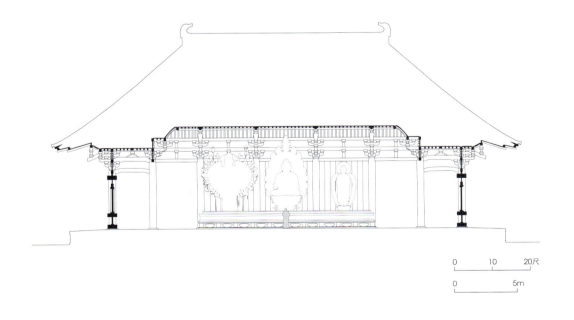

[1-8]
唐招提寺金堂 現状の桁行断面図
法隆寺と比べると内部空間が拡大している。裳階を用いないで身舎と庇で重厚さを生み出している。

[1-9]
唐招提寺金堂 身舎の須弥壇

壇上の巨大な3像を収めるために背の高い空間が必要とされた。前面の庇は吹き放ちとなっているで前面は狭いが、それを感じさせない。

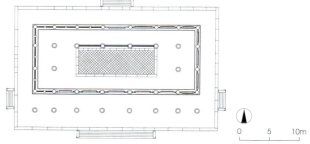

[1-10]
唐招提寺金堂　平面図

図をみると須弥壇前面は狭いが、高さと奥深い空間がそれを克服している。

014　第1章　寺院の中心建築とその空間

に屋根面は曲線になっており、身舎と庇を連続させた造形が求められたことを示している。それでも〈新薬師寺本堂〉では内部でのみ垂木勾配を変化させて、身舎と庇を区分している。この身舎と庇というメインとサブの空間構成は、さまざまな変化を遂げながらも日本建築の基本構成でありつづけた。〈新薬師寺本堂〉では円壇の採用という立体的な像の配置が試みられたが、本尊・薬師像は正面性を残したままである。このような模索は副次的な建物だから実現できたのだろうが、古代建築における正面性重視の傾向は、単に停滞を意味していたわけではなかったのだろう。

礼堂と空間拡張の系譜
—— 双堂・孫庇の付加から一体化へ

これまで金堂という格式の高い建物についてみてきたが、副次的な位置づけの建築についてもみておこう。

〈東大寺法華堂〉[1-14]の正堂と本尊は奈良時代のもので、前面にある礼堂は鎌倉時代初期に付加されている。奈良時代にはすでに正堂とその前に檜皮葺の間口5間の礼堂があったようである。現在は奈良時代と鎌倉時代という建設年代の違う二つの建物が合体されている。複雑な屋根形式になっているのは、正

新薬師寺本堂
奈良時代末期／奈良県／木造

本尊の薬師像を側面からみると、円壇上の本尊と十二神将像は日本における最初期の立体的な配置であることがわかる。天井は円形断面の地垂木をそのままみせる化粧屋根裏で、垂木上の野地板は白く塗られ、黒ずんだ垂木が力強く並んで、白い野地板とのコントラストが美しい。身舎上方を支える垂木は急勾配だが、庇（下方）の垂木は勾配がゆるやかで、2種類の垂木が折線をつくっている。諸仏のための身舎と庇空間の質の違いが示されている。

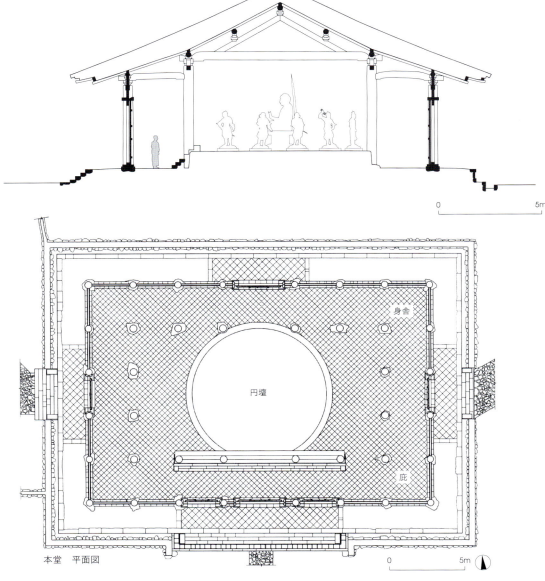

[1-11]
**新薬師寺本堂
断面図・平面図**

断面図をみると身舎と庇で屋根勾配が変化していることがわかる。円壇を設けたことにより庇空間が狭く、身舎を中心とした諸像のための建築である。

[1-12,13]
正面と側面からみる薬師像
正面からみると、奥に円壇があることには気がつかない。本堂はあくまでも薬師如来を祀る堂である。勾配の違う垂木の配置がわかる(上)。側面にまわると(下)身舎いっぱいに円壇があることがわかる。

016　第1章　寺院の中心建築とその空間

堂は創建期の寄棟屋根、それにつながれた礼堂の入母屋屋根を残しながら、両堂の棟と直角の位置に棟のあるもう一つの屋根でつながれている。この構造を可能にしたのは、野屋根の技術がいちだんと進歩したためである。また、連結部の軒下に、別棟であった双堂時の木樋を意図的に残しているのが秀逸である。

その結果、背面からみると、正堂の当初のゆるやかな寄棟屋根と簡素な組物で装飾の少ない外観がある。それに対して現在の入口である礼堂側は、鎌倉時代の緊張感のある構成を示す。一つの建物であるが、奈良時代の正堂と鎌倉時代の礼堂のプロポーションという二つが楽しめる。建物を改造する際に、古い建物と新しい建物を認識させながら連結する手法が鎌倉時代初期に実現され、さらに現代に残されていることに驚かされる。

現在、正堂内部は土間式だが、三方に配された縁の高さに床があり、その内部には八角二重の仏壇が置かれていた。床を張って縁を巡らすのは日本の手法であり、外部の縁が内部の床の存在を示している。礼堂内部は化粧屋根裏だから、架構はすべて顕されている。礼堂は正堂との調和をはかりながらも、鎌倉時代の大仏様の手法をいち早く採り入れたことにより、架構と装飾は斬新な美しさを示している。

正堂には〈法隆寺金堂〉と同様に身舎全体に須弥壇が置かれ、まわりに1間幅の庇がまわっていた。合体の際に相の間の半分が正堂に取り込まれているから、奥行感が生まれると同時に、相の間の奥に並ぶ柱列によって須弥壇へと向かうパースペクティブな効果を効かせている。正堂の身舎全体に組入天井があり、支輪下に2本の虹梁を入れて天蓋のような空間を生み出している。

〈法隆寺食堂〉[1-15,16]は奈良時代の最盛期（天平期）に創建された別用途の建物であったが（政屋）、平安時代には食堂とされた。創建時から現在の食堂前にある細殿と一組の存在であった。食堂と細殿は一つの建物とする改変が施された時期もあったが、鎌倉時代に細殿を再建した時期に現在のような双堂形式に戻されている。

東大寺法華堂正堂
740年（礼堂は鎌倉時代）／奈良県／木造

正堂は身舎全体に須弥壇が置かれ、まわりに1間幅の庇がまわっている。身舎上部は組入天井で、支輪下側に2本の虹梁を入れて3分割して天蓋のような空間を生み出している。天蓋をなくすことによって天井があらわになり、諸像と建築との関係が明確になっている。

[1-14]
東大寺法華堂正堂の須弥壇

正堂と礼堂が別棟でつくられていた双堂を改造して一つの建物にすることによって、正堂空間に奥深さが生まれている。礼堂の独立性を保つと同時に相の間を組み入れることによって、正堂内部の空間が完成されたといえる。

法隆寺食堂
奈良時代（細殿は1268（文永5）年頃）／奈良県／木造

食堂は大斗と肘木の組み合わせで丸桁を受け、2軒の角垂木を架けている。身舎と庇の間には繋虹梁を架け（下の貫は後補）、身舎柱上も大斗肘木で、前後に大虹梁を渡した化粧屋根裏である。簡易な構造と意匠をもつ建築だが、奈良時代最盛期の天平風の双堂をイメージできる貴重な存在である。

　食堂は大斗肘木で丸桁を受け、2軒の角垂木を架けている。正面3間と背面1間を扉、正面の残り4間を連子窓としている。また、身舎と庇間には繋虹梁を架け（下の貫は後補）、身舎柱上も大斗肘木で、前後に大虹梁を渡した化粧屋根裏である。妻側は二重虹梁として格式を表現するが、蟇股を用いないで少し略式な形式である。

　それに対して細殿は木鼻付きの頭貫を通し、大斗肘木で桁を支えているが軒は1軒である。単に2棟を並べているだけでなく、それぞれに造営年代と格式の違いを表現している。また、細殿の正面と背面の柱間には壁はなく、側面にだけ壁を設けている。食堂は当時の中心建物の建築様式を踏襲しているが、細殿は壁のないいわばテラスのような、さらに簡略化された構成になっている。

　正面から二つの建物の屋根をみると、基壇に段差があって細殿の棟よりも高い位置に食堂の棟がみえる。また、建物は細殿を透過して食堂の前面壁面とが重なってみえる。これは柱列を揃えて細殿が再建された結果だが、二つの建物の関係を意識させることを意図したとみなすべきだろう。平面を拡張するためとはいえ、機能としての連続性は未成熟で、食堂前面に仮設的な建物を付属させているにすぎない。簡易な構造と意匠だが、略式建築としての天平時代の双堂をイメージすることのできる貴重な存在である。視点を変えると、必要な広さを補充したにすぎないともいえ、二つの建物がインテリアとして結合することは考えられていなかった。

　室生寺は寺の南東山中にある祈雨で名高い龍穴神社の神宮寺として、8世紀頃に興福寺の僧によって造営された。喧噪を離れた修行の場を求めた仏教僧によって、神聖な場とされていた龍穴神社の近くの敷地を選んで室生寺は生まれた。

　〈室生寺金堂〉[1-17,18]は平安時代に創建された後、平安時代後期から鎌倉時代初期に金堂の前面に礼堂が付加された。その結果、それまでの金堂へのアプローチに変化が生まれた。創建時には金堂正面にあった階段を上って直進したが、前面に礼堂ができると正面

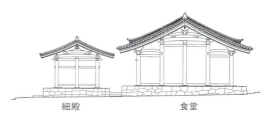

細殿　　　　食堂

[1-15,16]
**法隆寺食堂・細殿
側面図と食堂内部**
側面図をみると、大きな食堂に細殿が付属していることがわかる。ここでも食堂は身舎と庇で、細殿は身舎だけで構成され、ヒエラルキーを表現している。棟の高さも基壇の高さも差別化されている（上）。食堂の内部は身舎と庇による構成がよくわかる。

から礼拝するという古代的な軸線が変更された。長い階段を上って正面に金堂をみると、西側にまわり込んで、縁伝いに礼堂の正面へ進むという新しい導入経路が出現した。このことは正面と側面が同時に視野の中に入ることで、礼堂という新たな建物の存在を意識させようとしたためとみられる。

正面5間、奥行4間の正堂(内陣)の手前に、梁間1間の礼堂(外陣)が孫庇として取り付いている。礼堂は2段に造成された地盤上に懸造(かけづくり)としている。懸造としたのは礼堂建設以降に、正面からの導入を視覚的に否定するためとみられる。

礼堂と正堂とは、柱間の下半分を嵌(は)め込み式の格子戸を用いて厳重に区画されている。礼堂だけを参拝者のための外陣として構成する手法である。

〈法隆寺大講堂〉［1-19,20］は経典の講義が行なわれる施設で、当初は経蔵・鐘楼や僧坊(西室・東室)などと同様に廻廊の外側に配置されていた。現在のように廻廊を改造して、講堂が廻廊内部に配置されたのは、焼失した講堂が再建された平安時代以降のことである。

柱が高くゆったりした、平安時代の大らかさがある建築である。二重屋根ながらやや小規模にみせているのは、本来の中心建物であった金堂を意識したためだろう。この平安時代に再建されたシンプルな構成の講堂は、日

宝生寺金堂
平安時代前期／奈良県／木造

正面5間で奥行4間の正堂(内陣)の右手に梁間1間の礼堂(外陣)が孫庇として取り付いている。礼堂と正堂との間は柱間の下半分を嵌め込み式の格子戸を用いて厳重に区画され、礼堂を参拝者のための外陣空間としている。正堂身舎には組入天井が、庇は化粧屋根裏という古代的な架構のルールが守られている。

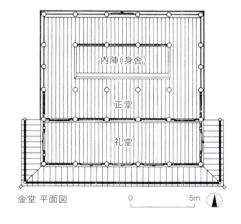

[1-17]
室生寺金堂
断面図・平面図

断面図をみると創建時に正堂が独立して建築されていたことがわかる。礼堂を付属させたときに棟の位置を移動させて全体を再構築している。これを可能にしたのは野屋根の技術であった。

[1-18]
室生寺金堂
庇からみた身舎

身舎の奥行が狭かったために、庇の前面(左手)に広い孫庇をつけて空間を拡大している。さまざまな改良によって日本の建築の内部は改良されてきた。

法隆寺大講堂
990(正暦元)年再建／奈良県／木造

日本の屋根構造に革命を起こした野屋根が使われた最初の建物である。柱が高いことによってゆったりした平安時代の大らかさが感じられる。身舎をつないでいる虹梁が組入天井によって隠されていることも空間にゆとりを感じさせる。

　本建築の屋根構造に革命を起こした新技術、「野屋根」が使われた最初の建物とされる。

　それまでの日本建築の屋根は原則として垂木上に野地板を敷いて瓦を葺いてきた。この垂木のことを地垂木と呼ぶ。それとは別に新たに野垂木を用いて新しい屋根勾配に合わせるようにして、その上に瓦を葺くという新技術が野屋根である。野屋根は屋根勾配を急にして雨水を早く流すことを可能にした。古くから身舎上には組入天井が設けられていたから、棟を支える構造はみることができなかった。しかし、野屋根を用いた結果として、内部での実際のボリュームと、外観としてみえる屋根のボリュームが大きく異なることになった。日本の建築においてはじめて構造から内部が自由になったことを意味しており、野屋根の開発がエクステリアとインテリアを別に考えることを可能にしたといえる。

　當麻寺は、葛城市にある7世紀創建の寺院である。創建時の本尊は金堂にある弥勒仏だったが、現在、信仰の中心となっているのは〈當麻寺曼陀羅堂(本堂)〉[1-21,22,23]である。西方極楽浄土の様子を表した「當麻曼陀羅」の信仰と、中将姫伝説で知られる。

　寄棟造・本瓦葺、桁行7間、梁間6間の規模である。梁行の奥3間を内陣、手前3間を礼堂とし、内陣は須弥壇上に厨子を置き、本尊の當麻曼陀羅を安置している。左右(南北)端の1間分は小部屋(局)としている。

　この建物は、解体修理によって奈良時代の2棟の掘立柱を使った住宅の部材が転用されて平安時代初期頃に桁行7間、梁間4間の寄棟造の堂に改造されたことがわかった。さらに、その後前面に孫庇が付加されたが、後に孫庇部分が礼堂に改造されて、現状の仏堂となった。

　内陣部分の構成はほぼ平安時代初期のままであることが、内陣の天井を支える二重虹

[1-19]
法隆寺大講堂　平面図・断面図

平面図は復元されたものだが、断面図は野屋根の中に桔木が入った後世の改造後のもの。この建物は野屋根を用いた最初の建築だが、この野屋根がのちに桔木と組み合わされて普及する。

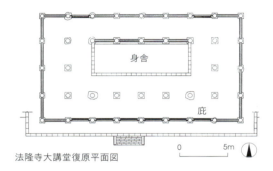
法隆寺大講堂復原平面図

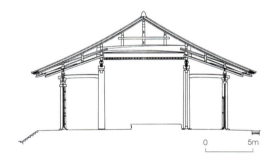

[1-20]
法隆寺大講堂　側面

屋根裏はさまざまに改良されても、内部は平安時代のゆったりとした雰囲気を示している。

梁䒾股の架構などからもわかる。鎌倉時代になって、もとは化粧屋根裏であった外陣(礼堂)に格天井を張り、南北の庇部分を小部屋に分けるなどの改造がなされた。つまり、鎌倉時代には本尊と僧侶のための内陣は化粧屋根裏、参拝者のための外陣には天井があったことになる。内陣が化粧屋根裏とされているのは、古代においては内陣全体が本尊のための空間であることを引き継ぐためだったのである。

石山寺は滋賀県最古の寺院の一つで、その中心である〈石山寺本堂〉[1-24,25]は前方の時代の異なる礼堂(外陣)と、後ろにある正堂との複合建築である。規模は正堂が桁行7間、梁間4間、礼堂は桁行9間、梁間4間で、その間に桁行1間、梁間7間の細長い相の間がある。平面としてみると敷地に凹凸が多いために、屋根の構成も複雑である。

正堂のまわりに縁はなく、円柱上に簡素な平三斗(大斗上の肘木に小斗が3個並ぶ組物)、その間は間斗束(矩形の束)で、両側面と背面は戸口または白壁と連子窓である。三斗組の斗が高いことや肘木の曲線が、平安時

當麻寺曼陀羅堂(本堂)
平安時代末期(1161年)／奈良県／木造

内陣の構成はほぼ平安時代初期のままとして、外陣を拡張して一体化した本堂である。そのことは内陣の天井を支える二重虹䒾股の架構などからもわかる。

[1-21]
當麻寺曼陀羅堂
平面図・断面図

平面は外陣と内陣に区画された整然とした姿を示すが、断面図では正堂と礼堂が連結されて一体化されたことがわかる。正堂は梁桁の構成を示す化粧小屋裏だが、その上部に別に野屋根が架かっている。

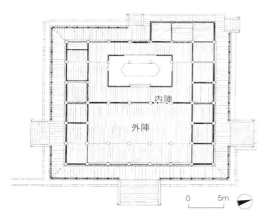

當麻寺本堂(曼陀羅堂)

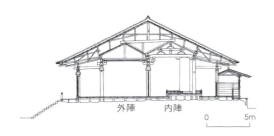

外陣　内陣

[1-22,23]
當麻寺曼陀羅堂
正堂の内部

當麻曼陀羅を中央に配置した正堂。その上部には小屋裏がみえるが、実際にはその上に野屋根がある。

第1部　古代・中世・近世　021

石山寺本堂
1096年（礼堂は1602年）／
滋賀県／木造

正堂の中央の5間×2間が内陣（身舎）で、そこは土間で漆喰の叩き仕上げである。その土間に3間×2間の大型の厨子（宮殿）があり、本尊・如意輪観音半跏像が岩上に安置されている。

代後期の特色である。礼堂は桃山時代の再建で、その時期の三斗組が用いられており、二つの建物には様式として大きな違いがある。

ここで注目したいのは、正堂の中央の5間×2間が内陣（身舎）で、その床は土間で漆喰の叩きになっていることである。その土間に3間×2間の厨子（宮殿）があり、中に本尊・如意輪観音半跏像が岩上に安置されている。礼拝者は礼堂と相の間の境の閉じられた板扉を眺めるだけで、正堂の中を窺うことはできない。この建物は平安時代後期の火災後に再建されたが、そのときには正堂のほとんどが石敷きの土間であったと推定されている。このことは奈良時代に聖武天皇の名を受けて良弁が創建したことや、奈良時代中期の大規模造営という寺の歴史の古さを伝えるために土間式仏堂の形式にこだわったことを示している。観世音菩薩が岩座上に降臨することも、土間式を護ったことに影響している。

参拝者のための礼堂の床下は懸造として宙に浮かせ、正堂は基壇上に載ることなどの違いになって表れている。屋根は寄棟造の檜皮葺で、正堂から前方へと大棟が伸びて千鳥破風となり、立面に変化を与えている。

塔の系譜
—— 仏塔から仏堂へ

塔（塔婆）は、インドにおける支配者階級の墳墓を仏教建築が採用し、仏舎利を祀る中心施設としたことを起源とする。日本には中国・朝鮮半島を通じて木造多層塔および石塔

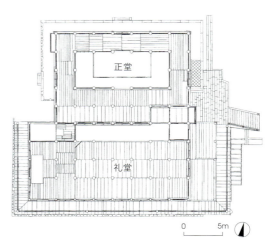

[1-24]
**石山寺本堂
断面図・平面図**
断面をみると、内部にもう一つの建築があることがわかる。平面図では正堂の白くみえる部分は漆喰塗りの土間でその中に3間の建築（内々陣）がある。

[1-25]
**石山寺本堂
礼堂と相の間境**
中世までは過去の架構形式の一部を残すだけでなく、建物内部に過去の建築の原形をそのまま示すことが多くみられる。

がもたらされた。

〈法隆寺西院伽藍五重塔〉[1-26,27]は、外観からは各層に高欄（手摺り）、初層から3層までは板扉、連子窓などがあり、上層にも内部空間があるようにみえる。実際には上層に登ることはできず、金堂と同様に礼拝の対象となる空間は初層にしかない。

また、外周を取り巻く裳階内側の壁面には連子窓と板扉が配されている。その連子窓の内側には板が張り付けられ、その板には漆喰が塗られている。裳階が創建後に付加された可能性もあるが、内部に連子窓を設けているのは、内部空間の存在を視覚的に示した「偽の窓」としてである。同様な手法は〈平等院鳳凰堂中堂〉の連子窓にもみられる。

開かれた板扉から内部を見ると、東面・西面・南面・北面それぞれに塑造の群像（塔本四面具）が配されている。東面は「維摩経」の文殊菩薩と維摩居士の問答の場面、北面は釈迦の涅槃、西面は分舎利（インド諸国の王が釈尊の遺骨を分配）の場面、南面は弥勒の浄土を表している。それらの塑像群は、内部の柱を隠すように計画されている。四面の塑像には宗教的な意味での関係はあるが、視覚的には四面のウィンドウの中に個別の主題が示されているにすぎず、身舎（建物の中心）空間が四分割されている。4本の四天柱だけでなく、塔の構造の中心である心柱の存在すらみることはできない。

心柱は頂部にある金属製の覆鉢、九輪、水煙などで構成される相輪を支えている。心柱は構造としては連子窓、板扉のある壁体とは分離されている。各層は柱や桁・梁などが仕口によって組み合わされ、屋根の荷重は組物を通して柱上に集められる。つまり、長期にわたって各部材に力が加わり、風化もするからしだいに部材も痩せて（縮んで）いく。ところが、心柱は柱上部からの垂直荷重を受けるが、その縮む割合は少ない。外壁を構成する部材と心柱を密着させて接続すると、両者の変形量が違うから、その隙間から雨水が入り込む原因となる。通し柱を用いて等分に荷重を下層に伝えるには、大量の長大な柱の入手が必要であったために実現しなかった。また、各層の柱間隔の違いの調整が必要となり、各層の大きさの異なる屋根荷重を支えるのは難しかった。高層建築に通し柱が採用されるのは、鎌倉時代の〈東大寺南大門〉再建（大仏様）まで待つ必要があった。

インテリアの話題から離れて、構造の問題に触れたのは、木造塔はインドのストゥーパを原型としており、中心軸（宇宙軸）の実現と考えられるからである。法隆寺がつくられた頃、金堂や中門など他の柱は礎石上に載せられている。しかし、五重塔創建時には、心柱の根元は地中に埋められていた。このことは、心柱が宇宙軸としての存在であったことを示唆している。技術的な問題もあったが、各層

法隆寺五重塔
7世紀後半／奈良県／木造

初重東面の裳階内部から塔本塑像をみると、塑像群は4本の柱を隠すように計画されている。初層は四面の塑像群があるが、それぞれ個別の主題が示されている。身舎空間が4分割された別空間であり、4本の柱だけでなく塔の中心である心柱の存在すら隠されている。

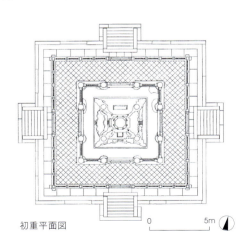
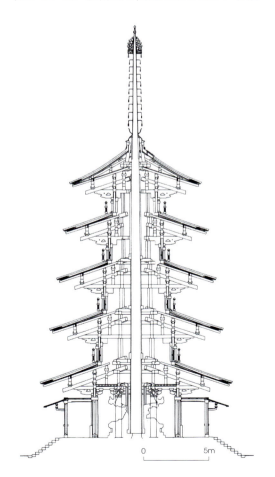

[1-26]
法隆寺五重塔 断面図・平面図

心柱は古くは基壇下まで伸びていたが、しだいに下端が切り上げられる。相輪を支える心柱は周囲の各層とは緊結されていない。

第1部　古代・中世・近世　023

に内部空間を与えることよりも、仏舎利を収めるというストゥーパとしての基本理念の実現が優先されたのであろう。

平安時代後期になると、心柱を切り上げて初層の仏堂化が図られることが多くなるが、〈法隆寺五重塔〉初層の内部としての要素はきわめて限定されていた。

法起寺は法隆寺、法輪寺とともに聖徳太子にまつわる寺院の一つで、そこに残る〈法起寺三重塔〉は〈法隆寺五重塔〉より後の建築（太子没後の建築）で、飛鳥様式の三重塔である。

塔の初層は〈法隆寺五重塔〉の初層平面と同一規模で、さらに、〈法隆寺五重塔〉の初重、三重、五重の寸法比率を用いて構成されている。各重の垂木の数を6本（6支）ずつ少なくして三重は初重の半分の大きさとし、三重の柱間を1間省略して2間とすることも〈法隆寺五重塔〉と同じである。各重の縮小比率が大きいために、安定した姿を示す。法起寺には裳階がなく、初重には連子窓がなく土壁としていることが、法隆寺塔との違いである。

〈法隆寺五重塔〉と〈法起寺三重塔〉は、平面の柱間寸法比率は同一基準を用いているが、そのまま塔が計画がされたわけではない。五重塔と三重塔の見えかたの違いを熟知したうえで、全体の寸法が決定されている。それは法隆寺の塔とは軒の出を異なった比率で調整して、全体の姿を再計画している。

内部は四天柱中央に、太い八角形の心柱が格天井を突き抜けるように配置されている。須弥壇は近世のもので、創建時の仏像もないので内部の詳細は明らかではないが、〈法隆寺五重塔〉と同じく初重のみがかろうじて空間化されている。

薬師寺は飛鳥の藤原京の地に造営が開始され（680年）、平城遷都後の8世紀初めに西ノ京に移転された。金堂を中心にして左右に両塔を配する整然とした薬師寺式と呼ばれる新式伽藍で、〈薬師寺東塔〉[1-28,29]は中心軸からはずれて配置されている。

三重塔は層数がすくないため、前述した〈法起寺三重塔〉のようにずんぐりとした安定観のあるプロポーションとなることが多い。しかし、〈東塔〉では塔身を伸ばして各層を引き離した細長い構成とし、さらに各層に裳層を付けている。裳階が強弱の抑揚を生み出しており、外観に優美さを与えている。

裳層の付加により、上層にいくにしたがって塔身が急激に細められ、〈三重塔〉の身幅は初層（24尺）の半分よりさらに小さく10尺としている。そのために、各層にゆるやかな浮遊感をもつ屋根が実現している。

規模は3間だが周囲に仕切り壁がなく、初層には裳階がまわっているために、内部に入ると四天柱に囲まれた中央の空間が窮屈にみ

[1-27]
法隆寺五重塔　初層
塔の初層には空間があるが、インテリア化されているわけではない。四天柱も心柱も塑像で隠されていてその存在を知ることはできない。

薬師寺東塔
730年／三重各重裳階付き
奈良県／木造

初層内部を見上げると、中央の太い心柱が長く伸びた塔身を支えている。

[1-28]
薬師寺東塔　初層内部の見上げ

巨大な四天柱の中心に、さらに太い心柱が組入天井を突き抜けるように配置されている。構造体を強く意識させてはいるが、象徴的な空間を生み出しているわけではない。

える。中央の心柱が長く伸びた塔身を支えており、その上に折上組入天井をほぼ2間分設けてバランスをとっている。四天柱に囲まれた下には須弥壇があるが、太い心柱のあるためにその空間は極端に狭く、内部の像を拝するというよりも、心柱を護るように諸仏が祀られていたとみられる。

この時期においても、塔は初層のみに空間

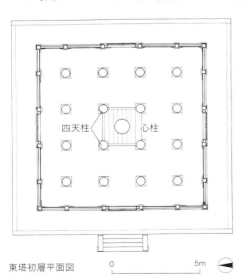

東塔初層平面図

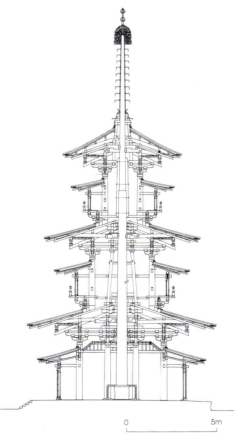

[1-29]
薬師寺東塔　平面図・断面図

各層に設けられた裳階は外観を整えるためでもあるが、初層の構造的負担を軽減するためでもあったとみられる。

第1部　古代・中世・近世　025

室生寺五重塔
奈良時代末〜平安時代初頭
／奈良県／木造

全高は16m、初層の一辺は2.5mに満たない小塔である。初層の平面図から側柱、四天柱と心柱が極端に太い古式な様式を示している。

をもってはいるが、舎利を祀るための建築の域を脱してはおらず、外観重視の建築として存在している。

〈室生寺五重塔〉[1-30,31,32]へのアプローチは、25段ほどの石段の下より見上げることからはじまる。段上にみえる五重塔の姿は、軽快で律動観がある。登り切ると全高は16mほどで、はじめて小規模な塔であることに気づく。初層の一辺は2.5mに満たない。ところが柱と垂木は太く、それに対して肘木と比べて斗の小さい古式な様式を示している。

五重目まで各重とも3間で、初重は中央間が3尺（天平尺）、脇間2.6尺とみられるが、二重目以上は整数値が得られない。また、各層各面の垂木の総数が1〜2本ほど異なっており、垂木を割り付けた寸法にもばらつき

[1-30]
室生寺五重塔　初層四天柱と心柱
内部には空間というよりも空隙があるだけである。大きく伸びた各層の屋根を支えるために初層には大きな負担がかかっている。

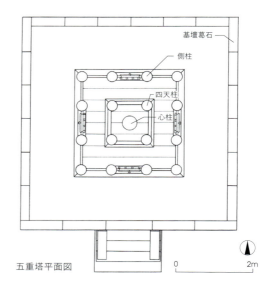
五重塔平面図

[1-31]
室生寺五重塔　外観
外観をみると小さな塔とはみえない。五重の屋根の重なりが美しい。

[1-30]
室生寺五重塔　立面図・断面図・平面図
小塔ではあるが柱は太く、柱高は低い。それでも外観が美しくみえるのは全体を調整する棟梁たちの力量によるものだろう。ルールを頑なに守るだけではなく、さまざま調整がなされている。

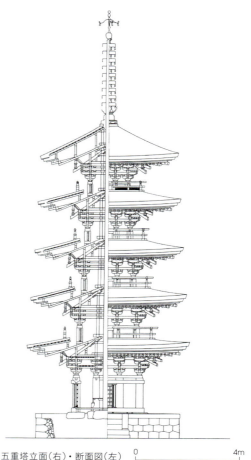
五重塔立面（右）・断面図（左）

がある。つまり、一定の基準で各層の寸法が決められているわけではなく、現場で調整が図られたとみられる。技術が未成熟だったともいえるが、当時の大工たちが感覚的に寸法を決めることができるほど、塔の施工に熟練していたことを意味している。各層では総柱間をほぼ1割以上縮めているが、脇間と中央間ではその比率が異なっている。このことは小塔をつくる際に、普通の塔の比例を単に縮小しただけでは美しくみえないことを理解していた証拠といえる。

初重一辺の総間寸法に対する総高は6.6倍と丈の高い塔である（法隆寺では5.1倍）。各重とも四面の中央間を扉、両脇の間を縦板壁としているが、二重以上は柱間が狭いために、扉は片開きとしている。

本来なら、軸部の丈は高いが柱が太いから寸胴にみえるはずである。屋根の逓減が少ないにもかかわらず安定感を感じるのは、屋根を下層ほど極端に緩い勾配としているためである。その効果は、軒先を白塗りにして軒先のラインを強調することによって際立たせている。

7世紀から10世紀初頭までの古代の塔を比べたが、単純な比例の運用からはじまって、しだいに優美な姿を求めていく過程が読み取れる。そこには各時期の工匠たちの工夫がみられるが、人々に塔の全体像をどう感じさせるかという外観に対する強いメッセージが存在する。

醍醐寺は空海の孫弟子にあたる理源大師聖宝（しょうぼう）が、准胝（じゅんてい）観音並びに如意輪観音を笠取山頂上に迎えて開山した。当初は山頂一帯が修験者のための霊場（上醍醐）であったが、醍醐天皇の祈願寺として、山麓の広大な平地に大伽藍（下醍醐）が造営された。上醍醐と下醍醐は徒歩で1時間ほどの険しい山道で隔てられている。応仁の乱や度重なる火災などで荒廃したが、豊臣秀吉による醍醐の花見を契機に復興した。

〈醍醐寺五重塔〉[1-33,34,35]は小塔を除けば、法隆寺、室生寺につぐ古塔で、全長に占める相輪の比率が3割以上を占める特異なプロポーションを示している。上層にいくほど各層

醍醐寺五重塔
平安時代（951年）／京都府／木造

塔内部には大日如来像を中心にして、心柱周囲に曼荼羅や真言八祖像など平安美術を代表する彩色が残る。密教建築では初層に大日如来を安置した礼堂空間をもつ多宝塔がつくられたが、舎利信仰から離れた密教による塔初層の仏堂化という新しい流れが読み取れる。

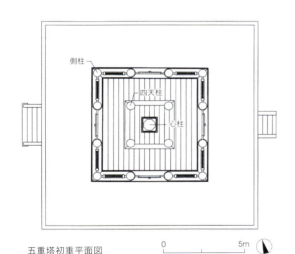

五重塔初重平面図

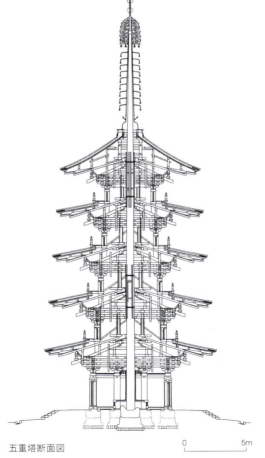

五重塔断面図

[1-33,34]
醍醐寺五重塔
平面図・断面図・外観

プロポーションの美しい重厚な五重塔で、塔長に対する相輪の比率が大きい。組物から通し肘木を内側に渡して強度を高めている。

[1-35]
**醍醐寺五重塔
初層心柱と四天柱**

規模が大きくなったために初層の空間にゆとりが生じている。平安時代の曼荼羅などがよく残る。

の上下の間隔が狭く、五層屋根と初層屋根の比率（逓減率(ていげんりつ)）が大きいために重厚感が感じられる。後世の鎌倉・室町時代の細身の塔とは一線を画した重厚な塔である。

中国建築の呪縛から放たれた日本風な美しさをもつ最初の塔が、〈醍醐寺五重塔〉といえる。伽藍内から眺めた古代の塔から、背景となる風景のなかに配置された塔へと変化したことは、全体のプロポーションにも大きく影響している。

塔内部には大日如来像を中心にして、心柱周囲には曼荼羅、真言八祖像など平安美術を代表する絵画が残る。密教建築では初層に大日如来を安置した礼堂空間をもつ多宝塔がつくられたが、舎利信仰から離れた密教による、塔初層の仏堂化という新しい方向が読み取れる。

〈浄瑠璃寺三重塔〉[1-36,37]は、本堂とともに境内の池を中心とした浄土庭園のなかに残っており、平安時代末期の浄土系寺院の雰囲気を体感できる。京都を中心に多数の阿弥陀堂が造営されたが、本堂は九体の阿弥陀仏

を並べた唯一の遺構である。池の東岸には薬師如来を安置する和様の〈浄瑠璃寺三重塔〉があり、西岸に阿弥陀如来を安置する〈本堂（九体阿弥陀堂）〉が対峙するように配置されている。

　薬師如来は東方浄瑠璃世界に住む現世の苦しみを除く仏であり、阿弥陀如来は西方極楽浄土の教主である。その現世の救済のための薬師如来を東側へ、彼岸（来世）の阿弥陀如来を西側に配している。さらに、二つの建物を結ぶ東西軸は、冬至と夏至の太陽の軸線を示している。まさに、境内そのものが仏教世界を示している。法隆寺では金堂内の中央に釈迦三尊を、東に薬師如来坐像を、西に阿弥陀三尊を配置したから、薬師と阿弥陀を祀る形式は早くから伝来していた。ここでは、その仏像構成をそのまま伽藍として実現している。

　この塔は、背面に森を背負った石段上に西面している。3間3層の小塔で、京都の一条大宮からの移建とされる。古代に造営された木造塔では〈室生寺五重塔〉に次いで小さく、〈室生寺五重塔〉と同様に石段下から見上げる造形が求められている。この位置に創建されたわけではないから、移築の際に塔の造形に合わせて境内の敷地が選ばれたことがわかる。

　初層内部には柱がなく、初層の天井上で切り取られている。初重内部に四天柱も心柱もないのは、古代の塔では初めての試みであった。塔は舎利を収め、中心に心柱を立てて仏教の宇宙軸を示していたが、平安時代以降に密教の多宝塔の影響を受けて初層が仏堂（礼堂）化する。初層内部には仏壇が置かれ、四

浄瑠璃寺三重塔
1178（治承2）年以前／京都府／木造

初層内部には柱がなく、四天柱と心柱は初層の天井上で切り取られている。初重内部に独立した柱がないのは、古代の塔では初めての試みであった。本来、塔は舎利を収め、中心に心柱を立てて仏教の宇宙軸を示していたが、平安時代以降に密教の多宝塔の影響を受けて初層が仏堂（礼堂）化する。初層内部には仏壇が置かれ、四面に扉を配置し、その中央に薬師如来像が安置されている。

[1-36]
浄瑠璃寺三重塔 平面図・断面図

断面図をみると初層には外周以外には柱がない。初層が仏堂化されていることがわかる。

[1-37]
浄瑠璃寺三重塔 初層の薬師如来像

折上小組格天井下に薬師如来が蓮弁上に安置されている。これが塔の内部とは思えないが、これ以降には多くの三重塔初層の仏堂化が進行する。

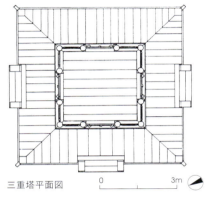
三重塔平面図

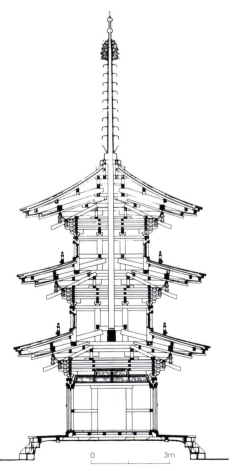

石山寺多宝塔
1194（建久5）年／滋賀県／木造

創建年代が明らかで改造の少ない現存する多宝塔の最初期の遺構である。

[1-38, 39]
石山寺多宝塔
平面図・断面図・外観

初層は矩形で、その上部を円形として屋根を架けるという密教の思想を、建築として表現している。

[1-40]
石山寺多宝塔
内陣内部（右頁）

金剛界大日如来を荘厳した初層の内陣。華麗な密教美術で囲まれている。

面に扉を配置し、その中央に心柱ではなく薬師如来像が安置されている。

　4方向を解放可能な扉としているのは、床を除き柱・長押・板壁から天井に至るまで、一面に極彩色の絵画・装飾文様を施しているためである。内部の天井は二重折上小組格天井である。天井の太い部材（格縁）下端に牡丹様の宝相華が、その内側の格子（小組）の裏板にもそれぞれ宝相華が描かれ、扉を開くと中央の荘厳な薬師如来坐像の姿が神々しく映ったであろう。

　石山寺は鎌倉時代に堂塔の整備が行なわれ、〈石山寺多宝塔〉[1-38,39,40]や鐘楼などが建てられた。現存する多宝塔は大阪金剛寺のものが最古だが、その塔は桃山時代に改築されている。それに対して、この多宝塔は古式をよく残している。

　多宝塔は本堂の裏山の中段に建つ。総高が17mほどで、上重が下重の半分以下に細められている。組物は上重を四手先、下重を出組として軒が深いから、安定感のある優美な姿をみせる。内部には四天柱で内外陣に分かれ、高欄付き須弥壇が置かれ、金剛界大日如来像を安置する。この塔は慶長年間（1596〜1615年）に本堂・礼堂とともに修理を受けて一部の柱は取り替えられたが、彩色が一部に残り、創建時の華麗さが偲ばれる。

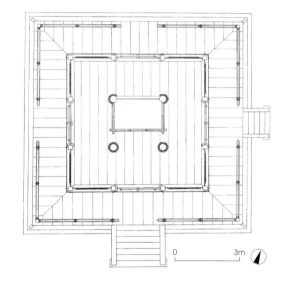

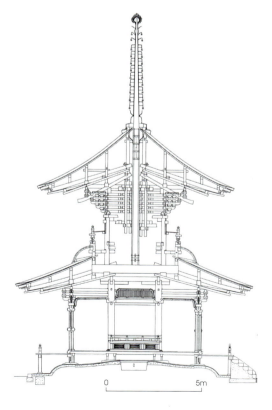

第1章　寺院の中心建築とその空間

[第1部] 古代・中世・近世

第2章 | 小仏堂の空間

飛鳥・奈良時代の仏教建築は、その存在を広く知らせるために大きくなければならなかった。〈法隆寺西院伽藍五重塔〉と〈金堂〉はそれほど大きな建築ではないが、その代わりに廻廊で囲まれた空間が一つの独立したユニットとして存在していたから、かなりの規模を専有していた。他の寺院でも中心建物として金堂が造営されたが、奈良時代に造営された金堂で現存しているのは、〈唐招提寺金堂〉のみである。ここでも創建時には中門から伸びた廻廊が、広い中庭を囲んでユニットとしての大空間を構成していた。

それとは別に、奈良時代には都の周辺部に小寺院が建設され、小伽藍を構成するものが多かった。平安時代になると山裾の適地に金堂、塔などを備える寺院が多くなるが、それぞれの建物に見合った配置が選定され、用途に合わせた規模の建築が寺域に散在するようになる。

屋根は本瓦葺から檜皮葺や杮葺となり、本格的な石積み基壇を用いずに土壇に漆喰仕上げの亀腹が用いられた。このような傾向には経済的な事情もあったであろうが、床を設けるなどの使用法や造形が日本人には好まれたためとみられる。中国・朝鮮半島からもたらされた「基壇・土間・瓦屋根」という仏教建築3点セットは、後代では一部の寺院を除いて用いられなくなる。

以上の傾向はゆるやかに、しかし広範囲に日本的な「新しい美意識」を生み出していった。一方で、内部空間はそれほど大きく変化しなかったが、それは古くから引き継がれてきた身舎と庇による空間のルール（間面記法）に制約されたためだろう。

そのような流れを大きく変化させたのは阿弥陀堂の成立であり、とくに大きな役割を果たしたのは、平安時代中期の〈平等院鳳凰堂〉の造営である。その理由を整理すると、①内部で念仏を唱えながら行道する平面の成立、②廻廊の否定、③正面性という概念の変化という3点が挙げられる。

まず、平面構成の変化だが、古代から建築は身舎と庇、場合によっては裳階、または孫庇を用いて空間を拡張するのが原則であった。〈平等院鳳凰堂〉の中心建物である中堂は、間口3間、梁行2間の身舎のまわりに庇を用いないで直接裳階を付属させている。その裳階の北面を身舎空間に取り込んで、中央に須弥壇を置いてそのまわりを念仏を唱えながらまわる（行道）ことを平面計画上可能にした。まわることが可能な平面としてではなく、仏像の周囲をまわることを前提とした空間が出現したのである。

そのために、仏像を囲む各壁面の内側に上品、中品、下品を象徴する絵画を描き分けている。内部全体を一つの壁面として彩るのではなく、各壁面の関係性を確認できるようになった。まさに、日本的インテリアの創出である。

二つ目の廻廊の否定については、前述したように平安時代以降の山岳系寺院では広い敷地を求めにくいため、廻廊がつくられなくなったことによる。〈平等院鳳凰堂〉では中堂の両脇に翼廊を、背後に尾廊を設けている。その前面に池を設けることにより、門から廻廊を通って中心建物に行き着くことが不可能となった。主要建築の前面に池を設け、平橋、反り橋を設けるのは、貴族の住宅形式であった寝殿造の影響である。ただし、寝殿造では中島には釣殿がある程度で、〈平等院鳳凰堂〉のように中島に本格的な建築を設けることはなかった。

廻廊を用いずに翼廊だけで中心建物の存在を強調する手法の出現は、廻廊で囲むことによる前庭（中庭）の必要性も否定した。翼廊両端部が少しだけ前方に突き出していることから、翼廊は廻廊を意識して発想されたとみられる。寝殿造の中心である寝殿には、儀式空間としての前庭があったが、ここでは中堂と池との間には儀式を行なうスペースはない。このような翼廊は阿弥陀堂だけではなく〈鳥羽勝光明院〉〈平泉無量光院〉など主要建築に付属させる事例もあらわれた。廻廊から翼廊への変化は、廻廊で囲まれた中心ユニットという閉鎖的空間が失われたことを意味する。

以上のことは、三つ目に挙げた正面性の変化とも大きく関連する。建築を絵画的に印象づけるには、一点に視線を集中させるパースペクティブの効果を用いることが多い。〈平等院鳳凰堂〉の中堂を池の

前方から眺めると、翼廊と中堂によって形成された一連の建築群としてみえる。古代の絵画的構成の延長ともいえるが、内部への導入は中心軸上にはなく脇（北側）に限定されている。中堂には北側の翼廊を抜けて進むことになる。訪れた人々の目に最初に焼き付けられたのは、鳳凰を模したとされる翼廊、中堂、尾廊による建築群全体の構成であった。

正面から建物に入らない構成は、現在の〈室生寺金堂〉と共通する。第1章でも述べたが、この金堂は身舎3間に四面庇を付け、前面に孫庇（礼堂）を設ける古い平面形式をいまも維持している。この金堂も、創建時には正面に階段が設置されていた。礼堂の再建時にその存在を示すため、入口を正面とせずに側面からの外観を捉えさせている。この手法は平安時代前期には成立していたが、〈平等院鳳凰堂中堂〉ではさらに内部に入って阿弥陀仏のまわりを行道するという、360度の視野を意識した内部空間をもつ建築が完成したのである。

浄土信仰は平安時代後期になるとようやく大衆へと広まっていくことになるが、奈良時代にはすでに〈東大寺阿弥陀堂〉や〈法華寺浄土院〉が建立されており、後代の流行の素地は形成されていたといえる。平安時代初期に唐に渡った慈覚大師（円仁）によって、念仏を唱えるための〈延暦寺常行堂〉（848年創建、1595年再建）が造営される。僧侶の修行のための建築であったが、建築内部での行道はすでに行なわれていた。現在でも常行堂内部は、漆黒に近い空間で行道を修する苦行の場としてありつづけている。再建された常行堂は桁行5間、梁行5間だが身舎は3間四方とし、1間の庇がまわっている。この身舎の空間をヒントにして、のちの方三間堂がつくられたとみることもできるだろう。もちろん、常行堂と阿弥陀堂の内部空間の質は異なっていた。

平安時代後期に前述した藤原頼通による〈平等院鳳凰堂〉がつくられ、それを手本に方一間の身舎に仏像を安置し、周囲に庇を伸ばして三方を囲んだ方三間堂が普及する。〈平等院〉を契機として、京都に〈浄瑠璃寺本堂〉〈法界寺阿弥陀堂〉〈三千院本堂〉、平泉に〈中尊寺金色堂〉、兵庫県に〈浄土寺浄土堂〉、福島県に〈白水阿弥陀堂（願成寺）〉、大分県に〈富貴寺大堂〉など地方にも方三間堂が普及していく。

この浄土信仰のために造られた形式は、観音信仰のための観音堂、空海、親鸞などの教祖や寺院の祖師を祀る御影堂、開山堂、その他太子堂、薬師堂などさまざまな用途の建築として使われるようになる。仏教信仰の拡大を背景として、経済的にも容易に造営された方三間堂は、地方への最新技術の伝播という重要な意味を担っている。

[2-1]
延暦寺常行堂・法華堂
1595（文禄4）年再建／滋賀県／木造

堂内をまわることを前提とした最初期の建築であるが、5間×5間の規模ですべてのグリッド上に柱があり、阿弥陀仏まわりの空間の独立性はなかった。常行堂（左）と法華堂（右）を渡り廊下で結んでいる。中央を一段高くして馬道としているのは、機能よりも象徴的な意味が大きいだろう。

第1部　古代・中世・近世　033

[2-2,3]
**延暦寺常行堂・法華堂
外観・断面図・平面図**

二つの堂を高層化した廊下で結ぶことから担い堂と呼ばれる。やはり円仁による中国的な発想といえるだろう。内部空間は規則的に配置され、柱で囲まれた空間を行進した。正面外観は中央に向拝が付いている。

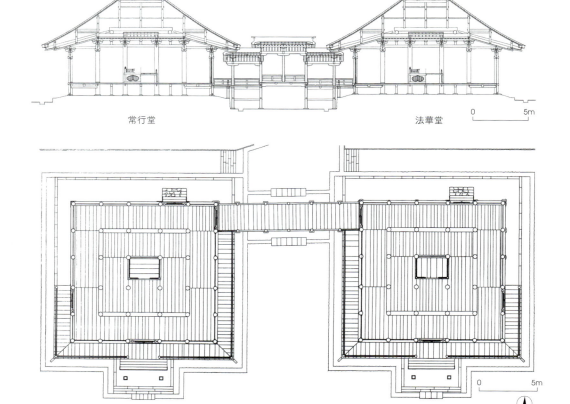

常行堂　　　法華堂

阿弥陀堂成立の系譜（古代）
――密教と浄土空間の登場

　建築史家の工藤圭章は、〈平等院鳳凰堂〉［2-4,5,6,7］を正面からみると裳階を含めて5間の柱間となるのは、〈延暦寺常行堂〉［2-1,2,3］の正面に倣ったものと指摘している。また、中堂内部は「背面の裳階をとりいれ3間四方とし、そのうち四天柱の前2本を省略した形」となったと解釈している。常行堂の本尊は阿弥陀如来であるが、奈良時代とは異なる新たな阿弥陀堂の成立とみなしている。阿弥陀如来を中心に行道するには、方五間堂に限らず方三間堂でも可能であり、小規模の常行堂として方三間堂が成立し、本尊にちなんで阿弥陀堂と呼ばれたとする。

　平安時代建立の現存建築では、〈中尊寺金色堂〉〈白水阿弥陀堂（願成寺）〉〈高蔵寺阿弥陀堂〉がその事例である。方三間堂の系譜には〈鶴林寺太子堂（法華堂）〉のように、正面に礼堂を設けて堂内に取り込んで、正面3間×側面4間の堂へと改良された例もある。阿弥陀堂の平面形式は、しだいに内部中央の前方2本の柱を省略する例や、その背後の柱位置を後方へ移動する事例もあらわれる。中央の柱が周囲の柱と柱筋が揃わない構成は、間面記法では想定できなかった建築構成を生み出

平等院鳳凰堂
1053（天喜元）年／京都府／木造

〈鳳凰堂中堂〉は、間口3間×梁行2間の身舎のまわりに庇を用いないで直接裳階を付属させている。その裳階の北面を身舎空間に取り込んで、中央に須弥壇を置いてそのまわりを念仏を唱えながらまわること（行道）を可能にした。まわることが可能な平面としてではなく、ここに仏像の周囲をまわることを前提とした空間が出現したといえる。

**[2-4]
平等院鳳凰堂
池越しにみた中堂と翼廊**

**[2-5]
平等院鳳凰堂
中堂断面図・配置図**

完成された三手先組物。身舎の柱と裳階の柱径の違いがよくわかる。両脇の翼廊は中堂の存在を際立たせるための建築。重層につくられているが、中堂にすら上部空間に機能はない。

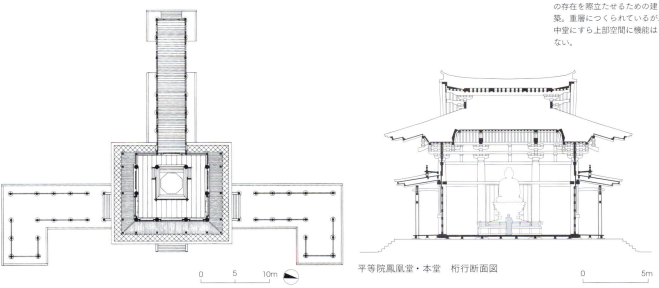

平等院鳳凰堂・本堂　桁行断面図

第1部　古代・中世・近世　035

すなど、構造に対する考えかたの変質といえる。

　平安時代の阿弥陀堂は極楽往生を念ずるための仏堂として、1体の本尊阿弥陀仏を信仰することからはじまるが、9体の阿弥陀如来を並べた九体阿弥陀堂もつくられた。平安時代の九体阿弥陀堂で現存するのは〈浄瑠璃寺本堂〉[2-8,9,10,11]だけである。この本堂は9体の阿弥陀仏と建築が一体化した建築で、来世の世界を建築として表現している。池の西岸には西方極楽浄土の教主である阿弥陀如来を安置する本堂(九体阿弥陀堂)を配し、東岸には東方浄瑠璃世界に住み、現世の苦しみを除く仏である薬師如来を安置する三重塔を対峙させているのは興味深い。

　さらに、二つの建物の中心軸を結ぶと、冬至と夏至の太陽の軸線(東西)を示している。塔は後世の移築とはいえ、まさに境内そのものが仏教世界を示している。〈法隆寺金堂〉では中心に釈迦三尊を、東に薬師如来坐像を、西に阿弥陀三尊を配置していたから、薬師と阿弥陀如来を祀る形式は早くから伝来していた。その構成を金堂内部ではなく伽藍全体として表現したところに、この寺院の新たな世界観が示されている。

　内部は9間×2間の内陣(身舎)の後方に、各柱間に1体ずつ阿弥陀坐像を安置している。堂内を外陣(庇)に沿って南北に歩くと、両脇の柱に挟まれた空間に合わせるように阿弥陀

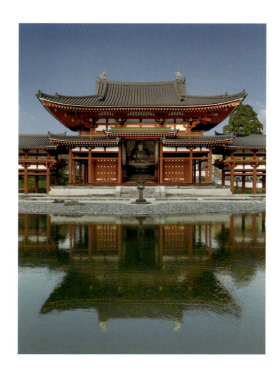

[2-6]
平等院鳳凰堂中堂　外観
中央間だけを裳階を切り上げて正面性を高めている。裳階の大きく面取りされた角柱と身舎の円柱、差し掛けられた裳階と身舎いっぱいに広がる屋根、建物全体で身舎と裳階空間を差別化している。

[2-7]
平等院鳳凰堂中堂　内部
中心に安置された阿弥陀如来像。奥の裳階には彩色が施されていない。

036　第2章　小仏堂の空間

第1部 古代・中世・近世

浄瑠璃寺本堂
1157（保元2）年頃／京都府／木造

内部は9間×2間の内陣（身舎）の後方に、各柱間に1体ずつ阿弥陀坐像を安置している。堂内は両脇の柱に挟まれた空間に合わせるように阿弥陀仏が収まっている。柱と梁によって区画された中に、須弥壇上の各像を絶妙に配置している。

[2-8]
浄瑠璃寺本堂 内部（前頁）
身舎に並ぶ九体の阿弥陀仏。正面からみると気がつかないが、須弥壇上に各像が乗っているのではなく、床面から蓮華座にそれぞれ安置されている。

[2-9]
浄瑠璃寺本堂 仏像と建築の関係
それぞれの阿弥陀像は身舎の4本の柱に囲まれている。各像が救うべく人々のためのテリトリーを示しているようである。

仏が収まっている。柱と梁によって区画されたなかに、須弥壇上の各像を絶妙に配置している。中尊はとくに大きいから、柱間は広く、柱径も太く、他の像列からはみ出してしまう。そこで中央部の小屋組にだけ小壁をつけて、その空間の独立性を高めている。

本堂は行道することを示唆するよりも、九体仏に囲まれた空間全体を演出している。中央の阿弥陀仏の前面に立つと、中央仏へと収斂する左右の坐像群との一体感が生み出されている。僧侶と仏像ための内陣空間と信者のための外陣空間に分離されながらも、それらを一体化するように仏堂全体をつくり上げている。

〈鶴林寺太子堂〉[2-11,12]は平安時代中期の創建で、桁行3間、梁行3間で正面1間に庇がついた法華堂として創建された。堂は等間隔の柱間の方三間堂の前面に一段床を下げた孫庇をつけて礼堂としている。礼堂は信者のための空間の拡張を意味する。主屋は円柱、大斗肘木（だいとひじき）に二軒繁垂木（しげだるき）だが、孫庇は角柱としている。このような円柱と角柱の使い分けは〈平等院鳳凰堂〉に共通する。

妻入り（南側）で、内部は身舎柱を取り込ん

040　第2章　小仏堂の空間

[2-10]
浄瑠璃寺本堂　外観

対岸にある薬師如来が祀られた三重塔から阿弥陀仏群を祀る本堂を望む。その本堂が池に浮かぶことが意図されている。

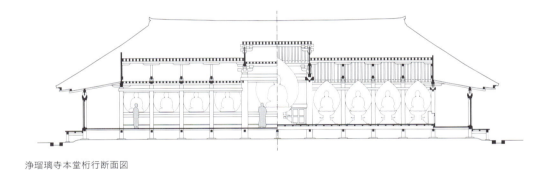

浄瑠璃寺本堂桁行断面図

[2-11]
**浄瑠璃寺本堂
断面図・平面図**

身舎の奥行は実質は2間分だが両脇の柱を省略している。創建時には前面の向拝はなかった。

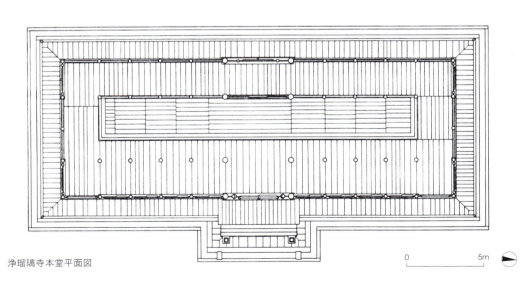

浄瑠璃寺本堂平面図

第1部　古代・中世・近世　041

鶴林寺太子堂（法華堂）
平安時代後期（1112年）／兵庫県／木造

内部は身舎柱を取り込んで仏壇をつくり、釈迦・普賢・文殊菩薩の三尊が安置されていた。身舎は小組格天井で、庇は創建時は化粧屋根裏であった。

[2-12]
鶴林寺太子堂
平面図・断面図

三間堂に礼堂を付属させた形式。礼堂部分の庇が低くなるので床を一段下げている。

[2-13]
鶴林寺太子堂
内陣の構成

中央の長押で囲まれた4本の太い柱が、釈迦如来、文殊菩薩、普賢菩薩の空間を象徴化している。

で仏壇をつくり、釈迦・普賢・文殊菩薩の三尊が安置されていた。身舎は小組格天井であるが、庇は創建時には化粧屋根裏であった。

同形式で鎌倉時代後期に改築された〈鶴林寺常行堂〉[2-14,15,16]も、方三間堂の前に孫庇をつけた太子堂と同様の柱配置である。内部を一部屋とし、寄棟造で妻入という特殊な平面形式である。柱はすべて円柱、組物は大斗肘木と簡素だが、前1間通は化粧垂木下に疎垂木を配り、木舞を用いた駆込天井がある。そこでは柱、桁、舟肘木、繋虹梁のすべてを大面取としている。

奥州平泉では、初代清衡（きよひら）の〈中尊寺〉造営をはじめとして、二代基衡（もとひら）の〈毛越寺〉、三代秀衡（ひでひら）の〈無量光院〉などが造営されたが、現存するのは平安時代後期に上棟された〈中尊寺金色堂〉のみである。

〈中尊寺金色堂〉[2-17,18,19]は宝形屋根の

太子堂梁間断面図

太子堂平面図

鶴林寺常行堂
平安時代後期(1086〜1184年)創建、鎌倉時代後期改築／兵庫県／木造

方三間堂の前に孫庇をつけた太子堂と同様の柱配置である。内部を一部屋とし寄棟造で妻入という特殊な平面形式である。柱はすべて円柱、組物は大斗肘木と簡素である。

[2-14]
鶴林寺常行堂 内陣の構成

須弥壇を小さくして奥に引き込んでいるため、僧侶の空間と内陣の境界が曖昧となっている。

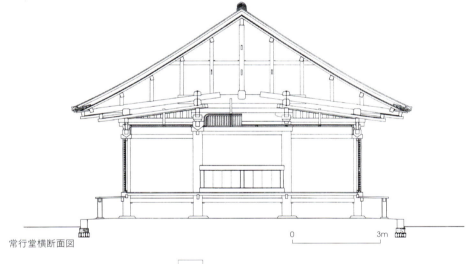

[2-15,16]
鶴林寺常行堂 平面図・断面図・外観

礼堂を含めて1室化しているので、太子堂よりも小屋裏の構造処理も整理されている。この規模だと妻入りにしてもそれほど違和感はない。

常行堂横断面図

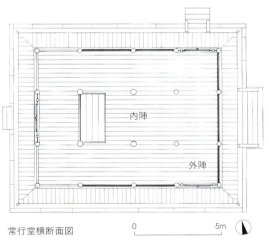

常行堂横断面図

第1部　古代・中世・近世　043

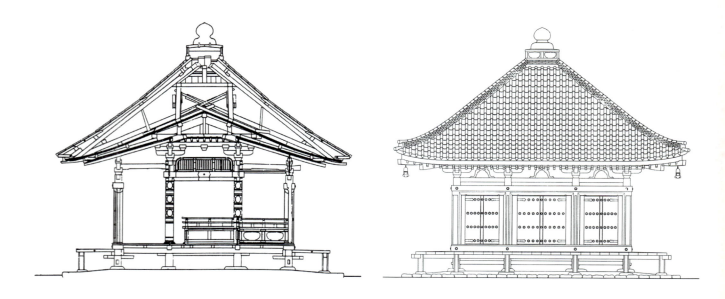

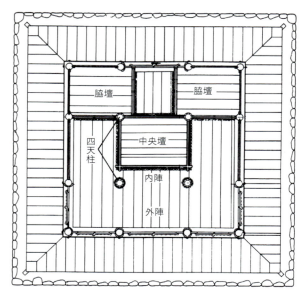

中尊寺金色堂
1124（天治元）年／岩手県／木造

小規模な方三間堂で、創建時に中央方一間の内陣に須弥壇を設けて阿弥陀三尊を中心に諸仏を安置した。周囲1間分を外陣とした阿弥陀堂形式であったが、基衡、秀衡のための須弥壇が後方に付加された。内陣天井は折り上げて格縁を組み、その間に組子を入れた折上小組格天井としている。

[2-17,18]
**中尊寺金色堂
断面図・立面図・平面図**

桔木を軒先から伸ばして、棟で交差させている。小規模な建物ながら野屋根を用いることにより屋根の高さを自由に計画できている。立面図をみると普通の瓦が葺かれているようにみえるが、実際には木を削って瓦のようにみせる木瓦葺とよばれる手法が使われている。荷重を減らして内部の変形を極力防ぐためとみられる。

[2-19]
**中尊寺金色堂
内部の装飾（右頁）**

まばゆいばかりの金箔と螺鈿、蒔絵の施された空間はまさに巨大な厨子のようにみえる。奥州で産出される金を象徴しているようでもある。

小規模な方三間堂で、創建当初は中央方一間の内陣に須弥壇を設けて、阿弥陀三尊を中心に諸仏を安置していた。その周囲1間分を外陣とした阿弥陀堂形式であった。屋根は木材を丸瓦と平瓦のようにつくって葺いた木瓦葺である。内陣天井は3間に分け、外陣は化粧小屋裏、内陣は折り上げて格縁を組み、その間に組子を入れた折上小組格天井である。

〈金色堂〉は建築物というより、厨子といってよいかもしれない。このような螺鈿や蒔絵を施した工芸的な建築が、創建時には露天に置かれていた。内部に立ち入ることはなかったとみられ、外部からのみ浄土の存在を感じ取ったのだろう。中尊寺を訪れた人々は、朝霧に包まれて輝く〈金色堂〉の姿に都の香りを感じとったのだろう。境内全体を建築と見立てることにより、奥州平泉および中尊寺そのものが西方浄土であり、その象徴として〈金色堂〉が造営されたことを示している。

〈白水阿弥陀堂（願成寺）〉[2-20,21,22]は、1間の身舎に庇を巡らせた方三間堂で、内部に阿弥陀三尊像と二天像を祀っている。屋根は厚手の椹板を葺いた栩葺で、勾配はきわめて緩く先端の反り上りも少なく、水平性が強調された優美な外観をみせている。

鋲の打たれた四天柱は太く、貫と長押の太いフレームに囲まれた中に本尊阿弥陀三尊像、持国天、多聞天像を安置する。中央間が広い

044　第2章　小仏堂の空間

白水阿弥陀堂（願成寺）
1160（永暦元）年／福島県／木造

1間の身舎に庇を巡らせた方三間堂で、四天柱は太く、長押と貫の太いフレームの中に本尊阿弥陀三尊像、持国天、多聞天像を安置する。

[2-20, 21]
白水阿弥陀堂 平面図・断面図・外観

平面の構成は〈中尊寺金色堂〉と類似しているが、断面図をみると小屋裏の構成が整理されていることがわかる。

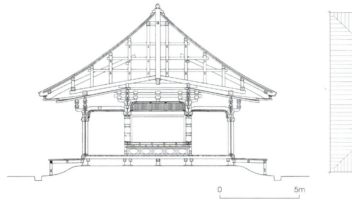
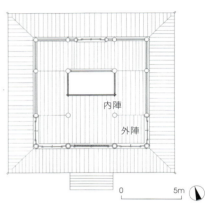

[2-22]
白水阿弥陀堂 内陣の構成

四天柱の中だけを折り上げて空間のボリュームをつくり出している。須弥壇がそれほど高くないので、落ち着いた空間となっている。

046　第2章　小仏堂の空間

が、内部の折上小組格天井は低く抑えられている。この阿弥陀堂は〈中尊寺金色堂〉を模して造営されたと伝えられ、平安時代後期の浄土信仰の姿をよく示している。南方に白水川、阿弥陀堂の前方と左右を大きな苑池で囲った浄土式庭園に配置されていたことを考えると、外観は低い縁がまわされ、軒高も棟高も高いプロポーションが理解できる。

〈高蔵寺阿弥陀堂〉［2-23,24］の平面構成も、〈白水阿弥陀堂〉と類似している。しかし、全体から受ける印象は異なっており、古代的な骨太の構成を示している。各部材の寸法が大きいのは、降雪対策のためとされるが、この山中に阿弥陀仏が存在することを印象づけるためでもあった。

堂内は内法長押で囲まれた1間四方の空間に、阿弥陀如来像が安置されている。〈平等院鳳凰堂〉や〈中尊寺金色堂〉のような貴族的な繊細さや豪華さはみられないが、像上に曲面状の天井を設けるなど、大胆な工夫がなされている。外観は大きく覆い被さった茅葺の屋根が、杉並木に包まれながら力強く美しい。

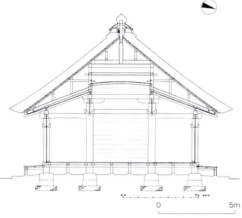

高蔵寺阿弥陀堂
1177（治承元）年／宮城県／木造

堂内は内法長押で囲まれた1間四方の空間に、阿弥陀如来像が安置されている。

[2-23]
高蔵寺阿弥陀堂 平面図・断面図

平面は〈白水阿弥陀堂〉とほぼ同じだが、断面図をみると栩葺と茅葺との違いとは思えない違いがわかる。折上小組格天井とせずに彎曲した天井が用いられている。この時期には地方への技術移転があったのだが、模倣するだけでなく、地方による技術摂取の取り組みの違いがみられる。

[2-24]
高蔵寺阿弥陀堂 内陣の構成

大きな阿弥陀如来座像がどっかりと四天柱内に鎮座している。光背の上部がみえないほどその姿は雄大さを感じさせる。

第1部　古代・中世・近世　047

法界寺阿弥陀堂
鎌倉時代前期／京都府／木造

中央に阿弥陀仏が安置されている。〈平等院鳳凰堂〉がやや横長の空間の中に阿弥陀仏が安置されているのに対して、〈法界寺阿弥陀堂〉では中央に1間四方の空間があり、そのまわりを庇空間が取り囲んでいる。庇と中央空間は繋虹梁で接続されていないために、庇空間は中央空間との関係が希薄である。

阿弥陀堂展開の系譜（中世）
—— 祖型からの展開

〈法界寺阿弥陀堂〉[2-25,26]は鎌倉時代初期に再建されたが、〈平等院鳳凰堂〉と比べて内部空間の高さと広がりを感じさせる。5間四方の堂の周囲に1間の裳階を巡らしているためである。

方形建物の全体を裳階が覆い、裳階屋根の正面5間のみを段差をつけるように切り上げ、檜皮葺の緩い勾配によって、たおやかな外観をつくり上げている。また縁の周囲に裳階を支えるための太い角柱を配して、半外部のような空間をつくり上げている。

内部に入ると、中央に一つの独立した建物（空間）があり、そこに阿弥陀仏が安置されている。〈平等院鳳凰堂〉がやや横長の空間のなかに阿弥陀仏が安置されているのに対して、法界寺では中央に1間四方の空間のまわりを庇空間が取り囲んでいる。庇と中央の空間は繋虹梁で接続されていないために、庇空間は

[2-25]
法界寺阿弥陀堂 平面図・断面図

平面図からはやや須弥壇が大きいこと、断面図からは須弥壇を高くして、その上層空間も高層として阿弥陀仏の偉容を強めている。

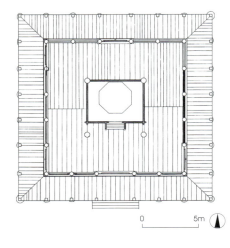
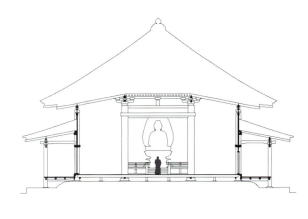

[2-26]
法界寺阿弥陀堂 内部

中央部が高層化されたことにより、大きな須弥壇内の高位置から阿弥陀座像が人々を見下ろしている。

中央空間との関係が希薄で外部のようにもみえる。

このような空間が実現されたのは、重源の大仏様による〈浄土寺浄土堂〉（兵庫県）や、天台宗の常行堂の影響があるとみられる。それは堂内に極楽浄土を表す装飾と、四天柱の宝相華唐草や壁画に密教系装飾とが混在していることにつながる。

阿弥陀堂の裳階は外部空間と接する半内部として、庇は中央空間の外皮として扱われている。つまり、この阿弥陀堂は裳階、外陣（庇）、内陣という3層の方形平面で構成されているのである。外陣は四天柱とは位置をずらした円柱列によって囲まれている。阿弥陀仏のための独立した世界を成立させるためであろう。裳階、外陣、内陣という空間構成は、古代の身舎、庇、裳階という構造形式を用いながらも、中世的な新空間をつくり出したといえる。

〈蓮華王院本堂（三十三間堂）〉[2-27,28,29,30]は後白河上皇が離宮内に創建した仏堂で、平安時代末期に平清盛によって寄進された。鎌倉時代初期に焼失したが、すぐに本堂と本尊の千手観音が復元された。堂内中央に千手観音坐像を中尊として祀り、左右の内陣にはそれぞれ10段の階段に50体ずつの千手観音立像があり、計1001体が並ぶ様は圧巻である。

身舎の架構は天平時代から使われた二重虹梁蟇股式で、前面の庇部には側柱柱頭とその上に先端を肘木として削って虹梁を架けている。正面に7間の向拝があり、その部分を板扉として内側に障子を立てている。低い縁のついた穏やかなプロポーションは、鎌倉時代の再建とはいえ、平安時代の建築の流れを引き継いでいる。

さらに、中尊の千手観音坐像を安置する中央3間幅の内内陣だけを、折上組入天井としている。化粧屋根裏であった〈浄瑠璃寺本堂〉と異なり、天井を用いることによって空間の差別化が実現されている。

〈金蓮寺弥陀堂〉[2-31,32,33,34]は鎌倉時代

蓮華王院本堂（三十三間堂）
1112年（文永3）再建／京都府／木造

身舎の架構は天平時代から使われてきた二重虹梁蟇股式で、前面の庇部には側柱柱頭とその上に先端を肘木として削った虹梁を架けている。

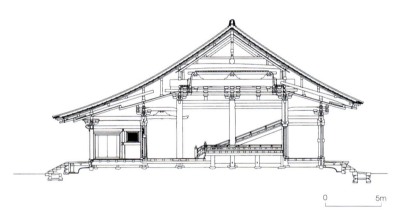

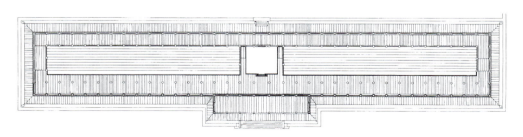

[2-27,28]
蓮華王院本堂
外観・断面図・立面図・平面図

横長の空間は外観写真と立面図・断面図を見比べてみる必要がある。また、断面図をみると二重に梁を架けて板蟇股を用いた身舎の構成や階段状の須弥壇の構成がよくわかる。

第1部　古代・中世・近世　049

[2-29]
蓮華王院本堂　身舎虹梁
ほぼ3間の幅を身舎としているため、梁を太くしている。平安時代末期の再建ながら、古風な構造形式を守っている。

[2-30]
**蓮華王院本堂
身舎の千手観音像**
千体の千手観音立像は多くの衆生を救うための階段状の須弥壇上に量による威圧感が示されている。

050　第2章　小仏堂の空間

中期の建立である。堂は方三間で内陣には四天柱を設けずに後方に来迎柱と来迎壁を設け、その前に須弥壇を置き阿弥陀三尊像を安置する。円柱は来迎柱のみで他の柱は大きな面取りをした角柱である。垂木、肘木、虹梁にも面取りがなされている。方三間をすべて折上小組格天井として、須弥壇上の中央部をさらに一段高く折り上げた小組格天井としている。方三間の前面1間通りと向かって右側面の後寄り2間分に孫庇を設け、これらの部分の屋根は縋破風(すがるはふ)とし、周囲にさらに落縁(おちえん)を巡らしている。正面の孫庇は吹き放しとされ、外側の落縁よりは一段高く床板を張っている。

内部は各部材寸法の小さな繊細な意匠となっている。それは正面3間をすべて蔀戸(しとみど)、側面と背面は板壁または板扉とする外観とも共通している。そのため平安時代の阿弥陀堂と比べて力強さはなく、阿弥陀堂に住宅風の意匠が好まれるようになったことを示している。

金蓮寺弥陀堂
鎌倉時代後期／愛知県／木造

方三間堂で内陣には四天柱を設けずに後方に来迎柱と来迎壁を設け、その前に須弥壇を置き阿弥陀三尊像を安置する。円柱は来迎柱のみで他の柱は大きな面取りをした角柱である。垂木、肘木、虹梁にも面取りがなされている。建築は熟れてくると繊細さを示すようになるが、逆に力強さは失われてゆく。

[2-31,32,33]
金蓮寺弥陀堂
内部・平面図・外観

須弥壇の構成は他の三間堂と変わらないが、2間の孫庇を設けることにより外観に変化をもたせている。また、須弥壇上だけを二重の折上小組格天井としている。

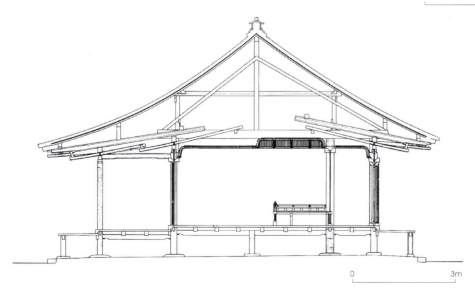

[2-34]
金蓮寺弥陀堂　断面図

軒先の荷重を支える桔木と叉首状の筋交い材という単純な小屋裏になっている。

第1部　古代・中世・近世　051

>>> ［第1部］ 古代・中世・近世

第3章 多様化した信仰の空間

　これまで中心施設である金堂や塔などについて述べてきたが、寺院は仏像などを礼拝する場であると同時に、その他さまざまな役割を果たす各種の建築の集合体である。まず、特殊な造形を示すいくつかの八角円堂と、祖師や教祖などを祀る開山堂、御影堂を取り上げたい。それらは仏教の中心となる釈迦、観音、薬師菩薩などを祀っていても、造営の主目的は実在した人間の鎮魂のためである。加えてもう一つ、霊場行場の建築を取り上げたのは、信仰を伴うと同時に修験者自らの修行の場であることによる。多くは都市の喧噪から離れた地に造営されただけでなく、懸造という特殊な構造をもつ建築としてつくられていることに特徴がある。懸造は山の中腹に地形に寄り添うようにつくられるが、平坦な場があっても、あえて神仏の降臨するにふさわしい特定の位置を求めてつくられる。懸造は第4章で述べる〈清水寺本堂〉や〈東大寺二月堂〉などでも用いられ、多くは時代とともにその規模が拡大し、舞台を付属させるなど原型のイメージから変質していくが、ここで取り上げる事例は創建時の状態を守りつづけていることに着目した。

　まず、実在の人物を信仰対象とした八角円堂について考えてみたい。建築は矩形（長方形）または方形（正方形）につくるほうが安易で、八角形などの多角形建築は一般的な建築に比べて特殊な技術を要した。平安時代以降に密教建築において造営された多宝塔は、初層方形、上層円形で方形の屋根（三角形にみえる）で構成された、建築技術のうえでも異端の建築である。

　八角形平面の建物は中国では珍重され、円筒形の建築までつくられた。しかし、日本では造営例が少なく、鎌倉時代以降はほとんど新造されていない。梁や桁などの構造部材の接続法や垂木の配列が容易ではなかったためとみられる。それ以上に天壇など、円形建築に強い意味をもたせた中国建築とは意識に差があったのだろう。

　古代のものには〈法隆寺東院夢殿〉と〈栄山寺八角堂〉が残るだけで、鎌倉時代には〈興福寺北円堂〉〈法隆寺西円堂〉〈広隆寺桂宮院本堂〉、室町時代には〈東福寺愛染堂〉などがある。近世においては江戸時代に〈興福寺南円堂〉などがつくられるが、事例数は少ない。

　開山堂や御影堂は全国の寺院に事例は多いが、南北朝時代以前のものは〈東大寺開山堂〉（1250年）、〈永保寺開山堂〉（1352年頃）、〈室生寺御影堂〉（室町時代前期）などにすぎない。〈唐招提寺〉には〈興福寺〉にあった旧一条院の宸殿と殿上および玄関を移築（1964年）して御影堂とした建物や、御影堂に移された鑑真和上坐像が安置されていた開山堂があり、〈知恩院〉には徳川家光によって再建された大規模な御影堂、同じく法然上人を祀る廟堂である御廟が残る。親鸞上人を祀る堂は、〈本願寺〉には1636（寛永13）年に再建された御影堂、〈東本願寺〉には1895（明治28）年に再建された御影堂、〈東寺〉には弘法大師空海の住まいを堂とした1390（明徳元）年造営の御影堂（大師堂）など、再建されたものが多い。

　修験道建築の代表例は、〈三仏寺奥院（投入堂）〉〈地蔵堂〉〈文殊堂〉であろう。それに〈龍岩寺奥院礼堂〉を加えて初期修験道建築の形態を残している事例をここでは取り上げた。それは修験道の場としての立地だけでなく、初期の形態をイメージするためである。

052　第3章　多様化した信仰の空間

円堂の系譜
――聖人を祀る空間の成立

　日本の八角円堂の筆頭にあがるのは、聖徳太子を祀ったとされる〈法隆寺東院夢殿〉[3-1,2]である。8世紀前半に創建された〈東院伽藍〉は八角形の〈夢殿〉を中心として、〈中門〉（現・礼堂）が南側にあるだけで、廻廊で囲まれていたのは夢殿だけであった。中心建物を廻廊で囲むのは〈西院伽藍金堂〉や〈五重塔〉と同様の手法だが、〈東院伽藍〉がそれらと異なるのは、〈夢殿〉だけが唯一無二の存在とされていることである。廻廊の北面には鎌倉時代に〈絵殿〉や〈舎利殿〉がつくられ、〈絵殿〉〈舎利殿〉の北に接して〈伝法堂〉が建つ。〈伝法堂〉は奈良時代の貴族住宅としては唯一の遺構で、739（天平11）年の建立とされる。創建時は5間×4間の規模で、妻側に簀の子の広縁がある檜皮葺の切妻屋根の住宅建築であったが、その寄進された住宅の材料を用いて、7間×4間、瓦葺の建物に拡張・再生された。寄進による〈伝法堂〉の造営は、住宅を

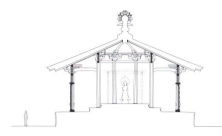
法隆寺夢殿 桁行断面図（現状・鎌倉）

法隆寺夢殿 桁行断面図（復元・天平）　0　　5m

法隆寺東院夢殿
739（天平11）年創建／1230（寛喜2）年改修／奈良県／木造

創建期は細い八角柱4本の上に台輪を井桁に組んで載せて、その上に八角の斗を載せ、さらに菱格子の組入天井が載っていた。各八角柱の間は解放されており帳で隠していた。現在の〈夢殿〉は鎌倉時代に大きく改造され、8本の八角柱に囲まれた中央に八角形の厨子を置き、本尊の救世観音を収めている。

[3-1]
法隆寺東院伽藍　航空写真と平面図・断面図
写真からは現在の伽藍構成がわかるが、創建時は〈中門〉（現礼堂）があるだけで〈夢殿〉を廻廊で囲んでいた。鎌倉時代に〈夢殿〉だけではなく伽藍全体が再整備された。

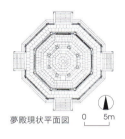
夢殿現状平面図　0　5m

[3-2]
法隆寺東院夢殿　内部
八角柱に囲まれた中に八角形の厨子が安置されている。創建時は建物全体が聖徳太子の等身像とされる救世観音像のための空間であったが、鎌倉時代に太子を祀る僧侶や人々のための空間として整備された。

第1部　古代・中世・近世　053

栄山寺八角堂
760〜764（天平宝字4〜8）年／奈良県／木造

内陣は厨子のようで、庇はその厨子を囲む覆堂ともいえる。その内陣は4本の柱上部に天蓋の一種が載っており、まるで格天井のある空間のように感じられる。〈夢殿〉の天蓋も創建期には同様の形式だったから、この方法が八角円堂の上部を規定する形式として成立していたとみられる。

[3-3]
栄山寺八角堂　内部

八角形の室内に4本の柱を立てている。八角堂という外観が最初に想定され、その中に内陣を組み込んだようにみえ、素朴な八角堂のイメージを伝えている。

仏堂に再生する技術を法隆寺大工がすでにマスターしていたことを示している。

〈夢殿〉は〈絵殿〉〈舎利殿〉の造営とともに鎌倉時代に改造された。軒を3割以上伸ばし、屋根を急勾配としているのは、緩勾配による雨漏りの防止と鎌倉時代の美意識による。それを可能にしたのは、〈西院大講堂〉で実現した野屋根の技術だった。それは外からみえる屋根の勾配と、内部からみえる垂木の勾配を変えて、軒先の屋根裏に空間をつくる技術だが、〈夢殿〉ではその野屋根の内部に太い桔木を入れて軒先を吊り上げている。

〈西院大講堂〉で実践された野屋根は、内部からみえる垂木と実際の屋根勾配をつくる野垂木とが分離されたまま止まっていた。しかし、このことは日本建築において外観の表現が自由になったことを意味し、構造と一体化するように外観と内部が連動してつくられてきた古代の基幹システムの変革といえる。

野屋根空間に桔木を入れて軒先を吊り上げた最初期の事例が〈夢殿〉である。この野屋根と桔木という技術は後世まで広く受け継がれた。ともに法隆寺大工による技術改良で、法隆寺造営開始から引き続きここが技術改良の拠点であったことを示している。視点を変えると、野屋根と桔木の普及はそれまで組物（斗栱）によって軒先の荷重を支えてきた基本構造の変更を意味している。〈法隆寺金堂〉から用いられてきた組物全体を梃子の原理で持ち上げる尾垂木の発想に加えて、第5章で述べる大仏様の遊離尾垂木の実現が大きなヒントとなり、日本独自の桔木技術が開発され、広範に普及したとみられる。

法隆寺東院夢殿と栄山寺八角堂

〈夢殿〉は聖徳太子が居住した斑鳩宮跡に、行信僧都という僧が聖徳太子の遺徳を偲んで建てたとされるが、後述する〈栄山寺八角堂〉も藤原武智麻呂の菩提を弔うためであり、〈興福寺北円堂〉も藤原不比等の一周忌に際

して創建された。ともに死者の霊を鎮めるための建築といえる。〈夢殿〉の厨子もさまざまな改修を経ているが、創建期は細い八角柱4本の上に台輪を井桁に組んで載せて、その上に八角の斗を載せ、さらに菱格子組入天井が載っていた。各八角柱の間は解放されており、帳（とばり）をたてて隠されていた。

現在の〈夢殿〉は8本の八角柱に囲まれた中央に八角形の厨子を置き、本尊の救世観音が収めている。この多角形を用いた二重性が普通の仏堂とは異なり、この堂の特殊性と象徴性を示している。

奈良にはもう一つ、〈栄山寺八角堂〉[3-3,4,5]がある。この八角堂は藤原仲麻呂がその父武智麻呂のためにつくったとされ、仲麻呂の死後の764（天平宝字88）年以前の造営とみられる。〈夢殿〉より小規模だが、高さはあまり変わらないため、全体として縦長な外観で屋根勾配は急である。〈夢殿〉は外観も内陣も八角形であったが、ここでは内陣は方形である。8

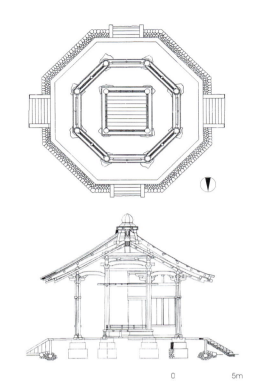

[3-4]
栄山寺八角堂 平面図・断面図
八角形平面の柱と中央の4本の柱位置を揃えたためにその外側の空間が狭くなっているのがわかる。断面は身舎と庇による構成をそのまま八角堂に援用している。

[3-5]
栄山寺八角堂　外観
やや縦長な構成だが、近づくにつれプロポーションの美しさがわかる。

第1部　古代・中世・近世　055

興福寺北円堂
721（養老5）年創建／1210（承元4）年再建／奈良県／木造

内陣と外陣は2段の繋梁を設けて補強している。〈北円堂〉全体が縦長のプロポーションにみえるのは、このような内部の構造処理のためとみられる。

[3-6]
興福寺北円堂 平面図・断面図

[3-7]
興福寺北円堂　内部
柱がすべて円柱で内部は縦長の寸法構成だが、それを感じさせない。

本の柱を結んでできる中央の方形の四隅に柱を立て、ここに方形の天蓋を載せている。

4面を戸口とし、それ以外の壁面を連子窓とするのは〈夢殿〉と同様だが、組物は実肘木付きの三斗とシンプルである。創建時の原形をよく伝えており、内部の彩色も鮮明に残っている。修理の際に地垂木が円形に復原されている。

内陣は天蓋のある厨子そのものであり、庇は内陣を囲む覆堂のようである。内陣は4本の柱上部に天蓋と呼ばれる格天井のある空間のように感じられる。〈夢殿〉の天蓋も創建期には同様の形式だったから、八角円堂の上部を規定する形式として成立していたのだろう。

興福寺北円堂の再建

〈興福寺北円堂〉[3-6,7]は鎌倉時代初期の再建で、平重衡の戦禍によってほとんどの堂宇を失った〈興福寺〉に現存する最古の建物の一つである。〈夢殿〉は鎌倉時代に大修理を受けたが、〈興福寺北円堂〉はその修理の前に〈夢殿〉とほぼ同一規模で再建されている。

〈夢殿〉との大きな違いは、〈北円堂〉は柱が長く、やや縦長なプロポーションで、高欄のない単純な基壇構成であることである。軒を支える組物は上下2段になっており、組物と組物の間に間斗束を入れている。軒を見上げると、地垂木と飛檐垂木の組み合わせ（2軒）の先端にもう1列の飛檐垂木を設けて3段にしており、大きな軒の出をアピールしている。

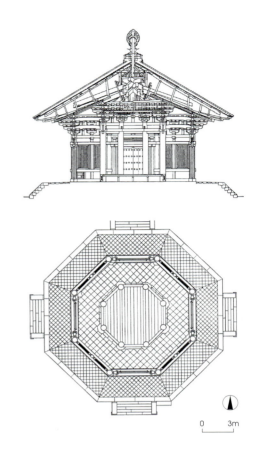

〈夢殿〉の鎌倉時代の改修は、軒の出を深くして外壁を保護すると同時に、屋根勾配を変化させて重厚感を表現することであった。〈北円堂〉でも同様な意図があったが、垂木の3段のグラデーションによって重厚感を表現している。地垂木の断面が六角形なのも特徴といえる。奈良時代には地垂木が角断面、飛檐垂木を円形断面（地円飛角）とすることが格式を示す軒の表現であったが、平安時代には楕円と角断面の垂木の使用へと変化する。〈北円堂〉が創建された奈良時代の姿を伝えるために、古式に通じる六角形の垂木が用いられたとみられる。

内部は太い円柱で囲まれた内陣が堂々とした印象を与えている。内陣上部は飛貫上に巨大な長押をまわし、さらに柱上部を頭長押でつないでいる。内陣と外陣は2段の繋梁を設けて補強している。〈北円堂〉の縦長のプロポーションは、このような内部の構造処理のためとみられる。東大寺再建は大仏様という手法によって新時代の建築を生み出したが、〈北円堂〉では奈良時代創建のプライドの延長上に改良された、南都和様としての新空間の創出を求めたといえる。

第3章　多様化した信仰の空間

開山堂の系譜
——祖師信仰の興隆と影響

〈東大寺開山堂〉[3-8,9]は創建後に場所を移されたが、周囲に庇を増築した開山（初代住職）良弁上人の肖像を安置するための堂である。内陣は鎌倉時代初期、外陣は内陣造営後50年後の建築で、〈東大寺〉では〈南大門〉とともに大仏様を伝える数少ない遺構である。

当初は方一間で宝形瓦屋根の厨子風の小堂であったが、移築時に向きを変えて方三間堂へと拡張されている。さらに江戸時代初期に扉口を改造して西向きとして、庇部分に床（現在は仮設畳敷床）を張っている。

外観は屋根が大きく、壇上積基壇上にのる端正な建築である。内陣は板敷上に八角形の台座を設けて、八角形の春日厨子を安置している。内陣足元の地覆は〈東大寺鐘楼〉と同様に、短い大仏様木鼻をつけて井桁に組んだ上に柱を立てており、大仏様の通し肘木、挿肘

[3-8]
**東大寺開山堂
良弁上人の厨子**
内陣1200（正治2）年、外陣1250（建長2）年／奈良県／木造

創建時にはこの厨子を入れるための空間として独立していた。八角形の春日厨子を祀る建築であった。

木を用いている。方三間の阿弥陀堂との違いは、入口以外の3面を板壁として、前面に内開きの板扉を設けていることである。

内陣は建築として独立しており、周囲の庇部分（外陣）は鞘堂と考えてよい。その部分は

[3-9]
**東大寺開山堂
創建期の内陣**

内部をみせることを意図させない象徴的な建築で、大仏様の細部意匠が各所にみられる。

永保寺開山堂
室町時代前期(1333-1392年)／岐阜県／木造

外陣と相の間との境には柱も間仕切もなく、上部に大きな虹梁を渡して一体化している。礼堂の内部には柱はない。床は四半敷の敷瓦を相の間まで連続させて一体感を高めている。

[3-10]
永保寺開山堂 礼堂から祠堂をみる
前面は礼堂ではあるが、その構成は禅宗様仏堂の構成そのものである。仏堂であればその中央に須弥壇があるはずである。その奥に祠堂を置くというずらした構成とみることができる。

和様に大仏様を取り入れた意匠でまとめられている。

〈永保寺開山堂〉[3-10,11]は当寺の開山である元翁本元を祀る堂である。開山の墓塔および頂相を安置する内陣としての祠堂と、礼堂にあたる外陣の昭堂を相の間でつないでいる。祠堂は室町時代前期に単独で建てられたが、南北朝時代に相の間と礼堂がつくられてそれらが連結された。一間堂のまわりに庇や裳階をつける手法は〈東大寺開山堂〉と似ているが、全体は単純に三つの空間をつないでいる。祠堂は高層壇上に建つ1間の裳階つきの建物で、組物を三斗とする。裳階を板軒にすることによって檜皮葺・入母屋屋根と対比させている。

それに対して昭堂は方三間の規模で、柱上以外にも組物を置く詰組の三手先組物を用い、軒を2軒の扇垂木とする本格的な禅宗様意匠である。昭堂内部には柱を用いず、梁行に虹梁を架けて相の間と一体の空間をつくり上げている。内部では外陣と相の間との境には柱も間仕切もなく、上部に大きな虹梁を渡して一体化している。礼堂の内部に柱を立てず、背面の柱を虹梁大瓶束で省略し、開山を拝しやすくしている。床も四半敷の敷瓦を相の間まで連続させることによって、三者の一体感を高めている。

構造は相の間境の虹梁から昭堂前面の柱に2本の梁を渡し、その上に4本の大瓶束を置いて詰組を配し、鏡天井の高い中央部分の空間が形成される。昭堂から見上げれば禅宗様仏殿に特有の求心的で上昇感を表現した空間が、祠堂は相の間と一体となった奥行を感じさせる空間となっている。

〈室生寺御影堂〉[3-12,13]は、奥の院にある弘法大師を祀る堂である。方三間、方形屋根の小建築だが、厚板に木製の瓦棒をつけた2段の美しい屋根が復元されている。木瓦屋根は後世に檜皮葺や瓦葺に改められることが多

058　第3章　多様化した信仰の空間

いが、このような厚板葺屋根をもつ建築も当時は多くつくられていた。板蟇股、頭貫の木鼻などの意匠から14世紀頃の建築とみられ、〈室生寺本堂〉と同様に大仏様意匠が採用されている。都から離れたこの地でも、新しい時代の造形に敏感であったことがわかる。

この建物は厨子のための空間といってもよい。構造的には厨子上方から側柱に伸びる彩色の施された虹梁によって支持され、空間全体が厨子のための空間であることを示している。中央間を脇間の1.6倍と大きくしているのも、中心部の重要性を示している。

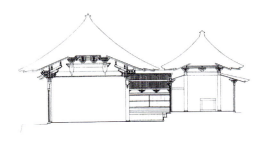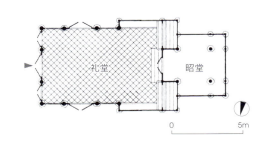

[3-11]
**永保寺開山堂
平面図・断面図**

祠堂の独立性を保ちながら、礼堂と相の間で構成している

室生寺御影堂
室町時代前期／奈良県／木造

建物自体が厨子のための空間といえる。構造的には厨子上方から側柱に伸びた虹梁によって支持されており、空間全体が厨子のためであることを示している。

[3-12]
室生寺御影堂　内部

厨子のための空間であることが、上部から伸びた虹梁によって実感できる。

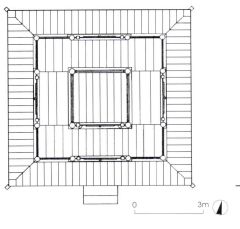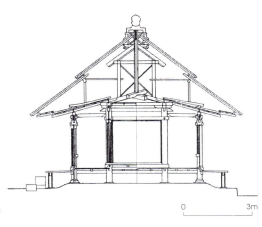

[3-13]
**室生寺御影堂
平面図・断面図**

平面図でも中央間の大きさがよくわかる。断面図の頭貫木鼻に大仏様の意匠がみられる。

第1部　古代・中世・近世　059

霊場行場の建築の系譜
―― 浮遊空間の建築化

　宗教建築には修行のための空間が必要である。堂内での読経や座禅などもその一つだが、平安時代になると、都会の喧噪を離れて人里離れた場所で修養することが、都市の大寺の僧侶によって求められた。その場合に、静寂な地に古くから居を構えていた神社の場が選ばれた。それらを神宮寺と呼ぶが、そこから神仏の習合が生まれた。奈良時代末期の興福寺僧による室生寺造営にあたって、龍穴神社の神域近くが選ばれたのはその例の一つである。

　それ以前から神道では山河などの自然を修行の場としたとみられ、本格的な建築物の造営は少なかったようである。仏教建築との習合によりしだいに建築化が図られ、自然と一体化した建築として、崖に張り出したような形式の懸造の建築が生まれた。

　その最古の事例が〈三仏寺奥院(投入堂／蔵王堂)〉［3-14,15,16］である。奈良時代にはすでに修験道の場であったようだが、急峻な崖に吊された小規模な建築がつくられたのは平安時代以降とみられる。投入堂は堂内からの眺望について言及されることが多いが、それは後世になって広まった認識だろう。初期の懸造建築は、内部からの眺望よりも建築に「浮遊感」が求められたとみられる。懸造の建築に眺望を求めたのは、鎌倉時代以降の禅宗寺院の三門(山門)や室町将軍による金閣や銀閣など、上層からの眺めを意識するようになってからである。建築内部からの眺望は、古代の望楼のように自然の姿を俯瞰することから生まれ、それが本格的に建築に取り込まれるようになった。展望を意識させる懸造を用いた建築と、修験道のためにつくられた初期の懸造建築は、切り離して考えるべきだろう。そのような意味で〈三仏寺奥院〉は、多くの小規模神社と同じくインテリアの意識はきわめて薄い。

　三徳山三仏寺は天台宗寺院で、〈奥院(蔵王殿)〉は瀟洒な外観で知られる。それは急傾斜の岩盤上に垂直に柱が伸び、檜皮葺の屋根を支える(懸造)。身舎には丸柱が、庇には大面取の角柱が用いられ、組物は舟肘木である。ゆるやかに反った垂木をもつ庇が三方につき、さらに一段低い庇屋根が重なっており、軽やかに建築を包み込んでいる。正面の広庇だけは垂木を2軒として正面性を示して

[3-14]
三仏寺奥院(投入堂)　内部
平安時代後期／鳥取県／木造

3間に1間の身舎の2方向だけ庇が付く変則的な平面で、用いられている円柱は太い。それに対して須弥壇を囲う部材は極端に細く、仮設の須弥壇のようにみえる。

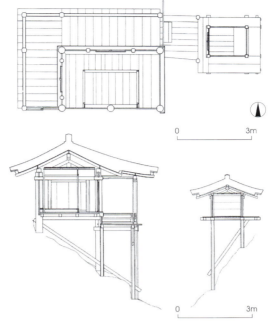

[3-15,16]
**三仏寺奥院
外観・平面図・断面図**

崖の途中に張り付いた奥院。庇まわりの大面取りの角柱は身舎の柱と対比させている。付属している愛染堂を庇に直接接続させていないのは、外観全体に軽やかさを示すためだろう。

いるが、他は1軒である。

身舎は桁行正面1間、梁間1間の横長の平面で、縁のある正面と西面には扉が設けられている。外観は繊細だが、身舎柱・庇柱ともに太く、内部は柱や長押などの部材が武骨なまでに太い。建物を支える柱には貫はなく、斜めに方杖が打たれている。東にある愛染堂も同時期の造営とみられる。

懸造の建築で、インテリアの兆しがみられる例としては、〈龍岩寺奥院礼堂〉[3-17,18,19,20]がある。岩の凹所に張り付くように建てられた懸造の小仏堂で、屋根は勾配の少ない片流れの板葺である。奥院前面に架かる階段は、三尊を刻んだ残りの丸太を削ってつくられたものと伝承され、「きざはし」と呼ばれる古代から続く階段の原型といえる。本尊は阿弥陀如来坐像、薬師如来坐像、不動明王坐像の三尊で平安時代後期の作とされる、樟の一木造の白木の像で、一本の楠の大木からつくられたとされる。彩色、切金などの装飾を一切行なわず、衣文の細部を略して平面的に処理した特異な様式の像である。〈奥院礼堂〉内に岩壁を背景に安置されている。

仏教の本格的な建築は、地面にどっかりと

龍岩寺奥院礼堂
鎌倉時代後期（1286年）／大分県／木造

本尊は阿弥陀如来坐像、薬師如来坐像、不動明王坐像の三尊で平安時代後期のもの。樟の一木造の白木像で、一本の大木からつくられたと伝えられている。三尊は奥院の自然の岩壁を背景に安置されている。

[3-17]
龍岩寺奥院礼堂　内陣（左）

[3-18]
龍岩寺奥院礼堂　外陣（右）

礼堂からは格子の隙間から建築として取り込まれていない三尊の存在がわかる。

[3-19]
**龍岩寺奥院礼堂
平面図・断面図**

断面図と外観をみると、片流れの屋根が礼堂だけを覆い、崖上に浮いているように懸造とされているのがわかる。

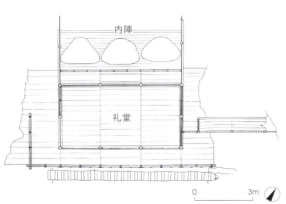

第1部　古代・中世・近世　061

[3-20]
龍岩寺奥院礼堂　三尊
樟の一木材から刻み出された平安時代後期につくられた三尊が並ぶ。あえて、像を建築内に取り込まないことで霊場としての神聖な場を生み出している。

設置されるのが基本で、高床(床が張られた)の寺院建築が成立しても、日本の主要建築に浮遊感が表現されることはなかった。〈清水寺本堂〉や〈東大寺二月堂〉も、創建期には小規模な建築が眺望のよい場(観音菩薩が岩山に降臨したように)に求められたが、そこに本格的な舞台がつくられてから、眺望が重視されるようになった。そのプロセスのなかで、本来は懸造にしなくても別の敷地を選択することが可能であったにもかかわらず、崖地に建物をつくる事例が現れる。〈三仏寺文殊堂〉(室町時代後期)、〈三仏寺地蔵堂〉[3-21,22](室町後期)、〈醍醐寺如意輪堂〉(豊臣秀頼による再建)などがそれにあたる。

三仏寺地蔵堂
室町後期／鳥取県／木造

〈奥院〉への道筋の急峻な山中に位置している。〈地蔵堂〉と〈文殊堂〉は類似した構成で、参道の巨岩上に建てられており、懸造としている。回縁から下を覗くと身もすくむ断崖に浮遊している感覚が味わえる。

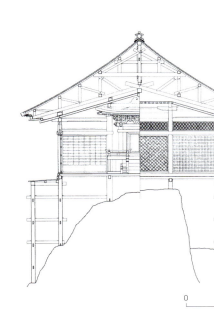

[3-21]
三仏寺地蔵堂 平面図・断面図
巨石上に3間×4間の堂を載せた懸造建築である。

[3-22]
三仏寺地蔵堂 外観
多くの懸造は外観として浮遊感を生み出す手法だが、周囲の手摺のない回縁に座すと緊張感を味わえる。

第1部 古代・中世・近世　063

>>> [第1部] 古代・中世・近世

第4章 伽藍内のさまざまな建築空間

　寺院の伽藍にはさまざまな付属建築がある。門は扉を開くことによって人を招き入れ、閉鎖することによって拒絶するという明解な意志表示を可能にし、門から先の空間への関門となっている。門は内部に導入するためのゲートの役割を果たしてきたが、門の建築内部にインテリアとしての役割が付加されるのは、禅宗建築の三門（山門）の造営による重層部の仏堂化以降である（詳細については第5章参照）。門のなかには長屋門など単層の屋根をもち、部屋を片方、または両方に配するものもある。しかし、長屋門は長屋の一部を通り抜けられる門であり、これらの部屋は門の象徴性を高めることが主要な目的であった。そのような意味で門は神社の鳥居と同じく、境内という空間を接続、分節する結界として働いている。

　また、寺院内のそれぞれの門は異なった造営意図をもっている。たとえば、〈法隆寺中門〉と〈法隆寺南大門〉の意図は違っている。中門は寺院内の中心施設を象徴するための門だが、南大門は境内の入口を外部に示すための目印である。そのため、廻廊に接続して設けられた中門は南大門より格上であった。時代を経ると、中門と南大門の位置づけが逆転する。都市に対して開かれた南大門が、寺院の存在を象徴するようになるためである。

　倉は寺院における宝物を収蔵する施設だが、それらは寺院の格付けを象徴的に示す。東大寺の〈正倉院正倉〉や、寺院の宝物や史料を収蔵する〈法隆寺綱封蔵〉などの双倉と、小規模な単層の倉に区分される。前者二つの双倉はともに三つの空間から成り立っており、両端が倉としての機能をもち、中央の空間は納めた宝物類の出し入れに利用する仕分けの場であった。単層の倉は東大寺境内だけでも〈勧進所経庫〉〈法華堂経庫〉〈本坊経庫〉〈手向山神社宝庫〉の4棟の校倉があり、それぞれ規模の違いや、校木の部材寸法の違いはあるが同様の形式である。どの倉にも内部空間はあるが、人を招き入れ、儀式のために使用される空間ではない。その他境内には経文を収蔵する経蔵、境内に時を知らせる鐘楼があるが、ともに人にみせるための建築ではなく、僧侶の修行につながる施設である。そのような意味で、門、倉や経蔵、鐘楼にはみせるためのインテリアはないから、本書で扱う必要はないともいえる。しかし、境内そのものが仏像や僧侶のための内なる空間として意識されていたこと、外部との遮断を図った倉から、〈法隆寺綱封蔵〉のような倉としての機能を視覚的に示すように変化する例もあり、輪蔵という大量の経典を回転させる仕組みを内部に組み込んだ経蔵が生まれるなど、のちに建物内部の質的変化を遂げていく素形として取り上げておきたい。

　以上のような付属建築とは違って、境内には僧侶の生活空間もつくられていた。〈法隆寺東室・妻室〉は日本の最初期の集合住宅の遺構といってもよい。〈東室〉は大坊と呼ばれ、高位の僧の居住空間として、〈妻室〉は従者の修行と生活のための空間（小子房）であった。〈東室〉〈妻室〉はともに同一の桁行単位で区画され、その間の中庭も房ごとに仕切られていた。現代の中庭のあるテラスハウスに通じるといえる。

　〈東室〉は平安時代末期（保安2年／1121）南端3房分を堂に改め、太子の影像を祀ることが構想された。それを継承したのが現在の〈法隆寺聖霊院〉である。西室の前方7間を使って〈三経院〉もつくられた。また、僧坊を使って本坊などとした〈元興寺本堂（極楽坊）〉および〈禅室〉などはともに現代の再生建築につながる初期の事例として貴重である。

門の系譜
――境内の門から都市の門へ

法隆寺西院伽藍の中門

　創建時の〈法隆寺〉は〈薬師寺〉〈興福寺〉〈唐招提寺〉などの諸大寺同様に、南大門を潜ってすぐに第2の門である中門があった。7世紀から8世紀までの多くの寺院では中門のほうが南大門より大規模につくられた。それは伽藍内で塔と金堂が重要視され、中門はそれらを囲むゲートとしての役割を果たしていたためであることは前述した。

　〈法隆寺中門〉[4-1]は重層の大規模な門で、廻廊で塔・金堂を囲む基点であった。ところが、8世紀になると中門の存在は薄れてしまう。講堂やそれを囲む僧房・食堂などの建築がつくられ、塔と金堂の存在が相対的に薄れると中門の役割は低下し、都市の人々に対して寺院の存在を示す正面ゲートとしての南大門の存在が大きくなった。

　〈法隆寺中門〉の奥行は3間と広くつくられているが、7世紀寺院の中門のみにみられる傾向である。中門上層壁面は下層より大幅に縮小され、その上に大屋根を設けているために存在感がある。さらに下層柱の高さを低く抑えて全体として安定した姿が求められた。戸口が二つという異例さから特殊な門という

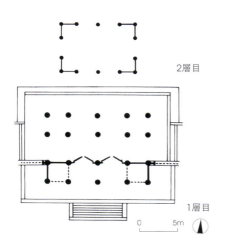
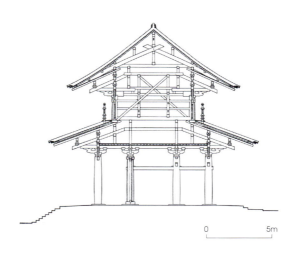

法隆寺中門
白鳳時代(7世紀)／奈良県／木造
強い胴張りの柱に支えられ、深い軒とそれを支える雲形斗栱が存在をアピールしている。柱頭をつなぐ頭貫は細く繊細だが、頭貫下に慶長修理の際に補強のための貫が入っている。

[4-1]
法隆寺中門　平面図・復原断面図・現状断面図
初層と2層は柱軸がそろっていない。ここでも2層目には機能はなく両脇に続く回廊とプロポーションを整えるためである。

[4-2]
法隆寺中門　天井見上げ
現在は2層目を支えるために厳重に梁・桁でつながっているが、復元された断面図と比べると、後世に柱途中が飛貫で補強されているのがわかる。

第1部　古代・中世・近世　065

法隆寺東大門
天平時代(8世紀)／奈良県／木造

二重虹梁蟇股式の架構に平三斗の組物を備え、垂木を三棟造と呼ぶ前後各梁間を山形の化粧天井とする。

[4-3]
法隆寺東大門　見上げ

三棟造と呼ばれる門の前後に別々に化粧垂木を設け、屋根にもう一つの棟をもつ形式であることがわかる。

指摘もなされてきたが、塔と金堂と廻廊との関係から、中門の規模と二つの戸口をもつ形式が決まったとみてよい。

　また、中門には廻廊の内庭での仏事のため貴賓席が舗設されたことから、儀式の際にも中門や廻廊より内側には入らなかったらしい。中門をみると胴張りの強い柱に支えられ、深い軒とそれを支える雲斗栱が存在をアピールしている。柱頭をつなぐ頭貫は細く繊細だが、頭貫下に慶長修理で補強した際の貫が入っている。正面の頭貫も同様に慶長修理で太くされ、柱間にも間斗束が挿入されている。金堂がプロポーションのために重層屋根とされたことはすでに述べたが、中門もゲートとし

ての役割と同時に、門、塔、金堂を一体としてボリュームのコントロールがなされている。廻廊で囲まれた内側が、まさに〈法隆寺〉中心部のインテリアであり、中門がそのことを視覚的に主張している。

法隆寺東大門と南大門

　〈法隆寺〉にはその他にも貴重な門がある。その一つが、西院の東築地に開かれた〈東大門〉[4-3,4,5]で、現在はこの門をくぐって東に位置する夢殿のある〈東院伽藍〉に向かう。二重虹梁蟇股式の架構に平三斗の組物を備え、垂木を三棟造と呼ばれる、前後各梁間を山形の化粧天井とする構造である。この〈東

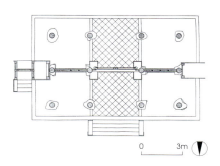
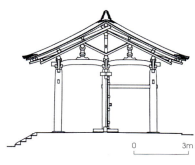

[4-4,5]
法隆寺東大門
外観・平面図・断面図

平面形式は類似しているが、奈良時代と室町時代の門の規模と構造の違いがよくわかる。

大門〉は法隆寺内の別の位置から移築されたが、〈東大寺轉害門〉と並んで天平時代に創建された八脚門（やつあしもん）の代表例である。

　この門の組物を観察すると、中央の柱の肘木の長さ（両端の斗の中心まで）が、3.4天平尺（3250mm）なのに対して、両端の側柱にある組物の肘木長さが4.0天平尺（3850mm）と2割ほど長くなっている。小壁の付いている組物と片方が外部に面した両端の組物では見えかたが異なるために、錯視の補正をしていることがわかる。このような細部にまで注意が払われているのは、外観が重視されていたことを示している。内部を通過して別空間へ誘うための門としての位置づけがわかる。

　それに対して〈法隆寺南大門〉[4-6,7,8]は永享7年に焼失、同10（1438）年に再建された八脚門である。室町時代に再建された門であるために、組物を平三斗からやや複雑な出組にしていること、組入天井を設けていること、屋根を入母屋造にしていることなど、〈法隆寺〉の正門としての格式を表現している。

　また、桁は太く、桁を絵様つきの実肘木（さねひじき）で受けていること、柱頂に渡された頭貫端の木鼻に若葉の彫りを入れ、柱間中備に双斗（なかぞなえふたつど）を受ける花肘木を用いることなど、時代による様式の変化を受け容れている。とくに、妻飾りには禅宗様（ぜんしゅうよう）の虹梁大瓶束（こうりょうたいへいづか）に笈形（おいがた）をあしらうな

ど、飛鳥時代の香りの残る〈法隆寺〉のなかでも目立つ、装飾性の高い新様式が採用されている。このことは、創建後も法隆寺大工たちが古式を守りつづけるだけでなく、各時代の新技術を習得しつづけていたことを如実に示している。

東大寺轉害門

　〈東大寺〉は平重衡（しげひら）の焼き討ちによって多くの堂宇を失ったが、奈良時代の遺構は〈正倉院宝庫〉と〈轉害門〉（てがいもん）くらいである。この〈正倉院〉西側の大路に面した西門である〈轉害門〉[4-9,10]は、鎌倉時代に組物が平三斗から出組に改変されているが、その規模と風格から創建時の〈東大寺〉をイメージすることができる。

　出組への変更の際に追加した部材の一部の斗に皿斗つきのものがあること、通し肘木の木鼻に大仏様（だいぶつよう）の繰形がみられるなど、〈東大寺〉再建時に用いられた大仏様の影響がみられる。ところが、肘木などは創建期に通じる和様でつくられている。つまり、この鎌倉期の改変には、大仏様と和様の二つの様式が混入していることがわかる。重源によって大仏殿、〈南大門〉などの再建のために大仏様が用いられたが、在来の和様を守り抜いた大工集団が東大寺に存続していたことを示している。

法隆寺南大門
1438（永享10）年再建／奈良県／木造

組入天井を設けていたり、屋根を入母屋造にしていることなど法隆寺の正門としての格式を表現している。

[4-6,7]
法隆寺南大門
外観・平面図・断面図

〈東大門〉と比べると門としての形式から仏堂と同様な構造形式を用いるようになっていることがわかる。

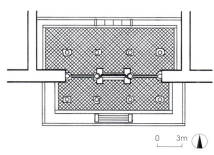
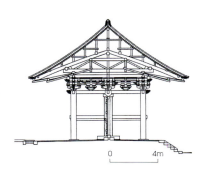

[4-8]
法隆寺南大門　見上げ
大仏様の意匠を採り入れた門の構成が力強さを示している。

建築そのものではないが、〈東大寺〉の鎮守社であった〈手向山八幡宮〉の例祭「轉害会」が、この門などで行なわれてきた。奈良時代に〈宇佐八幡宮〉から祭神が勧請された際に、〈轉害門〉を通ったという伝承から神迎えを再現した祭礼である。そのため、門の中央前面に神輿を置くための石製の礎石が置かれている。このことは、古代における門が出入口を意味するだけでなく、〈東大寺〉創建と大きな関係をもつ儀式のための場であったことを意味している。祭事だけのためなら仮設の木台を設置すればよいのだから、この門と鎮守〈手向山八幡宮〉が強く結ばれていたことを示している。

東大寺轉害門
天平宝字頃(奈良時代)／奈良県／木造
奈良時代から残る〈東大寺〉の遺構は〈正倉院宝庫〉と〈轉害門〉くらいである。〈正倉院〉西側の大路に面した西門である〈轉害門〉は鎌倉時代に組物が平三斗から出組に改変された。

[4-9]
東大寺轉害門 平面図・断面図
〈法隆寺東大門〉と同様に古式の三棟造としている。ただし、前面のみを格天井としているのは、その下が神輿を置く場であるためである。

[4-10]
東大寺轉害門 見上げ
小屋組には鎌倉時代の改修時に大仏様意匠が採り入れられている。

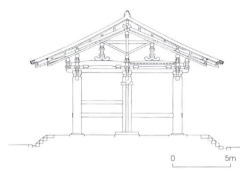

正倉院宝庫（正倉）
756（天平勝宝8）年頃／奈良県／木造

内部に床をもう一段設けて2層とし、さらに、小屋梁上にも板を張って一部を利用している。高床形式を継承した奈良時代（天平期）のデザインだが、内部を有効利用するための床の設置など内部の重層化がみられる。

倉の系譜
―― 内部空間の視覚・ビジュアル化

双倉　正倉院宝庫と法隆寺綱封蔵

〈正倉院宝庫〉［4-10,11,12］は双倉と呼ばれ、〈東大寺〉が官寺であったことから勅封として監理されてきた。現在は宮内庁の所管である。境内に残るほかの校倉はみな単倉だから、〈東大寺〉を象徴する双倉の貴重な事例である。

南北に棟を配するこの倉は、長さ33m、幅9.35m、棟高14mもある巨大な建築である。床下には高さ約2.4mの円形の束柱が10列×4列並び、その上に台輪と呼ぶ水平材を用いている。この上に北倉と南倉は校木という三角形断面の材を20段重ねて、校倉造の壁体を構成している。中倉は校倉造ではなく、柱と柱の間に厚板を落とし込んだ「板倉」である。

束柱上には先端を長く突きださせた梁をわたし、その上に校木を組んでいる。その上に

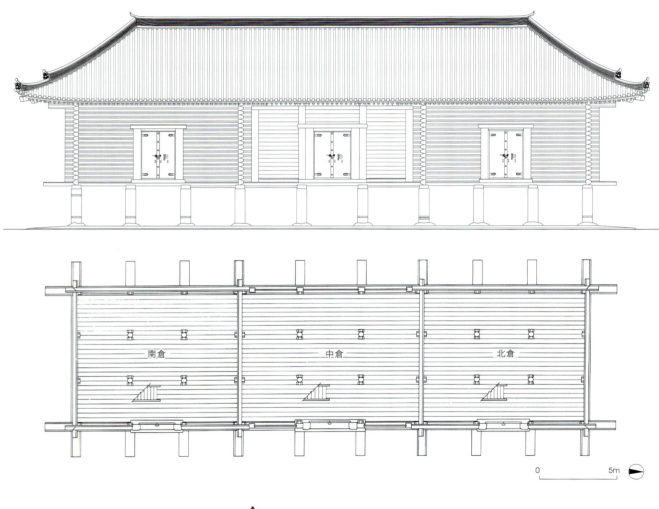

[4-11,12]
正倉院宝庫　立面図・平面図・断面図・外観

図を見ると3つの扉口が正面に並んでいることがわかる。本来の倉である南倉と北倉は校倉造で、仕分けの機能を持つ中倉は板倉である。2種の機能を組み合わせて、外観全体を処理している。

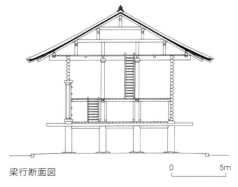

梁行断面図

[4-13]
正倉院宝庫
2層目から小屋裏にのぼる階段

日本建築では中世まで、内部に実際に機能する床をもつ事例は少ない。ここでは小屋裏にまで収納空間をつくった特殊な事例といえる。

法隆寺綱封蔵
平安時代前期(9世紀)／奈良県／木造

中央は普段は床板がはずされており(中倉)、虫干しや搬出の際に板を敷いて使っていた。

梁を置いて屋根を載せるが、その梁の先端も同様に外側に伸ばされ、肘木を載せて出桁を支えている。軒も地垂木と飛檐垂木を用いた二軒として古代の格式を示している。小屋組は明治期の修理によって洋小屋に改造された。

内部は床をもう一段設けて2層としており、小屋梁上にも板を張って小屋裏の一部を利用している。収納の床面積を確保するためだが、小屋裏まで利用するのは、伝統的な集落の倉での経験が引き継がれたとみてよいだろう。高床形式を継承した天平時代のデザインだが、近代建築のピロティを想起させる。内部を有効利用するための床の設置など、空間内部の重層化がみられる珍しい建築である。しかし主要建築において、床面積拡大のために大空間にもう1層の床を用いる手法が引き継がれることはなかった。

〈法隆寺綱封蔵〉[4-14,15,16,17,18]は寺内の管理部門である僧綱所の封印によって開扉を管理された倉で、勅封蔵につぐ格式をもっている。一般の寺には勅封蔵はないから、〈綱封蔵〉が〈法隆寺〉内でもっとも重要な倉であった。現在の建物は平安時代初期の建立とみられる。

[4-14,15]
法隆寺綱封蔵
平面図・断面図・外観

中央の荷さばきの空間は、床板を使用時のみ置いて使うこと、扉口が中央に向いていることがわかる。

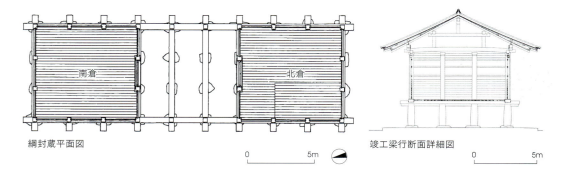

綱封蔵平面図　　　　　　竣工梁行断面詳細図

[4-16]
法隆寺綱封蔵
中倉から北倉をみる(次頁上左)

[4-17]
法隆寺綱封蔵
高蔵床の全景(次頁上右)

[4-18]
法隆寺綱封蔵　内部（下）
下層に厚板の嵌め込んで、盗難を防ぐために工夫された倉の内部。

第1部　古代・中世・近世　073

[4-19]
唐招提寺鼓楼
1240（仁治元）年／奈良県／木造

伽藍西側にある鐘楼に対して鼓楼と呼ばれるが、鑑真和上が唐から請来した仏舎利を安置することから舎利殿とも呼ばれる。

法隆寺経蔵
奈良時代（8世紀）／奈良県／木造

法隆寺鐘楼
1005〜1020（寛弘2〜寛仁4）年再建／奈良県／木造

〈西院伽藍〉に残る〈経蔵〉と〈鐘楼〉はともに下層は簡素な構成で、正面中央に大きな戸口がもうけられている。それは機能に対応したためではなく、廻廊とつながった外観に配慮した結果であろう。

[4-20]
法隆寺経蔵　内部
上層に経巻が置かれるが本格的な階段はない。

現存する古代の高床の倉はすべて校倉造なのに対して、この倉は角柱を立て南倉、北倉を土壁で囲んでいる。さらに、土壁の内側には、約1.6mの高さまで盗難防止のための厚板が嵌め込まれている。

桁行9間のうち南北各3間ずつを倉とする双倉だが、扉を中央3間に向かい合わせて設けている。〈正倉院宝庫〉と同じ双倉形式だが、中央部は床板も張られず吹き放たれている。倉の宝物の出し入れの際に臨時に床板を渡して、それぞれの倉の前室として用いられた。〈正倉院宝庫〉は両端の倉の扉口を正面に向け、中央部を板で囲う象徴性の高い形式だが、〈綱封蔵〉のほうは古代的な素朴な構成が感じられ、双倉本来の姿を伝えているようで

ある。創建時には内部の重層化や間仕切り壁はなかったが、室町時代に北倉内部に柱が立てられ、間仕切って使われていた。ここでは二つの倉の機能と中央の仕分けの場という機能の違いを外観として示していることが注目されるが、南北の倉は単一の空間であり、倉の内部に対する機能的な工夫はみられない。

経蔵と鐘楼

天平時代の大寺では、講堂前方の両脇に経蔵、鐘楼という楼造りの建築があった。金堂や塔とは異なり、実際に重層としての機能のある楼造りの建築が、日本にも古代から存在していた。中国では楼造りの建築（楼閣）が好んでつくられたが、この形式は〈法隆寺〉のみに遺構が残る。鎌倉時代に〈唐招提寺〉に〈鼓楼（舎利殿）〉[4-19]が造営されるが、鑑真の招来した仏舎利を安置したこと、大仏様の意匠が用いられたことなど、中国風の流れのなかに楼造りがあったことをうかがわせる。

〈法隆寺〉に残る両建築とも下層は簡素な構成で、正面中央に大きな戸口がある。それは機能に対応したのではなく、外観に配慮した結果であろう。上層は正背面に戸口を開き、連子つきの扉に周囲にも連子窓を設け、縁高欄を巡らしている。切妻の妻側に二重に虹梁を積み上げた天平時代特有の架構をみること

経蔵 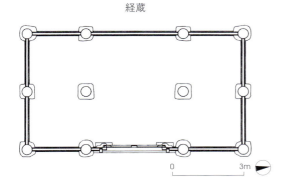   鐘楼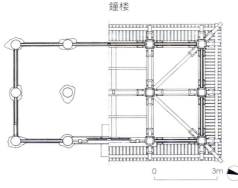

[4-21,22]
**法隆寺経蔵
平面図・断面図・外観
（左）**
奈良時代と平安時代の構造の違いがわかる。

[4-23,24]
**法隆寺鐘楼
平面図・断面図・外観
（右）**
〈鐘楼〉には床が張られていない。

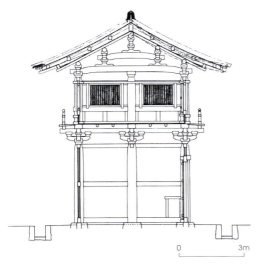 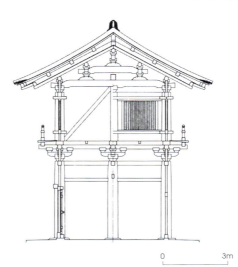

ができる。
　〈経蔵〉[4-20,21,22]では梯子を登った上層に経巻が置かれ、〈鐘楼〉では上層正背面中央間を開放して、鐘音を外部へ伝えている。〈鐘楼〉[4-23,24]は〈講堂〉とともに焼失後に再建され、廻廊に挟まれた〈経蔵〉に合わせて計画された。しかし、プロポーションは天平時代の〈経蔵〉とは異なる。〈鐘楼〉下層は低く、斗栱、虹梁、蟇股などは平安時代の意匠が用いられている。〈鐘楼〉再建時に創建時と位置と規模を合わせて計画しながらも、意匠を再建時代に合わせる態度は、伝統建築の再建の

際の心得としてよいだろう。〈鐘楼〉は楼造りでありながら、上層には床を張っていない。経巻を湿度から護るための〈経蔵〉と鐘の音を拡散するための楼造りの建築が必要とされた。
　〈東院鐘楼〉は平安時代末期の創建で、袴腰つき鐘楼としては最古の遺構である。前述した天平時代の鐘楼は、〈西院経蔵〉や〈鐘楼〉のように矩形の楼造りであったが、ここでは下層にスカートをはかせたような袴腰がついている。平安時代からの意匠上の変化とみられる。鎌倉時代末期に大修理を受け、大半の部材が取り替えられたが、構造や形式はほ

[4-25]
法隆寺東院鐘楼
1163(応保3)年創建、鎌倉時代(13世紀)大改修／奈良県／木造

平安時代末期に創建された袴腰付き鐘楼としては最古の建物である。下層にスカートをはかせたような袴腰があるのは平安時代以降の意匠上の変化である。

法隆寺東室
白鳳時代(7世紀)／奈良県／木造

隣接する扉口と連子窓で一房を構成し、内部も各房境で区切られていた僧侶の居住空間である。いまは北側の3房分にだけ間仕切りが復元されている。

[4-26,27]
**法隆寺東室
復原平面図と房内部**

間仕切りが復原されていない東室部分。太い柱、板敷きの空間である。区画されていないせいもあるが、各部材が大きくて居住のための空間とは思えない。

ぼ平安時代の創建時の状態を残している。

屋根は扠首組の小さな妻飾であったが、慶長年間(1600-06年)の修理で改造され、妻を前方へ出して虹梁大瓶束(笈形付き)式に替えられ、やや重厚な姿に変わっている。また袴腰部も元来下方は板張ではなく、全体を漆喰塗りとしていたとみられている。組物にも変更があって、手先部に三斗を用いず、直接通肘木(一手目)と丸桁(二手目)を受ける略式のものである。そのため軒下まわりがすっきりして、建物の規模と調和している。

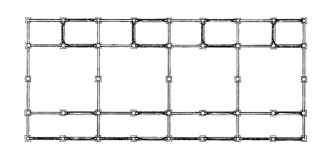 

076　第4章　伽藍内のさまざまな建築空間

僧坊と僧坊の改修

〈東室〉[4-26,27]は廻廊の東側に建つ僧房で、『法隆寺資財帳』(天平19(747)年)には4棟の僧房が記載されているが、それに該当する唯一の遺構である。桁行2間を1房分として元来は9房あったが、南端の3房は〈聖霊院〉に改められ、いまは6房分が残っている。12世紀初めに倒壊したために、旧材を使って再建された。その後も鎌倉・室町・桃山時代と数次にわたる大修理・改造があって、平面や細部は各時代のものが混在していた。修理によってほぼ永和3(1377)年改造時の姿に整備されている。

隣接する扉口と連子窓で一房を構成し、内部も各房境で区切られていたが、いまは北側の3房分にだけ間仕切りが復原されている。そのうち北側から第2、第3房は母屋の方二間を主室とする創建時の白鳳文化の形式に復原され、主室の中央に渡された虹梁に沿ってドームのような起り天井が張られている。

この虹梁は全体が円弧を描いており、廻廊

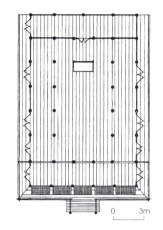
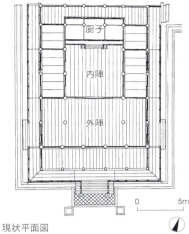

復原平面図(保安年間頃)　現状平面図

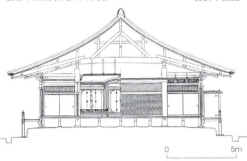

法隆寺聖霊院
1284(弘安7)年／奈良県／木造

南北に細長い〈東室〉の南端3房分(桁行6間)は1121(保安2)年に聖徳太子像を祀る堂に改造された。その後、独立した建物として再建された。建具は鎌倉時代再建時のスタイルをよく残している。なお内陣に安置された仏壇や厨子も再建時のもの。

[4-28]
法隆寺聖霊院
復原平面図(左)・現状平面図(右)・断面図

復原平面図は間仕切りのほとんどない平安時代末期の状況で、寝殿造の形式を残している。現状平面図は鎌倉時代に再建された内陣、外陣と広庇から構成され、仏堂としてのかたちを整えている。

[4-29]
法隆寺聖霊院　厨子

唐破風と破風の蟇股は鎌倉時代再建時のものだが、優美な姿を示している。

第1部　古代・中世・近世　077

078　第4章　伽藍内のさまざまな建築空間

法隆寺聖霊院　厨子全景
鎌倉時代再建時の厨子だが、扉を開けると内部は平安時代の太子信仰を彷彿させる。

[4-30]
法隆寺聖霊院　厨子全景
鎌倉時代再建時の厨子だが、扉を開けると内部は平安時代の太子信仰を彷彿させる。

第1部　古代・中世・近世　079

法隆寺妻室
1121（保安2）年頃／奈良県／木造

僧房は大房と小子房が一組として用いられ、一房ずつが区画されていただけでなく、その間にある中庭も房ごとに仕切られており、中庭を挟む形式で日本最古のテラスハウスといってもよい。

の虹梁とよく似ている。そのため〈東室〉は中心伽藍に続いて造営されたとされる。創建時は組物を用いない簡素な建物で、円形断面の垂木を用いるなど、〈法隆寺〉の付属建築の初期状態をうかがわせる。当初は土間床で、そこに椅子や寝台を用いた日常生活が行なわれていた。内部は胴張りのある太い柱とそれに釣り合うように梁材などが用いられ、修行の場を兼ねていたとはいえ、住まいとしては無骨な空間である。

〈聖霊院〉[4-,28,29,30]は南北に細長い〈東室〉の南端3房分（桁行6間）を、保安2（1121）年に聖徳太子像を祀る堂に改造したことに由来する。その時期には北側に残された〈東室〉と棟続きだったが、弘安7（1284）年に独立した建物として再建された。桁行6間の妻入り切妻屋の正面に広庇を設けた構成は、創立以来の姿だが梁行をやや広げ、出三斗の組物を用い、軒も二軒にするなど、仏堂としての格式が整えられた。

蔀戸（しとみど）、板扉、格子戸など住宅風の建具を多く用いていること、寝殿造の発掘資料と平面が類似していることなどから、寝殿造の寝殿につぐ対屋（たいのや）という住居系の流れにつながる遺構である。また、ここで用いられた建具は、鎌倉時代再建時の様式をよく残している。なお、内陣に安置された仏壇や厨子も再建時のもので、唐破風（からはふ）や蟇股は繊細で美しい。

この建築によって、仏堂に住居系の要素が採り入れられていく様子が明らかになったが、

[4-31]
法隆寺東室　内部

[4-32]
法隆寺東室と妻室 配置図
配置図の小さな部屋の連続が〈妻室〉（復元図）。〈東室〉と比べると木割りが細くて簡素な空間となっている。

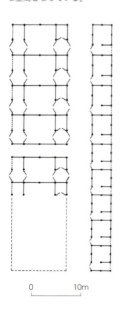

080　第4章　伽藍内のさまざまな建築空間

現在は寺院風に改められている。
　〈妻室〉[4-31,32]は〈東室〉の東に並行する細長い建物で、東室小子房と呼ばれていた。僧房は大房と小子房が一組として用いられ、1房ずつが区画されただけでなく、その間にある中庭も房ごとに仕切られていた。
　この建物は小子房としては現存する唯一の遺構で、平安時代の建立とされる。2間1房の〈東室〉に合わせて円柱を配した房境を設け、各房は角柱で3等分されて南寄りの1間は扉口のある前室、北寄りの方二間を窓のない居室であった。慶長6(1601)年の改造で約3分の2の長さに縮小されたが、のちに〈東室〉の当初の9房分に復原された。身舎だけの簡単な構造で組物を用いず、内部には天井も設けられていない。
　〈三経院〉と〈西室〉[4-33,34,35]は、西院廻廊の西側にやや離れて建つ、南北に棟のある細長い建物である。南側の7間を法華・勝鬘・維摩の三経を講ずる仏堂〈三経院〉とし、妻入りで南側から用いられ、後方の12間は僧房〈西室〉として、平入りで扉口と窓が並んでいる。
　〈西室〉は創建時には〈東室〉と対称の廻廊の近くにあったが、承暦年間(1077-81)に焼失して現在の位置に移動し、寛喜3(1231)年に再建された。〈三経院〉は大治元(1126)年に創立されたが、承暦年中(1077-81)に焼失したとみられ、鎌倉時代の〈西室〉再建にあたって、東側の〈聖霊院〉と〈東室〉の例に倣って〈三経院〉と〈西室〉を一連の建物とした。〈西室〉には文永5(1268)年の墨書があり、また嘉元3(1305)年、貞和5(1349)年などに内部を改造した記録があり、現在の姿になったのは観応元(1350)年とみられている。
　〈三経院〉は円柱に大斗肘木の組物を用い、全体に木が太く質実剛健な建築である。正面に吹き放しの広庇を設け、蔀戸や両開き板扉を配置する住宅風の仏堂で、外観は〈聖霊院〉と似る。前寄りの桁行4間分を堂とし、その

法隆寺三経院及び西室
1231(寛喜3)年再建／奈良県／木造

〈三経院〉は〈西室〉南側の奥行7間分を用いて宝華・勝鬘・維摩の三経を講ずる建物である。平安時代末期に焼失し再建されたとみられる。

[4-33,34,35]
**法隆寺三経院
内部の厨子と西室と平面図**

平面図の手前側に位置するのが〈三経院〉で、折上小組格天井のまわりに小組格天井が配されている。その奥にあるのが〈西室〉の内部。

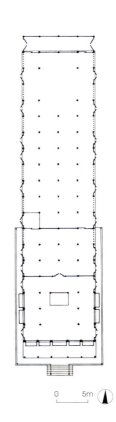

中央方二間を内陣とする平面だが、内部には間仕切がない。〈西室〉は扉と連子窓を一組とする2間を1房とした僧房で、内部には角柱を用い、低い棹縁天井を張っている。本来は小室に区分されていたが、旧状が不明のため、いまは全体吹き放しの一室にされ、柱だけが林立している。

〈元興寺〉は奈良時代には〈東大寺〉〈興福寺〉と並ぶ大寺院であったが、南大門、金堂を囲んでいた廻廊と中門、講堂、大坊の背後にあった食堂などはすべて失われた。〈本堂（極楽坊）〉［4-35,37］と〈禅室〉［4-38］はともに、旧僧坊を大幅に再生（改築）してつくられ、〈本堂〉と〈禅室〉には奈良時代の創建時の僧坊の柱や瓦が再使用されている。

改造時に〈本堂〉は鎌倉時代の建築らしい力強さが吹き込まれている。東正面の柱間は上部が菱欄間で、その下を格子とした扉、1間の吹き放しの庇がついている。正面の柱間装置はまるで密教本堂などで用いられた内陣と外陣の境のようにみえる。建物の内部意匠が採用されたようにみえる特異な外観だが、そのことによって住宅風の印象を生じさせている。南面は6間と偶数で、中央に板扉が3間分あり、その両側1間に片引きの小さな扉があり、さらに東側だけに1間の連子窓がある。こちらの面も仏堂の外観としてはバランスがとれていないように感じるが、仏寺は左右対称が守られていたのに対して、住宅は対称性を避けようとしていたことに関係している。

外部装飾には貫や木鼻などに大仏様意匠がみられ、東大寺再建に関わった大工たちが、鎌倉時代初期の和様のなかに大仏様という新しい流れを取り入れたとみられる。内部では天井で隠されて内側に伸びた組物の姿がまったく見えない。さらに1間四方の鏡天井のまわりを小組格天井とし、内陣より一段低くしている。堂内には一切の間仕切りがなく、円柱で囲まれた内陣の各柱間に挿入された角柱が、内陣と外陣を隔てる唯一の結界の役を果たしている。その角柱の位置は旧僧坊時の柱位置を示している。この平面の特徴は内陣の周囲を読経しながら行道することを可能にしていることである。

〈禅室〉は僧坊の4房分をそのまま禅室としたもので、外観も内部の構成も本堂とはまったく異なる。一部の柱を除いて鎌倉時代に多くが取り替えられた。ここでは改造時にあえて僧坊のイメージを継承する選択がなされている。同じ旧僧坊を改修しながら、〈本堂〉と〈禅室〉という異なった建築に再生していることがわかる。妻側を見ると先端を三味線の撥のようにした鎌倉風の虹梁と、大仏様の木鼻の組み合わせが美しい。それに対して軒先を支えている肘木の太さは奈良時代にも通じる雰囲気をもつなど、奈良時代と鎌倉時代の意匠が混在している。

[4-36,37]
元興寺極楽坊本堂現状平面図（左）・元興寺僧坊復元平面図（右）
1244（寛元2）年再建改築／奈良県／木造

内陣の円柱の間にある角柱が旧僧坊の柱位置である。旧僧坊は〈法隆寺東室〉とほぼ同形式である。

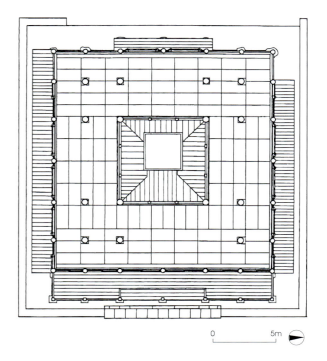
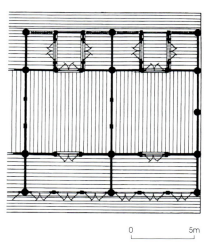

[4-38]
元興寺極楽坊本堂　内陣
鎌倉時代には大規模な改修がなされた。3房分の僧坊が現在の本堂の基本となっている。

[4-39]
元興寺極楽坊禅室
僧坊の4房分をそのまま禅室としたもので、外観も内部の構成も本堂とは異なっている。柱は鎌倉時代の改造時に多くが取り替えられたが、僧坊のイメージをそのまま継承した再生がなされている。

第1部　古代・中世・近世　083

>>> [第1部] 古代・中世・近世

第5章　新様式の空間

　　中世の社会と文化の確立に寄与した中国との交易は、日本建築の構造や意匠にも革新をもたらした。いわゆる「大仏様」と「禅宗様」は、日本独自の取捨選択と美意識を反映させた南宋源流の新たな建築様式として展開した。

　大仏様は、壮大な規模を誇る〈東大寺大仏殿〉再興を背景に、東大寺大勧進職の俊乗房重源が南宋から導入した建築様式である。大仏様の構造的革新性は高く評価され、その後の日本建築に大きな影響を与えた。しかし、架構を露わにしたダイナミックで力強い意匠や空間、重源という個人に従属した建築様式は、その特異性から体系的に普及することはなかった。

　これとは対照的に、幕府の庇護下に営まれた禅宗寺院を中心に展開した建築様式が、禅宗様であった。禅宗様は中世幕府を象徴するかのごとく、禅宗の五山制という中央集権化と連動して、独自の様式を確立していった。禅宗様建築の真髄ともいうべき中世の禅宗仏殿は、本瓦葺で骨太な力強い鎌倉時代の造形を一変させ、室町時代には檜皮や柿板を葺いた軽やかで洗練された造形意匠へと変身した。その軽やかさは内部にも及び、多様な開口装置から差し込むやわらかな外光と、緊張感漂う造形美が織りなす、禅宗様建築独自の空間をつくり上げた。そして、禅宗様の優れた意匠と汎用性は、大仏様にはじまる貫の多用を継承しながら、禅宗寺院を越えて、地方の寺院や小仏堂にも展開していった。近世には建築の大衆化ともいうべき空間の大規模化が禅宗寺院の仏殿や法堂にも及び、禅宗様意匠の大空間を創出した。

　南宋五山の模倣につとめた中世の五山には、当然のように重層建築も営まれた。空間を重ねる手法は三門にも応用され、その姿はまるで〈東大寺南大門〉のような、迫力のあるプロポーションとなった。なにより、門の上層に異質の仏堂空間を積層するという禅宗建築の革新性は、日本建築に階下を見下ろすという新たな視点をもたらした。それは、古代の既成概念を覆す"様式の崩壊"と"伝統の否定"であった。禅宗寺院の雄大な三門は、都市を眺望し、都市から眺望されるランドマーク的な性格を強めながら、様式に囚われない近世の自由な発想によって、宗派を超えた名刹にも営まれていった。

大仏様の建築
—— 合理性の追求

新たな浄土世界の創出　浄土寺浄土堂

　平安時代末期の南都焼討で焼失した東大寺復興のため、後白河天皇は財力の乏しかった鎌倉新幕府に代わり、復興の資金や資材、人材を調達する東大寺大勧進職を設け、俊乗房重源（当時61歳）を任命した。類をみない壮大な〈東大寺大仏殿（金堂）〉（第1部第9章を参照）の再建という、国家事業のコーディネーターとなった重源は、難題山積の事業を達成するべく、新たな建築技術を南宋（中国福建地方）から導入し、東大寺復興に応用した。〈東大寺大仏殿〉に採用された建築様式に由来して、これを「大仏様」という。

　1190（建久元）年、〈東大寺大仏殿〉は、従来の構造的欠陥を補う新様式の採用によって、創建時の規模で復興を果たした。しかし、1567（永禄10）年の戦火で焼失、その後規模を縮小して江戸時代に再再建され、現在の姿となった。

　東大寺再興にあたり重源の活動拠点の一つとされる〈浄土寺浄土堂〉（1194年）は、〈東大寺大仏殿〉に続いて重源が手掛けた、いわゆる阿弥陀堂である[5-1]。天台宗常行堂を起源とする方形平面の阿弥陀堂は、中央の四天柱と天蓋（または天井）で結界のごとく囲われた方一間の小空間に、丈六の阿弥陀座像を安置する。

　しかし、〈浄土寺浄土堂〉に安置されたのは、高く聳え立つ丈六の立像であった。重源は、その阿弥陀三尊立像にふさわしい空間をしつ

[5-1]
浄土寺浄土堂
1190（建久元）年／兵庫県／木造

宝形屋根の阿弥陀堂。大仏様という南宋由来の様式を基調とするが、反りのない軒や縁のある外観は、古代仏堂のプロポーションを踏襲している。大仏様の手法は軒を支える挿肘木や垂木の小口を隠す鼻隠板などにも見受けられる。

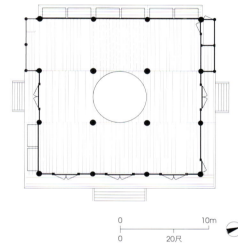

[5-2]
**浄土寺浄土堂
平面図・断面図**

身舎と庇を等間とし、一間が20尺（約6m）という長大な柱間からなる方形平面の仏堂。中央の須弥壇は、来迎壁を設けずに円壇とし、仏堂の四方に桟唐戸や蔀戸を開くことで、「中心と四方」「内部と外部」の関係性を意識した空間が窺える。背面に階段がないことから、背面の蔀戸が採光を目的としたものであることがわかる。また、上方へ行くにしたがい柱や梁の太さが徐々に小さくなる遠近感による相乗効果で、高さと奥行を意図した空間がデザインされている。3体の仏像は足下が須弥壇下まで伸び、互いに貫で固定されている。

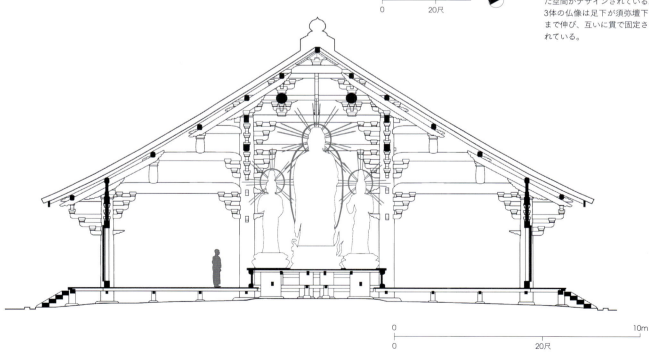

第1部　古代・中世・近世　085

[5-3]
浄土寺浄土堂　内部
高く聳え立つ阿弥陀立像を包み込むような大空間を、朱に染まった垂木や幾重にも重なる巨大な梁が覆う。背後の蔀戸から差し込む外光は、阿弥陀三尊のシルエットをくっきりと浮かび上がらせるスポットライトのようである。阿弥陀仏の背後にみえる垂木のラインが、垂直方向に展開する空間性をより強調している。

らえるべく、小屋組を露わにし、縦横に求心性を高めた空間をつくり出した[5-2]。そして、仏堂の四方を建具で開放し、本尊の背景となる来迎壁すらも取り払うという大胆な手法で、身舎と庇という異質の空間を一つにまとめ上げた。堂内全体だけでなく、屋外までをも見通すことができる〈浄土寺浄土堂〉の空間は、古代の閉鎖的な仏堂の空間概念では思いもよらない、重源の奇想天外な着想のもとに生み出されたのであった。

さらに、〈浄土寺浄土堂〉は方三間の仏堂でありながら、その規模は異例の壮大さを誇っている。この巨大な空間を包含する仏堂を実現したのは、丸太のような太い梁、その上に立つ大瓶束、何段もの貫、それらによってできた長大で堅固な柱間空間である[5-3]。

このように、構造と意匠を直結させた大規模空間が、大仏様の特徴といえる。貫による軸部の強化、大瓶束による柱の省略と柱間の拡張、軒を受ける挿肘木のほか、木鼻の繰

採光量を格段に増やし、朱に染めた内部空間と金色の阿弥陀如来の姿を自然光にさらして、その存在を際立たせた。とくに本尊の背面から西日が差し込む空間構成は、西方浄土を意識したものともいわれている。

　重源がつくり出した〈浄土寺浄土堂〉は、構造を意匠として表現する南宋の手法を応用しつつ、板床や蔀戸など日本建築の要素を折衷した、独創的な仏堂であった。

　しかし、時代の変節点に突如として現れた大仏様の特異な空間は、その独創性に加え、有力者や組織的な支援をもたなかったゆえに、重源の死後は体系的に普及することはなかった。その一方で、大仏様のダイナミックな大空間は、日本建築の構造と意匠に大きな革新をもたらし、その革新性は部分的に受容されていった。

中世の幕開け　東大寺南大門

　雄大な姿で人々を圧倒する〈東大寺南大門〉（1199年再建）も、12世紀の東大寺復興事業で重源が再建した遺構である[5-4]。〈南大門〉のスケールとともに、睨みつけるように聳え立つ巨大な金剛力士像（仁王像）も、向かう先にある盧舎那仏と大仏殿の壮大さを予感させ、参拝者自らの存在の小ささを実感させる。

　962（応和2）年の台風で倒壊した〈東大寺南大門〉の課題は、巨大性ゆえに倒壊をいかにして免れるかということにあった。古代の寺院建築は、おもに太い柱など良質の木材と瓦屋根

形彫刻、桟唐戸、太い虹梁、扇垂木、鼻隠板、小屋組の露出など、その独特多様な手法は、〈浄土寺浄土堂〉の随所に見受けられる。

　平安時代につくられた仏堂の多くは、屋根面を直接受ける野小屋を天井や化粧小屋組で覆い隠し、床座の低い視線に適した低層な空間を基調としていた。また、礼堂空間の付加によって奥行が深くなり、本尊を安置する内陣は薄暗い空間を常とした。

　しかし、〈浄土寺浄土堂〉では仏堂内部の

[5-4]
東大寺南大門／1199（正治元）年／奈良県／木造

高さ約25mにも及ぶ国内最大規模の門。1203（建仁3）年に仁王像を安置。軒と平行して伸びる軒先の通肘木の水平ラインが、巨大なプロポーションに安定感を与えている。

第1部　古代・中世・近世　087

[5-5]
東大寺南大門　内部架構
屋根まで伸びる21mもの長大な柱の上部には、幾重にも重なる貫と通肘木が縦横に差し込まれ、柱を固定する。

による垂直荷重で安定をはかっていた。しかし、平安時代にかけて大規模化かつ複雑化した仏堂は、地震や台風などの水平力で部材の変形と倒壊を招きやすくなり、さらには、平安時代に普及した檜皮葺のような屋根の軽量化も相まって、倒壊はさらに拡大したとみられる。

そこで、重源が大規模建築の安定をはかる抜本的対策として採用したのが、軸部を強化する貫の多用であった。この大仏様の手法は、従来の日本建築に飛躍的な構造的改良と安定性をもたらした。強固かつ大規模な建築の建造を可能にした貫の実用性は高く評価され、構造補強の要として急速に普及した。意匠面では大仏様の繰り型彫刻や扉構え（桟唐戸）が、単調で装飾性に乏しかった和様の意匠に華やかさを添えた。さらに、大量の貫や梁、柱などの部材の断面形状を規格化することで、施工や資材の効率化がはかられた。

〈東大寺南大門〉の18本の柱は、天高く伸びる木々のように林立し、柱には幾重もの貫と通肘木が格子状に突き抜けている。柱の足下から見上げた長大な空間には、縦横に飛び交う貫が埋め尽くし、暗闇の天空に吸い込まれるような上昇感がある[5-5]。柱には貫だけ

088　第5章　新様式の空間

でなく、軒先を受ける挿肘木が、面を成すように何段も挿し込まれ、その挿肘木端部の繰り形彫刻は、重厚な全体像に軽快さをもたらしている[5-6]。

フレームの空間　東大寺鐘楼

〈東大寺鐘楼〉（1207〜11年頃再建）は、重源から東大寺大勧進職を継いだ栄西による、大仏様建築である。栄西はのちに急速な普及をみせる禅宗を導入した人物で、〈東大寺鐘楼〉は禅宗様の要素を採り入れた、先駆的事例でもある。

〈東大寺鐘楼〉は、巨大で重厚な梵鐘が浮遊したような、1間四方のフレームの建築である[5-7,8]。26トンもの巨大な梵鐘を吊せるほどの堅固なフレームにもかかわらず、コンパクトで端正なプロポーションを可能にしたのは、大仏様と禅宗様の融和にある。

屋根を支える4本柱のフレームに、梵鐘を吊るすフレームを組み込んだ構造体が〈東大寺鐘楼〉の特徴の一つであるが、堅固な軸部を可能にしたのは、大仏様がもたらした貫の多用であった。

さらに、無骨さを打ち消した意匠に磨きをかけているのは、大仏様の合理的手法を下地にした部材の規格化とグリッド割にある。〈東大寺鐘楼〉はフレームを構成する貫や角柱、束などの各種部材の断面寸法を統一し、それらをグリッド分割した軸線上に据えて、意匠に一体感をもたらした。平面のグリッド単位は禅宗様詰組（組物）の間隔が基準になっており、内法貫や地貫の大仏様木鼻の長さ、軒の出も、このグリッドに準じている。このほか、本来は別木とする斗と肘木を、同形の材につくり出すという構造強度の向上と施工の合理化もみられる。

[5-6]
東大寺南大門　挿肘木
軒を受けるパネル状の挿肘木は、通し肘木を渡して固定されている。垂木の小口のばらつきを隠す鼻隠板は、合理的な施工を重視した大仏様の要素の一つである。

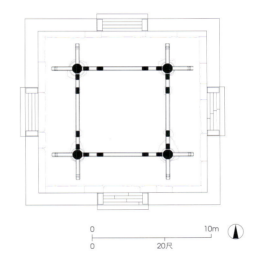

[5-7]
東大寺鐘楼　平面図
13世紀初頭／奈良県／木造

[5-8]
東大寺鐘楼
大仏様の無骨なフレームの上に、禅宗様の反りのある屋根と詰組を載せた、大仏様と禅宗様を折衷した最初期の遺構ともいえる。

禅宗仏殿
―― 空間と意匠の洗練

禅宗様の確立

　禅宗様は、禅宗寺院の普及とともに中世に確立した建築様式である。東大寺大勧進重源の後任となった栄西が、鎌倉時代初期に最新鋭の大陸文化として導入した禅宗は、時の権力者と武家の庇護を受けながら発展し、鎌倉・室町幕府の文化興隆に大きく寄与した。

　既存の仏教勢力や権力を刷新するべく、武家文化の象徴を模索していた鎌倉幕府は、新参者として排他的な扱いを受けていた禅宗に共鳴傾倒し、積極的に支援した。導入期の禅宗は当時の日本仏教界の主流であった密教なども修していた。このため、鎌倉幕府は諸宗の要素を削ぎ落とした、より純粋な禅宗の普及と組織化に努めた。さらに、南宋で隆盛していた禅宗の規範に忠実に倣うことを求め、禅院の建立にあたっては、開山に南宋の高僧を招来した。それは、教義や思想だけでなく、日々の儀式や修行、それらに必要な環境までをも再現することが重要視された。

　鎌倉幕府五代執権北条時頼は、禅宗の絶大な支援者であった。時頼によって1253（建長5）年に創建された建長寺は、開山に南宋の渡来僧を迎え、南宋五山の忠実な模倣につとめた禅宗寺院の先駆的存在となった。建長寺はたびたび災害に見舞われ再建を繰り返すが、14世紀以降に展開する禅宗寺院は、北条氏の統監のもと、建長寺を規範にして画一的に整備が進められた。

　このため、規範としての建長寺が営まれる以前の初期禅宗寺院は、古代を基調にした伽藍や仏堂で、南宋の様式を限定的に採用したにすぎなかったと考えられている。臨済宗東福寺は13世紀中頃の創建であるが、〈東福寺三門〉（1405年再建）に大仏様的要素が色濃くみられるのは、東大寺系工匠の関与があったこと、すなわち大仏様が、禅宗寺院における南宋的風貌を表現する手法の一つとして、受容されていたことを示している。鎌倉時代は禅宗様という、中世幕府あるいは武家の象徴の模索期であった。

　鎌倉時代末期には、幕府は南宋の官寺制度五山十刹を軌道にのせ、幕府の統制と経済的基盤を安定させていった。禅宗寺院の伽藍、および禅宗様というスタイルは、こうした中央集権化と連動して確立された。それは盤石な幕府の体制の具現化でもあった。こうした背景のもとで、禅宗様が建築様式を確立し組織的に普及したのが、14世紀以降とみられている。禅宗の普及が加速した背景には、幕府や武家だけでなく皇族や公家にとって、中国に通じた高僧との深い関わりが交易や舶来品、情報技術などの流通に大きく寄与したことも関係したとみられる。

禅宗仏殿の意匠

　南宋由来の大仏様と同じく、貫を多用し構造を意匠とする合理的な禅宗様の建築は、垂直方向に展開する高く明るい内部空間と、多彩で独特な意匠に特徴がある。そして、在来の手法を融合し、日本独自の美意識と洗練さを加味した、緊張感漂う造形美を生み出していった。それは、大規模建築の造営を目的とした、大仏様の無骨で力強い建築様式とは対

[5-9]
善福院釈迦堂
1327（嘉暦2）年／和歌山県／木造

方三間裳階付の中規模禅宗仏殿。1214（建保2）年栄西創建とされるが、現在の仏堂は本尊釈迦如来像の修理と同時期の1327（嘉暦2）年建立とみられている。切り出しの自然石、垂木割による柱間寸法の決定方法など、最も古式を残す禅宗仏殿である。力強い鎌倉時代の意匠は、寄棟造の外観だけではなく、太い柱、波連子など開口装置の無骨さにも表れている。

[5-10]
正福寺地蔵堂
1407（応永14）年／東京都／木造

〈正福寺地蔵堂〉と〈円覚寺舎利殿〉はいずれも、室町時代前期の関東における標準化された禅宗仏殿である。反りの強い主屋の屋根と直線的な裳階の屋根の対比が著しい。

照的な様相を示していた。
　とりわけ、禅宗様建築の真髄ともいえるのが、〈善福院釈迦堂〉(1327年)、〈功山寺仏殿〉(1320年)、〈円覚寺舎利殿〉(15世紀前半)、〈正福寺地蔵堂〉(1407年)に代表される初期の禅宗仏殿である。鎌倉時代の〈善福院釈迦堂〉は本瓦葺の無骨で力強い、古代的な造形を継承しているが、室町時代の禅宗仏殿は〈功山寺仏殿〉〈円覚寺舎利殿〉〈正福寺地蔵堂〉のように、檜皮や柿板を葺いて洗練された造型へと変身している[5-9,10]。禅宗様の独創的で軽やかな意匠と空間構成は、裳階や華奢な部材、組物、開口装置など、多彩な禅宗様の要素と日本的美意識の調和によってもたらされている。
　五山の仏殿は方七間と規模が大きいが、初期の禅宗仏殿は5間四方のほぼ方形平面を基本とする。その平面構成は平安時代に台頭した方形平面の阿弥陀堂のようでもあるが、実際には3間の主屋の四方に、裳階という一段低い屋根を差し掛けた庇空間を巡らせている[5-11]。南宋風に軒を大きく反らせた主屋の屋根(扇垂木)に、日本的なゆるやかな軒の裳階の屋根(平行垂木)の組み合わせに加え、日本独自の檜皮葺(または柿葺)と野屋根が、独創的なプロポーションをもたらしている。さらに、貫による構造強化が部材の無駄を削ぎ落とし、主屋の太い柱を覆い隠す裳階の華奢な意匠や、主屋の軒下に連なる詰組、裳階の開口装置(桟唐戸、花頭窓、弓欄間)によって、禅宗仏殿の装いは端正で軽快に仕立てられた。詰組はしだいに柱間寸法の単位となって、相互に統制的影響を及ぼし合い、禅宗様の合理的性質をより強めていった。

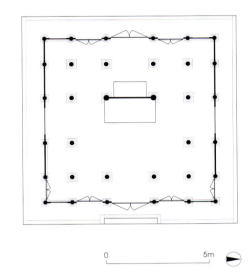

[5-11]
円覚寺舎利殿
平面図・断面図
15世紀前半／神奈川県／木造

方三間の主屋を裳階で覆った禅宗仏殿(桁行3間、梁間3間裳階付)。現在の〈円覚寺舎利殿〉は〈太平寺仏殿〉を16世紀頃に移築したものと確定されている。平面・断面ともに求心性の高い空間構成が特徴である。須弥壇前方に立つ主屋の柱を大虹梁と大瓶束で省略することによって、須弥壇の前に大きな空間をつくり出すことを可能にした。

[5-12]
円覚寺舎利殿　内部
裳階の多彩な開口装置と四方を巡る弓欄間の光の効果によって、主屋の高い空間に均一な明るさと軽快さが生まれている。

[5-13]
円覚寺舎利殿　主屋内部（右頁）
鏡天井へと縦に展開する空間軸が、須弥壇への求心力を一層高めている。

空間の洗練

　禅宗様の多彩な開口装置は、意匠性と実用性を飛躍的に高め、光と影の相乗効果を得て、外観に表した軽やかさを内部空間にも際出させた。古代の仏堂は小さな明かりで部分を照らしていたが、機能性を重視した禅宗寺院では、全体を明るく照らす空間が求められた。とくに禅宗仏殿では、裳階の桟唐戸や花唐窓が、内部を明るく照らす光源となったが、その空間に軽やかさと均一な明るさをもたらしたのは、帯状に巡る弓欄間（波連子）であった。波打つ造形の連子は、外光をやわらかな質感に変え、暗がりに浮かび上がる光の帯が、裳階の壁面から小屋組が浮遊するかのような錯覚を与えている［5-12,13］。

　さらに、その軽さに緊張感をもたらしているのが詰組である。主屋の柱上に連なる詰組から斜め上へと突き出た尾垂木が天井の虹梁へと到達する様は、技巧的で張りつめた均衡を呈している。それらが織りなす空間はまるでドームのようでもある。しかし、垂直に展開する空間の頂部、すなわち仏殿の中央は、周囲の詰組の空間とは異質な鏡天井で覆われている［5-14］。この鏡天井は、仏殿の中心

を垂直方向に貫く空間軸を意識させるのに大きく寄与している。仏殿の中心を象徴する鏡天井は、仏とそこに対峙する僧の聖域を覆う天蓋のようでもある。

空間の上昇性を強調するかのように、内部に伸びる詰組の尾垂木を別材にして勾配を変えるなど、さらなる造形操作で空間が演出された。構造を意匠とする合理的表現を極めるかのように、禅宗仏殿の架構には、目に見えない力学的表現が洗練さや軽やかさとともにデザインされた。それは尾垂木だけでなく、裳階と主屋の柱をつなぐ海老虹梁、礎盤、頂部をすぼめた柱（粽）の造形にも現れている。〈円覚寺舎利殿〉や〈正福寺地蔵堂〉は、水平方向と垂直方向に展開する、縦横の求心軸を融合した中世禅宗的空間の代表例といえる。

また、古代より平面と柱間の構成は架構の制約を受けてきたが、柱位置の制約を崩したのが大瓶束であった。大瓶束は、すでに大仏様の〈浄土寺浄土堂〉で柱間を拡張する手法として採用されていたが、禅宗様では柱の省略や移動により空間をつくり出す手法として普及した。禅宗仏殿では、須弥壇前の2本の柱を大虹梁と大瓶束で省略し、須弥壇前面

[5-14]
円覚寺舎利殿　鏡天井
鏡天井は、禅宗様建築に採用された板張りの天井形式である。鏡天井の周囲は複雑な組物を露わにした化粧屋根裏で、両者の対比が仏殿の中央を貫く垂直方向の空間軸をより強調している。中世は主屋中央にある須弥壇の上部を覆う程度であったが、しだいにその面積を広げていった。

[5-15]
正福寺地蔵堂　内部
須弥壇前方の柱を大瓶束で省略し、柱のないスペースを設けている。

に礼拝や儀礼のための広い空間を確保した［5-11,15］。しだいに、この空間をさらに拡張するために、来迎柱を後退させるようにもなった。柱位置の自由度を高める技法は、野屋根や桔木の発展とともに、屋根架構と下部構造の分離を可能にした。

禅宗仏殿の展開

　近世以降は組織的な規模勢力の拡大に伴って、伽藍も大規模化した。〈大徳寺仏殿〉（1665年再建）のように、多数の僧を収容するために、来迎柱と須弥壇が後退し、主屋全体が鏡天井で覆われた。仏殿に隣接する法堂は、仏殿を兼ねた時代もあり、仏殿と同形式の大空間を形成した。その一方で、大空間を覆う鏡天井により、垂直方向に展開する空間性は失われた。〈大徳寺法堂〉（1636年再建）や〈妙心寺法堂〉（1656年建立）に代表される近世の仏殿や法堂では、失われた上昇性を補完するかのごとく、狩野探幽などの絵師によって、巨大な雲龍図が鏡天井に描かれた［5-16］。

[5-16]
大徳寺法堂　内部
1636（寛永13）年／京都府／木造

近世には、鏡天井の面積が飛躍的に拡張し、巨大な雲龍図などで覆うようになる。隣接する〈大徳寺仏殿〉の鏡天井に描かれている天女のような姿は、寛永の再建に部分転用した前身仏殿の狩野元信筆伝の天井画とされる。

　禅宗様は、禅宗寺院という秩序化された環境のなかで、儀式や修行の規範を建築空間に表現するかのように、パターン化した空間ユニットを提示していった。その空間構成や手法は、武家社会および新たな権力の象徴として、高く評価されていったとみられる。中世から近世にかけて、禅宗様が禅宗寺院という枠を超え、地方の仏堂にも急速な普及をみせた背景には、こうした象徴としての禅宗様の流行のみならず、良質な木材の調達が難しくなっていた当時において、木柄の細い部材や小さなパーツの組み合わせによって、多彩な空間をつくり出すことが可能な禅宗様の汎用性と優れた意匠が、時代のニーズに合致したことも大きな要因であったとみられる。しかし、室町時代後期には、禅宗様が生み出す緊張感ある空間性や意匠は失われ、近世には禅宗様建築の本質から逸脱した、建築意匠の一要素として折衷化されていった。

禅宗三門の普及
―― 伝統と様式の再構築

禅宗三門の出現

　古代において、巨大な造形は宗教的、権力的メッセージの象徴であった。それゆえ、仏教寺院の主要な門、金堂、塔には重層建築のような高層のプロポーションが採用されたが、それは存在を際立たせるためのデザインであった。

　しかし、禅宗が積極的に受容された中世になると、禅宗寺院を中心に南宋由来の重層建築が普及した。とくに、南宋五山の模倣につとめた鎌倉京都五山では、教義や清規（集団生活で自給自足を維持するための禅僧の戒律）の遵奉だけでなく、景勝を重んじる禅宗の境致にしたがって、伽藍の立地や自然環境までもが模倣された。このため、鎌倉京都五

1階　　　　　　　　　　　　　　　2階

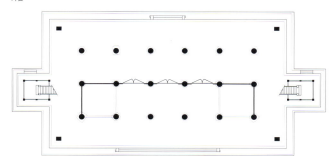
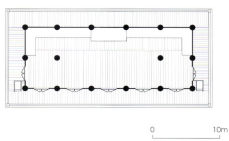

山には、南宋五山の大伽藍に営まれていた重層建築が当然のように導入された。なかでも、創建時の建長寺（1253年創建、1416年焼失）や東福寺（13世紀前半創建、1319年焼失）には、仏堂空間を積層した法堂が建立された。しかし、焼失と再建を繰り返し創建時の姿は失われ、五山に現存する多くの遺構が近世に再建された。

仏堂空間を積層する法堂の手法は、三門にも応用された。禅宗寺院の三門は、古代寺院の結界となる中門に相当する。金堂の前庭で儀礼を催した古代には、中門が礼拝空間の一部を担った。寺院の門は礼拝者に空間の変節点を意識させ、その先に続く聖域の存在を感じさせる指標であった。しかし、中世には門に託された意図がプロポーションにデザインされるようになり、門の佇まいはメッセージ性を強めていった。その先駆けともいえるのが、〈東大寺南大門〉（1199年）であった。

〈東大寺南大門〉の威風堂々とした姿は、東大寺復興という新時代の幕開けを象徴する中世のモニュメントとして継承され、その存在感は五山の寺院に影響を及ぼしたとみられる。

13世紀創建の臨済宗東福寺は、関白九条道家の発願により、東大寺と興福寺に匹敵する京都最大級の大寺院として建立された。開山には既存の仏教勢力との協調につとめた円爾を迎えたため、東福寺は禅宗・天台宗・真言宗の三宗を兼学する禅宗寺院となった。

数少ない中世の禅宗遺構のなかでも、5間3戸、2階二重門の〈東福寺三門〉は現存最古かつ規模最大の三門である[5-17,18]。13世紀の半ばには「二階楼門」であったことが、1250（建長2）年の『惣処分』（九条道家の建造物・寺産を処分した際に作成された帳簿）に記されているが、創建時の三門は1319（元応元）年に焼失した。その17年後に再建着手されたものの、経済状況の悪化により工事をたびたび中断しながら、着工から数十年の歳月をかけて1405（応永12）年にほぼ現在の姿に再建され、1425（応永32）年に足利義持筆の「妙雲閣」の額を掲げ完成を迎えた。

東福寺を再建した14世紀は、すでに禅宗様が建築様式として確立していたとみられるが、再建にあたっては、前身三門の規模をやや大きくしながら、大仏様と禅宗様を折衷した創建時の造形意匠が踏襲された。創建時の〈東福寺三門〉に大仏様が採用された背景には、様式を確立する過程にあった禅宗様と並んで、大仏様が南宋風意匠の一つとして容認されていたこと。加えて、東福寺の創建に携わった大工物部為国が、東大寺復興を完遂した大工の系列に属していたことなどが影響したとみられている。

しかし、なによりも、東大寺に劣らぬ大寺院の建立をコンセプトに掲げていた東福寺にとって、〈東大寺南大門〉のようなインパクトを与える門は、無くてはならない存在であっ

[5-17]
東福寺三門　平面図
1425（応永32）年／京都府／木造

[5-18]
東福寺三門
京都五山の一つで、草創期の伽藍配置は南宋の形式を踏襲したとされる。1319（元応元）年に全焼し、14世紀後半から15世紀前半にかけて、仏殿を筆頭に再建整備されたのが現在の伽藍である。1881（明治14）年の火災で仏殿や法堂など伽藍の多くが失われたが、幸いにも〈三門〉や〈僧堂〉には被害が及ばず、中世の様相を残す貴重な禅宗遺構となった。

[5-19]
東福寺三門　2階内部
2階の仏堂は、二重門のプロポーションの都合で低層に抑えられているため、無骨な大虹梁と大瓶束が頭上に横断した細長い空間が広がる。天井画等の彩色は、室町時代に〈東福寺仏殿〉の管理を務めた兆殿主の作と言い伝えられる。

たに違いなかった。東山裾野の複雑な地形に営まれた、東福寺という大寺院の存在をアピールするために、〈東大寺南大門〉のようなメッセージ性の強いプロポーションや造形意匠を必要としたのであろう。屋根を重ねた5間3戸の規模といい、どっしりとした重厚なプロポーションといい、〈東福寺三門〉の存在感はまるで〈東大寺南大門〉そのものである。

伝統と様式の否定

〈東大寺南大門〉のプロポーションを模倣したかのような〈東福寺三門〉は、大仏様を基調としたフレームに禅宗様意匠をあしらい、禅宗寺院にふさわしい新たなデザインの門を提示した。〈東大寺南大門〉は、大仏様という南宋由来の新様式を基調としながら、古代の造形意匠を融和した日本独自の建築ともいえる。そして、南宋をモデルにした中世の禅宗建築も、時代の美意識や需要を反映させながら、その意匠と造形を洗練させていった。

〈東福寺三門〉も大仏様の力強さに禅宗様の軽快さを加味して、独自の意匠に仕立てあげているが、それは、〈東大寺南大門〉の単なる模倣ではなく、仏堂という異質な空間を門の上層に重ねるという、禅宗様建築の革新性を採り入れたものであった。〈三門〉の上層に機能の異なる空間を重ねるという発想は、古代にはない視点と空間を創出し、建築の新たな可能性を示した。

こうした〈東福寺三門〉の意匠や空間構成は、様式を自在に組み合わせる発想や、従来にはなかった見下ろす視点をもたらし、中世から近世にかけて展開する"様式の崩壊"と"伝統の否定"への嚆矢となった。2階からの開けた視界と雄大な眺めは、〈三門〉の仏堂で催された法要などを通じて、特権階級の人々に知れわたっていったとみられる。

〈東福寺三門〉は中央3間を扉とした5間3戸の2階二重門で、創建時の楼門には伽藍を囲う2階建の廻廊が伸びていたとされる。しかし、室町時代中頃から禅宗寺院に廻廊がつくられなくなると、〈三門〉の両脇には2階の仏堂に昇る階段が設けられた。階段の入口を覆う山廊は、門の上層の空間を示唆する装置ともいえる。

〈東福寺三門〉の仏堂は桁行5間、梁行2間の細長い平面で、二重門のプロポーションゆえに、頭上に太い大虹梁の禅宗様架構が迫りくる。化粧垂木と細長い鏡天井で垂直方向に迫り上がるような空間は、中世の禅宗仏殿と同じ空間性を意識していることが窺える[5-19]。

また、頭上の大虹梁は細長い空間を分断するような圧迫感があるが、その一方では、後壁に沿って設けた須弥壇に、ずらりと並んだ本尊の釈迦坐像、脇侍および十六羅漢像

が、長手方向に伸びる横長の空間性を強調する視覚的効果をもたらしている。また、空間を覆う架構の圧迫感を逆手にとるかのように、鮮やかな彩色で覆った内部の架構材や柱、迦陵頻伽の天井画によって、禅宗寺院には異質ともいえる、天空のような世界がつくり出されている。

禅宗三門の形式化

〈大徳寺三門〉は、〈東福寺三門〉に次いで古い、5間3戸の2階二重門である。資金難による工事の中断で、着工から3年後の1529（享禄2）年にやむなく単層の状態で落成したとされる。その約60年後の1591（天正19）年、大徳寺壇越であった千利休の寄進を機に、ようやく2階が完成し、現在の〈三門・金毛閣〉の姿となった[5-20]。

三門の1階は和様（出組・平行垂木）、2階は禅宗様（尾垂木付三手先・扇垂木）を基調とした、禅宗仏殿の裳階と主屋のような形式である。三門の両脇には、2階の仏堂に昇る山廊が取り付けられている。門の規模に対して梁行柱間を拡張しているため、仏堂内部は奥行がある。仏堂はパネル状に分割した鏡天井で一面覆われ、〈大徳寺仏殿・法堂〉に通じるフラットな空間が展開している[5-21]。鏡天井に描かれた雲龍図や天女、迦陵頻伽の絵図は長谷川等伯の作とされ、〈大徳寺三門〉の仏堂は、さながら高名な茶人や絵師らによる芸術作品ともいえる。

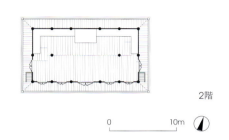

[5-20]
大徳寺三門　平面図
1591（天正19）年／京都府／木造

こうして、近世には、禅宗寺院の象徴となった五山三門の迫力ある雄姿は、都市を眺望し、都市から眺望されるランドマークとなっていった。禅宗寺院で創出された三門の空間性とプロポーションは、様式に囚われない自由な発想を促し、門としてのスタイルを確立した。三門の巨大さは、都市を一望できる要塞的機能も備えながら、〈知恩院三門〉（1621年）のような宗派を越えた名刹にも導入されていった。

[5-21]
大徳寺三門　2階内部
2階の仏堂内部は奥行が深く、長大な大虹梁の上を覆う鏡天井が平坦に広がる。狩野探幽筆の大胆で迫力ある鏡天井の雲龍図や軸部の彩色が、単調な空間に躍動感をもたらしている。

[第1部] 古代・中世・近世

第6章 中世和様の展開

「和様」とは、飛鳥時代に中国・朝鮮からもたらされた仏教建築を原型とする建築の構造と意匠の様式である。大陸由来の建築様式は、平安時代を通じて日本の風土や生活習慣に馴化し、板床や蔀戸、植物材料で葺いた屋根など、住宅建築の要素を採り入れた和様という日本独自の様式を形成した。和様は、平安時代の密教あるいは浄土教の仏堂、神社建築などさまざまな信仰の空間に普及し、中世の大仏様、禅宗様という新たな建築様式との対比によって、和様の概念と特質が浮き彫りになった。

和様が平安時代に日本化を遂げた背景には、密教と浄土教の隆盛、それを促した皇族や貴族の存在があった。国家の管理下に置かれた密教寺院は、現世利益を求めた皇室や上流貴族の手厚い庇護を受けたが、その恩恵にあずかるのは一部の特権階級に限られていた。こうした仏教のありかたに疑問をもった天台宗の僧は、より広範な人々の救済を目指し、中流以下の貴族層を中心に、極楽浄土への往生を約束する浄土教を布教した。浄土教は幅広い社会層に受け入れられ、その影響を受けた上流貴族はこぞって邸宅に持仏堂を構えた。このため、平安時代には多数の阿弥陀堂が建立された。平安時代における浄土信仰（阿弥陀信仰）は、仏堂の中央に丈六の阿弥陀仏を安置して、求心性のある空間に極楽浄土の世界観を可視化した。

一方、複雑な地形や山間部に伽藍を営んだ密教寺院の多くは、敷地の制約から広い前庭や廻廊を構えることができず、屋外で行なわれていた儀礼を仏堂の内部に集約させていった。金堂と礼堂を前後につないで一つ屋根の下に収め、水平方向に展開する奥行深い空間をつくりだした密教系仏堂は、阿弥陀堂とは対象的に、本尊を仏堂奥の厨子に収め、仏の聖なる姿を覆い隠すことを意図した。

仏堂内部での行為が多様化した中世には、密教系仏堂は内部空間を分化し利便性や柔軟性を高めた複合的な仏堂へと変質した。これと平行して人間を主体とする空間の意匠も充実したが、それを促したのは、在来の構造と意匠に改良と多様性をもたらした新たな建築様式の到来であった。急速に地方へと展開した密教系寺院や小仏堂は、大仏様や禅宗様の要素を積極的に摂取し、各種様式を折衷した創意あふれる建築へと変容していった。

和様仏堂の変質

和様　伝統様式の構築

　飛鳥・奈良時代の仏堂（金堂）は、石積みの高層基壇、本瓦葺の屋根、仏堂内部を占める大規模須弥壇、土間など、大陸的な建築様式の移入であった。仏堂は仏を安置する聖域であり、その姿は人目に触れぬよう常に閉ざされていたため、儀礼は前庭や廻廊、中門など、屋外で催されるのが通例であった。

　しかし、山間部に営まれた密教寺院は、敷地の制約から、前庭や廻廊のない伽藍を構えたため、儀礼空間は仏堂内部に集約されていった。平安時代に台頭した密教や浄土教は、修業や儀礼の空間を本尊の周囲や前面に設け、聖なる仏と俗なる人間の物理的・精神的距離感を飛躍的に接近させた。それは、仏の存在感、あるいはその世界観を、より感覚に訴えかけることを意図した空間であり、利便性や柔軟性を向上させた空間でもあった。

　こうして平安時代には、金堂に儀礼や修行の空間を拡張あるいは付加した、新たな仏堂形式が誕生した。本尊の前方に儀礼の空間を必要とした密教系仏堂では、古代建築の構造的制約から、奥行（梁行）方向に空間を拡張する手法が、概ね二つに限定された。

　一つは庇の柱間を増やす、もう一つは双堂のように別棟の建物を前後に連ねるというものであった。しかし、前者は庇を拡張すれば軒が低くなり、採光や出入り、仏堂のプロポーションに支障が出る。これに対し、双堂の形式はそうした諸々の問題を解決し、より大きな儀礼空間を求めた時代の要求にも応えることとなった。それは、双堂の空間を一つ屋根の下に収める野屋根という技法も普及させた。野屋根の発達は、建物のプロポーションと内部空間が相互に制約を受けることなく、それぞれのコンセプトに応じた造形や空間を可能にした。

　また、人間の活動範囲が仏堂内部へ及ぶと、重厚な板扉は採光や通風に都合のよい蔀戸へ取って代わり、板床や縁、植物性材料の屋根葺材（檜皮、柿板）といった住宅建築の要素が摂取されていった[6-1]。こうした仏堂の日本化は、密教の加持祈禱が皇族や貴族らを相手にしていたこと。そして、平安時代中期における浄土信仰の隆盛により、持仏堂や参籠所が上流階級の邸宅内にも普及するという社会現象が背景にあったとみられている。こうして、現世利益や極楽浄土への往生を願う場は、上流階級の暮らしに身近な空間へとしつらえられていった。

草創期の中世本堂　内陣と外陣

　中世には、南宋由来の新たな建築様式が、東大寺あるいは中世五山の配下で開花したが、和様は神社や既存仏教の影響下にあった寺院を中心に展開した。なかでも京都や滋賀、奈良郊外のような南都周辺部で、中世密教系仏堂の多くが新たな展開を迎えた。

　双堂を原型とする中世の密教寺院では、本尊を安置する内陣とその前面に接する外陣からなる中世本堂が普及した。本堂という呼称は、一説によると、平安末期に薬師堂、文殊堂、経蔵を集約した〈延暦寺根本中堂〉に由来するものとされている。

　平安時代には儀礼の場が仏堂内に移行し、聖なる仏と俗なる人間の空間が一つ屋根の下に収められた。その古式を継承する草創期の中世本堂に、〈長寿寺本堂〉（13世紀前半）と〈大報恩寺本堂〉（1227年）がある。

　天台宗〈長寿寺本堂〉は、双堂形式の外陣と内陣に、後庇1間を後陣とした五間堂の中世本堂である[6-2]。外陣は3方向を開放できるのに対し、内陣は壁面で囲われきわめて閉鎖的である。しかし、内外陣境を仕切る菱欄間と格子戸は、両者の空間を物理的に隔てながらも、視覚的には仏堂全体に奥行と一体感をもたらしている。

　この内外陣境の格子状柱間装置は、中世

[6-1]
西明寺本堂
14世紀／滋賀県／木造

鎌倉時代前期の五間堂を、南北朝頃に七間堂へと拡張した純和様の中世本堂である。正面の蔀戸など古式が踏襲されている。

[6-2]
**長寿寺本堂
平面図・断面図**
13世紀前半／滋賀県／木造

桁行・梁行5間の方形平面は、梁行2間の外陣と内陣、後庇1間の後陣からなる。外陣は正面両端を連子窓とするほかは、正面と側面の各柱間に桟唐戸を入れて開放できるようにしている。これに対し、内陣と後陣は板壁で閉じた空間となり、後陣背面中央に桟唐戸が一つ入る。内陣の床高が外陣よりも一段下がるのは、もともとの内陣が土間であったことに由来する。

本堂において水平方向へと拡がる空間軸を損なわずに、聖なる内陣と俗なる外陣を明確に区分する結界として、きわめて重要な役割を果たしている。そして、その半透過性の結界は、外陣から内陣の聖なる世界を、格子というフィルター越しに垣間見せる舞台装置でもあった[6-3]。

また、中世本堂の初期形態を踏襲する〈長寿寺本堂〉は、内陣を古代仏堂風にしつらえている。内陣は切妻形の簡素な叉首(きす)組の化粧屋根裏で、その棟は外陣よりもかなり高い位置に設定されている。これは、古代の天台宗本堂を踏襲し、創建時の内陣が土間であったことに加え、本尊の地蔵菩薩立像を収めた厨子を高層須弥壇に載せたことが影響している

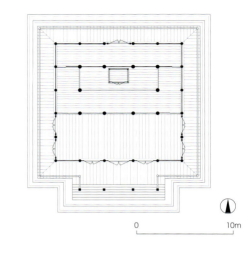

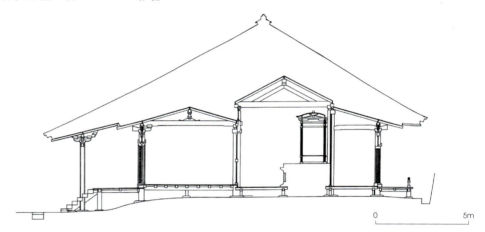

[6-3]
長寿寺本堂　外陣

外陣は大虹梁と板蟇股で棟木を受けた化粧屋根裏の低層の空間が広がる。内外陣境の菱欄間と格子戸は、菱欄間のほうが格子戸よりも面積が大きく、初期は物理的に空間を遮る壁面としての役割が大きかったとみられる。

[6-4]
大報恩寺本堂　内陣
1227（安貞元）年／京都府／木造

四天柱や来迎壁には極彩色が施され、折上小組格天井で覆った中央の身舎は、平安時代の阿弥陀堂形式そのものである。しかし、密教系仏堂が本尊を厨子で覆い隠すのを通例としたように、〈大報恩寺本堂〉でも本尊の千手観音像は厨子に収められている。

とみられる。これに反して、床座の低い視線を基準にした外陣は、棟高を抑え、その化粧屋根裏には寄棟形や板蟇股を採用した。このように、初期中世本堂の外陣には、装飾性を高めた空間が意図されたことが窺える。

一方、〈大報恩寺本堂〉は、三間堂の阿弥陀堂が五間堂の中世本堂へと変容する過程を示す過渡的遺構として貴重である。その平面は、3間四方の内陣を核にして、前庇の外陣、さらに、内陣の両脇と背後にもそれぞれ庇（脇陣、後陣）を付加したため、桁行5間、梁行6間の縦長の五間堂となった[6-4,5]。

方三間の内陣は、四天柱を立てた身舎に、須弥壇、来迎壁、折上小組格天井を設け、四方を組入天井とした。その空間は平安期の阿弥陀堂そのものである。しかし、須弥壇の本尊・釈迦如来像を厨子に収め、内陣と外陣の境を格子状の建具で仕切るなど、仏堂全体は中世本堂の基本構成を踏襲している。外陣の内陣境天井にも内陣庇と同じ組入天井が設けられているのは、両者が同質の空間として位置づけられていたためとみられる。

千本釈迦堂という俗称にも表れているように、〈大報恩寺本堂〉は本尊の周囲を行道することのできる釈迦念仏の道場として建立されたが、その姿は阿弥陀堂と密教系仏堂を融合させた中世本堂であった。

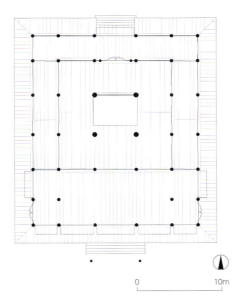

[6-5]
大報恩寺本堂　平面図

中世に展開した密教系仏堂の多くは双堂形式を踏襲しているが、〈大報恩寺本堂〉は方三間の内陣四方に庇を付加した、中世本堂への模索を示す希少な遺構といえる。方三間の内陣に前庇を付加して外陣とし、外陣をより広くするためにさらに全体に1間の庇を巡らせた。この結果、仏堂全体が奥行のある縦長の平面構成となり、内陣の両脇と背面に脇陣と後陣の空間が生まれたとみられる。

「部分をつなぐ」から「全体を割る」空間へ

中世に導入された新様式の革新的構法は、木柄の太さで安定を図っていた古代の構造的制約を脱し、自由度を高めた大空間の創出を可能とした。こうした構法の変化は、中世本堂における内部空間の構成にも大きな影響を及ぼし、古代的な「部分をつないで全体を構築する手法」から、「全体を割って部分を構築する手法」へと変化を促した。この中世的ともいえる構成手法は、空間の自由度や柔軟性

第1部　古代・中世・近世　103

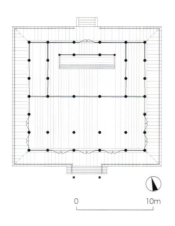
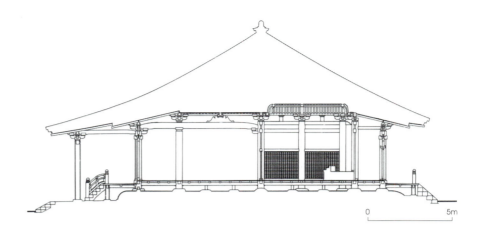

[6-6]
**長弓寺本堂
平面図・断面図**
1279（弘安2）年／奈良県／木造

須弥壇を柱筋より後退させているのは、内陣の儀礼空間を少しでも広くするためであるが、〈霊山寺本堂〉のように壁際まで寄せないのは、厨子の上に後庇の低い屋根がかかるためである。

[6-7]
長弓寺本堂　外陣

の向上に大いに寄与した。

内部で行なわれる儀礼の多様化や複雑化に伴い、中世本堂は内陣・外陣という双堂の空間構成を継承しながら、内陣まわりの空間を仕切り、仏事を準備する後陣、参籠や収蔵のための脇陣、小部屋（局）を設けた。こうして中世本堂は、多様な性格と階層的な空間を併せ持つ複合的な仏堂へと変容していった。

真言宗の〈長弓寺本堂〉（1279年）、〈霊山寺本堂〉（1283年）は、いずれも桁行5間、梁行6間の中世本堂である。両者は規模、建立年代、所在地などに類似点が多く、中世本堂の初期展開を比較できる好例とされる。両者の建築的特徴には、内陣が3間四方で、内陣両側1間を脇陣とすること、内陣と外陣を天井で覆うことなどが挙げられる[6-6,8]。

内陣の奥行を3間としたのは、内陣正面の柱間数が脇陣によって5間から3間へと縮小されたためとみられる。脇陣は、儀礼や外陣に出入りする人々の多様化に応じて、時に特

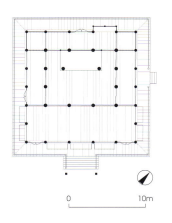
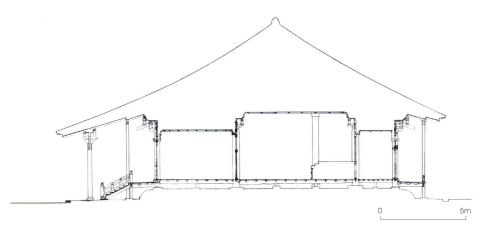

[6-8]
**霊山寺本堂
平面図・断面図**
1283(弘安6)年／奈良県／木造

[6-9]
霊山寺本堂　外陣
小組格天井や外まわりの白い小壁の帯が軽やかで端正な空間に仕立てている。〈長寿寺本堂〉に比べて、菱欄間よりも下の格子戸のほうが高いのは、この時期には外陣から内陣への動線が重要視されていたためとみられる。

権階級の特等席など、外陣あるいは内陣に準ずる緩衝空間として設けられ、中世本堂の利便性や柔軟性を高めていったとみられる。ほぼ方形平面の五間堂にもかかわらず、奥行を6間としているのは、内陣、外陣、脇陣というそれぞれの空間が、全体を割るという手法で計画されたことを示している。

中世本堂における多様化は、視覚効果を意図した細部意匠の操作にもみることができる。その一つが天井であった。内陣と外陣を天井で覆う〈長弓寺本堂〉および〈霊山寺本堂〉では、内陣の天井をさらに一段高く折り上げて空間の差異を表した。

両者の天井はいずれも格子状ではあるが、その構成原理と空間にもたらす印象は大きく異なる。〈長弓寺本堂〉の組入天井は、建物の構造材を利用した古代的な天井形式で、軸部のゆがみを補強する構造材と、荘厳さを演出する装飾材という二つの要素をもつ。このため、〈長弓寺本堂〉の空間には重厚感があり、

第1部　古代・中世・近世　　105

なかでも外陣は、梁行3間分の長大な大虹梁を天井下に露わにし、躍動感のある大空間を展開している[6-7]。一方、〈霊山寺本堂〉の小組格天井は、空間を覆う皮膜のような吊り天井で構造的強度はない。吊り天井は、貫の多用と野屋根の発達とともに、中世以降に普及した天井形式である。このため、〈霊山寺本堂〉の内陣外陣の空間には、軽やかで整然とした落ち着きがある[6-9]。

〈長弓寺本堂〉と〈霊山寺本堂〉は、全体を割って部分の空間を構築し、主室を覆う天井で空間の格式や性格を表現した、中世的空間への変容過程を示しているといえる。

外陣と内陣の変質

古代寺院では仏堂（金堂）の中心に鎮座する仏像は、「丈六」（一丈六尺）という規定の法量にしたがった大規模なものであった。しかし、中世本堂に安置された仏像は法量が小さく、本尊は厨子に収めて秘仏とした。

本尊や秘儀を垣間見せる空間を意図した中世本堂では、儀礼の場が内陣にも設けられ、それは本尊の領域を侵すことを意味した。そのため、内陣の聖域はコンパクトに象徴化された厨子へと姿を変えた。

鎌倉初期の厨子は、反りむくりのあるゆるやかな勾配の屋根に、観音開きの扉を備えた独立型の厨子が主流であった（長寿寺本堂厨子：13世紀前半、長弓寺本堂厨子：1279年頃、霊山寺本堂厨子：1285年）。鎌倉時代後期から禅宗様の細部意匠を採り入れた宮殿型の大型厨子が出現し、室町時代中期以降は寺院の宗派を問わず、純粋な禅宗様意匠の厨子が主流となっていった。

天台宗〈西明寺本堂〉は、鎌倉時代前期に五間堂で建立、14世紀頃に七間堂へと拡張した中世本堂である。内陣には創建時の桁行3間、梁行2間の規模と簡素な切妻形の叉首組が残る。一方、外陣は桁行7間、梁行3間へと拡張し、中央の5間×2間を豪華な折上小組格天井とした[6-10,11,12]。折上天井は、前述の〈長弓寺本堂〉〈霊山寺本堂〉では内陣に採用した天井形式であったが、〈西明寺本堂〉では外陣に採用した。つまり、中世本堂が五間堂から七間堂へと規模を拡張した14世紀頃には、内陣と外陣の優位性は逆転し、外陣の格式がより高められた。内陣の空間意匠が乏しくなる反面、華やかな厨子が内陣の装飾を補うようになる。

[6-10]
西明寺本堂　外陣
7間×3間の外陣は、身舎と庇の空間を古代的な太い柱と内法長押と天井形式によって、明確に分けている。5間×2間の身舎は、重厚感漂う古代的な空間を軽快で端正な折上小組格天井で覆い、古代と中世を折衷した格調高い空間をつくり出している。

[6-11]
西明寺本堂 内陣

創建時の内陣をそのまま転用して七間堂に拡張したため、仏堂は鎌倉時代の純和様の意匠や空間が残る。大型の厨子は禅宗様意匠をあしらった江戸時代の作である。

[6-12]
**西明寺本堂
平面図・断面図**

桁行7間、梁行7間の空間を外陣、内陣、後陣の三つに分けた純和様の七間堂。〈長寿寺本堂〉に通じる古式の構成をみてとることができる。仏堂の前半分を占める外陣に対して、内陣は鎌倉創建時の五間堂を継承したため、叉首組化粧屋根裏の細長い平面となった。かわりに内陣とほぼ同じ規模の後陣を付加し、方形の七間堂に拡張した。

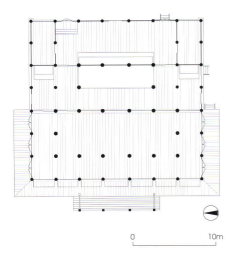
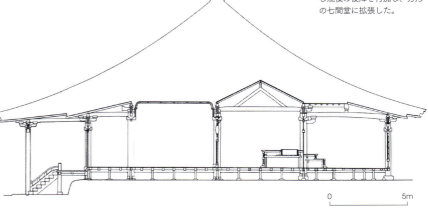

第1部 古代・中世・近世　107

[6-13]
十輪院本堂
鎌倉時代中期／奈良県／木造

礼堂の空間だけで構成されているため、勾配の緩やかな屋根に低層の軽快なプロポーションとなる。

伝統の継承と和様の再構築

庶民信仰の空間

　中世は人間を主体とする空間が飛躍的に発展したが、中世本堂とは異なるかたちで、大衆に開かれた信仰の空間をつくり出したのが、〈十輪院本堂〉（鎌倉中期）であった[6-13]。

　興福寺門前の町中に営まれた真言宗十輪院は、石造の地蔵菩薩立像を本尊とする庶民信仰の小寺院である。本尊の地蔵菩薩を、釈迦、弥勒、十王、二天、金剛力士、四天王などの諸仏とともに石造の厨子に収め、石仏龕を信仰する。〈十輪院本堂〉は、石仏龕の礼堂として13世紀中頃に建立されたとみられている。

　〈十輪院本堂〉は重厚な本瓦葺ではあるが、吹き放しの正面広縁は低く、全体的に高さを抑えた佇まいとなる。さらに、蔀戸や連子窓、垂木を隠した板軒、大きな面取りを施した木柄の細い角柱によって、小住宅のような軽やかさを醸し出している。その一方で、大仏様の繰型や組物、蟇股などの仏堂風意匠もひかえめにあしらっている。

　本尊を収めた石仏龕は、須弥壇のような高

い台座に安置されていないため、必然的に礼堂の床が地面に近くなったとみられる。石仏龕を拝む低い視線を基調にした空間は、天井が低く奥行が深い。〈十輪院本堂〉の棹縁天井は初期の事例とされるが、低い天井の圧迫感を軽減し、軽やかさとともに奥行感を強調する効果をもたらしている[6-14]。

　〈十輪院本堂〉のプロポーションは中世の新たな造形感覚の反映ともいえるが、身舎と庇からなる単純で古代的な平面にも、中世的な創意工夫が現れている[6-15]。石仏龕に面する3間四方を主室とし、その両側の脇室との境を引き違い戸で仕切り、空間の格式を丸柱と角柱で表現した。主室を円柱、正面と側面の外周柱筋を角柱とした結果、主室と脇室の

[6-14]
十輪院本堂　主室

正面の蔀戸を開け放つと、広縁も礼拝空間の一部となる。地蔵信仰のための素朴で低層な空間には、仰々しい格天井ではなく、簡素な棹縁天井が採用された。本尊に向かって伸びる棹縁天井が、空間の奥行と本尊の存在感をより強調している。

108　第6章　中世和様の展開

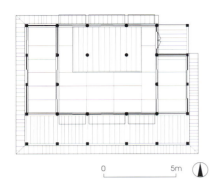
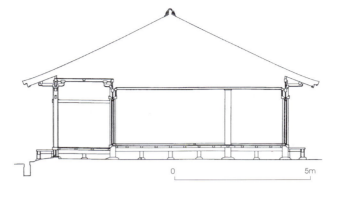

[6-15]
**十輪院本堂
平面図・断面図**

空間の用途と意匠に応じて、円柱（主室）、角柱（外まわり）、半円半角柱（主室と脇室の境）を使い分けている。柱の形状によって空間の質を表す古代的手法から、引き違い戸によって空間を仕切る中世的手法への、過渡的状況をみることができる。

境に立つ柱が半円半角柱というかたちで処理された。このように、〈十輪院本堂〉は、古代から中世への過渡期の様相を示している。

室町時代には、構造強度の向上や部材の節約など、複合的な要因から、円柱よりも都合のよい角柱へと移行し、畳を敷き詰め引き違い戸で仕切る座敷の空間が普及した。畳と角柱の普及は空間の均質化を招いたが、代わりに天井や障壁画といった造作材が室内の格式を補完する室内意匠の要となっていった。

折衷様の展開　独創的空間の多様化

「折衷様」は和様を基調とする建築に、大仏様や禅宗様の要素を採り入れた、独創性に富む建築様式である。鎌倉時代中期以降から室町時代にかけて、中世本堂を中心に展開し、単調で簡素な和様の仏堂に華やかさと躍動感をもたらした。

前述の〈長弓寺本堂〉は、和様でまとめた中世本堂であるが、大仏様の意匠と構造の要素を中世本堂に採り入れた最初期の折衷様とされる。長大な大虹梁で異例の大空間を試みた〈長弓寺本堂〉の外陣には、意匠の異なる身舎と庇に一体感がもたらされている。大虹梁によって生じた意匠や収まりの不具合を補完したのが、大仏様〈花肘木双斗（はなひじきふたつど）〉であった[6-16]。

大仏様を折衷した中世本堂が西日本を中心に展開したのに対し、東日本ではいち早く〈鑁阿寺本堂（ばんなじ）〉（1292〜99年）で禅宗様の折衷

[6-16]
長弓寺本堂　外陣正面

外陣正面の中備は和様の本蟇股であるが、内外陣境の中備は、小壁位置が一段高く、意匠上の華やかさと調和をもたらす大仏様の花肘木双斗とした。〈長弓寺本堂〉に大仏様が摂取されたのは、〈東大寺〉に縁のある大工集団が造営に関わったためとされる。一方で、純和様の〈霊山寺本堂〉は興福寺系工匠の関与が指摘されている。

第1部　古代・中世・近世　109

[6-17]
鑁阿寺本堂　外陣
1299（正安元）年／栃木県／木造

柱の端部を丸めた粽、台輪、組物形式や詰組、木鼻装飾など禅宗様の細部意匠のなかに、縁、連子窓、組入天井、平行垂木など和様的な要素が混在している。虹梁と大瓶束を用いた外陣には、禅宗仏殿の合理性、意匠、上昇感のある空間性が顕著にあらわれている。

[6-18]
鑁阿寺本堂　平面図・断面図

一辺56尺の方形平面で、正面と側面の中央3間も36尺の方形平面となる。ただし、正面3間は各12尺、側面は中央間16尺・脇間各10尺と異なる。側面の中央間を16尺と広くしたのは、内陣須弥壇前に広い儀礼空間を確保するためとみられる。

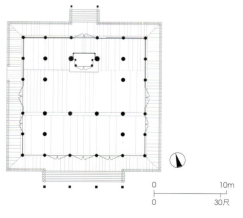
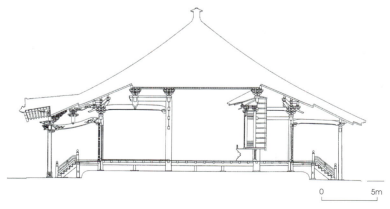

が試みられた。方五間の〈鑁阿寺本堂〉は、禅宗様の軽やかで華やかな細部意匠だけでなく、中世本堂の軸部にも禅宗様を採り入れた先駆的な折衷様であった[6-17,18]。

〈鑁阿寺本堂〉は、内陣外陣という二つの空間を格子状の柱間装置で仕切り、両者を板床と組入天井で覆った和様的な中世本堂を基本とする。しかし、軸部に導入した禅宗様は必然的に平面にも及び禅宗仏殿の柱間構成が応用された。そもそも中世本堂の成立は、身舎と庇からなる古代仏堂の礼拝空間を拡張・付加したことによるが、〈鑁阿寺本堂〉は中世本堂の内陣・外陣の構成に、主屋と裳階からなる禅宗仏殿の方形平面と上昇感を融和させたものといえる。中世仏堂の奥行深い空間性を損なうことなく、垂直方向にも展開する禅宗様の高い空間性を採り入れた画期的な折衷様は、三間堂のような小仏堂の展開と普

[6-19]
明王院本堂　外陣
1321（元応3）年／広島県／木造

外陣には上昇感のある禅宗様の空間性が採り入れられている。それをより強調しているヴォールト状の輪垂木天井は、中国の影響とみられている。内外陣境には大仏様の花肘木双斗を2段に重ねて、意匠に華やかさを添えている。

第1部　古代・中世・近世　111

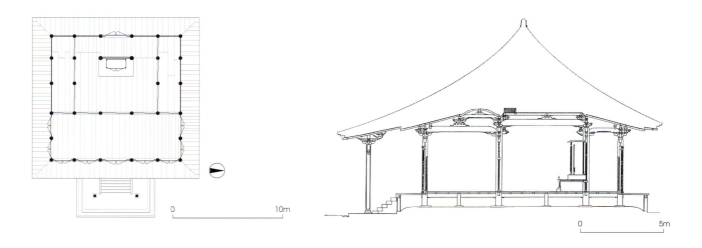

[6-20]
**明王院本堂
平面図・断面図**

禅宗仏殿の方形平面に、中世本堂の平面構成を融合させた中世本堂。前2間の外陣、3間四方の内陣、その両脇1間の脇陣に区画した。外陣の柱は外周のみで、空間の自由度がより高められている。平安時代の十一面観音立像を収めた厨子は、本堂と同時期の作とされる。

＊1『営造法式』
李誡編者。1103年初版、1145年再版、1222-23年第3版刊。

[6-21]
興福寺東金堂
1415(応永22)年／奈良県／木造

興福寺には三つの金堂が営まれたが、室町時代再建の〈東金堂〉が最古となる。高さに対してやや細身の柱に、軒の深い大きな屋根は中世に生まれたプロポーションといえる。前庇1間を吹き放した構成は〈唐招提寺金堂〉（奈良時代）と共通するが、前者は前庇に廻廊が接続していたため両妻側も吹き放しとするのに対し、後者は壁で閉じている点が異なる。

及にも大きな影響を及ぼしたとみられる。

一方、西日本における禅宗様の折衷は、〈鑁阿寺本堂〉とはひと味違う趣を呈した。〈明王院本堂〉（1321年）は三つの建築様式の要素を自由闊達に採り入れた、最盛期の折衷様の代表である。基本的には禅宗様の要素が色濃いが、和様や大仏様の細部意匠を積極的にあしらい、折衷様の多様性を示している。平面構成は、〈鑁阿寺本堂〉と同じく禅宗仏殿のような五間堂を下地にし、柱は細長く、外陣には、虹梁にヴォールト状の輪垂木天井を載せた躍動感のある空間が展開している[6-19,20]。3間四方の内陣には、鏡天井による空間の単調さや均質さを打ち消すように大虹梁が露出し、大仏様意匠（双斗花肘木）が華やかさと抑揚をもたらしている。

古代空間の再現

〈興福寺東金堂〉（1415年再建）は726（神亀7）年の創建であるが、現在の〈東金堂〉は室町時代1415（応永22）年の再建である[6-21,22]。度重なる被災と再建を繰り返しながらも、再建のたびにかつての姿に復され、古代様式の継承に努めた稀有な仏堂といえる。

桁行7間、梁行4間の〈興福寺東金堂〉は、正面庇1間を吹き放し、身舎中央3間に土製の大規模須弥壇を構えた奈良時代の金堂そのもので、宋代の『営造法式』＊1でいう第一級の「殿堂」形式で造営された[6-23]。「殿堂」形式はすべての柱長を同一にするのが特徴で、日本に残るのは〈興福寺東金堂〉と〈法隆寺金堂〉のみである。初期の仏教寺院は中国の建築形式や工匠を導入して建立されたが、日本に普及したのは身舎と庇の柱長が異なる第二級の「庁堂」形式であった。

〈興福寺東金堂〉の再建にあたっては、つねに古代の格式が重んじられた。しかし、室町時代の再建では、全体的に背の高い軸部、ボリューム感のある屋根、深い軒など中世のプロポーションが反映され、古代仏堂特有の安定感や重厚感が失われた。中国文化を積極的に受容した中世には、南宋由来の大仏様や禅宗様のような、垂直方向に展開する空間やプロポーションが和様の仏堂にも普及し、折衷様の発展とともに背の高さを強調した造形感覚が定着した。室町時代再建の〈興福寺東金堂〉は、折衷様の影響下に成立した和様仏堂の一つの姿といえる。

良質な木材の調達が困難な室町時代にあっても、贅を尽くした旧規の復古様式で再建を果たしつづけたのは、創建から絶えることのない興福寺の権力の誇示でもあり、伝統を捨てて復興を果たした東大寺に異を唱える、興福寺大工集団のメッセージとも受け取ることができる。

112　第6章　中世和様の展開

[6-22]
興福寺東金堂 内部
本尊は銅造の丈六薬師三尊像であるが、中尊も室町時代の再建時に〈東金堂〉とともに旧規の姿に復された。被災を免れた両脇侍は、1187年に飛鳥の山田寺から移したものとされる。大規模須弥壇が占める身舎は折上組入天井で覆われ、古代仏堂の空間が再現されている。

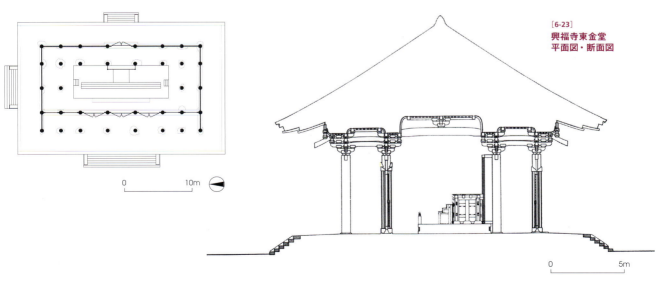

[6-23]
**興福寺東金堂
平面図・断面図**

第1部 古代・中世・近世

[第1部] 古代・中世・近世

第7章 住居と多機能な複合空間

平安時代における上流階級の住まいは、多様な儀礼や祭事を催すための舞台でもあった。主人の居室がある寝殿は、南側を儀礼、北側を居住にあて、公（ハレ）と私（ケ）の空間を併存させた。その根幹にあるのは、身舎に庇と前庭が従属する古代仏堂の空間性と、主人の寝床を最上の座所とする古来日本の原始的な空間性であった。このような、儀礼と居住の空間が渾然一体となった平安時代の住宅形式を「寝殿造」という。

初期の寝殿には原則として、固定された間仕切りや家具はなく、必要に応じて空間をしつらえた。平安時代末期には儀礼と居住の空間境を壁で仕切り、空間の用途がゆるやかに固定されていった。中世には武家社会にも寝殿造を略した住宅形式が普及したが、一方で、中世本堂のような空間の分割が住宅にも及び、公と私の空間を分離する傾向を一層強めた。

武家の社会的地位が確立した室町時代は、支配者層の社交や遊興が幕府の文化的・経済的発展に寄与し、それに伴って禅僧や武家の活動拠点が変質した。その社交場には、寝殿に設けられていた会所が活用されたが、会所の需要が高まるにつれて寝殿の機能はそれぞれ独立した空間として造営されるようになり、将軍邸の山荘には接客専用の会所が営まれた。

武家との結びつきを強めた禅宗寺院では、高僧の拠点が塔頭に移り、その中心的役割を方丈が担うようになった。住職の日常に必要な、仏堂、居室、接客など複数の空間を集約した方丈は、禅宗寺院の伽藍の一部でありながら、禅宗様建築の要素を排除した寝殿系統の建築様式が採り入れられた。これは、中世には寝殿から展開した住宅形式が普及していたことや、会所のような機能と空間が方丈にも求められたことなどが背景にあったとみられる。方丈のフレキシブルな機能性や空間性、建築と自然を融和する思想や庭園の構成など、禅宗の文化は武家社会に大きく影響を及ぼした。

権威と格式を重んじた近世の武家社会は、封建社会の主従関係を象徴化した「書院造」という対面の空間を確立した。最盛期には、対面の儀礼や謁見の場を独立させ、主人を荘厳する大規模な書院造へと発展した。その一方、離宮など皇族の静養や遊興の場には、民家や茶室の意匠要素を採り入れた、優雅な数寄屋風の意匠が展開した。その後、両者は幅広い社会層の居住空間に普及し、さらなる多様性をみせた。

儀礼空間と住空間の融合
── 古代貴族の住まい

古代住居建築の原型

　古代における宗教建築の成立と展開には、上流階級の住まいが大きな影響を及ぼした。古代の住宅は材料や構造の恒久性が乏しい上に、移築や転用、焼失の頻度も高く、創建時の遺構は現存していない。鎌倉時代以前の住宅の様相を知る手掛かりは、考古発掘や絵図、それらをもとにした復元案などに限られている。

　日本の神道は、外来の壮麗な仏教建築に対峙するかのように、その聖なる空間に神々を招来するのにふさわしい最上の建築を造営した。このため神社や宮中祭祀の社殿には、当時の皇族や支配者層の住まいが転用あるいは応用された。これらの建築が定期的に建て替えるシステムを必要としたことや、儀礼に応じた仮設建築であったことからも、恒久性に欠けた住居系の建築を起源にしたことが窺える。

　その特性を今に伝える建築に、〈大嘗宮正殿〉がある。大嘗祭とは飛鳥時代を起源とする宮中祭祀の一つで、天皇が捧げた新穀を神と共飲共食し、感謝と豊穣を祈る収穫祭である。天皇が在位中に一度限り、即位した年に催す特別な大祭という性格上、〈大嘗宮正殿〉は祭祀直前の数日間で造営され、儀礼を終えた翌日に解体される仮設建築であった。

　〈大嘗宮正殿〉に用意されたのは神座、すなわち寝床であり、人と神を隔てず神人同席とした空間であった。〈大嘗宮正殿〉は、妻側を正面とする2間×5間の規模で、奥3間を寝食のための室（むろ）、手前2間を前室的性格の堂（どう）とした[7-1]。室は三方を壁で閉じたのに対し、開口面の多い堂は外部との緩衝領域でもあった。この構成は、大嘗宮内に営まれた付属建物にも用いられており、閉鎖的な室と開放的な堂の組み合わせは、当時の上層階級に普及していた住居の基本形であったとみられる。

　奈良時代においても、〈大嘗宮正殿〉に類似した平面構成を、〈法隆寺東院伝法堂〉の前身建物、すなわち〈旧橘夫人宅〉（8世紀、復元）にみることができる[7-2]。橘夫人とは聖武天皇夫人の橘古那可智（たちばなのこなかち）で、〈法隆寺東院伝法堂〉は仏教に篤く帰依していた夫人が、

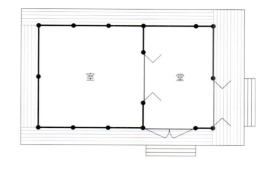

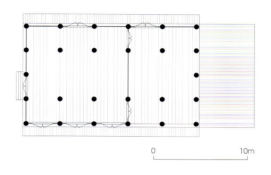

邸宅の一隅にあった建物を法隆寺に施入したものとされる。このように、住宅を仏堂に転用できたということは、奈良時代には皇族のような上流階級の邸宅に、仏教建築の構造や技法が応用されていたことを示している。

　現状の〈法隆寺東院伝法堂〉は桁行7間であるが、前身建物の〈旧橘夫人宅〉は桁行5間、切妻造檜皮葺（ひわだぶき）、板床を張った建築であった。復元によって、奥の3間は壁と扉で囲われ、手前の2間は吹き放して外部に簀子縁（すのこえん）を張り出したことや、須弥壇（しゅみだん）の天蓋が前身建物の寝床あるいは座所を覆う帳台のような装置の転用であったことが明らかにされている。〈旧橘夫人宅〉の住宅形式は、平城京跡に復元された〈東院庭園正殿〉でみることができる。

寝殿造　儀と住の空間

　平安時代には上流階級の邸宅を舞台にして、日本化された宮廷儀礼や宴会、四季折々の年中行事が次々と催された。上流階級の社会において、安寧をもたらすこれらの祭事をつつがなく執り行なうことは、主人の重要な務めとなり、祭事を営む日々が常態化した。日常が祭事に支配された上流階級の邸宅には、公私を表裏一体とする住空間が営まれ、10世紀中頃には「寝殿造」という住宅形式を確立した。

　寝殿造は、主人の住まいである内向きの空

[7-1]
大嘗宮正殿　平面概念図
〈大嘗宮正殿〉は東側の〈悠紀殿〉と西側の〈主基殿〉からなる一対の正殿の総称である。正殿は天皇が神に献じた神饌を食する空間で、室には神の寝床・神座、天皇の御座、隅に采女の座所を置き、堂には儀式に立ち会う関白の座所が用意された。黒木の皮付きの掘立柱、切妻造・草葺屋根の建築で、祭礼前の数日間でつくられ、祭礼後はただちに撤去された。

[7-2]
旧橘夫人宅　復元平面図（浅野清案）
8世紀／奈良県／木造

檜皮葺に高床の住宅でありながら、二重虹梁蟇股や大斗肘木、反りのある屋根など、仏教建築の要素が採り入れられている。〈法隆寺伝法堂〉に転用した際に、部材を補足して7間に拡張、本瓦葺に改められたが、当初材とその加工は、補足された部材よりも格段に質が優れており、当時の住宅建築としては第一級品であったことが明らかにされている。

第1部　古代・中世・近世　115

間と儀礼や宴会を催す表向きの空間を併設した寝殿を中心にして、玄関および接客の中門廊、家族がすまう対屋、各種の付属施設をつないだ建物の集合体をいう。祭事を重んじた上流階級の邸宅において、南庭は寝殿の延長上に展開する空間の一部として、寝殿、中門廊とともに必要最低限の構成要素となった。このため、寝殿の庇は開放され、寝殿の左右から伸びる吹き放しの廊や附属棟（対屋、渡殿、中門廊）で、南庭がコの字型に囲われた。寝殿の内部空間と南庭の外部空間を一続きの大空間として扱う寝殿造の原点は、大極殿のような宮廷の儀礼建築にあるとされている。儀式の空間を原型とする寝殿造において、中心の身舎に庇と前庭が従属した寝殿の構成は、古代仏堂と同質の空間の序列が設定されていた。それゆえ、主人や貴賓が座す最上の空間を寝殿の身舎にあて、その前面に連なる南庇と南庭は、祭儀の場や客人の座として用意された。

寝殿造の全容は、平安時代後期において、宮中祭儀の中心舞台となった〈東三条殿〉（1043〜1166年）にみることができる。〈東三条殿〉は藤原氏の邸宅の一つで、平安時代後期を代表する寝殿造である。1043（長久4）年の再建後、火災や焼失を免れて120年あまり存続した。〈東三条殿〉のような大規模な邸宅では、寝殿の正面南側に庭、池、中島を配置し、池には寝殿から透廊でつないだ釣殿を設けた[7-3]。

寝殿と室礼

住居に儀礼の空間を併設した寝殿には、多様な状況に応じて空間をしつらえることのできる柔軟性が求められた。このため、寝殿には原則として、固定した間仕切り装置を設けず、几帳、御簾、屏風、衝立のような仮設的な柱間装置で空間を仕切り、移動可能な畳や調度や家具を置いて、その都度対応した。これを室礼という。

この時期の畳は、重ねる敷物や座具のような扱いで、大きさ、厚み、縁の色や文様、重ねかたなどで、畳に座る人物の階層を示した。また、寝床においては寝具でもあった。室内の柱間には、取り外し可能な壁面状の建具を嵌め込んだ。室内を仕切る壁、建具、衝立を障子と総称し、平安中期には襖の原型となる引き違いの襖障子へと発展した。より扱いやすい御簾や壁代、帳は、視界は遮るが遮音性のないブラインドやカーテンのような装置であった。採光や通風に優れた御簾は室内だけでなく外部空間との境にも設けられ、外まわ

[7-3]
東三条殿　復元配置図（川本重雄案）
1043（長久4）〜1166（仁安元）年／木造

〈東三条殿〉の創建は9世紀であるが造替と再建を繰り返し、藤原頼道により1043（長久4）年に図のような規模に再建された。寝殿造は寝殿の両脇に対屋を置いた左右対称の配置を基本としたが、〈東三条殿〉では寝殿の西側に湧いた泉を活かして南に庭と池を造成し、西側の対屋が省略された。寝殿の東側に対屋と中門廊、西側に釣殿を透廊でつなぎ、寝殿や対屋の北側（後方）に生活に必要な雑舎が置かれた。

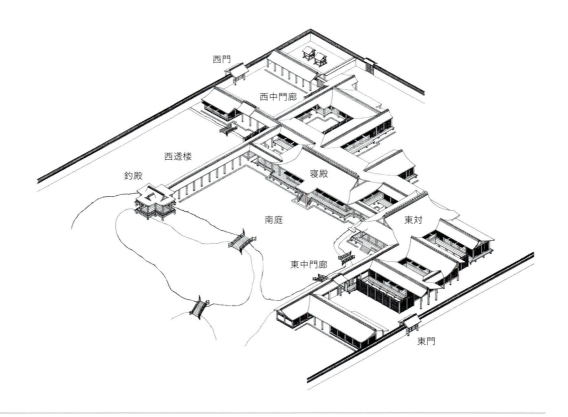

りには防犯や防風のために蔀戸（しとみど）が吊るされた。
　『類聚雑要抄（るいじゅうぞうようしょう）』（1146年頃）に描かれた〈東三条殿寝殿〉内部の室礼から、身舎に帳台や置畳、屏風などを置いて、主人の座所あるいは寝所としたことや、多様な間仕切装置が用いられたことがわかる[7-4]。身舎と北庇の境は、土壁と取り外し可能な障子（嵌め込みの壁）で仕切り、身舎の北側には土壁で閉じた空間を設けた。〈大嘗宮正殿〉の室に通じるこの空間を塗籠（ぬりごめ）という。塗籠は開放的な寝殿に設けられた唯一の密室で、初期は寝所とされたが、〈東三条殿〉のような平安後期の大規模な寝殿では、快適性や利便性を重視したことによって、しだいに寝所の場所や塗籠の用途が変化したとみられている。

務なども行なう方丈は、会所のような応接や遊興の場も提供した。また、自然との関わりや景勝を重んじた禅宗の思想により、方丈における庭は、住職の世界観を体現する重要な要素の一つとなった。
　方丈は南側を正面とし、南側の広縁に面して借景や枯山水の庭園、玄関が設けられた。平面は、南北2列の空間を3室に割った6室構成で、南側は公的、北側は私的な空間として使い分けられた[7-5]。居室の機能は北側の部屋に集約され、東（書院）に居間や書斎、中央（眠蔵（めんぞう））に寝室や収納があてがわれた。
　南側の3室は、中央に板敷の室中（仏間）を設け、接客や遊興は室中で行なわれた。室中の両脇の部屋は、用途に応じて室中と北側

[7-4]
『類聚雑要抄』　永久3年　東三条殿寝殿の室礼

1043（長久4）年再建の〈東三条殿〉は摂関家の儀式の場となっており、〈東三条殿〉を譲り受けた藤原忠実が1115（永久3）年7月に移徙（転居）した際の儀式の様子が『類聚雑要抄』に描かれている。そこには、各室の室礼の様子が細かく描写され、可動式の家具類や調度品によって、寝殿の空間がしつらえられていたことがわかる。

機能別住空間の成立
──禅宗寺院と武家

方丈

　禅宗寺院における住職の住まいを方丈という。方丈は本来、法堂（はっとう）の後に連なる瓦葺で土間の建築であった。しかし、住持の活動拠点はしだいに私的な性格を強め、敷地もその形態も修業を目的とする伽藍とは一線を画し、高僧の墓所として重要な役割を担う塔頭（たっちゅう）のような小院に営まれた。日常の仏事や修行、執

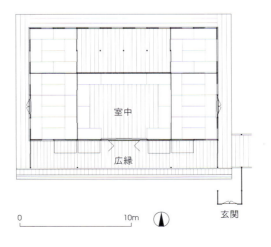

[7-5]
東福寺龍吟庵方丈　平面図
1387（嘉慶元）年／京都府／木造

現存最古の方丈建築で、現状の姿は1428（応永35）年の造営と推定されている。6室に部屋を割って襖で仕切り、角柱に畳を敷き詰め、南広縁や玄関を設けるなど、方丈の基本形を呈している。南側と北側で公私の空間用途を使い分ける平面構成は、寝殿を継承したものとみられる。

第1部　古代・中世・近世　117

[7-6]
龍吟庵方丈　室中

筬欄間を用いた初期の事例。南側3室の東西に連続する室境に筬欄間を入れ、襖を取り払い三つの空間を通して使うことを意図していたことがわかる。白壁に代わり筬欄間を入れることによって、上層の圧迫感が軽減されている。また、後世の方丈建築では、南側中央の室中には開基を祀る祭壇などが設置されるが、〈龍吟庵方丈〉では祭壇は別棟の昭堂に設けたため、室中は空間の自由度が高く、必要に応じて軸装の仏画などをしつらえた。このほか、中央の室中と眠蔵の境を板壁で仕切るのも、〈龍吟庵方丈〉の特徴とされる。

の諸室を補完した。また、各部屋に畳を敷き詰めて、引き違い戸で空間を仕切る都合から、柱はすべて細い角柱となった。これは、野屋根の発達によって、軸部への屋根荷重が分散されたことも起因している。この結果、中世以降の座敷の空間には吊り天井が普及し、方丈には簡素な棹縁天井と畳で覆われた均質な空間がつくり出された。近世には各室の用途が固定され、部屋の性格を襖絵や障壁画で表現するようになった。

〈龍吟庵方丈〉（1387年）は、中世最古の方丈建築である。14世紀末の室町時代初期に、東福寺三世の塔所（墓所）として創設された塔頭であるが、現状は15世紀初頭頃の姿を復したものとされる。中央の室中を両折唐戸、その両脇を蔀戸とするため、正面の意匠には寝殿の名残があるが、側面と背面は機能性を重視した舞良戸（まいらど）と明障子（あかりしょうじ）を立てて中世的な装いとしている。明障子は、風雨を遮断しながら採光を可能にし、室内環境に革新をもたらした画期的な建具で、舞良戸は雨戸のような役割を果たした。

〈龍吟庵方丈〉は入母屋造柿葺（こけらぶき）で、正面南側には南庭と広縁、南東隅に玄関を設ける。玄関は賓客のための出入り口で、日常は方丈とつながる庫裏（くり）を通じて出入りした。

平面は中央を室中と眠蔵とし、両脇の部屋をそれぞれ12畳の南室と8畳の北室に分けて、全6室とする[7-5]。祭壇などの固定された装置がなく、東西のそれぞれの部屋を「下間（げかん）」「上間（じょうかん）」と称しているのは、初期の方丈が部屋の用途を固定していなかったためとみられている。室中を除く各部屋に畳を敷き詰め、室中と眠蔵の境を板壁とするほかは、各部屋を引き違い戸の襖で仕切った。襖を取り外せば必要に応じて空間を拡張できる、フレキシブ

ルな初期の方丈の空間性をよく表している。南側3室の境に入れた襖上の筬欄間は半透過性の壁面で、隣り合う部屋との連続性を完全に遮断しないための装置といえる[7-6]。

書院造の萌芽　座敷飾りの成立
　室町幕府8代将軍足利義政が隠居後に造営した山荘東山殿には、西芳寺に倣って2種類の持仏堂が営まれた。その一つが〈慈照寺東求堂〉(1486年)である。東山殿は、義政の死後、臨済宗相国寺に帰属し慈照寺に改められた。
　〈慈照寺東求堂〉は方二間の仏間、4畳半の書斎、6畳、4畳の4室からなる、3間半四方の持仏堂である[7-7]。天井は、阿弥陀如来像を安置した仏間を小組折上格天井とするほかは、猿頰縁の天井とし、引き違いの舞良戸と明障子、縁を巡らせた、入母屋造檜皮葺の住宅風の意匠とプロポーションを呈している。
　池に面した南正面には、仏間の桟唐戸と連子窓が設けられているが、仏間の位置が西側に寄っているため、南正面の中心軸がずれている。これは、方丈を変形してつくられたためで、〈慈照寺東求堂〉は、6室構成の方丈の中央と東側(下間)の4室を持仏堂という私的

[7-7]
慈照寺東求堂　平面図
1486(文明17)年／京都府／木造
方丈建築を応用した3間半四方の方形平面。南側の8畳仏間、4畳、北側の6畳と4畳半書斎〈同仁斎〉からなり、建物を貫く中心軸が失われている。仏間は仏堂の形式に倣って板敷とし、その他3室には畳を敷き詰める。仏間の正面中央に桟唐戸を吊り、側まわりの建具を舞良戸と明障子とする点や、各室を襖で仕切る点なども、方丈建築に由来するものとみられる。

[7-8]
慈照寺東求堂　仏間
持仏の阿弥陀如来立像を安置した小規模な仏間であるが、北側壁面に須弥壇と来迎壁を設け、小組折上格天井とするなど、仏堂風意匠を装飾し空間用途を固定している。当初は襖障子に狩野正信の「十僧図」が描かれていたとされる。

第1部　古代・中世・近世　119

[7-9]
慈照寺東求堂　同仁斎

押板（床の間）が軸装の絵画や美術工芸品を陣列・観賞するための装置であったのに対し、初期の棚と付書院は実用性の高い私的な装置であった。棚には義政の命で収集された李白の詩集などが置かれていたとされる。中世は座敷飾りに唐物を置いて接客の空間を荘厳するようになるが、東山殿における座敷飾りの作法を記した相阿弥の『御飾書』（1660年）によると、付書院には唐物の硯、墨、水滴、筆、巻物、漢籍、違棚には天目茶碗、茶筅、水瓶、食籠、茶湯道具などが飾られた。

な信仰の空間に応用した方丈の発展形といえる。さらに、仏間や書斎として、装置や意匠をつくりつけて部屋の用途を定めた先駆例でもある。

　仏間は、須弥壇と厨子を据えつけ折上格天井とし、須弥壇背後の壁1間分は内法長押を切って、来迎壁のように仕上げている[7-8]。西面に立てた襖を開けると、二重の床と棚（棚の裏側は腰掛床）が備えつけられており、収納および装飾のための装置も充実している。〈慈照寺東求堂〉の仏間には、このような装飾や装置を常設して用途を固定した空間がしつらえられたが、それは書斎においても同様であった。

〈同仁斎〉と名づけられた義政の書斎は、書院と違棚をつくりつけた最古の書院造として知られる[7-9]。書斎に必要な家具類のビルトインは、書院造の萌芽といえるが、その原点は僧侶の日常に欠くことのできない実用的な家具調度にあったとされている。書斎にビルトインされた卓、文机、棚は、押板、付書院、違棚へと名を変え、「座敷飾り」と呼ばれる。

　座敷飾りが成立する以前は、寝殿造のように空間の用途に応じて、移動可能な調度品をしつらえた。押板は、礼拝対象の仏画に三具足（香炉・燭台・花立）を供える卓が原型で、床の間の起源とされる。付書院は、写経や読経のための文机をつくりつけたもので、縁側

に張り出して明障子で明かりを採った。違棚は、紙や筆、硯などの文具類や書物を収納する棚が飾り棚へと変質したものとされる。畳を敷き詰めた空間に固定された各種装置は、外部に突出するようにつくりつけられた。

希少な中世の方丈建築である大徳寺塔頭の〈大仙院本堂〉（1513年）は、6室構成の方丈である。創建時の室中には、軸装にした開山の肖像画を壁面に掛けて三具足を供えていたが、近世に室中奥の眠蔵の一部を仏間に改変して木彫の像を安置した。

〈大仙院本堂〉の北東にある6畳書院の北面には、幅1間の天袋付きの戸棚がつくりつけられている。戸棚は戸を外して床のようにも使われ、多様な状況に対応できる空間が意図されていた[7-10]。書院と礼の間（下間）に面して、大仙院開基古岳宗亘作とされる枯山水がいち早くつくられたのは、住職の私的な空間に必要な装置が屋外にも常設されたことを示している。それは賓客を迎え入れる南庭よりも趣向を凝らしたものであった。

室町時代は禅宗寺院と武家文化の隆盛に伴い、舶来の書籍や仏画、軸物、茶器などの美術工芸品が大量に流通し、茶の湯や生花などの芸能文化の開花とともに客人をもてなすための社交や接客の空間が充実した。座敷飾りはしだいに本来の実用性を失い、唐物などの美術品を陳列・観賞し室内装飾を充実させる必要不可欠な装置となっていった。

庭園建築　眺望と回遊

金閣、銀閣として知られる、〈鹿苑寺舎利殿〉（1398年創建、1955年再建）と〈慈照寺観音殿〉（1489年）は、池畔に佇むその姿が景勝を引き立て、自然と建築を見事に調和させた芸術作品ともいえる。〈鹿苑寺舎利殿〉と〈慈照寺観音殿〉が建つ北山殿と東山殿は、いずれも夢窓疎石が作庭した西芳寺の影響を受けて、足利家3代義満と8代義政がそれぞれ造営した山荘である。

[7-10]
**大徳寺大仙院本堂
書院・礼の間**
1513（永正10）年／京都府／木造

〈龍吟庵方丈〉に次いで古い方丈建築とされるが、角柱など部材が細くなり、正面にも明障子と舞良戸を入れて書院造の要素が色濃くなっている。院主の居室であった書院には、天袋と床の座敷飾りや屋外の枯山水で趣向が凝らされた。

[7-11]
鹿苑寺舎利殿（金閣）
1398（応永5）年創建、1955（昭和30）年再建／京都府／木造

〈鹿苑寺舎利殿〉のモデルとされる〈西芳寺舎利殿〉は、1階を座禅のための住宅建築、2階を禅宗様仏堂とした楼閣であった。しかし、遊興的な性格が色濃い〈鹿苑寺舎利殿〉は、創建時は池に張り出した1階が釣殿で、西側に舟入の玄関を設けた。北側には2階建の会所〈天鏡閣〉が隣接し複道〈2階廊〉で結ばれていた。中国趣味の折衷がこのような特殊な構成をもたらしたとみられている。

鹿苑寺は北山殿を前身とする臨済宗相国寺派の禅宗寺院である。北山殿は鎌倉時代に景勝の地として名を馳せた西園寺の園池や遺構を活かして営まれ、御所や会所など、優れた意匠の建築が多数整備された。その極みが広大な鏡湖池の畔に佇む〈鹿苑寺舎利殿〉であった[7-11]。〈鹿苑寺舎利殿〉は〈西芳寺舎利殿〉に倣って、邸宅内の庭園に禅宗寺院の重層建築がいち早く採り入れられた。

3階建の〈鹿苑寺舎利殿〉は、1階と2階が正面5間、側面4間の仏堂で、3階に3間四方平面、宝形造柿葺屋根の仏堂を載せた重層建築である。このため、1階を底上げした2階建のようなプロポーションとなる。現在の〈鹿苑寺舎利殿〉は1955（昭和30）年に創建時の姿に復元されたもので、その際、2階と3階は金箔押しにしたが、塗装の旧状が不明だった1階は白木のままとされた。その色彩のコントラストと水面に張り出した立地によって、黄金に輝く2階建の建築が浮遊したような佇まいとなっている。

また、白木の1階は広縁、蔀戸、妻戸など、住宅風の意匠でまとめたのに対し、金色の2階と3階にはそれぞれ和様と禅宗様の意匠を採用した。〈鹿苑寺舎利殿〉は一種の折衷様建築ともいえるが、各階ごとに建築様式を三種三様に使い分けた、新たな造形美を呈している。3階は、室内の天井と壁面を金箔で仕上げ、黒漆で磨かれた黒光りする床には金色の壁面が映り込み、その様子は水面のようである[7-12]。

〈鹿苑寺舎利殿〉は、1階〈法水院〉に釈迦如来座像、2階〈潮音洞〉に観音座像、3階〈究竟頂〉に仏舎利を安置した仏堂であるが、天皇や明国の使節などの要人をもてなす迎賓館でもあった。創建時の〈鹿苑寺舎利殿〉は2階建の会所〈天鏡閣〉と2階廊でつながれていたが、この形式も〈西芳寺瑠璃殿〉と〈西来堂〉

[7-12]
鹿苑寺舎利殿　3階　究竟頂

昭和の復元で3階は高欄にも金箔が施されたが、当初の床・高欄・腰組は黒漆塗りであったとされる。また、1・2階は通柱を用いた一体の構造としてつくられているのに対し、3階の構造は別で、その位置も現状とは異なり北西隅に寄っていたことが指摘されている。

から着想を得たものとされている。趣向を凝らし贅を尽くした〈鹿苑寺舎利殿〉の造営には、対明貿易で財をなした幕府の潤沢な財源が投資され、北山殿にきらめくその姿は義満の権力の誇示でもあった。

複雑な地形の庭園において、楼閣の観音殿や舎利殿、持仏堂や庵のような小建築は、庭園の重要な点景となったが、庭園を眺望するための装置としても、美術工芸品のような優れた意匠に機能性を高めた空間を融合しながら、庭園とともに展開していった。

義政が晩年を過ごした東山殿の造営は、北山殿とは異なり白紙の状態からのスタートであった。この時期の幕府は権威を失墜し、東山殿の工事は資金難にあったが、義政は強硬な姿勢で終の棲家となる東山殿の造営に着手した。造営にあたり義政が参考にしたのは、庭園と建築の調和を極めた北山殿や西芳寺であった。花鳥風月を愛で、夢窓疎石の作庭に惹かれていた義政は、日頃から好んで西芳寺に赴き東山殿にその世界観を試みた。

また、足利将軍家では尊氏の代より観音信仰が継承され、東山殿にも観音殿がつくられた。現世利益を願う観音信仰は、痛風などの持病に悩まされていた義政の平癒を祈念する拠りどころでもあった。

〈鹿苑寺舎利殿〉と同じく池畔に面した〈慈照寺観音殿〉は、北山殿に比べて規模が小さく、密度の高い庭園のスケールに合わせて2階建の建築とされた。〈慈照寺観音殿〉は〈鹿苑寺舎利殿〉および〈西芳寺瑠璃殿〉をモデルにしたとされるが、異例の造営経緯から、義政の母重子のために再整備した高倉殿の〈攬秀亭〉を移築したものとみられている。〈攬秀亭〉は、1階が遊宴のための住宅建築で、2階に庭園を鑑賞するための禅宗様意匠の空間を重ねた重層建築であった。

このため、〈慈照寺観音殿〉は簡素な住宅風の書院〈心空殿〉と、洞中観音坐像を安置した禅宗様意匠の仏堂〈潮音閣〉からなる。正面4間、側面3間の1階は、広縁、8畳板の間、6畳座敷、玄関・階段を設けた板の間の4室からなり、天井の形式をそれぞれ鏡天井、格天井、棹縁天井と変えて、各部屋の性格を表している[7-13]。2階〈潮音閣〉は禅宗様須弥壇に洞中観音坐像を安置した方三間平面の仏堂で、板の間に格天井を張り、花頭窓を巡らせた仏堂風の意匠に仕立てている。

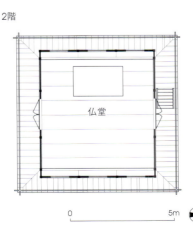

[7-13]
慈照寺観音堂（銀閣）
平面図
1489（延徳元）年／京都府／木造

1階は東を正面とするのに対し、2階は南北面の中央に桟唐戸を設けている。1階と2階の正面の向きが異なるのは移築の際の改変と推定されている。この移築の際、2階に観音像を安置するために、1階押入れにあった旧階段を現状の位置に変更した。2階の須弥壇の背後にある腰掛けは、〈攬秀亭〉時代に階下の庭園や文芸、中国式茶礼を楽しむために設けられた名残と考えられている。

格式と対面の空間
―― 書院造の展開

武家社会と書院造

書院造の萌芽は、〈東求堂同仁斎〉(1486年)の座敷飾りとされる。きわめて私的な空間から生まれた座敷飾りは、唐物の美術品などを陳列して鑑賞し、遊興や接待の場を装飾するのに都合のよい装置として室町時代の接客空間に普及した。

近世になると、主従関係を明確化することにより封建制の強化と幕府の安定を試みた武家社会は、将軍が家臣を訪問する御成を習慣化させ、身分の上下を顕在化するさまざまな建築装置を武家住宅に普及させた。

その中心的存在にあったのが、座敷飾りであった。本来、モノの価値を引き立てるための座敷飾りは、ヒトの価値を引き立てる装置として、近世の対面の空間に欠かすことのできない要素となった。武家住宅には、身分上位の者が座敷飾りを背にして座るなど、御成や対面に伴うさまざまな作法に則った空間が整えられた。近世の武家社会に成立したこのような住宅形式を「書院造」という。

武家住宅には略式の寝殿造が普及していたが、その室内は角柱に畳を敷き、襖や明障子、舞良戸などの引き違い戸を多用した空間であった。近世には、架構の制約を受けることなく、畳と天井と壁で組み立てた箱のような空間をつくり、目的に応じて大きさや配置を自由に設定することが可能になった。そのため、空間は均質化したが、用途に応じた装飾を施してそれぞれの空間に個性を与えた。座敷飾りは面を装飾する重要な要素となり、障壁画や彫刻、天井などがそれを補完した。

主人の威厳を高める近世の座敷飾りは、上段や帳台構、床の間のような装置も採り入れて、さらにその効果を高めた。上段は畳敷きの床を一段高くした床の総称で、身分の上下関係を顕著に現した装置の一つである。帳台構は寝殿における帳台(寝床)の入口を常設したものであるが、しだいに初期の寝所としての実用性を失い、装飾の要素として形骸化した。このように、近世初期の座敷飾りは組み合わせのバリエーションを増やし、書院造は装飾の量と質を充実させていった。

書院造の模索

近世初期を代表する書院造に、〈勧学院客殿〉(1600年)と〈光浄院客殿〉(1601年)がある。いずれも、造営年代や基本構成に共通点が多く、書院造への過渡期の様相を残す遺構として貴重である。たとえば、東面は中門廊や軒唐破風の車寄せを設け、板戸や蔀戸、連子窓などの寝殿風の意匠を残す反面、南面に庭と広縁を設け、舞良戸と明障子を立てて書院造の意匠を併用している。

園城寺の寺務所および学問所として営まれた〈勧学院客殿〉は、3列9室からなるいわゆる「広間」と呼ばれる間取りで、住宅というより多人数を収容する対面所のような性格を備えた建築であった[7-14]。各列の西側(奥)の3室には、それぞれ座敷飾りを設け、室境に立てた襖を取り外して、柔軟性に富んだ使いかたがなされていたとみられる。接客や対面

[7-14]
勧学院客殿　平面図
1600(慶長5)年／滋賀県／木造

3列の部屋割りで、南側の一の間は公式の対面所とされる。一の間の座敷飾りが大床のみの簡素で単純な形式なのは、学問所の対面所という性格上、唐物などを飾り立てる必要がなかったためとみられている。代わりに狩野光信による金地の障壁画で空間を華やかに仕立てた。北側の部屋は、主に居室など私的な性格の強い空間となり、障壁も水墨画へと変化している。平面構成は、『匠明』「当代広間ノ図」との類似性が指摘されている。

[7-15]
光浄院客殿　平面図
1601(慶長6)年／滋賀県／木造

外観の意匠は〈勧学院客殿〉との類似点が多いが、居室としての性格が強く、方丈とともに、武家住宅における書院造の普及に影響を与えたとみられる。

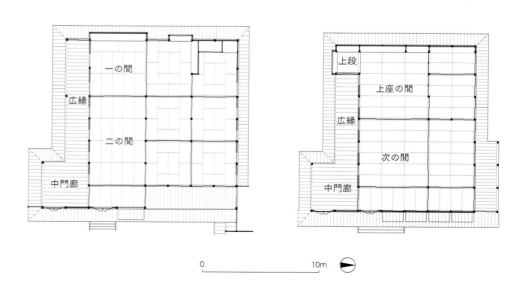

に重きをおいた〈勧学院客殿〉には、納戸や帳台構といった内向きの部屋は設けられていないが、南側から北側の部屋に行くにしたがい、障壁画は金地の極彩色から水墨画へと変化し、私的な性格を強めている。

〈勧学院客殿〉が大人数を収容する広間であったのに対し、住房として営まれた〈光浄院客殿〉は、当時の典型的な住宅形式とみられている。平面は南庭に沿って2列に室が並び、南列の上座の間には、床と付書院を備えた上段の間が張り出している[7-15,16]。このように、近世の書院造は最も格式の高い主室を南庭に面して配置したため、対面の空間軸が庭に平行するようになった。

近世初頭における木割書『匠明』（1608年）に、上級武家住宅のプロトタイプを示した「当代広間ノ図」「昔六間七間ノ主殿之図」がある[7-17]。建具の種類や屋根形状まで詳細な情報を記載したこの間取り図は、それぞれ〈勧学院客殿〉と〈光浄院客殿〉との類似性が指摘されており、両者が当時の住宅形式の典型を示していることがわかる。前者の広間は、大

[7-16]
光浄院客殿　上座の間

床、違棚、帳台構、付書院を備えた、典型的な書院造の意匠を備える。創建時は、違棚にも金地の障壁画が描かれていた。また、上座の間が金地の障壁画であるのに対し、次の間が水墨画であるのは、後世の改変によるものとみられている。

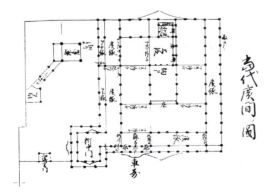 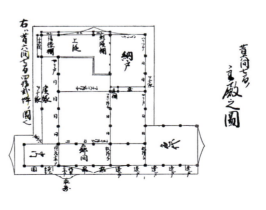

[7-17]
『匠明』殿屋集所収「当代広間ノ図」と「昔六間七間ノ主殿之図」
1608（慶長13）年

『匠明』は江戸幕府大棟梁・平内政信が編纂した各種建物の部材の規格や図面を記した設計基準書。全5巻からなる。近世において、書院造の間取りが定型化する過渡的状況を示す。座敷飾りや建具の種類、屋根形式なども記載されている。

規模な武家住宅に普及した新たな形式とみられている。

書院造の完成

格式と威厳を重んじた武家社会の書院造は、寛永大改修の〈二条城二の丸御殿〉（17世紀初頭）や〈本願寺書院（対面所・白書院）〉（1618年）で最盛期を迎えた。それは、金地の障壁画や天井、彫刻などの壮麗な装飾で、将軍を荘厳する舞台装置のような大規模書院であった。

接客や儀礼を専用とする大空間が普及すると、近世の城郭にも居住空間から独立して、広間や御殿、対面所と呼ばれる大規模書院がつくられた。二条城では〈遠侍〉〈式台〉〈大広間〉〈黒書院〉〈白書院〉という五つの建物を

[7-18]
二条城二の丸御殿
17世紀初頭／京都府／木造
現在の〈二の丸御殿〉は瓦葺であるが、寛永期までは柿葺であったことが明らかになっている。御殿の建築の豪壮さは庭園にも及び、誇張された豪華な石組みや銘木などで威圧感を与える広大な池と石庭群は、小堀遠州の作庭とされる。

[7-19]
二条城二の丸御殿　平面図

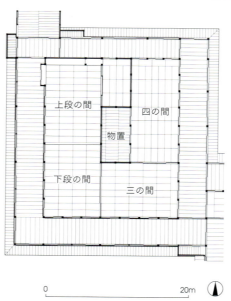

[7-20]
二条城二の丸御殿　大広間平面図
庭園に面する部屋は上段・下段の2室であるが、慶長創建時は聚楽第や江戸城と同じく、初期の広間の基本構成を継承し、上段・中段・下段の3室構成であった。寛永大改修により、主室を上段と下段（二の間）とし、三の間、四の間を、鉤の手状に納戸や物置のような小部屋のまわりに配置する構成へと変化した。

独立させ、それぞれが南庭に面するよう東南から西北方向に雁行状に配置された [7-18,19]。〈遠侍〉〈式台〉〈大広間〉は対面を重視した表向きの建築で、〈遠侍〉は家臣の詰所や客人控室とし、〈大広間〉は将軍の公式な対面の場となった。〈大広間〉や〈遠侍〉のような大規模な座敷では、納戸のような小部屋を囲うように、ロの字型に各部屋を配置した。それは、中央の物置を除くすべての部屋が広縁を通じて屋外に面した、快適性と利便性を高めた間取りであった [7-20]。

これに対して、〈黒書院〉は日常の政務や内向きの対面所とし、一番奥に配置された〈白書院〉を将軍の寝所とした。いずれも〈光浄院客殿〉に類似した、居住に重きをおいた間取りとなっている。

〈二条城二の丸御殿〉は、1602（慶長7）年に徳川家康の上洛の滞在所、および将軍宣下に伴う対面や儀礼の場として造営された。現在の〈二の丸御殿〉は、寛永年間（1620年代）に、秀忠の娘の入内、家光上洛の宿館、後水尾天皇を迎える行幸御殿の新築のために、既存の御殿を大規模改修したものである。

寛永の改修で〈二の丸御殿〉は内装を一新し、〈大広間〉は金箔の障壁画に、錺金具、漆、欄間彫刻などの、豪華絢爛な装飾で埋め尽くされた [7-21]。この贅を尽くした豪華な室内装飾が、〈二条城二の丸御殿〉の特徴といえる。

障壁画にはじめて金を採り入れたのは、織田信長が築いた〈安土城天主書院〉とされるが、きらびやかな障壁は、近世の書院造の空間に大転機をもたらした。近世初期の障壁画は、

[7-21]
二条城二の丸御殿　大広間　上段の間・下段の間

上段の間と下段の間からなる92畳にもおよぶ大空間は、劇場の舞台と観客席のようでもある。部屋境に建具を設けず、金碧の障壁画や格天井に同一の装飾を施して空間の一体感を高めているが、代わりに床の高さ、小壁、二重折上格天井で、上段の威権を表現している。壁面、建具、天井を障壁画で埋めた贅を尽くした意匠は、徳川家の権威の象徴ともいえる。

[7-22]
二条城二の丸御殿　大広間上段の間障壁画

慶長以前は障壁画を描く範囲が内法長押下に限定されていたが、寛永の大改修で、柱や長押、帳台構など壁面を分割するフレームを無視し、床から天井までの大画面に構図を設定する画法が採用された。〈大広間〉の障壁画は、江戸幕府の絵師、狩野探幽とされる。江戸初期に出現した新たな装飾手法は、このほかにも、丸彫彫刻の欄間、金鍍金の飾金具などがある。

〈勧学院客殿〉や〈光浄院客殿〉のように、画題を描く範囲が長押下の壁面や襖に限定されていた。しかし、〈二の丸御殿〉では、内法上の小壁を含む床から天井までの壁面を一枚のキャンバスとして捉え、巨大な老松のような一つの画題を大胆に描く手法を確立させた[7-22]。また、〈龍吟庵方丈〉以来、室境の襖上の小壁には、筬欄間や竹の節欄間を入れていたが、〈二の丸御殿〉では豪壮な丸彫彫刻を施した。

複数の対面の場を設けた〈二の丸御殿〉では、空間のヒエラルキーを装飾の充実度によって表現した。〈遠侍〉〈大広間〉〈黒書院〉には、金地に極彩色の障壁画を描いたが、〈白書院〉では淡彩な山水画や花鳥図のような落ち着きのある画題の水墨画とした。天井も低くなり、

[7-23]
本願寺書院　対面所
1618（元和4）年／京都府／木造

〈本願寺書院〉は、元来別々の建物であった〈対面所〉と〈白書院〉を寛永年間に一つの建物に収めてできたものとされている。鴻の間とも呼ばれる広大な対面所には、床と帳台構、上々段が並ぶ。豪壮な欄間や障壁画が、その大規模空間の迫力を際立たせている。〈対面所〉上段の背面に〈白書院〉がある。

ヒューマンスケールの空間へと変化している。
〈本願寺書院（対面所・白書院）〉（1618年）も徳川家光の御成に際して荘厳に改められた、異例の規模を誇る大規模書院である。正面15間、奥行15間の広大な〈本願寺書院〉は、〈対面所（鴻の間）〉と〈白書院〉からなり、〈対面所〉には37畳の長大な上段と5畳の上々段が設けられ、贅を尽くした金地の障壁画や豪壮な彫刻と天井で覆われている[7-23]。〈白書院〉は内向きの対面の場として〈対面所〉上段の裏に位置し、内部や南庭には複数の能舞台も設けられている。

書院造から数寄屋風へ

見る者に威圧感を与え華美を極めた武家の書院造とは裏腹に、離宮のような皇族の遊興や内向きの空間には、くつろぎの場にふさわしい自由で気品漂う優雅な意匠が展開した。書院造を崩し、民家や草庵風茶室の素朴な意匠を採り入れた意匠を数寄屋風という。数寄屋風意匠の特徴は、厳格な書院造に比べて制約がなく、施主や設計者の好みを反映させやすい点にある。

〈桂離宮〉（17世紀前期〜中期）は数寄屋風意匠を採り入れた先例である。八条宮家初代智仁親王と二代智忠親王により、桂川のほとりにあった藤原道真の別荘地跡に、八条宮家の別邸として営まれた[7-24]。

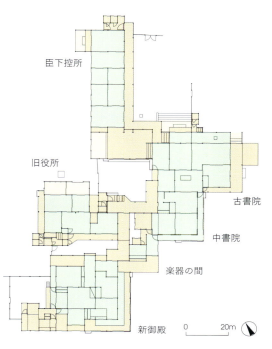

[7-24]
桂離宮　古書院・中書院・楽器の間・新御殿
17世紀前期〜中期／京都府／木造

園池には主要建物の〈古書院〉〈中書院〉〈楽器の間〉〈新御殿〉、付属棟のほか、〈月波楼〉〈松琴亭〉〈笑意軒〉の御茶屋、持仏堂などが点在し、表情豊かな回遊式庭園が整備されている。御殿の床が高いのは、付近を流れる桂川の氾濫の浸水対策で、敷地も盛り土をして造成されている。

[7-25]
桂離宮　平面図

[7-26]
桂離宮　古書院　一の間・二の間

〈桂離宮〉で最初につくられた書院で、床の間のある座敷、囲炉裏や月見台が設けられている。一の間は天皇の寝室で、蚊帳を下げるための吊り金具なども打たれている。二の間との境には筬欄間を入れ、2室の空間の連続性が意図されている。〈古書院〉の壁は桐紋の唐紙または漆喰仕上げで、簡素ながら品格のある空間に整えているが、当初の漆喰壁は〈中書院〉や〈新御殿〉と同じ黄色味のある土壁であった。〈古書院〉の障壁には幕府の絵師であった狩野探幽3兄弟が描いた水墨画が貼りつけられた。

[7-27]
**桂離宮　新御殿
一の間上段・二の間**

一の間隅には3畳の上段が後水尾上皇の対面所としてしつらえられた。床を一段高くするだけでなく、畳縁や天井の形式を変えて、上段の格式を高めている。上段の桂棚は、棚と袋戸棚を巧みに組み合わせた違棚で、黒檀や紫檀など外国産の珍しい材で構成されている。桂棚とともに付書院や格天井が華やかで優雅な対面の空間に仕立てている。

回遊式庭園の池に面する御殿群は、17世紀より50年間にわたる造営期間を経て、現在の雁行形の配置に整備された[7-25]。雁行形の配置は数次の増改築をへて、江戸時代中期に完成したとみられている。別荘という性格上、快適性や機能性が重視され、通風や採光、動線に配慮し、必要に応じて空間を細かく割り、あるいはつないだ結果、複雑な平面構成となった。

その概略は、第1期に智仁親王が〈古書院〉を手掛け、智忠親王が第2期の寛永年間に〈中書院〉と第3期の後水尾上皇行幸を迎え入れる〈新御殿〉〈楽器の間〉を造営した。約6万m²にも及ぶ起伏に富んだ広大な回遊式庭園には、築山の間に〈松琴亭〉や〈月波楼〉などの茶室も点在している[7-28]。

〈古書院〉は、池に張り出した竹簀の子の月見台や囲炉裏などを設けた小さな山荘である。素朴な〈古書院〉では長押を用いずに、くだけた簡素な意匠でまとめたのに対し[7-26]、〈中書院〉は柱や長押に杉の面皮材を用いて、主室の襖や貼付壁は水墨画とした。また、〈古書院〉は小壁を漆喰塗りとしたが、〈中書院〉は黄褐色の土壁仕上げとし、さらに襖引手の錺金具には七宝を用いるなど、全体的に装飾の質を高めた。〈新御殿〉の意匠は〈中書院〉に共通するが、より品格のある数寄屋風の意匠としている。引手や釘隠の錺金具の造形も変化に富み、外国産の珍しい材料を複雑に組み合わせた桂棚（違棚）や櫛形窓などで趣向を凝らした座敷飾りが、〈新御殿〉に華やかさを添えている[7-27]。

このように、書院造の表現を崩して意匠や技法の幅を広げた数寄屋風意匠は、室内の

130　第7章　住居と多機能な複合空間

雰囲気を大きく左右する壁面の仕上げに、土壁や唐紙を用いて、障壁画は落ち着いた画題に淡泊な水墨画とした。格式と威厳を重視した書院造では、デザインや施工が絵師や職人の技量にゆだねられたが、御殿群の桐紋の唐紙や、〈松琴亭〉の市松模様のモダンな唐紙のように、数寄屋風の意匠は、庶民の生活にありふれた素材や手法を応用した。このため、室内装飾のカスタマイズが比較的容易で、細部にわたり施主の要望やこだわりを採り入れやすかった[7-26,27,29]。

　良質な材料を調達しにくかった民家において、弁柄や煤、柿渋などで部材を着色する色付の手法も、木材の節目や色むら、木目の粗さなどを補完する装飾手法として採り入れられた。色付は、木目を引き出し古色付けや色味を統一するほか、木材の耐久性を高める効果もあったとみられている。

[7-28]
桂離宮　松琴亭

〈桂離宮〉の園池には茅葺の質素な茶屋や小建築が営まれた。御茶屋では天皇が自ら茶を点てて客人に振る舞い、点在する御茶屋をめぐり饗応が催された。築山を背に建つ〈松琴亭〉は涼を感じることができるよう北を正面とし、三方が池に面した配置が特徴的である。西側には船着き場もあり、舟を使って園池を廻遊した。

[7-29]
桂離宮　松琴亭　一の間

11畳の一の間、6畳の二の間、茶室、土庇からなる。面皮柱や土壁を用いた草庵風の意匠と、趣向を凝らした造形と色使いで、御殿とは趣の異なる華やかで表情豊かな空間が広がる。

第1部　古代・中世・近世　131

>>> ［第1部］ **古代・中世・近世**

第8章 茶の湯の空間

人々が茶室に美しさと同時に親しみを覚えるのは、各茶室に画一的ではない独創性や創意が感じられるためだろう。茶室の平面は多様だが、そのバリエーションだけでは茶室の示す空間は理解できない。たとえば、天井は網代や竿縁を用いた平天井、掛込天井（化粧屋根裏）、落天井などさまざまで、窓も連子窓、下地窓、墨蹟窓などと、明障子や掛け障子が組み合わされ、床の間も蹴込床、踏込床、釣床、置床、室床、洞床などがあり、柱間装置も襖や太鼓貼りとした火灯口などさまざまな要素から空間が構成されている。また、床の位置、通常の畳より4分の1ほど小さな台目畳を用いることや、炉を切る位置によって、平面の構成は多岐にわたる。

中世までの日本建築では、母屋と庇、内陣と外陣という内部空間のヒエラルキーはあったが、茶室のような狭小な空間に多くの要素が挿入された事例はない。その結果として、日本建築のなかでも平面構成だけでは空間全体をイメージすることが難しい建築として茶室が存在する。

喫茶は鎌倉時代に禅宗寺院の儀礼の一つとしての茶礼として広まったが、室町時代になると皇族、公卿、将軍、僧侶などが身分を越えて集まってくつろぐ場としての会所で茶が振る舞われた。この場合、茶は茶立所で点てられ、座敷に運ばれた。会所の座敷は床、棚、付書院といった書院造の構成をとるようになり、これが書院の茶として広まる。建築史家中村昌生はそのような流れとは別に、建築としての茶室の成立は、邸内に設けられた「茶の湯」と酒宴の場であった「茶屋」から分離して独自に発展したものと位置づけている。会所や上流階級の住宅は書院造へと向かったのに対して、茶屋では自由な趣向を催すことを主目的とした。そのような時代の流れのなかで、茶室は建築としての空間性を高めていくことになる。

茶の湯のための空間といえば、千利休によるさまざまな創意について触れられることが多い。しかし、利休初期の創意の多くは、師の武野紹鷗などの茶室の空間性を踏まえながら改良されたもので、そのようなプロセスを経て草庵茶室の求道者として茶室を完成させた。茶室の定型化は、紹鷗による四畳半茶室の空間的個性にはじまるが、その空間は4畳半に1間幅の床の間（一間床）をもち、開口部は縁に面した入口で、内路地（脇坪ノ内／建物の内部に引き込まれた路地）をもっていた。紹鷗は書院風茶室から大きく逸脱することはなく、茶室の建築としての独立性を完成させるには至らなかった。

利休も初期には土間付き4畳半をつくっており、面取角柱、平天井、一間床という書院風茶室の構成をとっていた。しだいに、下地窓、火灯口を用い、縁を排除して土間として潜りを設けている。その後、路地に腰掛けがつくられ縁が排除され、入口は躙口（潜り）へと変化する。この路地と茶室の一体化は、書院造に付属した茶室からの分離を意味している。内部につながる躙口と路地（外部）との接点としての飛び石、手水、沓脱石などが重視される。同時に、それまで書院における茶立所を用いた台子の茶を否定するようになり、茶室内部で亭主が客に茶を点てる侘び茶の世界を成立させた。唐物などの名物を珍重する風潮に対しても批判的であった。その後、〈待庵〉において2畳という極小空間において侘び茶の完成した姿を示した。そのころ利休は4畳半の茶室もつくったが、そこでも侘び茶の世界を追求した。その姿は再建された裏千家〈又隠〉にみることができる。

利休が亡くなると草庵茶室はその弟子たちに引き継がれるが、利休の侘び茶としての極端な求道性からは距離がおかれる。それを推進したのは利休の高弟であった織田有楽斎、古田織部、小堀遠州などの武家の茶匠たちであった。織部は三畳台目に相伴席を付属させた燕庵形式を提唱し、平面としての意匠を追求するとともに、内部での視覚的な効果を工夫した（〈如庵〉）。遠州は相伴席を用いずに、躙口を中央寄りに設けて下座を相伴席に見立てている（〈金地院八窓席〉〈密庵〉〈孤篷庵忘筌〉）。

江戸時代初期の貴族による作風は、これらの流れとは一線を画していた。貴族社会に引き継がれてきた田園風の造形が好まれ、洗練された美意識が茶屋風の建築群をつくり上げていった（〈水無瀬神宮灯心亭〉〈伏見稲荷大社御茶屋〉）。

小間（四畳半茶室）の成立
―― 機能空間の特化と独立

前述したように紹鷗の4畳半が多くの茶人たちのとっての定型となり、喫茶のための空間が小間の茶室へと動き出した[8-1]。建築上で4畳半が大きく取り上げられるのは、足利義政の東山殿の持仏堂である〈東求堂〉（1484年完成、後の銀閣寺）の造営であろう。〈東求堂〉は8畳大の板敷きの仏間とそれに隣接した4畳の控えの間、違棚と付書院のある4畳半の書院〈同仁斎〉とそれにつながる座敷から構成されている。同時期に東山殿には観音殿〈銀閣〉がつくられるが、それは住宅風下層の上に仏殿風の上層を載せた2層の建物である。この住宅（寝殿）と仏殿という異なった様式を一つにまとめあげたのが観音殿とすると、禅

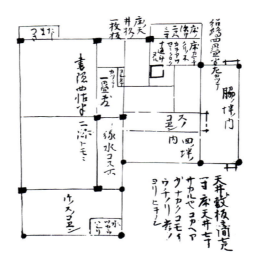

[8-1]
武野紹鷗4畳半図
16世紀前半／武野紹鷗／4畳半

茶室の定型化は武野紹鷗による四畳半茶室の提案からはじまる。遺構としては残っていないが、その空間は4畳半に1間幅の床の間（1間床）があった。開口部は縁に面した入口で、内路地（脇坪ノ内）をもっていた。

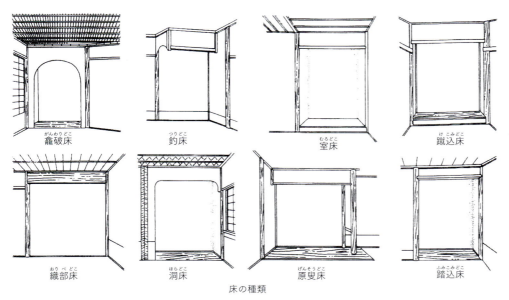

床の種類

[8-2]
床の種類

床は押板からはじまったとみられるが、その空間を規定するためにさまざまな種類の床が定型化する。押板を原形とした踏込床や奥の柱を塗り籠めた室床、洞床や、単に場を示す釣床など、多様な床が用いられてきた。

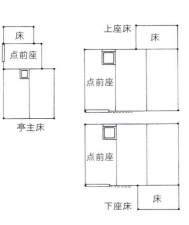

床と点前座の位置

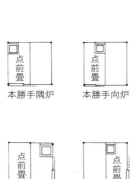

茶道八炉

[8-3]
床・点前座と炉の切りかた

茶室は畳の枚数と床と炉の位置よってバリエーションが決定する。それらをさらに多様にしたのが、3/4サイズの台目畳を点前畳とすることにより豊富な形式を生み出している。

第1部 古代・中世・近世　133

[8-4]
利休聚楽屋敷4畳半茶室（復元図）
1587（天正15）年／千利休／
4畳半

利休の聚楽屋敷につくられた4畳半の茶室は、草庵4畳半の茶室の完成形を示している。4畳半ながら茶道口と躙口（潜り）のある1畳半分は掛込天井、3畳分の平天井の空間に二分されている。客は路地を通って躙口の正面にある床の間を確認してから床前に坐すことになる。躙口、道庫、窓を除いて四面は壁で囲まれた閉鎖的な空間が生まれている。

[8-5]
利休大阪屋敷三畳台目茶室（復元図）
1583（天正11）年頃／千利休

千利休が1583（天正11）年頃につくったとみられる3畳台目の復元図。台目構えはこの茶室からはじまったとされる。この茶室では一間床という過去の原則が破られ、五尺床が用いられている。台目畳の手前には中柱が立ち、袖壁があったとみられる。

宗寺院の塔頭で用いられた6室構成の方丈から2部屋を切り取って4室に縮小させたのが〈東求堂〉といえる。どちらも定型を継承することによって展開してきた日本建築を大きく変質させている。〈同仁斎〉においては炉が切ってあることから義政自身が茶を点てるパフォーマンスもあったとみられるが、茶道具は違棚に飾られ、付書院には書院飾りがなされていた。独自の建築性を実現させた義政であったが、東山文化を代表する舶来品の諸道具を飾るための書院建築の流れから脱することはなかった。

茶の湯の世界を独立させようと試みたのが同時代の村田珠光で、茶の湯文化に新しい美を発見し、名物を所持することが大勢を占めていた茶の湯そのものに精神的な示唆を与えた。名物の所持と名物をもたない茶の湯が流行していた時期に、二つの流れをくみとりながら茶の湯のための建築として4畳半をつくりあげたのが、珠光の後継者であった武野紹鷗であった。

その4畳半は茶室に入るための通路空間（脇坪ノ内）を通って縁から茶室内に入るもので、一間床をもっていた。その縁の手前（北側）には坪庭（面坪ノ内）があり、それ以外の各面は壁で閉じられていた。また、この茶室の東

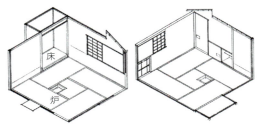

利休聚楽屋敷四畳半茶室復元図

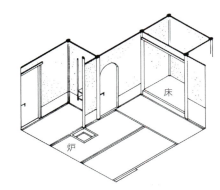

利休大阪屋敷三畳台目茶室復元図

側には二つの4畳半の書院があったが、この4畳半の茶室とは分断されていた。つまり、ここに壁で囲まれて閉鎖された茶室の成立の起点があり、茶室への独立した動線が確保された。珠光以来の単なる茶の湯のための空間

裏千家又隠
1635（寛永12）年（創建）1789（寛政元）年（再建）／千宗旦／4畳半

利休は2畳という極小の茶室を完成させたが、同時に4畳半の侘茶の茶室もつくった。千家を再興した利休の孫にあたる宗旦は、利休聚楽屋敷の4畳半をそのまま襲踏した〈又隠〉茶室を再建した。宗旦が造営した当初の茶室は大火（1788年）で焼失し、翌年再建された。

[8-6]
**裏千家又隠
平面図・外観**

千利休の侘茶の世界を示す4畳半の茶室。躙口の正面に床があり、洞庫が付属している。

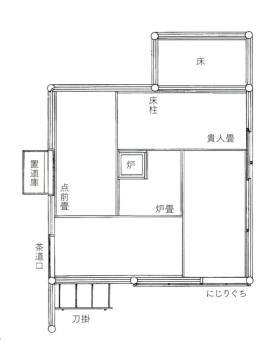

を、紹鷗がはじめて自立した建築として成立させたといえる。この土間付き4畳半の形式は、利休による作例も記録されているが、天正13年（1585）に、利休は前庭に草木を植えることや、石を立て、砂を蒔いてはいけないと批判しており、理由としては茶の湯に集中できないためであると記されている。書院造の建築にある茶の湯の場から茶室が建築として独立するには、茶室としての客の動線の独立性と壁で囲まれた充分な閉鎖性が必要だったのである[8-2,3]。

〈利休聚楽屋敷〉につくられた4畳半の茶室（1587年）は、資料による制約があるが、草庵4畳半の茶室の完成形を示している[8-4,5]。4畳半ながら天井は茶道口と躙口のある1畳半分は掛込天井とし、3畳分の平天井の空間とに二分されている。客は路地を通って躙口の正面にある床の間を確認してから床前に坐すことになる。躙口、道庫、窓を除いて四面は壁で囲まれている。

利休の孫にあたり、千家を再興した宗旦による〈又隠〉（1635年）[8-6,7]は、〈利休聚楽屋敷〉の4畳半をそのまま襲踏した茶室とされ、いわゆる利休流の侘び茶・4畳半の典型とされる。宗旦が造営した当初の茶室は大火（1788年）で焼失し、翌年再建された。

南正面に躙口があり、その正面に床の間（台目床）を配している。西側南寄りに茶道口があって点前畳左脇には置道庫を付し、天井は掛込天井と網代組の平天井である。窓は東側と躙口上部の下地窓・掛込天井上の突上窓の3か所である。

外観は茅葺入母屋で、軒が低く、ひなびた姿を示している。窓は客座側と躙口側に下地窓があるだけで、採光や開放性は極度に制限されており、〈待庵〉の二畳茶室を引き継いでいる。また、掛込天井にあるもう一つの窓である突上窓は4畳半に均等に採光するのではなく、掛込天井をやや明るく、平天井側、床の間へとだんだんと暗くすることによって明るさのグラデーションを実現している。

[8-7]
裏千家又隠　内部
天井の低い暗い座敷で、躙口、下地窓、突上窓（天窓）があり、室内にほのかな光を投げかけている。

妙喜庵待庵
1581（天正9）年／京都府／
千利休／2畳隅炉

二畳隅炉で正面に室床形式の床の間を配している。2畳という狭小空間だが、床前に座る正客のための空間と亭主による茶を点てるための空間が平天井で、それらは床柱を基点に分割されている。

草庵茶室の成立
—— 形式の否定と極みの追求

　〈待庵〉[8-8,9,10,11]は〈妙喜庵〉の南側にあり、切妻、柿葺の屋根をもつ。聚楽屋敷の茶室より少し前につくられた、草庵茶室を代表する茶室である。広間（書院風）の茶室である〈明月堂〉から露地を通って南面した躙口にたどり着く動線と、書院の広縁から延段、飛び石で構成された露地から入る動線が想定されているが、後者の動線の方が趣深い。

　席は二畳隅炉で正面に室床形式の床の間を配している。室床内部はすべて壁が塗りまわされており、洞窟のような深遠な空間を実現している。2畳という狭小空間だが、天井は床前から点前座にかけて直角（矩折）の平天井とし、その他は掛込天井である。床前に座る正客のための空間と亭主による茶を点てるための空間が平天井で、それらは床柱を基点に分割されている。その結果、2畳の空間が3分割された空間となっている。

　さらに、茶室との境には襖があってその奥には幅8寸（約24cm）の側板の付属した1畳の部屋（次の間）があり、2畳の空間としての利用と、3畳としての利用も可能である。襖をはずして3畳として用いる際には、亭主（利休）は茶を点てたあとでこの1畳に移動した。貴人（秀吉）に茶を振る舞うことが想定された構成でもある。ここは相伴席としての利用も可能であった。北面の腰張の高さが茶室内と次の間で揃っていること、襖を開けると鋲のはつり跡がある半柱があることから、それをみせることを意図していたことがわかる。

　窓は正客の背後（東面）には架け障子付きの下地窓と、外部に力竹を配したもう一つの下地窓がある。南面は躙口上部の明障子の入った連子窓だけである。この面からの採光は出庇によってコントロールされている。

　利休の提示した究極の草庵は、躙口から入る際に板戸をあけると、畳面から上部への視線の移動によって天井の変化を感じさせ、各種の窓が必要な場のみを照らし、室床内部は壁の隅を塗りまわして柱を隠すことによってスケール感を惑わしている。スサを混ぜた土壁はわずかな光でもその素朴なテクスチャー（素材感）を感じさせる。それらが空間全体として統一され、強度の緊張感を与えている。利休の求めたものは、たんなるミニマム空間の追求ではなく、茶を飲むという行為を突きつめた侘び茶の精神を体感できる空間の実現であった。

　〈如庵（有楽苑）〉[8-12,13]は入母屋造風な柿葺屋根の妻を正面にして、気品のあるたたずまいをもつ。左端に袖壁を設けて土間庇を付け加えてあり、正面から躙口をみせないことで、すぐに内部構成を想像させないようにしている。また、武士を象徴する帯刀を否定するための刀掛を意図的に用いず、土間庇の突き当たりの小部屋に預けるように配慮している。土間庇の袖壁には、やや高い位置に円窓が切られている。

　ほぼ4畳半の中に台目床をつくり、台目の点前座に炉を向切にし、しかも炉先に中柱を

[8-8,9]
妙喜庵待庵
平面図・天井伏図

図を比べてみると、2畳の空間が3分割されていることがわかる。次の間にある板畳は太鼓張りとした襖からの出入りのための幅を確保するために用いられている。

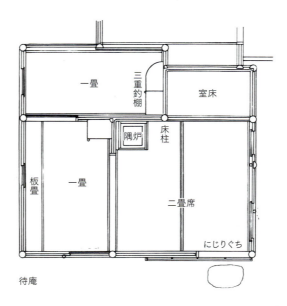

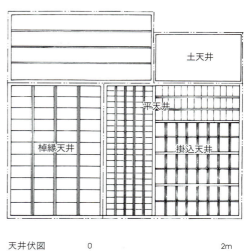

[8-10]
妙喜庵待庵　内部
床前と手前座は平天井で、ほかは掛込天井であることがわかる

[8-11]
妙喜庵待庵　内部
連子窓下に闕口があり、東側に二つの下地窓が並ぶ

如庵
1618（元和4）年頃／愛知県／織田有楽斎／2畳半台目

炉は向切で中柱が炉の先端に立ち、炉を客座の方へ引き寄せるように配している。中柱の立体的な工夫がみられる。

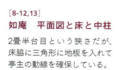

[8-12,13]
如庵　平面図と床と中柱
2畳半台目という狭さだが、床脇に三角形に地板を入れて亭主の動線を確保している。

立てて板をはめ、火灯形に刳りぬいて道具座へ採光している。床脇には三角の地板を入れて壁面を斜行させて、茶道口から客座へと移動する亭主の動線を確保している。また腰張に古暦を使っているのは、朝鮮半島にみられる書籍などを壁に塗り込む手法の援用かもしれない。平面と立体構成の斬新さは、利休の茶室とは違った独創性がみられる。躙口と相対する点前側の壁面にある二つの窓は、竹を詰打ちにしておぼろな光を実現した有楽窓を工夫している。

如庵は中柱の構成が特筆される。中柱は、点前座と炉、袖壁、釣棚などの中心にあって、客座と点前座を隔てると同時に結びつけている。中柱は床の間に対するもう一つの中心を座敷のなかに設定するという新提案で、その後の茶室空間を構成するうえで大きな影響を与えることになった。

炉は向切で中柱が炉の先端に立ち、炉を客座の方へ引き寄せるように結びつけている。中柱が独立して立つと、点前座は空間として限定されないから囲う必要がある。そのために炉先を袖壁としているが、すべてを袖壁とすると点前座が暗くなるために、火灯形に刳りぬいている。点前座の独立性を保ちながら客座との関係を生み出すという、中柱の立体的な工夫である。

利休が床柱を基準に茶室空間を切り分けたのに対して、織部は床柱に加えて中柱を4畳半の空間構成のなかに組み込んでいる。有楽斎は〈如庵〉で利休の茶室独自の空間性をさらに推し進めて、さらなる創作の可能性を示したといえる。

バリエーションを求めて
――形式の多様化

〈孤篷庵〉[8-14,15,16]は、小堀遠江守政一（遠州）が慶長17（1612）年に菩提所として大徳寺竜光院内に建てた寮舎にはじまる。寛永20（1643）年に大徳寺山内の西端に敷地を移して独立した塔頭とした。遠州は最晩年の5年間をここで過ごした。〈孤篷庵〉は寛政5（1793）年に本堂、庫裏、書院を焼失したため、松平不昧に援助を求めて再興を図った。本堂は大徳寺山内雲林院の客殿を移築したもので、〈忘筌〉は本堂に付設された方丈における書院（大書院）であった。〈忘筌〉は焼失前の絵図などから忠実に復元されたとみられている。

この席は12畳敷で、東側に点前座と1間の本床を構えた8畳の主座敷に、北側に3畳の相伴席、西側に広縁と落縁を設けている。点前座の脇には通風のために葭戸を入れ、炉は下手切出炉という形式に配している。天井は高く胡粉摺にした檜板を棹縁天井としており、床の張壁には狩野探幽筆の水墨山水が描かれている。

〈孤篷庵〉を知らしめているのは、縁先は柱間に中敷居を入れ上部に明障子を建て、下方を開放する西面からの採光である。下方からの間接光を導くと同時に、手水鉢や石灯籠などの風景を切り取っている。庭は故郷の近江八景を模したもので、舟入の板間を設けて船からみる景色を再現している。

茶室の木割は細く、書院造の形式に従っているようにみせながら、茶の湯の空間としての書院造のもつ硬さを打ち消している。本堂

大徳寺孤篷庵忘筌
1643年（創建）1799年頃（再建）／京都府／小堀遠州

縁先の柱間に中敷居を入れて上部に明り障子を建て、下方を開放とする西面から採光している。下方からの間接光を室内に導くと同時に、手水鉢や石灯籠などの風景を切り取っている。柔らかい光を室内に導入するために、天井に胡粉を摺り込んで明るくしている。

[8-14.15]
大徳寺孤篷庵忘筌 床構え

胡粉摺りとした棹縁天井が、外からの光を内部に取り込んでいる。床脇が手前座となっている

[8-16]
**大徳寺孤篷庵忘筌
下方からの採光**

上部や側面上方からの採光に限られていた日本の空間に板縁の照り返しと吊り障子下からの採光を内部に取り込んでいる。同時に畳と板縁続きの下方にピクチャーウィンドウとしての開口が空けられている。

大徳寺龍光院密庵
1628年頃（創建）1649年（改築）／小堀遠州好み／4畳半台目

腰高障子を開けて室内に入ると正面（東側）に板床と点前席が最初に目に入る。点前席にはまっすぐな杉丸太の中柱が立ち、その袖壁には杉板を入れ、その背後に二重の隅棚を吊っている。

[8-17,18]
大徳寺龍光院密庵 平面図と台目構えの茶室
台目畳と板床（密庵床）を並べ、北西に違棚と床、入側を配している。この板床は付書院を改造したもの。

焼失後に雲林院をそのまま移築しながらも、遠州の〈忘筌〉を焼失前と同様に復元した手腕は高く評価されてよい。そのような計らいは、茶室の書院化を成し遂げた遠州の作事に対する深い想いが理解されていたことを示している。

大徳寺塔頭の〈龍光院密庵〉[8-17,18]は4畳半台目の席で、北面は左に4尺の床と吹寄桟の腰高障子4枚があり、西面には床に直角に接する違棚があり、2枚の北面と同様の腰高障子がある。この障子の外には縁があり、ここが露地からの出入口である。つまり、腰高障子を開けて室内に入ると正面（東側）に板床

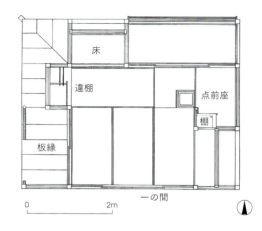

144　第8章　茶の湯の空間

と点前席が最初に目に入ることになる。

　点前席にはまっすぐな杉丸太の中柱が立ち、その袖壁には杉板を入れ、その背後に二重の隅棚を吊っている。南面は4枚の襖があり一の間側から入れば正面左に床がみえる。天井は棹縁天井で台目畳上だけを低くしている。

　この席はちょっと変わった歴史をもっている。創建時(寛永5年頃／1628)には茶室は北側で他の建物とつながっていて、三方を庭で囲まれていた。その20年後(慶安2年前後／1649)にこの茶室を取り込むように新たに書院がつくられた。そのときに付書院が板床に改められ、狩野探幽が書院一の間とともに茶室の板床壁に絵を描いた。

　この席は、〈龍光院〉とのつながりから小堀遠州作とか、遠州好みとされてきたが、遠州の直接的関与の可能性は低い。遠州作ではないにしても、書院風に統一しながらも書院の堅苦しさを感じさせない空間が実現されている。ここでも、遠州の作風を当時の茶人たちが修得していたことを示している。

　〈南禅寺金地院八窓席〉[8-19,20]は小堀遠州による作事として知られるが、遠州はここでは前身建物を改造して現在の茶室を完成させている。日本建築では木造建築の改造は多いが、前身建物の広さも、軸組、天井もそのままにしながらも、遠州の好みの空間を実現していることが特筆される。改造の主眼は床

南禅寺金地院八窓席
1628年頃／京都府／小堀遠州／3畳台目

前身建物の広さ、軸組、天井をそのままにしながら、遠州の好みの茶室として再生された茶室。

[8-19]
南禅寺金地院八窓席　内部

左手の躙口の外は榑縁に改造された。手前の2畳を竹棹縁の蒲天井とし、その奥を掛込天井としている。

第1部　古代・中世・近世　145

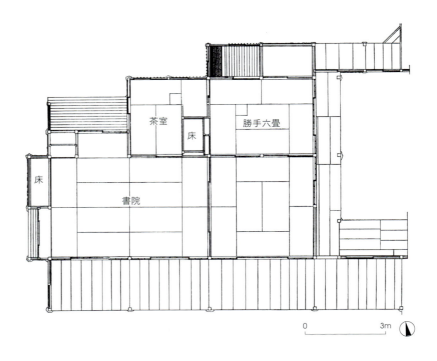

[8-20]
南禅寺金地院八窓席
平面図

まわりと躙口であった。まず、躙口の外に板縁を設けていることである。路地を通って躙口からの窮屈に室内に導入するのではなく、躙口という形式は守りながらも縁からの出入りとしたのは、自らが改造した床と点前席を正視させたかったのかもしれない。その床は松皮付きの床柱の左右に袖壁付きの中柱と、櫟（くぬぎ）皮付相手柱を並べている。櫟柱は南境の2枚の襖のある軸から内側に独立させて立てている。また、中柱袖壁には下地窓がついているが、その窓から裏側に設けた二重隅棚を覗かせるようにしている。台目畳の点前席は火灯形勝手口が背後にみえる。主人と客の空間を対比させていることは、中柱で2畳の竹棹縁の蒲（がま）天井と掛込天井とを分断していることからわかる。

北面には上方に柱を挟んで連子窓が二つ並び、その下の点前席の背後にあたる位置に下地窓がある。点前をするための採光としてだけでなく、床柱袖壁には墨蹟窓が高い位置に設けられているから、床内側に上方からの光が差し込んだのであろう。西面の躙口上部には北面より大きい一間幅の連子窓が一つあり、背後から客座を照らしている。

〈待庵〉でも天井によって主人と客の空間が規定されていたが、ここでは窮屈さを感じさせないように分割され、訪れた客にやすらぎを与えてくれる。

水無瀬神宮は後鳥羽天皇の離宮とされたところで、後水尾天皇は譲位後にしばしば水無瀬へ行幸され、その際に造営にされたのが〈灯心亭〉[8-21,22,23]とされる。〈灯心亭〉は間口4間半弱、奥行2間半の独立した民家風の寄棟茅葺の建物である。3畳台目の茶室と水屋を組み合わせ、1坪ほどの湯屋を水屋に付属させている。南側と西側には畳縁を巡らせその外側には雨戸のみを設けている。そのため全体が解放的な空間となっている。茶屋を髣髴とさせるが、完成度は素朴さを基調とした茶屋の域を超えている。茶室の天井は吹寄格（ごうてんじょう）天井と台目畳上は蒲（がま）天井とする。

この茶室を特徴づけているのは、格天井格間に葭、寒竹、苧殻（おがら）（皮を剥いだ麻の茎）、萩、山吹、木賊（とくさ）、九十九草（つくも）、竹、柿、桐、桑の草や木の枝を編み込んでいることだろう。〈灯心亭〉という名は、それぞれの植物が灯心の材料になることから名づけたとされる。

茶席には正面に床と床脇棚があり、4尺の床は板床で床柱は皮付松、床脇棚は上から2段の袋棚と二重の違棚を収め、その束板には網透かしの精巧な彫刻を施している。全体として茶室の構成原理を用いて書院を再構成しており、貴族による数寄屋造に止まらない小間の茶室を実現していることに魅力がある。

江戸時代に幕府の作事奉行も勤めた片桐石見守貞昌（石州）が、父の菩提のために寛文3（1663）年に建立した塔頭が慈光院である。書院は12畳に床の間と付書院のある上の間、そ

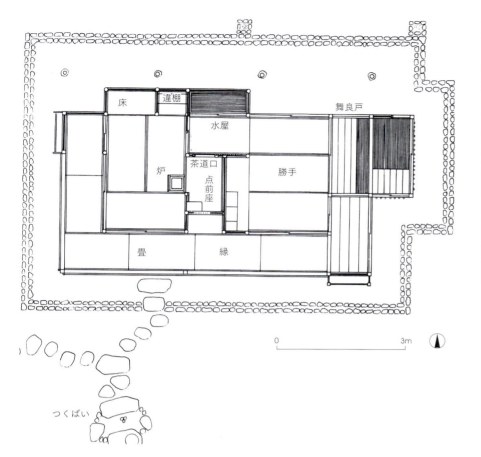

水無瀬神宮灯心亭
江戸時代前期／大阪府／3畳台目

間口4間半弱、奥行2間半の独立した民家風の寄棟茅葺きの建物である。3畳台目の茶室と同規模の水屋を組み合わせ、1坪ほどの湯屋を水屋に付属させている。南側と西側には畳縁を巡らせその外側には雨戸のみを設けている。そのため全体が茶屋風の解放的な空間をつくり上げている。

[8-21]
水無瀬神宮灯心亭 平面図

畳縁北側に板床と違棚が並ぶ三畳台目の茶室。給仕口の手前に台目畳がある。

[8-22]
水無瀬神宮灯心亭 外観

[8-23]
水無瀬神宮灯心亭 茶室内部

格天井格間に各種の草木の枝を組み込んでいる。貴族風書院に風呂が付属しているところから茶屋の流れをひくものとみられる。

第1部　古代・中世・近世

慈光院高林庵
1671年／京都府／片桐石州

〈高林庵〉は2畳台目の茶室だが、2畳に接した広縁に2畳の畳が敷いてあった。ここを仕切る襖をはずせば、4畳台目の茶室として使用することが可能である。

[8-24]
慈光院高林庵　平面図
点前座の背後に板床があることから、点前をする亭主が床を背負うことになる。身分を重視する武士の茶室といえる。

[8-25]
慈光院高林庵　床と手前座
1間の連子窓のある客座は明るいが、点前座は風呂先窓から光が入るだけである。亭主からは客の表情は読み取れるが、客からは亭主はみえにくい。

れに続く8畳の中の間、4畳の下の間の3室の続き間で構成され、中の間の裏手に6畳の休息所、下の間の裏には3畳の小間がある。書院には創建後10年もたたないうちに〈慈光院高林庵〉[8-24,25]という茶室が付け加えられた。

その茶室は亭主の座る台目畳の点前座の背後に板床があり、その正面に客のために2畳が配置されている。〈慈光院高林庵〉は2畳と1畳の4分の3の大きさの台目畳を組み合わせた2畳台目という狭小空間である。江戸幕府の作事奉行を務めた片桐石州は、武士の茶道として石州流というスタイルを確立した。それは客ではなく亭主が床前で茶を点てる形式で、封建制の確立した江戸時代ならではの身分を重視した武士の茶であった。

復元的研究から、茶室に接した広縁には、点前に2畳の畳が敷いてあったことがわかっている。〈慈光院高林庵〉を仕切る襖をはずせば、4畳台目として使用することが可能である。これは千利休が〈待庵〉で用いた次の間を取り込む手法と類似するが、書院広縁の一部を借用するという新提案である。幕末にはもう一つ、〈閑茶室〉という茶室がつくられたが、〈慈光院高林庵〉は窓が大きくて明るく、清楚な席であるのに対して、〈閑茶室〉内部は暗い同じ2畳台目だが暗く、炉の位置を逆にする逆勝手を用いるなど、二つの茶席には陰陽の対比が試みられている。

京都の北方一乗寺にある〈曼殊院〉は、天台宗の古寺だが、現在地へは江戸時代初期の良尚法親王のときに移っている。この建物や庭は小堀遠州好みと伝えられているが、この地に寺が移ったときには遠州はすでになくなっており、小書院にある茶室・2畳の小間と〈八窓軒〉は遠州の好みとして創作されたとみられる。

〈曼殊院小書院〉[8-26,27,28]は広い庭に取り囲まれた柿葺寄棟造の建物で、主な部屋は、

床棚付き上段をもつ〈黄昏の間〉、次の間として8畳の〈富士の間〉がある。この富士の間と襖2枚で接する2畳間には炉が切られ、〈無窓席〉と呼ばれる茶室がある。〈富士の間〉と〈黄昏の間〉からは〈八窓軒〉へは縁側づたいで隣り合っており、茶室へは庭に面した躙口から入ることになる。〈八窓軒〉は〈黄昏の間〉の上段裏に位置する侘数寄の数寄屋風、〈無窓席〉は書院造の茶室である。小書院では、2畳の〈無窓席〉を書院風に、3畳台目の〈八窓軒〉を侘茶の姿にすることで対になるようにとしつらえられたといえる。

〈伏見稲荷大社御茶屋〉[8-29,30]は躙口をもたない貴人好みの書院造の茶室である。創建は16世紀末から17世紀初頭とみられるが、寛永18(1641)年に後水尾天皇より伏見稲荷大社に下賜されたとされる。

内部は玄関・車寄・7畳の出書院付きの一の間、8畳の二の間、北側に広縁と4畳から構成され、南側に板縁を配している。素朴ながら随所に六葉の釘隠金具を打って格式を示している。一の間は正面に張り出した1畳の本床、その左手奥に違い棚、右手の花頭窓のある書院を構えている。次の間との境には菱格子の欄間がある。床・違い棚・付書院をセットにする構成は書院造の基本で、茶室な

曼殊院小書院八窓軒
1656年頃／京都府／小堀遠州好み

〈八窓軒〉は黄昏の間の上段裏に位置する侘数寄の数寄屋風茶室であり、3畳台目ながら8か所の窓のある多窓の茶室となっている。

[8-26]
曼殊院小書院八窓軒 平面図

茶室は東向きに建てられ、前面の左端に躙口を開けている。内部は横長に3畳を敷き、台目構えの点前座をつけた3畳台目の間取りで、躙口を入ると正面に床が構えられている。床は台目床で、床柱は鈍のはつり目をつけた赤松皮付、相手柱は雑木の皮付で、黒の真塗りの框を取り合わせている。

[8-27]
曼殊院小書院八窓軒 中柱越しに点前座をみる

[8-28]
曼殊院小書院八窓軒 点前座からみた床と躙口

第1部　古代・中世・近世　149

伏見稲荷大社御茶屋
江戸時代初期／京都府

御茶屋は正面に張り出した1畳の本床、その左手奥に違い棚、右手の花頭窓のある書院を構えている。次の間との境には菱格子の欄間がある。床・違い棚・付書院をセットにする構成は書院造の基本で、茶室ながら重厚な意匠でまとめられ、貴人好みらしい格調の高さを示している。

[8-29]
伏見稲荷大社御茶屋 配置図

内部は玄関・車寄・7畳の出書院付きの一の間、8畳の二の間、北側に広縁と4畳敷から構成され、南側に板縁を配している。一の間は正面に張り出した1畳の本床、その左手奥に違い棚、右手の花頭窓のある書院を構えている。

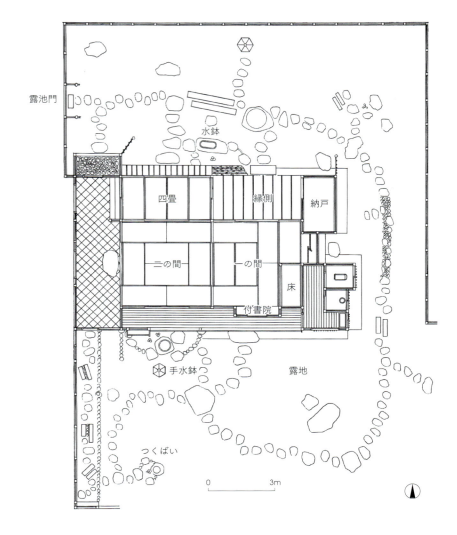

[8-30]
伏見稲荷大社御茶屋 内部

正面に1畳の本床、その左手奥に違い棚、右手には花頭窓のある書院を構えた書院造の茶室だが、各所に数寄屋風の意匠がみられる。

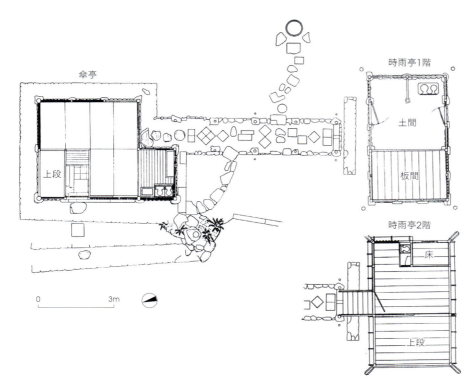

高台寺傘亭・時雨亭
安土桃山時代／京都府

二つの茶室は伏見城内に設けた茶室とも伝えられるが、明らかではない。炉を切らずに竈土構えとするなど、田舎屋風の野趣があふれ、茶の湯と酒宴の場であった茶屋の流れを汲む遺構とみられる。

[8-31]
高台寺傘亭・時雨亭 平面図
〈傘亭〉は平屋、〈時雨亭〉は2階建の茶室だが、両者は屋根付きの土間廊下でつながれている。その対比を楽しむために二つの茶室を組にして創作したものだろう。

[8-32]
高台寺傘亭　見上げ
〈傘亭〉は宝形造の茅葺で、開放的な8畳の茶室となっており、「安閑窟」の扁額が掛けられている。

がら重厚な意匠でまとめられ、貴人好みらしい格調の高さを示す。

創建時の構成がそのままに移築されたわけではないが、床柱の下部を大きく斜めに切り取った竹の子面の手法や、茶室のみに用いられた面皮柱は創建時のものとみられる。数寄屋造の先駆的デザインが用いられており、書院造の茶屋に数寄屋風意匠が取り込まれる過程を示している。

高台寺は豊臣秀吉の正室である北政所（高台院）によって秀吉の冥福を祈るため建立された。釈迦如来を本尊とする禅宗寺院で、秀吉と北政所を祀る霊廟としての性格をもつ。霊屋の東方高台に〈傘亭〉と〈時雨亭〉という茶室がある[8-31,32]。〈傘亭〉と〈時雨亭〉は屋根付きの土間廊下でつながれている。〈傘亭〉は宝形造の茅葺で、皮付きの丸太と面皮の材でつくられた8畳の開放的な茶室で、「安閑窟」の額が掛かっている。入口扉は蔀戸のように内部に引き込まれ、竹丸太を放射状に配した化粧屋根裏が特徴的である。

〈時雨亭〉は〈傘亭〉の南隣にある2階建の茶室で、2階南側の上段の間は柱間に壁や建具を設けずに吹き放しになっている。二つの茶室は千利休好みとも、小堀遠州作ともされるが、作者がどうあれ、野趣にあふれた茶室といえる。

第9章　大規模空間の創出と大衆化

[第1部] 古代・中世・近世

　古代から〈東大寺大仏殿〉を代表とする国分寺・国分尼寺など、いくつかの巨大建築が造営されてきた。奈良時代の大規模建築は天皇による国家プロジェクトであり、各都市の存在を示すと同時に住民に国家鎮護のメッセージを誇示するための建築であった。中世には大仏様による〈東大寺〉の再建や、禅宗寺院の三門など大規模な建築はつくられたが、遺構は〈東大寺南大門〉を除いて室町時代以降のものである。近世になると建築もさまざまな変化を遂げるが、それは鎌倉・室町時代に始まる武士と町人を中心にした新しい世界観の成立による。その立役者は豊臣秀吉をはじめ、歴代の徳川将軍であり、再び巨大建築の造営が模索された。それらの大建築の多くは、都市の外周部に造営されたこと、そして既存の寺院の再建であったことに特徴がある。同時に宗教勢力も、時代の流れを受け入れて大規模化を推進していった。

　豊臣秀吉および豊臣家の関わった大規模建築は、未完成に終わった〈嚴島神社末社豊国神社本殿〉（1589年）と〈金峯山寺蔵王堂〉（1591年再建）を取り上げたい。古代の大建築は実際に大規模であったが、近世建築ではいかに大きな建築にみせるかが重要だった。織田信長の焼き討ちで失われた〈延暦寺根本中堂〉は、これも秀吉の支援によって応急的な再建がなされた（1589年）。その堂は徳川家光の命によって本格的に再建され、現在に至っている。〈大峯山寺本堂（山上伽藍）〉は〈金峯山寺蔵王堂（山下伽藍）〉と対になる建築だが、1691（元禄4）年に再建されたものである。

　以上のような大建築の再建と時期を同じくして、京都近郊の再整備が実施される。これも秀吉によって先鞭がつけられ、京都改造事業の一環としてつくられた御土居を始めとして、〈豊国神社〉〈方広寺〉などがつくられた。その後幕府の威厳を示すために、徳川家光は〈清水寺本堂〉（1633年）を中心とした整備や、朝廷勢力に対する要塞化の一つとしての知恩院整備などを実施した。

　それとは別に、京都郊外の宇治につくられた〈萬福寺〉の造営は、黄檗宗という新宗教世界の中国風パビリオンとして目をひいた。黄檗山内では読経も日常会話も中国語で行なわれ、中国僧も暮らす異国の寺が実現された。禅宗（臨済宗・曹洞宗）の活性化のために持ち込まれた黄檗禅であったが、鎖国政策の特例としてつくられた新寺院の造営は、山内に入ると別世界を体感することができた。

　もう一つ、朝廷の衰微に伴う貴族階級の没落によって衰退していた既存の仏教寺院に対する、幕府の支援の動きもみられる。失火で焼失した〈東大寺二月堂〉の再建（1669年）に続く、〈東大寺大仏殿〉（1709年）などの大事業が実施された。

　また、天皇家につながる門跡寺院の整備として〈仁和寺金堂〉（1613年）、〈仁和寺御影堂〉（1641～45年）などを復古的な寝殿意匠を用いた再建として取り上げたい。門跡寺院においても秀吉は〈醍醐寺金堂〉として紀州湯浅から堂宇を移築（1600年）している。それらの朝廷対策の動きは、後の江戸幕府による〈京都御所紫宸殿〉〈京都御所清涼殿〉など御所の整備（1855年）につながっていく。

仏堂の巨大化
―― 新しい大空間の創出

〈嚴島神社末社豊国神社本殿〉[9-1,2,3]は、豊臣秀吉が1587（天正15）年に毎月一度千部経を読誦するため発願して、安国寺恵瓊に命じて建立させた。建物は1589年には外形ができあがったが、朝鮮出兵により工事が中断し、天井が張られないまま完工しなかった。そのため、本来はみることのできない天井裏

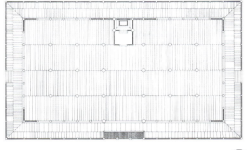

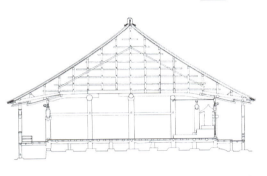

嚴島神社末社豊国神社本殿
1587（天正15）年／広島県／木造

入母屋造、本瓦葺。柱間は桁行13間（背面は15間）、梁間8間で、外周には軒を支える軒支柱を巡らせている。内部は2間ごとに独立柱が立ち、板張の中央奥に須弥壇がある。

[9-1,2]
嚴島神社末社豊国神社本殿 平面図・断面図・外観

大きな平面に対して須弥壇は小さく内部の機能は判然としない。周囲に軒支柱を巡らしているのは、大きな軒を支える構造補強の一つであるが、地震などによる変形に対して対応する力をもっている。

[9-3]
嚴島神社末社豊国神社本殿 御神座

工事が中断されて天井が仕上げられていないので、小屋組に未加工の力強い野物を用いた梁桁がみえる。

第1部　古代・中世・近世　153

金峯山寺本堂
1591（天正19）年／奈良県／木造

桁行3間×梁行2間の内陣の前方に同規模の外陣をとり、その周囲に庇を設けている。内陣背面庇を巨大な厨子とするが、内部は厨子部分を除くと装飾細部が少ない。

の野物の小屋組がみえて、巨大空間の迫力を感じる。入母屋造、本瓦葺で、柱間は桁行13間（背面は15間）、梁間8間の規模で、外周に軒の出を支える軒支柱が並んでいる。これは一種の構造補強といえるが、建物のシルエットとしての美しさを示すよりも、強固な実質的建築が求められた。

金峯山寺の山下伽藍の蔵王堂〈金峯山寺本堂〉[9-4,5]は、礼堂（外陣）と内陣からなる構成と、巨大な蔵王三尊が内陣に安置されていることに特徴がある。前身堂は1348（貞和4）年炎上し、1410（応永17）年に再建されたが、1586（天正14）年に再度炎上し、5年後に完成した。再建された現本堂の蔵王三尊は、最も大きな像で2丈6尺（7.9m）あり、前身堂の各像よりそれぞれ4尺大きくつくられた。

現本堂は桁行5間、梁行6間で、周囲1間に裳階がまわされている。日本建築は柱間の長さは一定ではないから、間数だけでは規模はわからない。裳階を柱頂より一段下げた位置に設けて腰組と高欄付の縁を取り付け、上層には裳階を包み込むように檜皮葺入母屋屋根をあげている。修験道のための建築ながら、堂々とした外観を構成している。正面の大きさは再建〈東大寺大仏殿〉の7割ほどだが、裳階は前面一間通りを吹き放し、他の三面は内部化するなどして、巨大にみせるための手法が採用されている。

堂は桁行3間、梁行2間の内陣の前方に同規模の外陣をとり、その周囲に庇を設け、内陣背面庇を巨大な厨子としている。柱間寸法は桁行の中央三間を13尺、梁行の中央4間を11尺、庇を12尺、裳階を11尺とし、機能と規模がよく合致している。

正面中央5間および背面中央間を両開き板扉とする以外はすべて横板張の板壁とすることによって、外陣を解放的にする一般の仏堂とは異なる閉鎖感を生み出している。

また、内陣は厨子となる内陣背面庇の正面中央3間を両開き板扉、ほかの三面を壁とする以外に間仕切装置がない。外陣も内陣と同様に内部間仕切装置はない。

内部は厨子部分を除くと装飾細部が少なく、長大な柱の頂部上に組入天井を設けたために、正面の裳階と庇境以外には柱頂に組物がみえない。必要な部分にのみ装飾を施しているのは、工期の短縮と経費節減を図るという

[9-4]
金峯山寺本堂　平面図・断面図

修理の際に筋違や方丈、補強金物が入れられている。

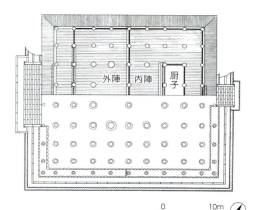

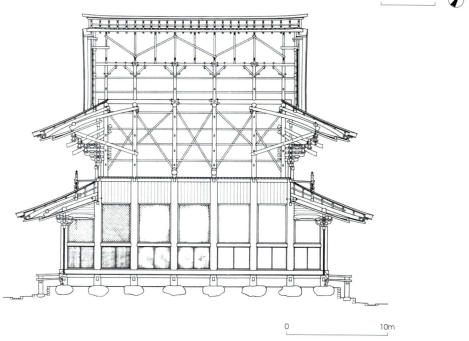

[9-5]
金峯山寺本堂　厨子見上げ
8m近い巨大な3体の蔵王三尊が厨子から見下ろしている。

点で合理的な考えだが、そのことが近世建築の特質を示している。

　柱の太さは裳階柱が2尺、庇柱が2.3尺、外陣中心部の前面柱が2.5尺、その側面中央柱（東側）が4尺もある。奈良時代創建の〈唐招提寺金堂〉の前列の柱が2尺の太さだが、ここでは一部に倍の太さの柱を使用している。また、独立して立つ柱はすべて野物を最低限加工した程度で、外陣中心部の正面柱や、背面庇の西北隅柱などは原木に近い。このような野物状の太く長大な柱の存在が堂内に力強い緊張感をもたらしており、秀吉の生きた時代の雰囲気を感じさせる。

　〈延暦寺根本中堂〉[9-6,7,8]は788（延暦7）年に最澄が創建した一乗止観院一名比叡山寺の中心堂が前身で、薬師如来を祀る薬師堂は中堂と呼ばれ、その左右には経蔵と文殊堂が並んで建っていた。のちにこれらの建築は合築され〈根本中堂〉と通称されるようになった。平安時代創建の薬師堂は正面3丈（約9m）、経蔵と文殊堂はともに正面3丈3尺（約10m）の檜皮葺の小さな建物であった。円珍（第五世座主）は三堂をまとめて一つの堂に合築している。887（仁和3）年に完成した堂は9間の四周に庇が付き、正面に孫庇があった。この堂も935（承平5）年に焼失し、4年後に再建されたが、980（天元3）年になって正面の孫庇を拡幅し、前方に中門を設けて左右から廻廊で前庭を囲うように改造された。その堂も1435（永享7）年に焼失し、翌年に再建上棟したが、円珍による合築後の形式が踏襲された。その後、1499（明応8）年にも焼け、再

延暦寺根本中堂
1640（寛永17）年／滋賀県／木造

創建時の薬師堂の左右には経蔵と文殊堂が独立して建てられていたが、円珍（第五世座主）は三堂をまとめて一つの堂に合築したのが、〈根本中堂〉の起源である。

[9-6]
延暦寺根本中堂　外観
前面に廻廊を巡らせているために、廻廊内に入らないと〈根本中堂〉の姿は望めず、内部に入って初めてその規模を感じることができる。さらに、外陣から内陣を眺めたときにその眺望に驚かされる。

第1部　古代・中世・近世　155

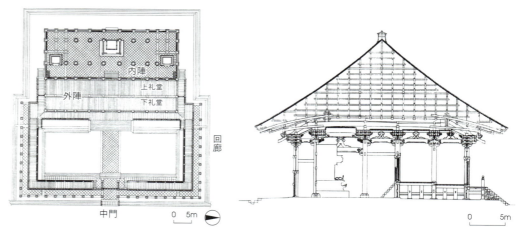

[9-7]
延暦寺根本中堂 土間式の内陣
土間部分は最澄が創建した時に、薬師堂、経蔵、文殊堂が並んで建つ姿を示している。

[9-8]
延暦寺根本中堂 配置図と断面図
配置図の奥が本堂で、それを囲むように三方に回廊がまわる。断面図をみると上礼堂床と宮殿の厨子の高さが揃っているのがわかる。

建された堂も1571（元亀2）年に織田信長の比叡山焼討で失われた。そのあとの再建は1584（天正12）年から始まって5年後に終わった。豊臣秀吉の援助であったが、混乱時の復興のため、本格的な再建とはならなかった。その後、徳川家光の命によって再建された（1624年）。

現在の規模は正面11間、側面6間で、間口の実長は約37.6mある。そのうち奥行4間は石敷の土間を内陣とし、前方2間が床張り畳敷の外陣となっている。さらに、外陣部は床高が二つ（上・下）に分かれ、上礼堂・下礼堂と呼ばれる。上礼堂は格天井で、各鏡板に極彩色の百花図が描かれて豪華さを示している。上礼堂より内陣は約2.5m低く、天井は小組格天井とする。奥の間の中央部7間の天井は折り上げて旧薬師堂を表現し、その左右各2間は旧文殊堂と経蔵を示している。それぞれは高い石積基壇上に宮殿を安置する。太い円柱が堂を力強く支えている。土間上に薬師堂、経蔵、文殊堂を配置しているのは、最澄の時代の三堂をイメージさせるためで、上

礼堂床と宮殿本体の高さを揃えて、厨子を見下ろすことのないように計画されている。礼堂からみると、内陣を包み込む架構が威圧するようで、近世初期の気風を伝えている。

〈金峯山寺本堂〉は山下伽藍、〈大峯山寺本堂〉は山上伽藍と呼ばれるが、本来これらは一体のものであった。ともに、役小角を伝承的な開祖とする修験道の聖地であるが、〈大峯山寺本堂〉[9-9,10]の方がより土着的な修行の場の雰囲気を残している。何度も衰退と再興を繰り返したが、現在の建物は1691（元禄4）年に再建されている。その12年後に現在の外陣部分が増築されたが、その部分は土間式である。そのため、板敷きの内陣と土間式の外陣が、大型の古民家のような構成となっている。柱や梁の木柄は太いが、全体として高さが抑えられているので、背の低い柱が押しつぶされたような圧迫感を与えている。外周部はほぼ円柱が使われているが、土間の柱は角柱が多い。外陣の拡張の際に内陣部を屋根まで含めてそのままとしているから、内陣の野屋根上にもう一つの野屋根が載る類例のない建築が実現している。土間から内陣の屋根がみえるのである。このような構成は意匠上の意図というよりも、必要に応じて外陣を拡張したかのようで、民家の拡張にも通じる、内陣を包み込んだ鞘堂といえる。ところが、この本堂の再建時は、外陣を含めた計画であったらしい。外陣建立までに期間を要したのは寄進によって浄財を集めたためとみられ、それを裏づける宿坊に残る寄進額などがそれを裏づけている。建築用材も大峯山系の樅が多く用いられ、現地で木挽きによって製材された。

内陣より奥行2間分の格天井は屋根をみせるために高く据えられ、外陣前方の奥行2間分は背の低い変形の格天井となっている。この対角線上に欅掛けとされた格天井は、大きな野屋根の変形を防ぐブレース材の役目を果たしている。

外観も軒先が低く、桟唐戸の高さも低く抑えられおり、栩葺であった頃は大型民家のようにみえたであろう。

大峯山寺本堂
1691（元禄4）年（内陣再建）、1703（元禄16）年／奈良県／木造

内陣は再建で、12年後に外陣部分が増築されたが、その部分は土間式である。内陣の野屋根上にもう一つの野屋根が載る建築である。土間から内陣屋根をみせるのも意図的である。

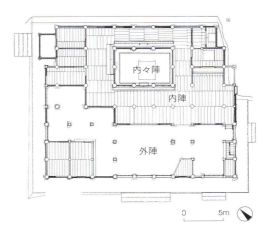

[9-9]
大峯山寺本堂　平面図
左右非対称の特異な平面をもつ。

[9-10]
大峯山寺本堂　土間から内陣をみる
内陣が漆塗りの豪華さを示すのに対して、外陣は木に太さこそあるが未完成のような仕上げである。

[9-11] **清水寺本堂　正堂内部**
1633(寛永10)年／京都府／木造
正堂は石敷きで須弥壇上に厨子が並ぶ。

[9-12]
**清水寺本堂
正堂前面の柱列**
厳重に閉じられた扉が続き、その上は菱欄間で大きな懸仏が掛けられている。

清水寺本堂
本堂内部は板床だが、内々陣だけは花崗岩の土間敷の化粧屋根裏である。この内々陣が最初期の観音堂のイメージを継承している。観音菩薩は岩山上に降臨することが多く、あえて板床上ではなく土間に厨子を置いている。

過去の継承と再構築
―― 宗教空間の大衆化

　〈清水寺本堂〉[9-11,12,13,14]は傾斜地に張り出した懸造(かけづくり)の舞台で知られる。本尊を千手観音とする本堂の創建は奈良時代と伝えられるが、現在の姿に近くなったのは平安時代末期以降とみられる。創建時は小規模な仏堂が、切り立った崖際につくられていたが、平安時代末期に主要部が拡幅された際に、足場を組むようにして舞台が付加された。現本堂は徳川家光の寄進による江戸時代初期の再建である。

　本堂は各時代に拡幅・改修されてきたから、平面も外観も複雑である。本尊の千手観音像は秘仏で、33年ごとに開帳される。本堂の中心(内々陣)には3基の厨子が置かれ、中央の厨子に本尊の千手観音立像、右厨子には毘沙門天(びしゃもんてん)立像、左厨子には地蔵菩薩立像が安置されている。本堂内部は板床だが、内々陣だけは花崗岩(かこう)の土間敷で化粧屋根裏となっている。この内々陣が最初期の観音堂のイメージを継承したことを示している。多くの観音堂では創建時の姿を伝えるためにヒントを残す事例がみられる。ここでは観音菩薩が岩山上に降臨することを暗示するために、あえて石土間の上に厨子が置かれている。

　内々陣の前方には内陣、礼堂、さらに、その前方に舞台が付加されているが、これらも拡張のプロセスを示している。初期の舞台部分は大きくなかったから、舞台を支える懸造部は現在ほど大規模ではなかった。舞台が拡幅された室町時代になって現在につながる規模となり、それが江戸幕府によって再建されたのである。清水寺は平安京遷都以前からの寺院で、その後も京の人々に信仰されたから、その人気にあやかった寄進であったと同時に、東海道筋の京都へ入るための幕府の拠点整備の一環であったとみられる。

　知恩院への寄進は浄土宗徒であった徳川家康によるが、そもそも知恩院は織田信長上洛時の宿舎となったことに大名との関係がは

[9-13]
**清水寺本堂
平面図と断面図**
大きな屋根にみせるために棟位置を奥に移動させている。

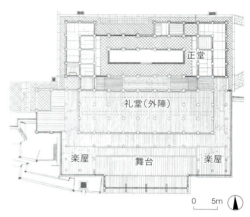

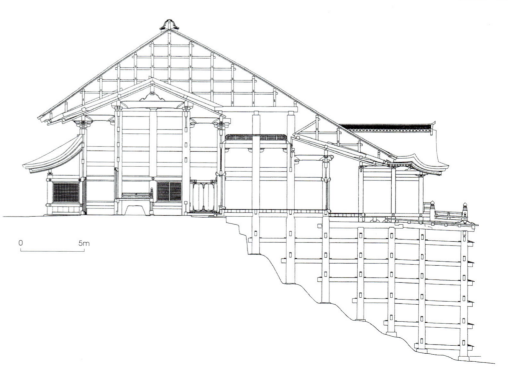

[9-14]
清水寺本堂　外陣をみる

じまる。御所に近いため、二条城とともに京都における徳川家の拠点として、家康、秀忠、家光へと引き継がれていった。

　萬福寺は江戸時代に中国から招来された隠元隆琦を祖とする寺院である。鎌倉時代に栄西と道元によってもたらされた禅宗は、室町時代になると日本化していく。それに伴って、主に臨済宗寺院の衰退が進んでしまう。その理由は、寺院の経済的基盤としての檀那（パトロン）であった旧大名などの経済的疲弊と、明国との交易における禅宗寺院の役割の変質であろう。江戸時代になって、明国からこれまで取り入れられなかった新仏教が導入されたのは、日本の宗教界に新風を吹き込もうとする意図があった。この寺院では100年以上にわたって中国から新住職を招聘したため、建物や仏像の様式だけでなく、唐音による読経、儀式や作法から精進（普茶）料理、煎茶を飲むことなどの中国風作法が採用された。

宇治の地に異国の景観と生活スタイルが出現した。萬福寺は鎖国のなかで許された、京都における中国文化の象徴的な存在となった。

　萬福寺では古代寺院で多用されていた廻廊で各建物をつなぐこと、ブロックごとに建物を配置し異なった空間ブロックを連結することなど、明代までの中国で守られてきた古式の寺院構成が残されている。明朝様式とはいえ、法隆寺でも用いられた卍崩しの高欄が用いられ、磚を敷いた土間式を採用するなど、日本化した禅宗寺院とは違った雰囲気をもっている。

　萬福寺では仏堂にあたる中心建物〈大雄宝殿〉の前に、〈天王殿〉と呼ばれる建物を配置する。廻廊と直接接続するように、正面1間幅分を吹き放しとした5間×3間の一重の建物が、二重の石垣上に載る。両脇へと続く廻廊は一段下がった位置にあり、〈天王殿〉と〈大雄宝殿〉、さらに〈法堂〉で囲まれたブロック

第1部　古代・中世・近世　161

萬福寺大雄宝殿
1668(寛文8)年／京都府／
木造

3間四方に1間幅の裳階が回る。柱を角柱とし、中央に仕切り壁（障壁）があるだけで、身舎すべてが鏡天井とされているため、内部は単調にみえる。

[9-15]
**萬福寺大雄宝殿
平面図・断面図**

前面を吹き放ちとして各建物が廻廊でつながれている。その部分は湾曲した垂木を用いた黄檗天井としている。前面と背面を扉口として開放するのも中国建築特有の形式である。

全体をひとまとめにして他のブロックとは別の存在であることを強調している。〈天王殿〉の正面には大きな布袋像がにこやかに、くつろいで座っている。中国では明代以降になると布袋像が多くつくられ、布袋姿の弥勒菩薩が厚い信仰を集めた。内部は床用の瓦（磚）が敷きつめられて、周囲に諸像が並ぶ。堂内からそのまま奥に抜ける戸口があり、〈大雄宝殿〉へと続いている。廻廊でつなぐだけでなく、建物内部も通り抜けて前方へ進む動線が示されているのも中国的である。

〈大雄宝殿〉[9-15,16]は前面に石垣を組んで、月台と呼ばれる砂を敷き詰めたテラスがある。これは天井のない儀礼のための重要な空間となっている。さらに3段ほどの低い基壇上に大雄宝殿がある。この建物は日本の金堂（本堂）に相当し、大雄とは釈迦のことである。平面は3間四方に1間幅の裳階がまわる。正面の裳階の1間幅分を吹き放しとし、その部分の天井に湾曲した垂木（輪垂木）を用いてドーム式（黄檗天井）にしている。頭貫が虹梁形に湾曲しているのは、中国で多用された意匠である。柱を角柱とし、中央に仕切り壁（障壁）があるだけで、身舎すべてが鏡天井なので、内部は簡素である。組物も外部は禅宗様三手

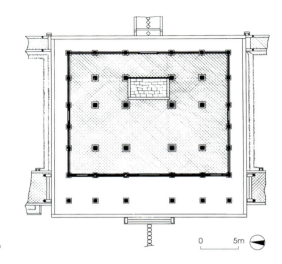

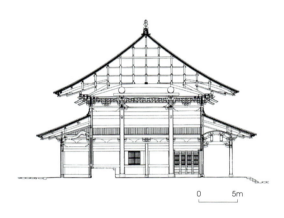

[9-16]
萬福寺大雄宝殿　内部

同じ高さの天井のために、空間としての格差がほとんど感じられない。土間敷で円座上に僧侶は座る。

162　第9章　大規模空間の創出と大衆化

先だが、内部に組物が伸びないなど、明代以降の中国風の手法が採用されている。

次のブロックの中心建物である〈法堂〉は、〈大雄宝殿〉よりさらに一段高い石積みの上に建ち、ここでも最前列の1間幅分が吹き放ちで、左右の廻廊につながっている。前面の吹き放ちは黄檗天井である。境内には正面が吹き放ちの建物はほかにもあるが、黄檗天井を用いるのは〈法堂〉〈大雄宝殿〉と〈開山堂〉のみで、この天井が建物の格式をあらわしている。中国の寺院では明末から清の時代に多くの改造が行なわれ、明の建築様式を正統に引き継いだ遺構は少なく、東アジアという文化圏において貴重な存在であるといえる。

〈東大寺二月堂〉[9-17,18]は傾斜地につくられた建物で、宙に浮くようにつくられた舞台と一部を丘頂に載せた懸造建築である。ここ

東大寺二月堂
1669(寛文9)年再建／奈良県／木造

奈良時代に創建されたとみられる。現在の建物は、修二会の祭事中に焼失してすぐに徳川家綱の寄進で再建されたもの。江戸時代の建築だが古式をよく残している。

[9-17]
東大寺二月堂　内陣
内陣に別棟を建てて内々陣としている。正面に観音像の前立ちが掛けられている。

[9-18]
東大寺二月堂　平面図
奈良時代から拡幅を続けた結果として、さまざまな機能を持つ部屋が追加され複雑な平面になっているが、内陣、内々陣などは古式をよく残している。

第1部　古代・中世・近世　163

東大寺金堂
1709（宝永6）年再建／奈良県／木造

大仏殿は寄棟造、本瓦葺き、一重裳階付きで、正面5間×側面5間の身舎の周囲に1間の裳階がまわっている。高さと奥行は創建時とほぼ変わりないが、江戸時代の再建時に東西の幅を約3分の2に縮小している。建築の細部には鎌倉時代に宋の建築様式を取り入れた大仏様が基本で、水平方向に貫を多用している

からは天気がよければ〈東大寺金堂〉が俯瞰できるだけでなく、平城京全体の広がりまでも眺望できる。〈二月堂〉は8世紀から続くお水取り（修二会）の儀式の場として知られ、本尊十一面観音像に対する密教的修法の場であった。

平面は正面7間、奥行10間と大規模だが、創建時の小さな観音堂（現在の内々陣に相当）に礼堂などが次々と付加され拡大された。17世紀末に修二会後の出火で焼失するが、徳川家綱によって再生されている。

〈東大寺金堂（大仏殿）〉[9-19,20,21]は、廻廊で囲まれ広大な前庭をもつ。8世紀に創建されたが2度の兵火で焼失し、鎌倉時代初期に浄土僧重源（東大寺大勧進）により再興された。その鎌倉復興〈大仏殿〉も戦国時代に再び炎上した。〈大仏殿〉の再建は進まず、江戸時代になってようやく実現した。現在の〈大仏殿〉は一重寄棟屋根・本瓦葺で、正面5間、側面5間の身舎周囲に、1間幅の裳階が付属している。5間といっても中央間は約9mと広い。〈唐招提寺金堂〉の中央間の約2倍の柱間である。そのため、各部材はすべて巨大である。

高さと奥行は創建時とほぼ変わらないが、東西の幅は約3分の2に縮小された。江戸時代には長大な材料の大量入手は困難であり、柱は心材のまわりに別材を巻き付けて金物で留めている。江戸時代再建にあたっては、鎌倉時代再建の大仏様の細部意匠が基本とされたが、正面入口の唐破風屋根は江戸時代の再建時に付加された。奈良時代には裳階屋根の中央を切り上げて入口の位置を示していたが、江戸時代になると唐破風という門などで多用された屋根を付加して正面性が強調されるようになる。

江戸時代再建であるが、内部は大仏を収めるための古代的空間を継承し、挿肘木などの中世大仏様の細部意匠を用い、外観のプロポーションや正面の唐破風など古代から近世の要素を見事に調和させている。

[9-19]
**東大寺金堂
金堂内部の大仏**
大仏を囲むように円形の蓮華座のまわりに大柱が配置されているのがわかる。

[9-20]
東大寺金堂　内部
江戸時代の再建時にも、鎌倉時代再建時の挿肘木など大仏様意匠が用いられている。

[9-21]
**東大寺金堂
現在の大仏殿の平面図・断面図**

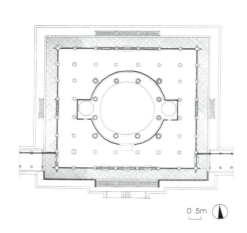
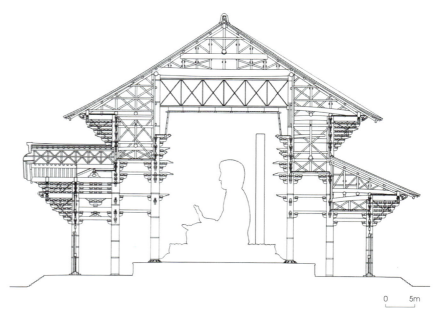

復古意匠としての建築
――寝殿意匠の採用

　仁和寺は宇多天皇によって造営された門跡寺院で、光孝天皇の勅願で平安時代に造営が開始され、父の遺志を引き継いだ宇多天皇によって完成した。宇多天皇は出家後に伽藍西南にある御室と呼ばれる僧坊に住んだことから、御室御所とも呼ばれた。

　仁和寺は創建後に皇族や貴族の庇護を受け、門跡寺院筆頭の立場にあったが、室町時代には衰退し、応仁の乱で伽藍は全焼した。徳川家光治世（寛永年間／1624～44年）に伽藍が復興され、御所の〈紫宸殿〉〈清涼殿〉〈常御殿〉（宸殿として移築されたが1887年に焼失）などが移築された。寛永年間の整備は、〈金堂〉をはじめ〈五重塔〉〈観音堂〉〈中門〉〈二王門〉〈鐘楼〉〈経蔵〉〈御影堂中門〉〈御影堂〉〈九所明神本殿〉など、現存する伽藍のほとんどが、この時期に再建、移築された。

　〈仁和寺金堂〉[9-22,23]は伽藍のなかで〈二王門〉〈中門〉を結ぶ軸線上の最奥に南面する。寺伝では888（仁和4）年創建、1119（元永2）年炎上、同年12月再建、その後応仁の乱で焼けたとされる。そのために1611（慶長16）年に建立された〈紫宸殿〉を寛永年間に移建改築している。寝殿造の流れを引き継ぐ近世遺構で、宮殿から仏堂への用途変更に伴い、屋根を檜皮葺から瓦葺に変えるなどの改造が行なわれた。正面7間をすべて蔀戸としていること、一間の向拝など宮殿建築の雰囲気をよく残している。

　内部はまわり一間通りを庇とし、中央5間3間が内陣として使われ、その前面は吹き放ちから板扉に改造して、内陣の独立性を高めている。〈紫宸殿〉は舗設によって内部を区画して用いたから、室内は庇を含めて四方向から利用された名残が各面中央の出入口（木階）にみられる。内陣奥に板壁をつくり、そこに5間規模の須弥壇を設置している。

　紫宸殿当時の宮殿形式をよく残すのは、化粧屋根裏とし大虹梁上に桃山様式の蟇股2個を置き、二重虹梁上を豕叉首としていることである。17世紀初頭においても古代を引き継ぐ雄大な架構をみせる手法が用いられただけでなく、移築時にもその形式が守られた。

仁和寺金堂
1613（慶長18）年／京都府／木造

身舎のまわり一間を庇とし、中央の5間×3間が内陣である。内陣の前面は吹き放ちから板扉に改造されて内陣の独立性を高めている。仏堂として用いるために板扉を用いるのは移築時の変更である。

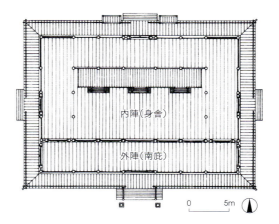

[9-22]
仁和寺金堂　平面図

内陣の須弥壇背後の来迎壁には塔・宮殿・仏像などが描かれているが、移築前には賢聖の姿が描かれていた。それ以外には内陣には間仕切りがなく、寝殿造の平面をよく残している。

[9-23]
仁和寺金堂　外観

蔀戸が用いられているほか、各所に鍍金された金具が用いられており、御所風の意匠でまとめられている。

京都御所紫宸殿
1855(安政2)年再建／京都府／木造

正面9間×側面3間の身舎に、四面に庇のある大建築で、柱間には蔀戸が使われ、天井板のない化粧屋根裏である。蔀戸を寺院のように外側に開かず、室内側に吊るのも御所風である。大規模だが白木の円柱や漆喰仕上げの白壁など、華美な装飾のない簡素な構成である。内部は板敷きの広い空間で、中央に天皇が座し(高御座)、その東に皇后の座である御帳台が置かれる。

[9-24]
京都御所紫宸殿　平面図
寝殿造の間取りをそのままに残しており、北庇と身舎の境に賢聖障子が並ぶ。南庇が正面だが、各庇で機能が決まっていた。

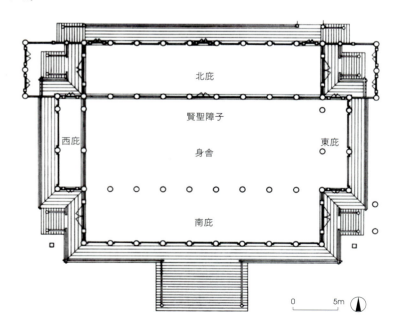

軒の垂木は寺院では地垂木、飛檐垂木による二軒で格式を示したが、その二軒の上にもう一段疎垂木を使って3段に出しているのは、〈京都御所紫宸殿〉の手法と通じている。

伽藍の西北隅の築地塀がまわる別区画の中に、〈御影堂〉がある。〈御影堂〉は1211(建暦元)年創建されたが、慶長年度の〈清涼殿〉の古材を賜わり、これを再用した。〈清涼殿〉より規模が小さいことから、〈清涼殿〉の一部が用いられたとみられる。全体として御所風なのは、正面5間とも両脇2間を半部とし、その周囲に六葉金物が打たれ、高欄付きの縁がまわっているためだろう。組物も住宅風の舟肘木で、垂木は二軒の間隔が疎らな配置(疎垂木)としている。

内部は正面1間分のみを小組格天井とした畳敷きの外陣とし、内外陣境は中央に扉、その他を板壁で仕切っている。その内部に須弥壇上に唐破風付きの厨子があり、大師の影像を安置する。蔀戸やその他の建具、あるいは長押の六葉金具、蝉のかたちを付けた蔀戸の締り金具などは桃山風で、〈清涼殿〉のものが再用されている。向拝は江戸時代に付加された。

京都御所は二条城の東北にあり、平安京での内裏は中央付近に位置していたが、火災などによりしばしば別の場所に造営された。その一つが土御門東洞院殿内裏で、この内裏をもとに拡充された。京都御所は土御門東洞院殿からはじまり、後醍醐天皇が京都を離れられた後に、鎌倉幕府が擁した光厳天皇が里内裏としてから幕末まで、居館として使用された。当初は1町四方の敷地だったが、足利義満によって拡大され、織田信長や豊臣秀吉による整備を受けている。また、内裏は江戸時代になると8回も再建された。現存する建物は安政内裏とよばれ、幕末に平安様式に則って再建されたものである。

白砂の敷きつめられた前庭の奥に〈紫宸殿〉[9-24,25,26,27]がある。高床式で、檜皮葺の高い入母屋屋根、飛貫と連続して太く水平性を強調した長押、背の高い柱や組物など、江戸時代の寝殿風建物である。御簾を吊し、蔀戸(御格子)を用い、神社と類似する木階、柱と柱の間に固定された賢聖障子など、平安期につながる宮殿建築の要素がすべて用いられている。

内部には几帳に掛けられた薄絹や御簾、板敷の室内に置かれた天皇の玉座(高御座)や畳床を二重にした厚畳の豪華な錦を使った畳縁(雲繝縁)などの細部に、公家文化の命脈が息づいている。幕府は御所再建にあたって、天皇の公務や生活にかかわるインテリアには公家風を残したが、それらを包み込む建築は江戸時代の技術と美意識でつくられた。

正面9間、側面3間の身舎に、四面に庇のある大建築で、柱間には蔀戸が使われ、天井板のない化粧屋根裏となっている。蔀戸を寺院のように外側に開かず、室内側に吊るのも御所風である。規模は大きいが、白木の円柱や漆喰仕上げの白壁など、華美な装飾のない簡素な構成である。

内部は板敷きの広い空間で、中央に天皇が座し(高御座)、その東に皇后の座である御帳台が置かれる。高御座、御帳台ともに成人身長の3倍以上の高さがあり、平面八角形で、柱と柱の間に帳を巡らし、内部には椅子が置かれている。

高御座、御帳台の背後の襖は賢聖障子と呼ばれ、平安時代から続く伝統的な画題である古代中国の賢人32人像が描かれている。階段の左右に左近桜と右近橘を植えて、古式を守っている。

〈清涼殿〉[9-28,29,30]は〈紫宸殿〉の背後西側に東面した入母屋造、檜皮葺の建物である。蔀戸を使う点などは〈紫宸殿〉と同じで、本来は天皇の居所兼執務所であった。そのため内部は〈紫宸殿〉より間仕切られ、中央には天皇が休憩される御帳台があり、東側に公式の執

務場所である2枚の畳を敷いた昼御座がある。北側には四方を壁で囲われた寝室（夜御殿）の形式が残る。

その他西側には台盤所、朝餉の間、御手水の間、御湯殿などの部屋が並んでいる。〈紫宸殿〉が儀式空間としてほとんど固定仕切がないのに対して、〈清涼殿〉では生活が意識され、部屋として区分されている。

[9-25]
京都御所紫宸殿　外観
床高も棟高も極端に高いが、これは平安時代風ではなく、軒を支える組物ともども江戸時代の美意識の反映である。

[9-26]
京都御所紫宸殿　南庇
正面の広い南庇。御所では蔀戸は内側に吊り上げられる。寝殿造では身舎も庇も化粧小屋裏だったから、御所の正式な空間には天井はなかった。

第1部　古代・中世・近世　169

[9-27]
京都御所紫宸殿　賢聖障子
北庇と身舎の境に並ぶ賢聖障子。古代中国の賢聖の画像が4人ずつ、合わせて32人の像が描かれた押障子。可動式の障子ではないが、取り外すことができ、儀式の際に塡めていた。

京都御所清涼殿
1855年（安政2）年再建／京都府／木造
〈清涼殿〉は〈紫宸殿〉の背後西側に東面した入母屋造、檜皮葺の建物である。天皇の居所兼執務所であった。

[9-28]
京都御所清涼殿　外観
蔀戸や御簾の使用は〈紫宸殿〉と同じだが、床高は抑えられているものの、階高が高い。

170　第9章　大規模空間の創出と大衆化

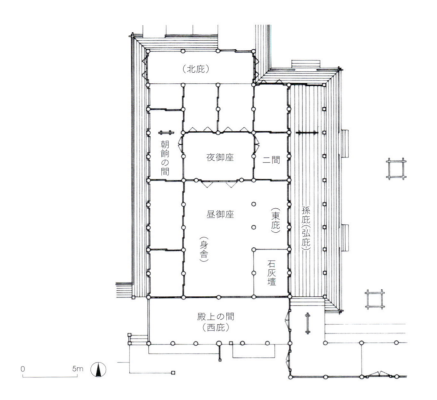

[9-29]
京都御所清涼殿　平面図
〈紫宸殿〉と比べて間仕切りが多く用いられる。昼御座の南が殿上の間とされる。

[9-30]
**京都御所清涼殿
孫庇（弘庇）**
東庇をもう一段伸ばして孫庇としている。簾を内側につり、突き当たりに昆明池障子が建てられる。中央にあるのが執務をのための昼御座、その手前が天皇が毎朝遥拝する石灰壇がある。

第1部　古代・中世・近世　171

> **[第1部] 古代・中世・近世**

章10章 近世社殿と霊廟の空間

戦国時代が終わり、天下統一が成し遂げられると、豊臣秀吉と徳川家康は、自らの意思によって、死後まもなく神に祀られた。人物を神に祀った事例は、菅原道真を祀る天満宮や源頼朝を祀る白旗神社があるが、いずれも死後数十年後に神に祀られたもので、秀吉、家康の事例は、当時としては革新的な出来事であったに違いない。

こうして近世の始まりに誕生した権力者を記念する神社兼霊廟の建築は、双堂のように建つ本殿と拝殿とを石の間（本殿と拝殿との間を壁と屋根で塞いでできた空間）で複合したもので、中世以前の神社では唯一、〈北野天満宮〉がこの形式をもっていた。秀吉を祀る〈豊国神社〉は〈北野天満宮〉の形式を取り入れ、秀吉を記念するにふさわしい神殿として華麗な彫刻や彩色を施すことで荘厳性を高めた。〈豊国神社〉の建築は、のちに家康を祀る東照宮へとつながっていき、各地の東照宮の社殿に普及したため、明治の頃より、家康の神号「東照大権現」からとった権現造という名称で呼ばれている。

初期（桃山時代）の権現造は、双堂を一体化した仏堂建築に近い。〈豊国神社〉の造営に携わった工匠・平内氏に伝わる『匠明』の〈豊国神社〉の図には、「宮寺作リ共云リ」という但し書きがあり、当時から仏堂色の強い社殿形式として理解されていた。また、平入りの本殿と拝殿の棟に直交する両下の屋根をかけてつないだ複雑な屋根形態を形容して、「八棟作り」とも呼ばれていた。

神社の社殿は基本的には、御神体が安置される本殿と、礼拝のための拝殿とを離して建てるのが普通で、本殿の周囲には聖域の結界となる囲い（瑞垣）が設けられるため、礼拝者はその囲いよりも内側に立ち入ることはできない。したがって、神社建築はもっぱら、本殿の内部に御神体があることを外部から想起させることを行なっているのが、早くから仏と礼拝者の空間が共存していた仏堂建築とは異なる。そのため、神社建築では、装飾は本殿外部に施すことが多く、拝殿では内外ともに装飾を施さない場合が多い。

死者といえども記憶に新しい権力者の威光を示すという事情と、礼拝者と本殿とが内部空間において一体となる権現造の構成が結びつき、社殿内部を装飾した荘厳な内部空間を生み出した。社殿内部を飾り立てる要素として、古代から用いられてきた彩色や、室町時代後期以降神社において発展した彫刻の要素に加え、客殿や書院に取り入れられた金碧障壁画や彩画を施した格天井を組み合わせていった。君主らの間で発展した権現造の内部空間は、社殿と格式高い座敷の空間を融合し、徳川家光によって造替された〈日光東照宮〉において完成を迎えた。

徳川秀忠・家光は、東照宮以外の神社や将軍家の御霊屋の建築も東照宮のような複合社殿に形式化していった。いずれも東照宮とはまた趣の異なる権現造であり、従来の神社建築や将軍家の御霊屋の要素を、東照宮のような八棟造の造形を取り入れるかたちで再構成したものである。

たとえば神社では、中世以降、本殿、妻入り・縦長の幣殿、楼門を接近させる事例がみられるほか（『一遍聖絵』三島大社・作州一宮、筥崎宮など）、桃山時代には、流造本殿と妻入り拝殿を複合した〈柏原八幡神社〉（1585年・羽柴秀吉）、楼閣風本殿（浅間造）と妻入り拝殿を幣殿でつないだ〈富士山本宮浅間大社〉（1604年・徳川家康）など、神社社殿の複合化の兆しは中世から見えていた。そうした流れの中で、八棟造の造形を取り入れた東照宮以外の神社では、中世において神社に最も普及した流造を本殿に据えたり、石の間の部分を拝殿と床を同高とした妻入りの建物（幣殿）にしている（〈鶴岡八幡宮若宮〉〈伊賀八幡宮〉など）。

また、将軍家の御霊屋の場合、江戸増上寺にある〈崇源院霊牌所〉（1628年頃、戦災焼失）において、裳階付仏殿の形式をもつ本殿（現在の建長寺仏殿）の前に架橋した堀を隔てて拝殿とみられる建物を建てる形式が成立し、その後〈台徳院霊廟〉（1632年、戦災焼失）において両殿を細長い廊下でつないだことで、東照宮に比べて本殿と拝殿の独立性を強調した形式を生み出した。

やがて権現造は大名や民間の造営した社殿へ伝わった。本殿形式や、石の間・幣殿・廊下などをさまざまに組み合わせる形で、全国に多様な造形の権現造が普及していった。

権現造の系譜
——本殿と拝殿の複合化

社殿内部の荘厳化　豊国神社

　近世において権現造が隆盛したのは、その契機となった〈豊国神社〉[10-1]（1599年）の造形や装飾が皆に驚きを与えたことが影響しただろう。〈北野天満宮〉[10-2]のような八棟造を取り入れたことは、造営計画の段階ですでに話題になっており（『義演准后日記』*1）、装飾表現が室町時代以降、各地域の神社建築で試みられていた技巧を結集したものであったことは、豊国神社の遺構を移築した〈宝厳寺唐門〉（1603年移築）からうかがい知ることができる。

　〈豊国神社〉は現存しないが、建築を知る手がかりとしては、『匠明』[10-3]や、「豊国祭礼図屏風」、当時来日していたイギリス人リチャード・コックスの日記（『イギリス商館長日記』）などがある。『匠明』をみると、本殿は3間4面の古代仏堂的な平面で、身舎に相当する中心部を内陣・内々陣としている。拝殿は桁行7間、梁間3間で、後方1間の床を〈北野天満宮〉のように一段下げて落縁としているとみられ、段差に列柱を入れている。本殿と拝殿の間には「石ノ間」があり、石の間と拝殿境の中央3間は柱を省略している。石の間を本殿正面と同幅とすること以外は〈北野天満宮〉と同平面である。すべての小壁と木鼻には、いずれも彫物を施していたという。

　リチャード・コックスは、窓や格子から社殿内部を覗いたときの様子を記している。それによれば、社殿内部には象嵌を施し、黄金で鍍金した黄銅で被った多くの柱があり、また床板は黒く、黒檀のように光沢があったと述べている。当時の社殿内部の荘厳の雰囲気は、畳をはずした状態の〈日光東照宮〉拝殿や石の間から想像することができよう。

*1『義演准后日記』
醍醐寺三宝院の義演による日記。1596年から1626年までの記録。全62冊。

[10-1]
豊国祭礼図屏風　豊国神社部分
豊臣秀吉は、自ら創建した京都の大仏（方広寺）の鎮守「新八幡」として祀られることを望んだ。秀吉の死後、大仏の鎮守が方広寺西方の阿弥陀ヶ峰の中腹に造営（1599竣工）されたが、実際には「豊国大明神」という神号が与えられた。「豊国祭礼図屏風」は、秀吉の七回忌に催された臨時大祭礼の様子を描いた屏風で、豊国神社の境内が描かれている。権現造の社殿や、石の間から廊下でつながる御供所、透塀、鐘楼、楼門、回廊がある。

[10-2]
洛中洛外図屏風（歴博甲本）　北野天満宮部分
〈豊国神社〉が模したという、1607年再建前の姿を描く。現状のように彩色が施されていなかったとみられる。現状では拝殿左右に楽の間が付属しているほか、拝殿前の広場を囲う回廊があるが、再建前の社殿にはない。

[10-3]
『匠明』社記集所収「五間四面大社ノ図」
『匠明』全5巻のうち、社記集の巻に「五間四面大社ノ図」と題した〈豊国神社〉の指図（平面図）と木割が記載されている。

[10-4]
北野天満宮　外観
1607(慶長12)年／京都府／木造

右手に本殿、左手に拝殿および楽の間が見える。拝殿後方両隅から発せられる低いパネルで本殿と拝殿の間を囲うことで石の間が成立している様子が見てとれる。

[10-5]
北野天満宮　平面図

[10-6]
大崎八幡宮　平面図

同年に建立された〈北野天満宮〉と〈大崎八幡宮〉は〈豊国神社〉と同形式の平面をもつ。〈北野天満宮〉は、拝殿の左右に部屋を仕切ることはなく、また石の間の幅も7間で、ワイドな空間をつくっているのに対し、〈大崎八幡宮〉は、拝殿の左右に部屋を仕切って中央の部屋の視界を3間に絞ることで奥行方向へ視線をいざなっている。

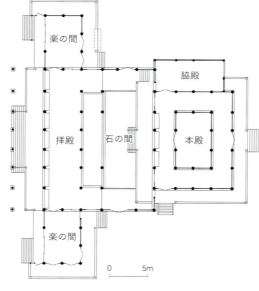

北野天満宮　平面図

大崎八幡宮　平面図

174　第10章　近世社殿と霊廟の空間

[10-7]
**大崎八幡宮
拝殿および石の間**
1607(慶長12)年／宮城県／木造

拝殿中央3間の間から本殿を見る。拝殿・石の間境には、波に龍の彩色を施した大虹梁、大虹梁を受ける象鼻彫刻など、本殿正面を切り取るフレームに目を引く意匠を効果的に配置している。拝殿落縁の列柱を省略したのは、このフレームとその奥側との視覚的な関係性を柱によって遮らないようにしたためだろう。

古式な空間の継承、桃山的荘厳の展開

　桃山時代には、〈豊国神社〉の影響下で、京の都と仙台に権現造が建立された。〈北野天満宮〉[10-4,5]（京都・1607年）は、秀吉の子秀頼により再建されたもので、古式な風格を示しているのに対し、もう一方の〈大崎八幡宮〉[10-6,7,8,9,10,11]（仙台・1607年）は伊達政宗が領内に造営したもので、当世風を示している。

　〈北野天満宮〉は、拝殿内部は彩色も装飾もほとんど施されず、床は板敷で、古い拝殿の形式を保っている。石の間は桁行7間の拝殿と同幅で、〈豊国神社〉や〈大崎八幡宮〉の石の間よりも広い。石の間の中央5間は畳敷きで、両側1間の床はさらに一段下がって石敷きとなっている。天井は垂木の見える化粧屋根裏で、本殿と拝殿の間を、本殿柱・拝殿柱よりも高さの低い柱と頭貫からなるパネルで包み込む構成になっており、石の間のつくりの考えかたは〈永保寺開山堂〉（第1部第3章参照）と共通する。かつては権現造が〈永保寺開山堂〉のような禅宗の祠堂にヒントを得て成立したという説があったが、福山敏男が平安時代にはすでに〈北野天満宮〉の本殿と拝殿との間に落板敷とその両側の戸があったことを明らかにして以降、この説は否定されている。それはさておき、石の間の中世的空間を近世に伝えたことが、〈北野天満宮〉の建築の重要な点といえる。

　伊達政宗は京都や紀州から工匠や画師を仙台に招き、中央の建築文化を積極的に取り入れた。その一つとして〈豊国神社〉の様式を導入したのが〈大崎八幡宮〉である。当社には、後の〈日光東照宮〉で完成にいたる荘厳の要素が芽生えている。

　平面規模は本殿梁間が4間から3間（内陣奥行1間）になった以外は、〈豊国神社〉と同じである。ただし、本殿前方1間通り（正面吹き放ち）とその後方を柱間装置で仕切ったり、拝殿両脇2間に小室を仕切ったり、拝殿落縁の列柱を省略したりするなど、〈豊国神社〉から変化がみられる。

　拝殿は畳敷きで、側面および背面の板壁には、金碧障壁画に似せて黄色の絵の具で壁面を塗り唐獅子を描いている[10-9]。

　拝殿内部の仕切りによって、拝殿から石の間、本殿を見通す視野が中央3間に絞られ、奥へ透視するような効果を発揮している。拝殿内部から見たとき、拝殿背面の大虹梁とその両端を支える柱によって枠取られたフレーム内には、本殿正面5間と本殿の地垂木・飛檐垂木が収まるようになっている[10-7]。

　本殿後方2間の内部壁面には水墨画が描かれている[10-10]。水墨画は、関東から東北へと伝わった、雪村派の画法の要素がみられ

第1部　古代・中世・近世　175

[10-8]
大崎八幡宮　断面図
前後に並ぶ本殿と拝殿の間を壁と屋根で塞いでできたのが石の間である。このため、石の間は本殿と拝殿よりも床が低く、谷のような空間になっている。

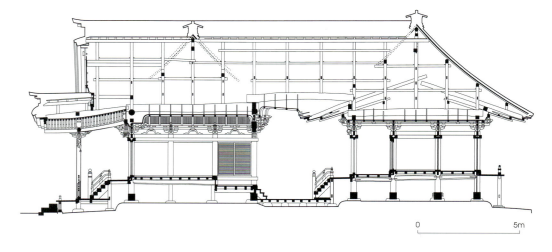

[10-9]
大崎八幡宮　拝殿（将軍の間）
拝殿内部の両脇に仕切られた部屋は、〈日光東照宮〉の拝殿にちなんで、それぞれ、将軍の間、法親王の間と呼ばれているが、どのような使用目的の部屋かはわからない。床には畳を敷き詰め、壁面を金碧障壁画風にして唐獅子を描くなど、表向きの座敷空間を構成する要素が、神社の拝殿に反映されているとみられる。

[10-10]
大崎八幡宮　本殿内陣西回廊
本殿後方2間の内部壁面の水墨画には、中国の風景を題材とする山水図（内陣）や、松、竹林と雀（内陣東西廻廊）が描かれている。内陣背面とその向かい側の本殿外周内部壁面（3間）は白木のままである。

るとの指摘もなされている。本殿の室町的でローカルな幽玄の世界は、当世風の中央のきらびやかな彫刻や彩色を施した石の間・拝殿とは対照的である。本殿内部は人が入ることが想定されていないため、水墨画が描かれていない内陣背後の白木の壁面は、本殿より手前から見ると内陣によって隠れるようになっている。本殿正面の柱間に黒漆塗りの額縁状の枠を取り付けているのは、本殿内部の水墨画を切り取り強調させるのを意図しているのではないだろうか。本殿・石の間・拝殿を連結した構成を存分に発揮し、重層的、二元的な内部空間が実現されている。

石の間の手前半分には、格子の間（格間）に草木の花（花卉花木）の絵を施した折上格天井が張られている。寛永造替〈日光東照宮〉までは、権現造の天井には小組格天井を用いるのが通常である。組入天井では、〈法隆寺金堂〉のように早くから格間に六弁花などの図案が描かれていたが、格天井に花卉花木を描くようになるのはこの頃からである。〈大崎八幡宮〉と同時期に格天井に彩画を施した事例は、

[10-11]
大崎八幡宮　石の間
他の権現造に比べ、本殿と拝殿との間隔が狭い。本殿と拝殿との間のつくり合いに大虹梁を架けて両殿を繋ぐ構成に、〈宇佐八幡宮〉や〈石清水八幡宮〉にみられる八幡造らしさを取り入れているのを見てとれる。

[10-12]
**久能山東照宮
拝殿・石の間**
1617(元和3)年／静岡県／木造

寛永造替〈日光東照宮〉では禅宗様の意匠が取り入れられているのに対して、〈久能山東照宮〉は和様の意匠でまとめられている。現在は黒漆塗りであるが、後世に塗られたものである。以前は土朱塗（朱色仕上げ）で、現状よりも素朴な雰囲気を醸していたとみられる。家康のブレーンであった法隆寺出身の大工・中井大和守正清が造営を指揮した。

豊国神社関係の建物の材を移して修造（1603年）したと指摘されている〈都久夫須麻神社身舎〉と〈宝厳寺観音堂〉に用いられているように、彩画が施された格天井が〈豊国神社〉の系譜の上に萌芽したことを思わせる。

権現造の小規模化と平面の変形

桃山時代の権現造は、〈豊国神社〉の平面構成を脱しないかたちで空間表現を工夫した。大坂の陣で豊臣家が滅亡すると、〈豊国神社〉は家康によって廃絶された。以後、〈豊国神社〉と同平面をもつ権現造が建てられることはなくなった。石の間をもつ権現造の系譜は、徳川家康を祀る東照宮へと引き継がれていった。

元和2年（1616）4月17日、家康が死去すると、遺骸はすぐさま駿府城から久能山へ運ばれ、一周忌の後、日光山へ遷座された。家康の死の翌年に建立された久能山と日光山の東照宮のうち、久能山のものが現存している。

〈久能山東照宮〉[10-12,13]は、〈豊国神社〉を小規模化したというべきもので、本殿方三間、拝殿桁行5間、梁間2間、石の間は本殿正面と同じ3間幅となった。石の間の幅が狭まったことで石の間の平面が方形となった。初期の権現造の石の間天井裏では、本殿と拝殿とをつなぐ方向に小屋梁と呼ばれる小屋組の土

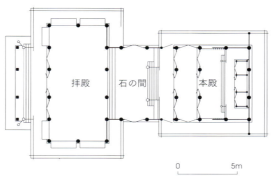

[10-13]
久能山東照宮　平面図

台にもなる大きな梁を架けている。小屋梁の長さには限界があるため、初期の権現造では石の間の横幅を広くとることができるが、奥行には制限があった。〈久能山東照宮〉における権現造の縮小化に伴い、石の間の片側面からもう片側面の方向に小屋梁が架けられるようになった。それにより、石の間や幣殿（石の間部分を縦長平面の床の高い建物にしたもの）の平面は、横長から正方形、縦長へとしだいに変化していくこととなる。

また、本殿は前後を区画した平面になり、社殿の核となる内陣を社殿の最奥に設けて、宮殿（厨子）に御神体を安置するようになった。

権現造の小規模化によって生じた平面の変形が、後の寛永造替〈日光東照宮〉において、権現造の透視効果をより発揮するための要素として活きていくこととなる。

第1部　古代・中世・近世　177

権現造の様式化
―― 権現造の完成と普及

将軍を迎え入れる儀式空間の成立
日光東照宮

　家康の二十一回忌を迎えるにあたり、家光は〈日光東照宮〉[10-14,15,16,17,18]の大造替を行なった（寛永の大造替）。元和創建の〈久能山東照宮〉および〈日光東照宮〉で一度小規模化した権現造であったが、寛永造替〈日光東照宮〉は再び大規模化した。それまでの権現造では（〈台徳院霊廟〉を別として）、石の間の幅を本殿正面と同幅にしていた。しかし、寛永造替〈日光東照宮〉では、〈久能山東照宮〉の石の間の幅（本殿正面3間幅）はそのままに本殿と拝殿を拡大したかのごとく、石の間の幅が本殿正面よりも狭くなっている。それにより、拝殿から見たときの内部空間の透視性がより顕著になっている[10-14]。ここでは石の間が透視効果を発揮するため、石の間壁面のデザインの重要度が高まっている。拝殿から見たときに石の間壁面が隠れてしまう〈大崎八幡宮〉や、小規模な〈久能山東照宮〉では、石の間の扉口左右は板壁で塞ぐにすぎないが、〈日光東照宮〉では扉口左右に花頭窓を設けて採光を増やすほか、本殿軒を高くしたことで本殿軒下の壁の面積が増えたところに海老虹梁と虹梁を架けるなど、より豊かな壁面構成をつくり上げている[10-16,17]。

　5間×5間の本殿は、前方2間を外陣、後方3間を内陣とし、さらに内陣の中に3間×2間の内々陣をつくり、宮殿を置いている[10-15,16]。内外陣境の中央3間は格子戸で仕切る。その格子戸は、両端間に雨戸のようにして収めて開放とすることができる。本殿の部屋境の扉・戸をすべて開放すれば、拝殿から見たときに、石の間、本殿外陣、内陣、内々陣と空間が重なることになる。初期の権現造（桃山時代）では、社殿の核となる内陣が本殿中央に設けられ、〈久能山東照宮〉になって内陣が社殿の最奥に設けられるようになり、〈日光東照宮〉ではさらに奥へ奥へと重層性を増していく。権現造の空間の重層性は、〈日光東照宮〉において極まった。

　また、本殿から拝殿まで全体にわたって、

[10-14]
日光東照宮　拝殿
1636(寛永13)年／栃木県／木造

拝殿から石の間を見る。石の間で一度空間の幅が狭まることで、透視効果を発揮している。拝殿床板は黒漆塗りになっているが、通常は畳が敷かれている。

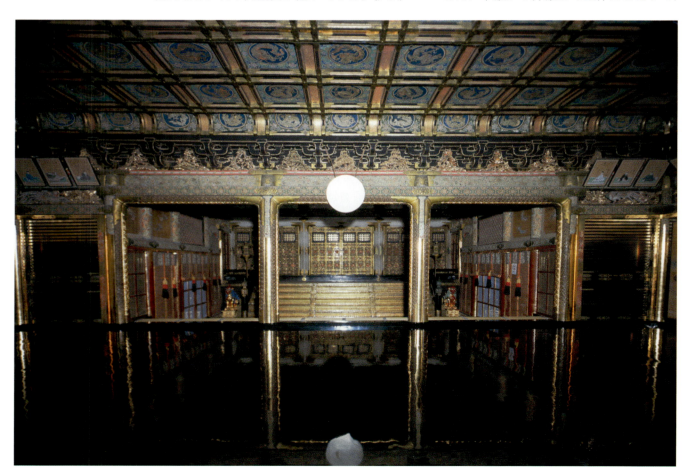

彩画を施した折上格天井を張っている。建物全体を絵や文様を施した格天井で埋め尽くす空間は、〈二条城二の丸御殿〉（1626年全面改修）をはじめとして、〈西本願寺対面所・白書院〉（1632年）、〈名古屋城上洛殿〉（1634年）といった、将軍を迎え入れるための最高の格式をもつ施設において出現したものである。格間に描かれている主題は、拝殿では円形内に龍、石の間では油煙形内に金鶏鳥、本殿外陣では六弁花形内に鳳凰を描いている。これらと似た主題を描いた格天井は、〈二条城二の丸黒書院〉上段の間や、〈本願寺対面所〉上段の間・上々段の間があり、とくに上段の間に好まれて用いられている。

拝殿両脇にはそれぞれ将軍着座の間、法親王着座の間と呼ばれる、壁面および格天井を唐木象嵌で埋め尽くした部屋があり、中央の部屋（中の間）との仕切りに、麒麟や白沢といった有徳の王者の治世に姿を見せるという霊獣を主題とする金碧障壁画を施した杉戸が用いられている[10-18]。

このように室内を荘厳する要素は二条城で完成したものであり、それが霊廟の建築に取り入れられたことを示している。寛永造替を経て、将軍が初めて、東照宮で行なわれる法会に直接列席するようになる。将軍着座の間はその際の将軍の座所として設けられたものである。つまり、寛永造替〈日光東照宮〉は、将軍を迎える儀式空間として最高の格式表現をもって一新されたのであった。

黄金化する内部空間の展開　上野東照宮

家光は、〈日光東照宮〉において将軍を迎え入れる儀式空間を演出する一つに金碧障壁画を採り入れたあと、寛永寺にある〈上野東照宮〉[10-19,20]を再建し（1651年）、内外とも黄金に装飾する社殿をつくり出した。柱間規模は、〈久能山東照宮〉の拝殿を、桁行2間・

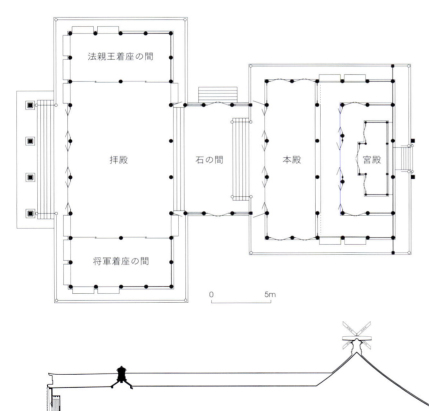

[10-15]
日光東照宮　平面図

石の間の規模を〈久能山東照宮〉と同じ本殿正面3間幅に保ったまま、本殿と拝殿を大規模化している。そのため、石の間をもつ形式の権現造としてはめずらしく、くびれをもつ平面になっている。

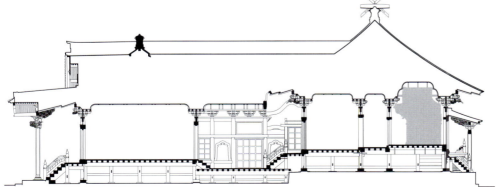

[10-16]
日光東照宮　断面図

桃山時代の権現造に比べて、本殿と拝殿の棟の高さの差が大きい。本殿は高い基壇の上に建ち、奥にいくにしたがい内部の床と天井を段々と高くすることで、拝殿から最奥の内々陣まで階層的に空間の格式を高めている。

梁間1間分大きくしたものである。本殿・石の間・拝殿の柱高をすべて揃え、外周すべてに頭貫を通すほか、本殿と石の間の軒を一連につくることで、本殿・石の間・拝殿の構造を一体化した構成に発展している。外部は柱や貫・長押(なげし)の架構から壁にいたるまで総金箔押とし、内部は内法長押より下を箔押、内法長押上を極彩色としている。〈日光東照宮〉では、石の間・拝殿の柱や石の間海老虹梁上下の羽目板(はめいた)、拝殿の杉戸を箔押とするが、極彩色を施す部分がより目立つのに対して、〈上野東照宮〉では箔押を前面に押し出している。箔押しを押し出した表現は、〈台徳院霊廟〉(秀忠廟・1632年)では本殿内部のみに用いられたが、〈上野東照宮〉の造営を勤めた御大工・木原義久(きはらよしひさ)は、後の〈大猷院霊廟〉(たいゆういん)(家光廟・1653年)の拝殿・廊下にも用いた。

民間による華麗な社殿の実現
歓喜院聖天堂

〈日光東照宮〉で精緻を極めた華麗な装飾は、寛永寺や増上寺に建てられた将軍家霊廟に受け継がれていくが、17世紀後半に諸藩や民間に広まった権現造を見渡すと、華麗な装飾をもつものはけっして多いわけではない。18世紀はじめになると将軍家霊廟の新規造営は終わりを告げ、幕府による装飾豊かな権現造の造営は衰退する。そしてそれと同時期に民間において、〈日光東照宮〉に匹敵する華麗さを誇る権現造の造営が企画された。

〈歓喜院聖天堂〉(かんぎいんしょうでんどう)[10-21,22,23]は、歓喜院の別当と信徒らが発願し(1715年)、広く寄付を集めて再建したものである(1760年完成)。勧化・造営に協力した地元妻沼(めぬま)の大工 林兵庫政清(はやしひょうごまさきよ)は、幕府の大棟梁・平内応勝(へいのうちまさかつ)の二男との伝えがあるが、真偽は定かでない。しかし、彫刻は御用彫物師の門弟(江戸在住)、彩色は

[10-17]
日光東照宮 石の間(左頁)

これ以前の権現造では、石の間天井の下端に本殿の軒が見えていたが、〈日光東照宮〉では石の間天井よりも高い位置に本殿の軒がある。軒下にできた大きな壁面には菊に山鵲を描き、海老虹梁を架けている。

[10-18]
日光東照宮 拝殿(上)

拝殿内部の中央の間から将軍着座の間の方向を見る。中央の間と将軍着座の間の境は麒麟を描いた杉戸で仕切り、その奥の将軍の間の壁面は唐木象嵌を施して装飾している。

[10-19]
上野東照宮　拝殿（上）
1651（慶安4）年／東京都／木造

建物内外とも黄金を基調とする。室内は内法長押上を極彩色とし、欄間、組物間に彫物を施し、拝殿背面の壁に唐獅子を描くなど、2年後に建立された家光霊廟の拝殿内部の表現と同様である。家光は〈上野東照宮〉の造営を通じて、自身の霊廟の室内装飾の表現を試みていたと想像される。

[10-20]
上野東照宮　外観（左）

〈上野東照宮〉は、もとは藤堂高虎が創建したもので、建立からわずか25年ほどで徳川家光によって社殿が一新された。

狩野派門弟の絵師、拝殿天井龍図は奥絵師・狩野英信が携わったことが明らかになっており、一流の職人が集まって造営が実現された。

奥殿・中殿・拝殿からなる社殿の装飾技法は、〈日光東照宮〉の建築群にみられる技法とほぼ共通する。奥殿（本殿）外部は、構造部材と壁面を彫刻や地文彫（部材に模様を彫りつける技法）でことごとく埋め尽くしており、日光東照宮に引けを取らない密度をもっている。

建物内部に入ると、彫物は影を潜めている。拝殿は、弁柄で着色したケヤキの木地に透漆塗とし、中殿（幣殿）後方2間からは頭貫上に極彩色を用いている。歓喜天を祀る奥殿は正面および内部を〈上野東照宮〉のような総箔押しとし、荘厳性を高めている[10-22,23]。天井は、〈日光東照宮〉のように拝殿・中殿・奥殿全体に彩画を施した格天井を張り、拝殿天井中央の格間四つ×三つ分を龍絵の鏡天井とする。

182　第10章　近世社殿と霊廟の空間

格天井主題はめでたい題材のものが多く、外拝が動物・霊獣の彩色画、拝殿内部が草花の墨絵、中殿が宝尽くしの墨絵、奥殿が吉祥文字と北斗七星(中央)というように、バラエティに富んでおり、奥へいくにしたがい主題の抽象度が増していく。〈日光東照宮〉や〈上野東照宮〉などでみられる権現造の空間の格式を示す荘厳の要素が随所に取り入れられているものの、民間を通すことで、それらは庶民の目を楽しませる要素として変質していった。

[10-21]
歓喜院聖天堂　外観（前頁右）
1744（延享元）年〜60（宝暦10）年／埼玉県／木造

奥殿は入母屋造・背面千鳥破風・正面1間向拝付で、中殿は拝殿と同高に床を張った形式とし、また拝殿正面1間通りを吹き放ち（外拝）としている。1744年に奥殿（本殿）と中殿（幣殿）の一部（後方2間）が完成、洪水の影響による困窮のため工事は一時中断するが、1759年に拝殿が完成、1760年に中殿と拝殿が合体した。

[10-22]
歓喜院聖天堂　奥殿

奥殿外部では遊びに興じる七福神や唐子遊びなど、庶民が親しみやすい題材とした極彩色の彫物で飾られている。対照的に、歓喜天（本尊）のための空間である奥殿内部だけは、黄金と極彩色で荘厳された神聖な雰囲気を湛えている。

[10-23]
歓喜院聖天堂　中殿

1間×3間の縦長平面の中殿に本殿正向庇が加わった奥行ある空間の先に、黄金に輝く奥殿正面が見える。赤・茶系統で統一された、拝殿・中殿の落ち着きのある彩色と対比させることで、奥殿内部の荘厳を暗示させている。

第1部　古代・中世・近世　183

>>> [第1部] **古代・中世・近世**

第11章 民家の空間

「**民**家」は農民や漁民、商人や職人など「庶民の住まい」を指している。
現存する最古の「民家」は室町時代に建築されたいずれも兵庫県の〈箱木家住宅〉[11-1,4]と〈古井家住宅〉で、江戸時代初期より「千年家」と呼ばれていた。これら中世の「民家」は数が限られているため、現在見ることができるのは江戸時代から明治時代に建築された近世から近代の「民家」で、どれも規模が大きく、「庄屋」や「名主」といった農民のなかでも裕福な階層や「地侍」と呼ばれた「侍」に近い階級、手広く商売を行なっていた「商家」など、現代感覚では「庶民」とは呼びにくい「豪農」「豪商」の住居が多い。しかし、その成り立ちは貴族の住宅として建てられた「寝殿造」や「書院造」とは別のものであり、本来の「庶民」の住居がすべて失われてしまった現在、現存している「民家」を知ることが「庶民の住まい」を窺い知る手掛かりとなる。

北から南までさまざまな様式の「民家」がつくられたが、社寺建築のように中国や朝鮮などの外地から情報が入ることはほとんどなく、その土地の材料を使い、気候風土や立地条件によって独自の形態として発展を遂げた。「曲家」「中門造」「本棟造」「くど造」など地方色豊かな姿や「寄棟造」「切妻造」「入母屋造」など屋根の形状で分類されることが多いが、それらはどれも外観の特徴を捉えたものである。「民家」の内部空間に共通することは、構造部材が室内に現れ、間取りや意匠も構造が大きく関わっているということである。「民家」の室内空間の魅力は、まさにこの構造体がつくる空間の美しさにあるといえる。これが柱以外の構造体をほとんど表に見せない「書院造」との大きな違いである。古い形式のものは土間だけでなく居室にも天井を張らず、小屋組が見えていることが多い。また古くは「土座」と呼ばれ、床を設けず、土間に筵や籾殻を敷いて暮らす形式もあった。1970年代後半までは滋賀県集福寺集落〈田中家住宅〉などにその形式が残っていたが、その後改造され現在も土座で生活している「民家」は残っていない。大阪の「日本民家集落博物館」に移築された〈旧山田家住宅〉[11-9]や川崎の「日本民家園」に移築された〈旧広瀬家住宅〉[11-5,6]などにその姿を見ることができる。

中世から江戸中期頃までの民家は軒の高さも低く、柱の間隔も狭い。内部はうす暗く閉鎖的である。これは構造の技術的な限界もあるが、防寒や防犯のためであったと考えられる。快適さより、まず自然から身を守ることを優先した結果である。

「民家」は大きく分けて「農家」と「町家」の二つに分類される。「農家」の中には農村や山村の農民の住まいのほか、「漁家」と呼ばれる漁村の住まいも含まれる。丹後半島伊根の舟屋のように漁村ならではの特徴的な形態もあるが、多くは半農半漁の暮らしかたが多く、農民の住まいと共通点が多いことによる。「農家」の住まいは、まとまった敷地の中に土蔵や板蔵などの附属屋とともに屋敷を構えて建ち、隣家と軒を接するようなことはない。砺波平野の散居村の美しい風景や、世界遺産となった白川郷を思い浮かべてみるとよい。これに対し「町家」は、街道など道に面して並んで建つ商人や職人のための都市型住まいである。京町家や飛騨高山の町並み、中山道の妻籠宿など軒を連ねた美しい姿がよく知られている。日本最古の「民家」である〈箱木家住宅〉と〈旧古井家住宅〉はいずれも「農家」の分類に入る。中世の「町家」が現存していない理由の一つには、建物が軒を接していたため、大規模な火災により焼失してしまったことがある。火災による延焼をくい止めるため、「町家」には「塗り家造り」や「土蔵造り」と呼ばれる形式や「卯建」などの防火対策が考案され、その意匠が町並みを特徴つけることとなった。

生活が豊かになってくると「農民」や「商人」には禁止されていた上層階級の住まいである「書院造」の座敷を「民家」にも取り入れるようになる。はじめは別棟の形式を取るが、次に「角屋」と呼ばれる一部座敷だけが飛び出した平面になり、やがては床や付書院を備えて完全に一体となった「書院造」の座敷が普及していく。明治になりそれまでの禁制が解かれると、庶民文化が花ひらき、「民家」にも武家社会の特権であった「書院造」が一般的になっていく。

[11-1]
箱木家住宅 土間
室町時代／兵庫県／木造

土間から「オモテ」「ダイドコ」と奥の「ナンド」を見る。前面に「ヒロマ」を設けた「前座敷三間取り」平面である。「上屋梁」の中央に棟まで伸びる「棟束」があることが特徴。その左右で母屋を受ける束が鳥居型に入っているため、「オダチトリイ組構造」と呼ばれている。主に兵庫県などの畿内地方周辺に分布する古い構造形式。柱の間隔が狭く、独立柱が立ち、小屋組が細いこと、化粧材が「蛤刃」の「釿」で仕上げられていること、「ナンド」の入口が一段高くなっている「納戸構え」であることなども古民家の特徴である。

「農家」の系譜

平面

「民家」の内部空間の特徴は、生業と家族の生活が一体となっていることである。「農家」の間取りは主に「土間(ドマ・ニワ)」「居間(ヒロマ・ダイドコ)」「寝間(ナンド)」「客間(ザシキ)」により構成される。農家にとって「土間」は重要な空間で建物の半分くらいを占める場合が多い。農作業の延長で煮炊きや炊事を行ない、冬期や夜間の農作業の場にもなり、大切な財産である家畜の居場所である「馬屋」を設けることもある。その他の居室も生活の場であるが、作業の空間と生活空間は密接で、養蚕農家に見られるように、季節により生活空間が作業の場に代わることもしばしばである。この四つの空間と構造の組み合わせにより、いくつかの基本的な間取りが生まれ、財力が増大したり、技術が発展するとより使いやすく、明るく、規模の大きな「民家」が生まれてくる。

「民家」というと田の字型の「四間取り」[*1]で黒光りのする太い大黒柱をイメージすることが多いだろう。専門家の間でも民家研究の初期(P.206のコラム参照)には「四間取り」が民家の源流と考えられていた時期があった。しかしその後詳細な調査が行なわれるようになると、実は「四間取り」は改修によるもので、建築時にはじめから「四間取り」が現れるのは、江戸時代後期から明治にかけてだということがわかってきた。

それ以前に全国を通じて広く分布していた「農家」の平面は、土間に面して居間である「ヒロマ」(部屋の呼び名は地方によりさまざまだが、ここでは代表的なものを使う)を設け、その横に建物正面から「ザシキ」と奥に寝間である「ナンド」を設ける「広間型三間取り」とその発展形であった。宮城県蔵王町の〈我妻家住宅〉[11-7]は「広間型三間取り」にさらに奥に座敷を張り出して増築したものである[11-3]。一方、近畿方面では「四間取り」も古くからあったようだが、多くは「前座敷三間取り」と呼ばれ、座敷を「オモテ」と呼び正面に設け、奥に土間に面した方から「ダイドコ」と「ナンド」を横に並べる形式であった。ほかには摂津や丹波地方に見られる形式で、土間に面してタテに各室が並ぶ「摂丹型」や琵琶湖の湖北地方では、手前に土間と「ダイドコ」が並び、背後に「ナンド」と「ザシキ」を配置した「大浦方」と呼ばれる形式や、九州地方では土間に対して横1列に各室が並ぶ形式などがみられる。また九州南部から沖縄では分棟型の「民家」も分布している。地方色や生業によって平面の違いはさまざまだが、整理していくと大きくこのように分けられる。

*1 四間取り
「四間取り」は一般には「よつまどり」と呼ばれることが多いが、ここでは『日本民家語彙集解』の呼称に倣った。

[11-2]
旧作田家住宅　カミ
17世紀後期／千葉県(現在は神奈川県川崎市立日本民家園へ移築)／木造

千葉県九十九里にあった分棟型「魚家」(網元の家)。

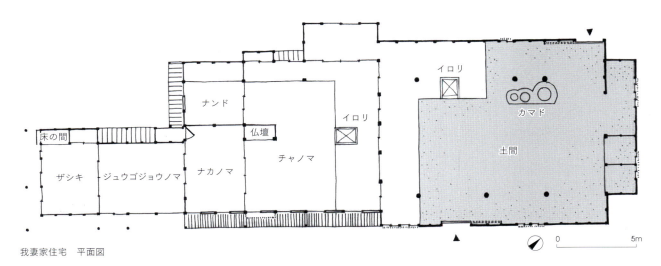

我妻家住宅　平面図

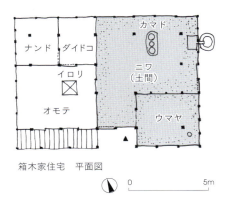

箱木家住宅　平面図

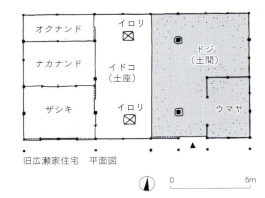

旧広瀬家住宅　平面図

[11-3]
我妻家住宅　平面図
1753年／宮城県／木造

広間型三間取り平面に角屋形式で座敷が張り出している。

[11-4]
箱木家住宅　平面図

前座敷三間取り平面。

[11-5]
旧広瀬家住宅　平面図
江戸前期17世紀末／山梨県
（現在は神奈川県川崎市立日本民家園へ移築）／木造

広間型三間取りでナンドが2室ヒロマ部分が土座となっている。

[11-6]
旧広瀬家住宅　土座

民家園への移築時に土座形式に復原された。甲州民家にみられる「四つ建て」という古い架構を残している。土間に立つ4本の柱と棟持ち柱の構成は「オダチトリイ組構造」にも通ずる古風な構造である。土間に面した「ヒロマ」に床を設けず、框だけで土間と区切っている。夏期の通風より冬期の寒さに耐えることを優先したのだろう。

第1部　古代・中世・近世　187

[11-7]
我妻家住宅　土間

宮城県蔵王地方の大規模な「民家」。土間から「チャノマ」「ナカノマ」「ナンド」を見る。50坪もある土間は圧巻であるが、平面は単純な「広間型三間取り」に角屋型の座敷が張り出したものである。土間に立つ6本の柱や梁は製材されていない自然木が使用され、素朴なつくりである。土間と同様に「チャノマ」にも天井を張らず、小屋組や屋根を表している。

構造

次に構造を見てみよう。現存している「民家」の多くは江戸時代以降のもので、日本各地、屋根構造はほとんどが丸太を合掌に組んで三角形をつくり、桁に差し込む「サス組構造」[11-9]である。世界遺産となりよく知られている白川や五箇山の「合掌造」も「サス組構造」が大規模で勾配もきつくなったものである。それに対して〈箱木家住宅〉や〈旧古井家住宅〉は柱や束を棟木まで伸ばした「オダチトリイ組構造」と呼ばれる古い形式を残している[11-8]。このほかに瓦葺や板葺民家では梁の上に束を立てて屋根を支える現在でも普通に行なわれている「和小屋」を加え、「民家」の屋根構造はこの三つの構造がほぼすべてである。この構造により、間取りにも違いが現れている。

「民家」が成立する前、私たちの祖先は地面を掘り込んで屋根を掛ける小規模な「竪穴住居」に住んでいた。屋根を高く掛ける技術がなかったので、地面を掘り込んで地熱を得るとともに高さを確保していたのである。農耕が大規模になるにつれ、家族が一つの建物に集まって住む必要性から、より大きな住居を建てる技術を習得していった。現代の木造住居は、基礎の上に横架材である土台をまわし、その上に柱を立てるが、現存する「民家」の多くは「石場立て」という、独立した玉石の上に直接柱を立てる工法を用いていた。それより古いものは「掘っ立て柱」といって、地面に穴を掘り1mくらい柱を地中に埋めていた。すべてを「掘っ立て柱」で建てた例は残っていないが、遺構としての記録やいくつかの「民家」のなかにわずかにその名残を見ることができる。中世の庶民はまだ竪穴住居に近い住まいに住んでいたことが記録からわかっている。長野県秋山郷より大阪民家集落博物館に移築された〈旧山田家住宅〉[11-9]には1本だけ「掘っ立て柱」が残されている。静岡の〈江川家住宅〉[11-10]には象徴的に「生柱」と呼ばれている柱が祀られているが、前身建物の「掘っ立て柱」の名残と言われている。江川家では発掘でほかにも4本の前身建物の「掘っ立て柱」柱根が見つかっている。

「オダチトリイ組構造」は棟を支える棟束（オダチ）と同じ通りの梁間方向前後に2本の小屋束を立て母屋を支え、ちょうど鳥居のような形状をつくり、その上に垂木を軒まで葺き下ろして屋根を葺く構造で、主に近畿地方とその周辺で見ることができる古式構造といえる。「オダチトリイ組構造」の多くは前述した「前座敷三間取り」平面と一致していることが多い。ほかには京都府丹波地方の〈石田家住宅〉[11-8]がこの構造である。

一方「サス組構造」は全国の「民家」に最も多く見ることのできる構造で、軸組の上に小屋組が載っている。「サス組」の途中に束を立て支えるタイプと、まったく支えを入れないタイプがある。近世になると民家を建築する

[11-8]
石田家住宅　断面図
京都府／木造

オダチトリイ組構造。

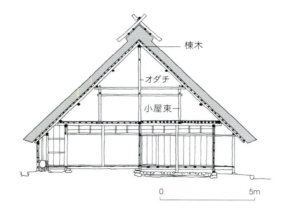

[11-9]
**旧山田家住宅
断面図・平面図**
江戸後期／長野県（現在は大阪府日本民家集落博物館へ移築）／木造

サス組構造。中門の張り出した広間型三間取りでヒロマ部分のナカノマが土座となっている。背面の柱は一本掘っ立て柱が残っている。

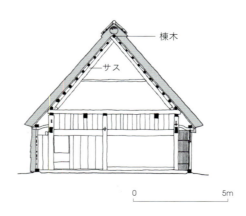
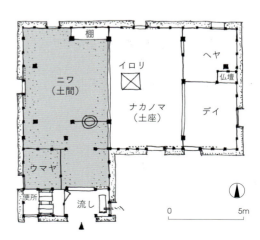

[11-10]
江川家住宅　土間
1707年／静岡県／木造

江川家は静岡県伊豆韮山の反射炉築造に関わったことで知られる家柄で、代々代官を世襲してきた。7間×7間の広大な土間と小屋組が圧巻である。解体修理の際この建物はもともと土間を含む桁行10間の部分と残りの3間の二つの建物であったことが判明した。「生け柱」として祀られている掘っ立て柱は前身建物のものである。軸組の梁を同レベルに掛け渡し、その上にサス組構造でありながら、和小屋のように1間ごとに束を立て、貫で固めている。また建物中央に立つ4本の柱は小屋組の中まで伸びている。これは甲州民家にみられる古い小屋組である「四つ建て」に通ずる形式で興味深い。

場合、軸組などの基本構造体は専門の大工が建て、屋根は「結い」や「もやい」などと呼ばれる住民の互助組織で協力してつくっていた。その後の屋根葺き替えのときにもこの組織が機能して、戦後まで続く地域もあった。

そこから考えると、軸組と屋根構造が一体となっている棟持ち柱をもつ「オダチトリイ組構造」の時代には「民家」を専門に建てる大工が現れておらず、すべてを村人が共同で建てていたと考えられる。その場合「掘っ立て柱」であれば専門技術をあまり必要としない、竪穴住居の建てかたにより近かったと言える。古民家は軒が低く地べたから立ち上がった、一見竪穴住居のようにも見える。

瓦葺や板葺の「民家」には「和小屋」構造のものがあるが、茅葺の「民家」にはほとんど見られない。江戸時代後半になると「オダチトリイ組構造」であった地方も「サス組構造」を取り入れるようになる。それは農家が作物をつくるだけでなく、より現金収入を得やすい「養蚕」を行なうようになり、屋根裏を有効利用できる「サス組構造」が広まったと考えられる。「ヒロマ型」平面も構造の技術が進んでくると「四間取り」とその発展形の平面へと移行していった。より多くの人手を要し、部屋数も多く求められる「養蚕」の普及もその一因といえるだろう。

第1部　古代・中世・近世　191

[11-11]
塩硝の館（休憩所・旧中島家住宅）　小屋組
江戸末頃／富山県／木造

束のない「サス組構造」により小屋裏に大きな空間ができる。白川郷・五箇山の合掌造民家は他地方のサス組より勾配がきついので、小屋裏を重層化している。小屋裏空間を有効利用し採光通風も得るために、あえて切妻屋根としているが、その構造的な欠点を補うため、「屋根筋違」を入れていることはこの地方ならではの技術である。合掌造でも五箇山・平村田向の〈羽場家住宅〉のように時代の古いものは勾配が緩くなっている。構造技術の発展とともに屋根裏空間の有効利用が可能になった。写真は「ソラアマ」と呼ばれる小屋組最上階の空間である。

室内装置

　「農家」の入り口は、土間に設けた引き戸の大戸で普段は大戸のくぐり戸から出入りした。その奥に竈を構えて飯を炊いた。竈の数は家の規模で一つの場合もあれば、七つという大きなものまであった。流しは座り流しで、土間の一番奥にあることが多く、手元には明り取りの無双窓がついていた。甕から水を汲み、木の樋で外に排水した。裏庭に出る引き戸が付くことが多かった。「ヒロマ」や「ダイドコ」は板敷が多かったが、土間と同じ高さに仕切りとなる框を設け、もみ殻やむしろを敷いて「土座」とすることもあり、「囲炉裏」が設けられている。この形式は比較的寒い地方に多い。「囲炉裏」のある部屋には天井を設けない。土間との境にもほとんど建具を設けないが、板戸や舞良戸などの建具を設けるようになるのは、時代が降ってからである。囲炉裏の上には暖を取るため「火だな」という小さな天井のようなものが付く場合もある。囲炉裏には自在鉤が下げられ、鍋をかけてお湯を沸かし、煮炊きを行なう。食事も囲炉裏を囲んで食べるが、家族の座る場所ははっきりと決まっている。家長は土間に向かってナンドを背中にして座る。その背面に「押し板」と呼ばれる簡単な床の間のような板がつけられることがあるが、これは古い形式である。その横に「ナンド」の入り口がある。「ナンド」は当主夫婦の寝室でもあり、大事な家財をしまう場所でもあった。現在も収納を「納戸」と呼ぶが、ここから来ている。「ザシキ」は畳を敷くこともあるが、初期には板敷であった。客を招いたり、仏時に使用されることも多かった。正面の側柱は1間ごとに立ち、古くは半間が板壁で残りの半間に片引きの板戸と障子が設けられた。のちには3本溝に引違の板戸と片引き障子を入れるようになる。「3本溝」は古民家を見分ける指標ともなる。「ナンド」は非常に閉鎖的で小さな窓を設けることがあるが、まったく開口部がない場合も多かった。一段上がった「納戸構え」にしたのは、板敷にもみ殻やむしろを敷いて寝たためである。

　鴨居の代わりに成の高い「差し鴨居」を入れ、中間の柱を省略することができるようになると、「民家」はより開放的になり、板戸も1本溝の雨戸として日中は全面開放することができるようになる。

「町家」・「商家」の系譜

前述のように中世以前の「町家」はほとんど残っていないが、いくつかの絵巻物である程度の様子を知ることができる。「年中行事絵巻 巻十二」に描かれた京町家からは平安時代末期の「町家」の様子がわかる。丸太で押さえた板葺屋根、腰窓や跳ね上げ式の蔀戸などが描かれている。商品を並べている店の様子はわからないが、これらが連続長屋ではなくそれぞれ別の建物だということも屋根の形状で知ることができる。「一遍上人絵伝 巻七」［11-12］からは鎌倉時代琵琶湖畔関寺近辺の町家が板壁や網代壁に商品のわらじを吊るしたり、腰窓に棚を設け、商品を並べている様子がわかる。2間間口の建物の1間が土間、

［11-12］
「一遍上人絵伝 巻七」
鎌倉時代琵琶湖畔関寺近辺の町家。板壁に商品のわらじを吊るしたり、あげみせに商品を並べて商いを行なっている様子がわかる。

［11-13］
「洛中洛外図屏風絵」（舟木本）
桃山時代の京町家。「トオリニワ」とそこに面して一段上がったところに商品を並べ「ミセ」になっている様子がわかる。ちょうど座れるくらいの高さで、角の軸物屋だけはさらに倍ほどの高さに商品を並べている。近世の町家の原型が現れている。

第1部 古代・中世・近世

第11章　民家の空間

[11-14]
**吉島家住宅
ドウジ（土間）・オエ・ナカオエ**
1907年／岐阜県／木造

飛騨の匠の高い建築技術がさらに洗練された傑作といっても過言ではないだろう。平面は複雑に見えるが、通り土間「ドウジ」に面して道側から「ミセ」「オエ」「ナカオエ」「ダイドコロ」と続き、2列目に座敷が並ぶ構成で、さらに3列目に「ホンザシキ」「ブツマ」が突き出している。「ドウジ」には「カンジョウバ」ともう一室が設けられている。ツシ2階は使用人の部屋で2列目の座敷上は家族の居室となっている。この構成は隣接する〈日下部家住宅〉同様である。構造材は美しく製材されて春慶漆塗で仕上げられており、高窓から差し込む光で今も輝いている。

第1部　古代・中世・近世　195

[11-15]
**今西家住宅　中の間
土間の上がり縁**
1650年／奈良県／木造

奈良今井町は室町時代末年頃寺内町として築かれた。周囲に堀を巡らした要の場所に今西家は位置している。通り土間に面して手前から「ミセ」「ナカノマ」「ダイドコロ」と続き、2列目に「ミセオク」「ナンド」「ブツマ」が並び、角家形式の座敷が突き出しているところもほぼ他の町家と変わらない。最も特徴的なことは、当家が総年寄として裁判所の役目をもっていたため、土間が「シラス」の役目を果たしていたことである。そのため、「ナカノマ」の手前に広い「上がり縁」があり、背後の開口部は土間と区切るため、格式の高い絵が描かれた板戸がしつらえてある。またツシ2階には男女の牢屋がある。

1間に床が張ってあるようで、すでに近世の町家の原型が表れている。「洛中洛外図屏風絵」[11-13]には室町時代の京の町家が描かれ、建物のつくりも本格的になり、荒い格子の入った窓やアゲミセを道路に張り出して、商品を並べている賑やかな町の様子を知ることができる。

平面

「町家」の間取りにも「農家」と同じように「土間」が設けられることが多いが、規模は「農家」と比較して小規模である。「町家」は表の道に対する間口の幅に制限が課せられていたため、「土間」は間口に比して奥行が深く、裏まで通り抜けることができる。各室は「土間」に面して、2室から3室程度の部屋が手前の「ミセ」から奥へと連なる。規模が大きくなると部屋が2列、3列となり4室または6室、9室と広がっていった。さらに「豪商」と呼ばれる「町家」となると間口も奥行も大規模となり、何棟もの土蔵も内包して複雑な間取りとなるが、基本はほぼこの形式である。

現在建築年代がわかっている最も古い「町家」は奈良県五条市の〈栗山家住宅〉で1607年の棟札が見つかっている。外観は寺院建築のような反りのある屋根をもつ商家だが、改造が多く建築当初の状態はわかっていない。次に古い「町家」は奈良県橿原市の寺内町今井町の〈今西家住宅〉[11-15,17,18]で1650（慶安3）年の棟札が見つかっている。外観は「八棟造」と呼ばれ、いくつも棟を重ね、骨太の窓格子、軒裏まで波形に漆喰で塗り込めた姿は城郭を思わせるような荘厳なたたずまいである。しかし規模こそ大きくなっているが、〈今西家住宅〉の平面構成が、絵巻物で見ることのできる中世の「町家」と連なっていることがわかる。幸い〈今西家住宅〉は後世の改造が少なく「町家」建築の指標となる。1階の間取りは間口半分を占める「ニワ」と呼ばれる土間と土間に面して三室が並び、その背後にも三室が並ぶ六室と南に角屋形式に張り出した「ベツノマ」大戸脇の「シモミセ」の八室で構成される。

今井町は重要伝統的建造物群保存地区に選定され、ほかにも多くの「町家」が当時の姿で残り、今も生活を営んでいる家が多い。他の「町家」も今西家より規模は小さくなるが、

[11-16]
熊谷家住宅　本座敷
1768年／山口県／木造

萩の御用商人として敷地内に主屋、離れ座敷のほか、13棟の蔵が並んでいる。他の町家同様、土間に面して4室が2列に並び、さらに格式の高い玄関である「式台」付き茶の湯の小部屋が4室突き出している。写真は北東角の「ホンザシキ」で「付書院」「本床」「違棚」を設けた本格的な座敷である。紙障子の桟は繊細で面皮付きの長押を付けるなど数寄屋建築の影響も受けている。「ニノマ」との境にある丸彫りの板欄間の細工は品良く見事である。北東面に矩折に設けられた欅の縁板は普段は質素な板で隠されている。

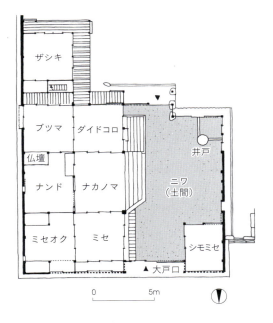

[11-17]
今西家住宅　1階平面図

[11-18]
**今西家住宅
土間上部の梁組**

束と貫を縦横に入れて固めた和小屋組。

[11-19]
**熊谷家住宅
土間上部の梁組**

幾重にも重なった梁組。

[11-20]
**吉島家住宅
ドウジ(土間)上部の梁組**

「ドウジ」の高窓から差し込む光が格子状に組まれた春慶漆塗りの小屋組を浮かび上がらせる。

第1部　古代・中世・近世　197

[11-21]
**復古館頼家住宅
ミセノマの格子**
1883年／広島県／木造

幕末の儒者であった頼山陽が出た家柄であるが、当家は酒造業を営んできた。表屋の土間は正方形に近く「ミセ」を含む四間取りの部屋で構成されている。

同じような部屋の構成となっている。また京町家や城下町萩などの「町家」ではうなぎの寝床のように間口が狭く、とおり庭に面して一列に店から座敷が連なり、坪庭を介してさらに奥に離れ座敷や台所が続き、一番奥に土蔵があるという平面構成を見ることができる。

もう一つの平面形式は瀬戸内地方の〈復古館頼家住宅〉[11-21]に見られるように、前面の通りに面した「店」部分と奥の「住居」部分を別棟で建て、中央の玄関でつなぐ形式で「表屋造」と呼ばれている。上方から西方、規模の大きい豪商の建築に多いが、長野県奈良井宿、塩尻などにもこの形式の「町家」がある。京都島原の揚屋建築〈角屋〉もこのつくりに近い。

また「町家」が「農家」と大きく違うところは一部を2階家としていることである。「農家」にも2階をもつ例はあるが、小屋裏部分に床をかけた程度のものである。「町家」の場合は使用人や若い家族が使った「ツシ」と呼ばれる屋根裏部屋のほかに、初期の「町家」建築である〈今西家住宅〉でも、家族用の居室として座敷を2階に設けている。

構造

「町家」の構造は基本的には「農家」と変わりはないが、屋根葺き材料が板葺や瓦葺で、和小屋構造を採用していることが多い。また時代も降ることで、大きな成のある差鴨居を各柱間に使用して、部屋の四周以外の柱を抜くようになり、中世の「農家」のように土間に独立柱が立つことは少ない。〈熊谷家住宅〉[11-16,19]は比較的規模の大きい「町家」だが土間は小屋組も「農家」のように力強く梁が幾重にも重なっている。また〈今西家住宅〉では束を多用して貫でつなぐという和小屋の技術を取り入れていた。「農家」が大屋根でほぼすべての部屋を覆うのに対し、近代の「町家」は規模が大きくなると座敷の数を増やし、飛騨高山の〈吉島家住宅〉[11-14,20]や〈日下部家住宅〉のように軽やかに幾重にも屋根を掛け渡すことができたのも自由度の高い和小屋構造の強みであろう。

室内装置

「町家」を特徴づけるものに「格子」がある。絵巻にも「格子」は現れている。〈今西家〉のように年代の古いものには格子が太く間隔の荒いものが多い。これは防犯上の理由もあるが、竪曳き鋸が未発達の時代には細かい格子が非常に高価なものだったという理由もある。細い格子が容易に手に入るようになると、現在見ることができる繊細な格子が多用される

ようになる。
　次に入口の扉は農家のように横に引く大戸だけでなく、上にはね上げたり引き込んだりすることも多い。窓も揚げ戸と呼ばれる形式の板戸であることが多かった。これは「農家」に比べて広い間口を確保することができなかったことから考えられた形式であろう。〈今西家住宅〉のように規模が大きくなると「農家」同様に引き戸形式の「大戸」となっている。また農家のように必ず囲炉裏が設置されるわけではないが、〈喜多家住宅〉[11-22]のように北国の「町家」でも囲炉裏が設けられることがある。

　伊藤ていじは近世の町家の特色を三つあげている。地方色をもっていること、社会機構の分化に合わせ都合のよい形式の町家や附属屋が設けられるようになったこと（本陣、薬屋、酒屋、旅籠屋などのこと）そして、木造建築が密集する都市の大規模化に伴い、耐火性能のある構造が工夫されたことである。川越の「土蔵造」や徳島脇町の「卯建」などのことである。

[11-22]
喜多家住宅　オエ
1891年移築／石川県／木造

「オエ」と囲炉裏。加賀地方の洗練された町家の意匠を見ることができる。通り土間に面して「ミセ」「オエ」を並べる構成は他の町家と共通だが、各室を少しずつずらし、食い違いに角柱を見せ、梁を幾重にも重ねる手法はこの家を建てた大工の美意識の表れだろう。この家の主が長く使用されていない囲炉裏の灰に模様をつけるなどからもわかるように、茶の湯が生活の一部となっている。

第1部　古代・中世・近世　199

庶民が暮らした長屋

　近世の姿が残っている奈良県今井町では、持ち家の「町家」が4分の1で、その他の4分の3は長屋形式の貸家であったと言われている。今も「町家」に交じって「長屋」住宅が残っている。西山卯三『日本のすまい』によると、都市部でも江戸初期の京で半分強、大阪で3分の2の住民が借家の長屋暮らしであったと推定される。江戸でも多くの庶民が長屋で暮らしていた。しかし、庶民が都市で暮らした近世以前の住まいはもうほとんど残っていない。完全な形では江戸末に建築された〈旧新発田藩足軽長屋〉が新潟県新発田市に保存され公開されている。1842年の棟札が見つかっている。この〈旧新発田藩足軽長屋〉は8世帯の下級武士が一棟に暮らしていた茅葺の建物で、一世帯は間口3間奥行4間である。平面は各家少しずつ違っているが、6畳の和室2間と半坪の玄関、幅1間の炉のある板敷きと流しのある4畳の土間がある。一般庶民の長屋と比べたら、規模が大きい。江戸時代の「棟割り長屋」（棟を共有して前後左右に連なる長屋）や割長屋（前後は開放され、左右の壁を共有する長屋）は落語や都々逸などで「九尺二間」と呼ばれ、実際一世帯が4畳半の座敷と1畳半の土間の勝手という構成で、7～8世帯が一棟に暮らしていたことが江戸時代の沽券図などから知ることができる。便所や井戸や炊事場は共同であった。

　明治時代の長屋は昭和40年代には東京にもまだ多く残っていたが、現在では確認することが困難である。間口は2間から2間半、奥行は3間半から4間程度になり、便所は各家に設けられるようになる。江戸期のような棟を共有する棟割り長屋ではなく、通風が考慮されている。1923（大正12）年の関東大震災前までの東京には、まだ江戸から明治の名残が残っていた。鏑木清方作「鰯」［11-23］に描かれた長屋の姿は1937（昭和12）年の作ではあるが、1878（明治11）年東京神田生まれ、少年期を京橋、築地で過ごした清方が、江戸風情の残る明治東京下町の情景を描いたものである。魚屋の小僧から長屋のおかみさんが鰯を買っている図だが、勝手の戸は外して横の壁に立てかけられ、代わりに下げたすだ

［11-23］
鏑木清方「鰯」
（東京国立近代美術館蔵）
1937年

明治時代築地あたりの長屋勝手口。

[11-24]
谷中の長屋
1892年／東京都／木造

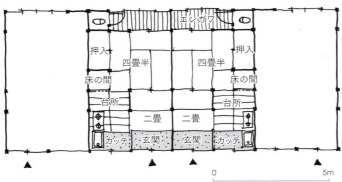

[11-25]
谷中の長屋　平面図
同じ平面が背中合わせに反転して、四軒長屋になっている。

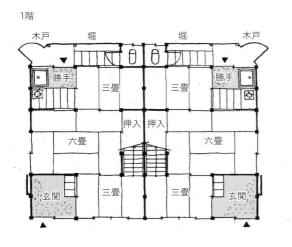
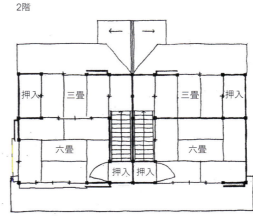

[11-26]
神田淡路町の長屋　平面図
1929年／東京都

関東大震災後に建てられた2階建の二軒長屋復原図。間口2間半、奥行4間、2階は奥行2間半。2階を間貸しとして貸していた家も多かった。現在は再開発に伴い解体され、現存しない。

第1部　古代・中世・近世　201

れ越しに中が透けて見える。水瓶が置かれ、その手前には板張りの座り流しが設けられ、中央の排水溝に集まった汚水がどぶに流れ込むようになっている。壁の棚にはすり鉢と鍋が伏せてあり、その下には塩や味噌の壺が置いてある。おかみさんの背後の竈からは湯気が上がり、欄間の「無双窓」は開放され、屋根の「引き窓」からは煙が出ている。隣家の棟位置から推察すると、奥行は2間か2間半程度、4畳半か6畳の座敷がこの家のすべてである。慎ましいが清楚な生活の姿が見える。〈谷中の長屋〉［11-24,25］は鏑木清方の版画「鰯」に描かれた長屋とほぼ同じ平面と思われる長屋。間口2間奥行3間半。玄関は1畳の土間と2畳の畳敷き、勝手は1畳の土間に2畳の板の間となっている。屋根には引き窓がある。座敷は四畳半で1間の押入と半間の床の間が付いている。

　1923年の関東大震災後は東京都心部の木造家屋の大方を焼失させ、住宅の供給を急いだため、東京各地に長屋が建築された。間口は2間半奥行は4間の二軒長屋が多く、奥行2間半程度の2階が設けられたことが江戸期の長屋との大きな違いである。1階には6畳と3畳2間か4畳半に玄関、台所、便所、2階には6畳と3畳の2間程度が標準であった［11-26］。同時期の東京でも郊外地になると少し規模が大きくなり、玄関を張り出し、狭いながらも庭や門が設けられ、仕舞た屋（商売をしていない一軒家）のような風情があった。

　一方地方でも、前述の奈良県橿原市今井町を見てみると、伝統的町家のうち今でも4割は連続型（長屋建て）住宅で現役である。その規模は間口2間半奥行き4間程度で6畳2間と1間幅のトオリニワに台所が設けられ、京町家を連想させる。関西圏にも長屋形式の町家が多く残っているが、住み継ぎながら改修を重ね、徐々に個別に建て変わっている例が多い。

　これら伝統的な長屋建て住宅とは別に、計画的に建築された長屋建て住宅がある。明治から昭和の日本の近代化を支えた各地の炭鉱で働いた人々の住まいである。西山卯三が『日本のすまい』でも指摘しているように、〈炭鉱住宅〉と呼ばれる住居に庶民の住まいの発展過程をみることができる。石炭の採掘は江戸中期頃から始まっている。西日本工業大学本田昭四らの研究によると初期の炭鉱住宅は非常に粗末で、古い坑道を利用した穴居住居や掘っ立て柱を立てた壁のない納屋のようなもので、「肥前州産物考察」［11-27］（1783～84年）に図が描かれている。その後筑豊では、1887（明治20）年頃から「炭鉱夫納屋」と呼ばれる住宅が建築された。都市型の長屋の「九尺二間」程度の規模になるのは、1902～07（明治35～40）年頃である。「炭鉱夫納屋」は「炭鉱住宅」と呼ばれるようになり、徐々に居住性も改良されていった。同様な住宅は炭鉱のある北海道や常磐、宇部などにも建築されたが、戦後には鉄筋コンクリート造の炭鉱住宅に建て替えられていった。世界遺産となった「軍艦島」（長崎端島）の炭鉱住宅にはこれらに先駆けて1917（大正6）年に建築された鉄筋コンクリート造のアパートがあるが、平面は木造の炭鉱住宅や長屋と同じような広さと間取りとなっている。現在も筑豊地方や北海道の一部では、木造の炭鉱住宅が現役で使用されている地域がある。

［11-27］
「肥前州産物考察」
1783～84年

初期の炭鉱住宅は非常に粗末で、古い坑道を利用した穴居住居や掘っ立て柱を立てた壁のない納屋のようなものであった。

民衆の生活を彩った建築

民衆のための建築として居住以外の目的で建てられた建物に「芝居小屋」がある。香川県にある〈旧金比羅大芝居〉[11-28,30,31]は現在国内に現存する芝居小屋で最も古い建物で、1835（天保6）年に建築された。常設の芝居小屋は江戸、京、大阪の三都以外には許可されなかったが、金比羅信仰の参詣者を見込んで大阪道頓堀の大西芝居を模倣して建築を許され、「金比羅大芝居」と称された。客用の木戸口から客席までを切妻の大屋根で覆い、桁行側の高窓から観客席に光を取り入れている。舞台は寄棟の別屋根とし天井の高さを確保している。2層の楽屋は登り梁を差し掛けて、下屋となっている。この構成は浮世絵に描かれた芝居小屋とほとんど変わっていない。中央と左右上下の桟敷席を備え、「回り舞台」「すっぽん（奈落）」などの装置も備えている。

江戸の芝居小屋は火災で焼失することも多く、大火災の原因にもなった。また人々が芝居に熱中して風紀を乱すという理由で、幕府によるさまざまな規制や処分などもあり、常設小屋をもてるのは許可された芝居小屋だけであった。江戸では老中水野忠邦を中心に進められた天保の改革で芝居小屋は浅草猿若町に集められ、中村座、市村座、森田屋の三座が集まり、浅草寺裏の寂しい土地であった町が賑やかな町へと変貌した。その後明治になり、再度移転を迫られ、それぞれが別の場所に移った。そのため近世の芝居小屋は東京には残っていない。さらに関東大震災の被害や失火もあったため、都市部には明治以降の芝居小屋も残されていない。地方の温泉地や街道沿いには明治期や大正期に建築された芝居小屋が保存され、今も現役で活用されている建物もある。江戸の芝居小屋を継承する建物としては、熊本の〈八千代座〉[11-32]（1910年）、明治村に移築された大阪の〈呉服座〉（1874（明治7）年）などがある。

東京の〈歌舞伎座〉は関東大震災を挟んで建築された建物が空襲で被災した。戦後被災を免れた部分を利用して改修されていたが、現在は解体新築されている。江戸の芝居小屋[11-29]は浮世絵などの絵画にしか残されていない。

[11-28]
旧金比羅大芝居　外観
1835年／香川県／木造

1835年に常設の芝居小屋が許可され、それまではその都度仮設小屋を建てていたが、初めて金比羅宮別当金光院により常設小屋として建てられた。金比羅信仰の参詣者の娯楽の場として芝居ばかりでなく、相撲、軽業などで賑わった。その後1895年頃、民間に払い下げられ名前を変え、模様替えが行なわれた。持ち主が変わるたびに名前を変え、時代に合わせ興業内容も変化した。日本最古の芝居小屋として保存が決まると現在地に解体移築された。

[11-29]
「浮絵歌舞妓芝居之図」
江戸時代／歌川豊春

三座の芝居小屋を描いた浮世絵。

[11-30]
**旧金比羅大芝居
1階桝席**
1835年／香川県／木造

補強のため入っていた鉄骨柱は平成の大修理の際に撤去され、天井のぶどう棚は復原された。

[11-31]
**旧金比羅大芝居
2階楽屋**

[11-32]
八千代座　内部（下）
1910年／熊本県／木造

　町衆の娯楽の建築として京都島原に現存する〈角屋〉［11-33,34］は京の町中から移転させられた島原開基以来の「揚屋」建築である。「揚屋」とは花街の中で太夫や芸妓を置いていない家で、「置屋」から太夫や芸妓を呼んで宴を開いた場所である。なかでも〈角屋〉は格が高く、町衆ばかりでなく公家や武士も訪れ高級社交場ともなった。民衆にとっては高嶺の花であった〈角屋〉の建築は道に面した表棟と中庭をはさんだ奥棟により構成され、P.198で述べた「表屋造」と似ている。表棟の１階は小さな部屋が並び、主に使用人の部屋になっている。前庭をはさんで奥棟の１階は台所と帳場があり、梁を表わした土間やかまど、煙出しなどが設けられている様は「町家」のつくりと変わらない。客はこの２棟をつなぐ玄関から入り、１階奥や２階にある客室に通される。客室は各々テーマに添って趣向を凝らした意匠を施されている。〈角屋〉は増改築を繰り返しながら戦後も長く料理屋として営業を続けていたが、1998年より京文化を伝える建物として一般に公開されている。

［11-33］
角屋　２階扇の間（上）
1641年／京都府／木造

扇の間は1787（天明8）年の増築部分。

［11-34］
角屋　台所（下）
1787（天明8）年の増築部分。土間から左の板の間と内玄関を見る。

第１部　古代・中世・近世　205

Column
民家研究者の取り組み

　1916(大正5)年柳田國男を会長とする「白茅会」が民家の調査活動を開始したが、内容は民俗学的な民家採集であった。

　建築界からは佐藤功一の呼びかけで、今和次郎、大熊喜邦、木子幸三郎、田村鎮の建築家5名が参加した。

　佐藤の病もあり、白茅会は1年で自然解散となったが、今和次郎はその後も民家調査を継続して1922(大正11)年に名著『日本の民家』を出版した。この書籍はのちに再版され、今も読み継がれている。今和次郎のほかにも、戦前から石原憲治『日本農民建築』(1934～73年)、小倉強『東北の民家』(1955年)、竹内芳太郎・蔵田周忠『日本民俗学大系6』(1958年、今和次郎も含めた3名の共著)などが民家研究を継続した。

　戦後、伊藤ていじが写真家二川幸夫との共著で出版した『日本の民家』(1955年)、その後伊藤がまとめた『民家は生きてきた』(1963年)は民家を「保存すべき建物」という立場で、これまでの研究とは一歩進んだ論調であった。

　しかし、戦後経済の高度成長とともに「民家」の建て替えは歯止めがきかず、せめて記録だけでも残そうという動きが国からも起きて、1966(昭和41)年から文化庁の補助金による県単位の「民家緊急調査」が組織的に行なわれ、次々と報告書にまとめられた。調査には太田博太郎をはじめ、伊藤鄭爾、大河直躬、関口欣也など建築史の学者たちが学生とともに参加した。この時期に、民家調査のバイブルとなった『民家のみかた調べかた』(1967年)が発行された。「民家研究」をライフワークとして、多くの著書を執筆している宮澤智士の調査研究も後進の手本となっている。

　一方、失われていく民家を永く残すことを目的に、公開する施設が各地につくられた。最も早い時期には飛驒白川の民家移築をきっかけに、1960(昭和35)年大阪豊中市に「日本民家集落博物館」が設立された。現在12棟の民家が移築復原されている[11-35]。関東では1967(昭和42)年川崎市に「日本民家園」が開設され、現在20棟以上の「民家」や附属屋が移築復原されている。この二つの施設は全国の「民家」を移築しているが、各地にはその地域の「民家」を移築して見学するばかりではなく、生活体験の場として利用される例も多くなっている。これらの施設では依然「民家」は実際に生活する場ではなく、昔の家として見学するものであり、「民家」をもともとあった場所に保存するという伊藤ていじの提唱とは離れていってしまった。

　しかし、1975(昭和50)年に文化財保護法の改正により「伝統的建造物群保存地区」の制度が発足し、保存地区には補助金が出るようになった。また2008(平成20)年には国土交通省により「地域における歴史的風致の維持及び向上に関する法律」(愛称：歴史まちづくり法)が公布施行されると、失われるもののうちのわずかだが、「民家」もまちの一部としてもともとあった場所で保存活用される例が生まれてきた。

（大橋智子）

[11-35]
旧大井家住宅　外観
江戸後期／岐阜県（現在は大阪府立日本民家集落博物館へ移築）／木造

大阪豊中の「日本民家集落博物館」設立のきっかけになった飛驒白川の合掌造民家。昭和20年代から30年代にかけて、電源開発のために盛んにダム建設が行なわれた。その結果、多くの集落が水没することになった。危機感をもった住民や研究者などの努力で合掌造民家の一部は各地に移築されたが、多くは失われていった。当家は1956年に移築された。

Column
民藝運動の試み

[11-36]
柳宗悦邸　外観
1935年／東京都／木造

東京駒場にある〈日本民藝館〉と道路をはさんだ向かいに建ち、〈西館〉として不定期に利用されている。

　「白茅会(はくぼうかい)」より少し遅れた頃、思想家・柳宗悦、陶芸家・河井寛次郎、濱田庄司、富本憲吉らによってのちに「民藝運動」と呼ばれる「工藝運動」が始まった。それまで見過ごされてきた日常の生活雑器などにある美的価値を認め、それらを機関誌などで紹介した。その理論的中心になったのは柳宗悦であった。彼らの運動には作家や思想家、蒐集家など多くの賛同者が現れた。「民藝運動」の背景にはイギリスのアーツアンドクラフツ運動や田園都市運動があり、当然工藝品だけではなく、その容れ物である「民家」にも関心が寄せられた。

　柳宗悦は駒場に土地を求め、1934（昭和9）年頃より自邸の建築を始めたが、同時に栃木県宇都宮にあった長屋門も移築して、翌年には自邸の建築が完成した。この長屋門は、この地方特有の腰部分に大谷石を張り、黒漆喰なまこ壁で幾何学的に仕上げられたもので、屋根も大谷石で葺かれている。柳は大谷石に早くから注目していた。〈柳宗悦邸（現・日本民藝館西館）〉[11-36]完成直後、倉敷の大原孫三郎の助力を得て、道路を挟んだ向かいに〈日本民藝館〉を建築することになった。意匠設計は主に柳が行なった。長屋門の意匠は新築した〈日本民藝館〉にも用いられ、室内の床にも大谷石が敷き込まれた。柳邸とともに施工は益子の大工磯部文吉(ましこ)が行ない、構造、設備などの専門的な分野では早稲田大学教授の吉田亨二が関わった。

　それに先立ち、河井寛次郎は1920（大正9）年に京都五条坂に建つ古民家と窯を譲り受け、作陶活動を始めていた。その後、1929（昭和4）年に自らのデザインで附属屋を改修し、現在の陶房とした。昭和12年の室戸台風で主屋の古民家が損傷を受けたため取り壊し、自らの設計で自邸を建築した。現在〈河井寛次郎記念館〉[11-37]として公開されている。民家風意匠がモチーフとなっているが、河井独特の力強い意匠が随所に見られる。また〈柳宗悦邸〉も〈河井寛次郎邸〉も柳らが礼賛していた朝鮮民家の障子組子や床板貼りの意匠が取り入れられている。当時朝鮮は日本の植民地で「日本化」を行なうことが国の政策であったが、柳らは朝鮮の民衆文化の発掘と継承に力を注いだ。

　一方、濱田庄司は大正末頃から益子に移り住み作陶活動を行なっていた。1930（昭和5）年頃からは益子にあった民家や長屋門を購入して自邸や仕事場として移築し、徐々に整えていった。柳が移築した長屋門は濱田から紹介されたものであった。

　その他にも、民藝運動に参加していたゴッホの研究家で山下清を世に送り出したことでも知られている精神科医の式場隆三郎の邸宅が柳、河井、濱田の3人によって設計され、1935（昭和10）年市川市国府台(こうのだい)に建築されている。

　彼らは自邸や美術館を民家の意匠を取り入れて建築しただけでなく、全国の民家を見て歩き、所有者には建物の価値を語る啓蒙的な活動も行なった。現在観光地として人気の高い飛騨高山の〈日下部家〉は、柳や大原など民芸運動のメンバーの助言で、傷んでいた家を修理して、自ら蒐集していた民具や食器などを展示する〈日下部民藝館〉として公開するようになり、現在に至っている。

　民藝運動の賛同者によって、全国各地に住宅や美術館、民藝品店舗などが建築されたが、どれも「民家」の意匠を取り入れたものであった。しかしそこには「建築家」が設計者として表に出ておらず、「民藝運動の建築」はこれまで専門家からの評価が与えられることは少なかった。（大橋智子）

[11-37]
河井寛次郎自邸
2階書斎
1937年／京都府／木造

京都五条に築いた陶芸工房内にある河井寛次郎の自邸で河井自ら設計に携わった。1階広間吹き抜けに面した2階の書斎。柳自邸同様紙障子組子に「朝鮮障子」のモチーフが使用されているが、柳邸とひと味違った河井らしい力強さが現れている。

第1部　古代・中世・近世　207

第 II 部

近代：明治
大正
昭和戦前

第 1 章　お雇い外国人と大工棟梁の時代
第 2 章　明治日本の歴史主義
第 3 章　"新しい和風"の創造
第 4 章　日本の西洋館
第 5 章　近代和風大邸宅の世界
第 6 章　日本建築のアイデンティティを求めて
第 7 章　多様化する日本の建築
第 8 章　モダニズム建築の登場とその受容

>>> [第2部] 近代：明治・大正・昭和戦前

第1章 | お雇い外国人と
大工棟梁の時代

幕 末期においては、徳川幕府を筆頭に薩摩や長州といった雄藩による軍需工場の建設が相次いだ。
幕府にとって急務の課題は、製鉄をはじめとする近代技術のための洋式工場を建設することで
あり、交流のあったオランダの技術によってつくられた最初の洋式工場が〈長崎製鉄所〉である。製鉄
所は製鉄をはじめとするさまざまな機械工業、そしてそれらの技術が集約された造船のための軍需工
場であった。幕府は続いて、江戸の近くで軍艦をつくることを目的に、新たに友好関係を結んだフラ
ンスの協力を仰ぎ、〈横須賀製鉄所〉の建設を進めた。工事の途中で幕府が瓦解したが、その重要性か
ら計画は明治新政府に受け継がれ、完成した。〈横須賀製鉄所〉で活躍した技術者たちは、新たに創設
された工部省に移管され、彼らの手によって官営の〈富岡製糸場〉が建設されたのである。〈横須賀製
鉄所〉と〈富岡製糸場〉というふたつの工場は、江戸と明治という時代を挟んで継承された国家的プロ
ジェクトであり、"軍艦と生糸"という明治の殖産興業を象徴する存在となった。

幕府は1858（安政5）年に米・英・蘭・仏・露の5か国との自由貿易を開始、そのために横浜、神戸、
長崎、新潟を開港し、外国人居留地が誕生した。港の近くには商館が、そして山手地区には住居や教
会などのコロニアル様式の洋風建築が建ち並んだ。江戸期より海外の窓口として発展した長崎、ロシ
アやアメリカの影響を受けた函館、江戸の近くに開港されて急激な発展を遂げた横浜、関西圏にあっ
て独自の文化と歴史をもつ神戸など、各地の居留地はそれぞれ独自の発展を遂げ、洋風文化の醸成場
となった。これらの居留地は、明治政府と諸外国との交流が一段落した1899（明治32）年にその役割
を終えている。

居留地では、外国人技師に交じって西洋建築を学んだ進取の気質をもつ大工や職人たちが、活発な
建設活動を展開していた。また、居留地の西洋建築を見るために、地方から大工たちが押し寄せた。
そこで実見した洋風建築の印象を、自前の伝統技術によってつくり上げた洋風建築のことを、擬洋風
建築と呼ぶ。

擬洋風建築の先駆者は、二代目清水喜助である。清水の手掛けた〈築地ホテル〉や〈海運橋三井組ハ
ウス〉といった擬洋風は、文明開化を象徴する建物として錦絵などに描かれ、東京土産として各地に
伝えられた。擬洋風は各地に建てられる学校建築や役所などの公共建築にその事例が多い。ピークは
1880年頃で、以後、近代建築教育を受けた建築家たちによる西洋建築に取って代わられることになる。

洋式工場の導入

軍艦と生糸

　徳川幕府が取り組んだ最初の洋式工場は、オランダ海軍機関将校H・ハルデスの指導のもとに計画され、1861（文久元）年に落成した〈長崎製鉄所〉[1-1]である。鍛冶・工作・溶鉄の3工場では鋳鉄製の柱、窓ガラス、鉄骨トラス、焼成煉瓦などが使われている。ここでつくられた日本初の焼成煉瓦は瓦屋に焼かせたもので、「ハルデス煉瓦」と呼ばれた。幕府の瓦解とともに〈長崎製鉄所〉は明治政府の手に移り、1871（明治4）年には工部省所管の長崎造船局と改名、1884（明治17）年には三菱に払い下げられて日本の造船業を支えつづけた。工場建築でありながら外観にペディメントやオーダーといった古典モチーフが使われており、当時の人々はこれらの工場を単なる機能を超えた記念碑的存在として受け取っていたのである。

　幕府のみでなく、薩摩藩のような雄藩においても近代技術の導入が試みられた。開明的な藩主として知られる島津斉彬（なりあきら）によって建設された〈尚古集成館（旧機械工場）〉[1-3]は、その代表的な遺構である。この集成館では、製鉄や造砲のほか造船、ガラス、紡績、電信などの多角的な事業が展開されていた。壁厚60cmの石造ながら現存する日本最古のトラスの小屋組みをもつ一方、城郭風の石垣や基礎の亀腹などの伝統的手法が随所にみられる建物である。集成館に隣接して、紡績工場に招聘された外国人技師のための宿舎〈旧鹿児島紡績所技師館〉が建てられた。これは現存する木造洋館の最古の事例の一つであり、積極的に海外との交流を進めていた薩摩藩の息吹を感じさせる遺構である。

　一方、徳川幕府は新たに友好関係を結んだフランスの技術指導により1865（慶応元）年より〈横須賀製鉄所〉[1-2]の建設を進めていた。しかし、建設の途中で幕府が瓦解したため、この事業は明治新政府に受け継がれることになった。幕府も明治政府もこの施設の重要性については周知していたからである。〈長崎製鉄所〉との建築上の一番の違いは、フランスの木骨煉瓦造の技術が採用されていた点である。しかも〈横須賀製鉄所〉に関与した

お雇い技師バスチャンをはじめとする、フランス人技師とその下で働いていた日本人技師たちは、新政府の工部省の所管に移され、続く国家的プロジェクトである〈富岡製糸場〉[1-4,5,6,7]の建設に従事したのである。

洋式工場の機能美

　世界遺産に認定された〈富岡製糸場〉の重要性は、東洋の小国が取り組んだ近代工場

[1-1]
長崎製鉄所
1861年／長崎県／H・ハルデス／煉瓦造

海軍創設を目的に1855（安政2）年に開設された長崎海軍伝習所の付設工場としてつくられた。1871（明治4）年には工部省所管の長崎造船局となり、さらに民間に払い下げられて三菱の長崎造船所となった。

[1-2]
横須賀製鉄所
1871年／神奈川県／造船技師ヴェルニー、建築課長レノオ、製図師バスチャン／木骨煉瓦造

製鋼所は寄棟瓦葺き屋根に押縁下見板張りの外壁。鋳物所・製缶工場は合掌・真束。方杖による洋風小屋組で、木造骨組の間に煉瓦を充塡した木骨煉瓦造が採用されている。官庁（事務所）は寄棟瓦葺きの純洋風煉瓦造。メートル法で設計され、尺に換算して施工された。明治新政府のもと横須賀造船所と改称され、工部省から海軍省の管轄に移り、多くの軍艦が建造された。

[1-3]
尚古集成館
1865年／鹿児島県／石造

薩摩藩が日本人技術者を使って自力で建設した洋式工場。外国人技術者によってつくられた〈鹿児島紡績所〉と比べると洋風と和風の入り混じった様相が窺える。

第2部　近代：明治・大正・昭和戦前　211

[1-4]
**富岡製糸場
繰糸所　内部（右頁）**
1872年／群馬県／木骨煉瓦造

繰糸所は木骨煉瓦造桟、瓦葺切妻平屋建て、木造の小屋組は挟み梁と真束を模したキングポスト・トラスを採用して大空間を可能としている。天井部には越屋根による通気口がとられ、側面の大きな開口部から光が注ぐ。木造煉瓦が美しい対比を見せる木骨煉瓦造の繭倉庫はメートル法で設計されている。今も残る竣工当初のガラスは輸入品。

[1-5]
**富岡製糸場
東置繭所　外観（上）**

[1-6]
**富岡製糸場
繰糸所と東置繭所（左）**

左手には繰糸所、右手には東置繭所が建っている。

[1-7]
**富岡製糸場
女工館　内部（右）**

の最初期の施設が、群として当時のままに保存されている点である。木骨煉瓦造の美しい倉庫〈東置繭所〉、挟み梁トラス構造で採光・通風のための鉄製の回転窓を備えた〈繰糸所〉をはじめ、首長P・ブリュナの住まいである〈首長館〉や外国人技師の官舎である〈検査人館〉、さらには〈女工館〉などが現存している。とくに木骨煉瓦造による〈東置繭所〉の外観は産業施設としての固有の機能美を誇る。一方、光があふれる〈繰糸所〉には木造キングポスト・トラスの小屋組がかかり、大きな開口部には採光と換気のために鉄製回転窓が付く。切妻桟瓦葺の屋根には桁行全長にわたり越屋根をあげて通風と換気に備えるなど、その内部空間は近代的な機能美に満ちている。〈横須賀製鉄所〉と〈富岡製糸場〉は、"軍艦と生糸"という明治の殖産興業を象徴する施設であった。

産業施設の古典美

　明治初期に活躍した外国人技術者の筆頭はT・J・ウォートルスである。正式の"アーキテクト"ではなく"サーヴェイア（測量士、量地官）"の資格をもち、アジアの植民地を渡り歩く"アドベンチュア・エンジニア（冒険技術者）"の一人であった。幕末期に中国上海から入国して、〈旧薩摩藩白糖製造工場〉（1865年起工）を皮切りに仕事をこなし、また政商グラバーのもとで政府との関係を築き上げ、明治政府最初の大事業である〈大阪造幣寮工場〉（1871年）を手掛けた。造幣寮の建物としては〈鋳造所正面玄関〉[1-8]と〈泉布観〉[1-9]が現存している。来賓のための応接室である〈泉布観〉はペディメントとオーダーを備えたベランダ・コロニアル様式であるが、インテリアはいまだ素朴な段階に留まっている。しかし重厚なドリス式オーダーをもつ正面玄関部は、この施

第2部　近代：明治・大正・昭和戦前　213

[1-8]
大阪造幣寮貨幣鋳造所 正面玄関（左）
1871年／大阪府／T・J・ウォートルス／煉瓦造

現在は桜宮公会堂の玄関として移築されている。工場建築ながらトスカナ・ドリスの列柱とペディメントをもつ重厚な外観。当初、ペディメントのティンパヌム中央には時計が嵌められていた。こうした施設が大阪に建てられた背景には、薩摩出身の実業家五代友厚らを中心に進められていた大阪遷都の動きがあった。

[1-9]
泉布観　外観（右）
1873年／大阪府／T・J・ウォートルス／木造

造幣寮の応接所。ペディメントを頂く玄関部とトスカナ・ドリスのオーダーが四周に巡らされたベランダをもつコロニアルスタイルで、バラスター（手摺子）もやや鈍重な印象を受ける。室内も暖炉を備えた接客空間としての趣を整えようとしているが、正規の建築家教育を受けていないウォートルスの力量の限界を示す。

設が明治政府にとって記念碑的な意味合いをもっていたことを物語っている。

　明治政府の信頼を得たウォートルスの最大の業績が〈銀座煉瓦街〉[1-10]の建設である。銀座を中心に新橋から京橋までを含む広大なエリアを一人の人物が計画実現した、世界的にも唯一の事例である。①家屋の煉瓦造化、②道幅に応じた家屋規模の設定、③連屋化、④歩廊の設置、⑤ジョージアン・スタイルによる様式の統一などの成果を挙げた。並木やイギリス製のガス灯を用いた街灯の設置など、美しい街並みの代名詞といわれる今日の銀座の骨格をつくり上げた。

[1-10]
銀座煉瓦街
1872～77年／東京都／T・J・ウォートルス／煉瓦造

ドリス式オーダーが立ち並ぶ歩廊（ポルティコ）は、雨の日の買い物にも対応し、並木やガス灯の設置などによる都市美観の意識として今日の銀座の骨格をつくり上げた。大震災によって地上にあった建築群は大半が崩壊したため、壮大な計画は銀座一体の道路網にのみその面影を残している。

コロニアル建築と天主堂

ベランダ・コロニアル

ヨーロッパ諸国が東アジアに進出する過程で各地に建てられた簡素な洋風建築のことをコロニアル建築と呼んでいる。その特徴の一つにベランダがある。寒冷地に住むヨーロッパ人たちがアジア諸国に進出するなかで、暑さに耐えかねて考案したものである。閉鎖的な煉瓦造の洋館にベランダが付いたベランダ・コロニアル建築は、アジア進出の経路そのままにインドやインドネシア、中国などの海岸沿いの街に建ち並んだ。

長崎の〈旧グラバー邸〉[1-11]は、現存する日本最古のベランダ・コロニアル建築である。しかも、住居部分の周辺に四つ葉状にベランダがまわるという珍しい平面形式をもつ名作である。こうした個性的な作品がつくられた背景には、出島時代と異なり、明治期になると外国人は自ら建築を行なう権利と自治権を

[1-11]
旧グラバー邸 外観（左）
1863年／長崎県／木造

通常は矩形平面が多いなか、各部屋が外に向かって張り出したクローバー型になっている。開口部が床から開閉するフランス窓のため、どの部屋も外に向かって開かれていることから眺望や通風にも適している。唯一無二のベランダ・コロニアルの名作。

[1-12]
旧オルト邸 外観（右）
1865年／長崎県／イギリス人技師設計、小山秀之進施工／木骨石造

平屋建、寄棟桟瓦葺で広いベランダには石造円柱が立ち並び、その中心にトスカナ・ドリス式の柱に支えられた三角ペディメントをもつ正面ポーチが付く。

[1-13]
旧オルト邸 内部

当時としては充実したインテリア。オルトは製茶業を営む貿易商で、1868年までの3年間、夫妻と娘2人の4人家族でこの家に暮らしていた。

[1-14]
旧函館区公会堂　外観
1910年／北海道／小西朝太郎（函館区技師）／木造

1907年の函館大火で焼失した町会所に代わる施設として計画、町会所と商工会議所事務室と宿泊施設を兼ねていた。1911年の皇太子（大正天皇）行啓時には2階の貴賓室が寝室として使われた。三つのペディメントを正面に見せ、コリント式オーダーによって支えられたバルコニーやベランダをもつ米国の新古典主義様式。改修の際に、創建時の色彩であるブルーグレイの壁にクリームイエローの縁取りが採用され、話題を集めた。

[1-15]
豊平館　外観
1880年／北海道／安達喜幸（開拓使工業局営繕課御用掛）／木造

札幌農学校の諸建築をアメリカ人が担当、その後は日本人技術者たちの活躍の時代となるが、豊平館はその代表的建築。円弧状に張り出した車寄せにはコリント式のダブルコラムのオーダー、中央の櫛形ペディメントには懸魚が使われ、両翼部の妻部分はペディメントを擬している。近年、大々的な改修が行なわれ、宿泊施設として生まれ変わった。

[1-16]
豊平館　内部

与えられていたからである。
　同じグラバー園内に建つ〈旧オルト邸〉[1-12,13]もベランダ・コロニアル形式の洋館で、小屋組は和小屋、壁には竹木舞のような日本の伝統的技術が使われ、使用された寸法はメートルであった。ここのベランダも室内空間に匹敵する半野外空間として、一つの屋根の下に収められている。玄関部の重厚なペディメントとオーダーが、この住宅に威厳をもたらしている。

下見板張りコロニアル
　開拓使による開発が進む北海道には、アメリカが独自につくり上げた下見板張りの木造の西洋館が伝えられた。それらは下見板張りコロニアル建築と呼ばれている。イギリスやフランスといった諸国がアメリカに移植し、西海岸に向けて開拓を進めるなかで誕生したのがアメリカ独自の木造建築である。札幌のシンボルとして知られる〈札幌農学校演舞場（現・札幌時計台）〉はバルーン・フレーム工法による下見板張りの好例である。また開拓使による建築活動の掉尾を飾る作品が〈旧函館区公会堂〉[1-14]と〈豊平館〉[1-15,16]である。ともに日本人技師たちによる作品で、さまざまな洋風要素を巧みにまとめ上げ、かつ色彩

216　第1章　お雇い外国人と大工棟梁の時代

計画にも配慮している。外観意匠も優れているが、インテリアの充実という点でも当時の水準の高さを示している。北海道には開拓使を通じて、木造という日本人にとって親しみやすい技術がアメリカからもたらされたことから、他の地域よりも優れた木造コロニアル建築が数多く建てられた。

ベランダ＋下見板

北海道に入った下見板張りコロニアル様式と、九州にたどり着いたベランダ・コロニアル様式の流れが日本国内で融合して"ベランダ下見板コロニアル"という新しい形式が生み出された。居留地神戸に建てられた〈旧ハンセル邸〉や〈旧ハッサム邸〉〈旧ハンター邸〉といった住宅がベランダ下見板コロニアル建築の名作群である。東京に建てられたベランダ下見板コロニアルの作品としては〈旧西郷従道邸〉[1-17]がある。生野鉱山の工場建設に関わったフランス人技師レスカスの設計とされている。緩やかな円弧を描くベランダ、そこに施された軒先まわりの優美な意匠は、フランス系ならではの特徴を伝えている。一方、緩やかなカーブを描く階段や日本製の磁器を用いた暖炉まわりなどには、施工を担当した日本人大工と外国人技師との協働から生まれた和洋折衷のインテリアの工夫をみることができる。施主の要望に応じて日本人大工が単独で手掛けたものと、外国人建築家の設計によるものとの最大の違いは、インテリアの充実度である。西洋館の実体験の少ない大工たちにとって、内部空間の充実こそが最大の課題であった。

[1-17]
旧西郷従道邸
1877年／東京都（現在は明治村へ移築）／レスカス（推定）／木造

東京目黒の自邸内に建てられた洋館で、現在は明治村に移築されている。南側に半円形のベランダが張り出し、優美な棟飾りを付ける。

[1-18]
大浦天主堂　内部
1864年／長崎県／フランス人神父フューレ（設計）、小山秀之進（施工）／1879年の増改築はプティジャン神父（設計）、溝口市蔵ほか（施工）／煉瓦造＋木造

正式名称は日本二十六聖殉教者天主堂で、キリスト教解禁の9年前に建てられた現存する日本最古のキリスト教会堂。1953年に国宝指定。当初は小規模な三廊式であったが、1879年の増改築により五廊式のバシリカ平面に拡大され、外観もゴシック式に変更された。外壁は煉瓦造漆喰塗、屋根は桟瓦葺で、内部は木造で漆喰仕上げのリブ・ヴォールト天井がリズミカルなインテリア空間を演出している。身廊と側廊の境には尖頭アーチとその上部の小アーチ（疑似のトリフォリウム）が連なるなど、ゴシック様式を巧みに模している。

[1-19]
大浦天主堂　外観

[1-20]
旧大明寺教会　内部
1894年／長崎県（現在は明治村へ移築）／ブレル神父、大渡伊勢吉（大工）／木造

大渡は伊王島に住んでいた大工で、大浦天主堂の工事にも参加していた。外観は和風の民家風で内部は三廊式平面。天井はリブ・ヴォールト、柱頭飾りも付く。

[1-21]
旧大明寺教会　外観

教会堂のインテリア

　キリスト教の禁制から解放された明治初期から、長崎および五島列島では教会堂の建設が始まった。外国人居留地として不可欠の存在であり、海外交流の拠点であった長崎には優れた教会堂が数多く建設された。幕末期の居留地に建てられた〈大浦天主堂〉[1-18,19]は、なかでも最も重要な教会である。外壁は煉瓦造漆喰塗りながら、内部は木材と竹材を巧みに使用して尖頭アーチのヴォールト天井をつくり出し、ステンドグラスによって彩られたゴシック様式の内部空間を生み出している。長崎の伊王島に建てられた〈旧大明寺教会〉[1-20,21]も日本における木造ゴシックの初期の優れた事例であり、現在は明治村に移築されている。それらのインテリア空間は、宣教師の熱意とそれに応えた日本人工匠との想いによって実現したものである。長崎の教会を語るうえで、鉄川与助という大工棟梁の活動が顕著である。1906年に土木建築業鉄川組を設立し、ペルー神父をはじめとする教会関係者との信頼関係を築きながら木造の〈冷水天主堂〉や煉瓦造の〈今村天主堂〉[1-22,23]、石造の〈頭ヶ島天主堂〉、さらに鉄筋コンクリート造の教会にも取り組み、生涯に30棟以上の教会建築を手掛けた人物である。

擬洋風建築の開花

擬洋風とは何か

　居留地に建つ洋風建築の影響は、瞬く間に日本全国に広がった。進取の気質をもつ大工棟梁たちが積極的に洋風建築を試みたことから、伝統技術によって見よう見まねで洋風の外観意匠に挑戦した作品が数多く建てられた。それらの建築は"洋風に似て非なるもの"という意味合いから擬洋風建築と呼ばれた。工部大学校を卒業した建築家たちの活躍が始まる

[1-22]
今村天主堂　外観
1913年／福岡県／鉄川与助／煉瓦造

煉瓦造平屋建てで内部は三廊式の平面構成に板張り4分割のリブ・ヴォールト天井がかかる。ステンドグラスはフランス製。日本人棟梁による教会堂建築の到達点とされる。

[1-23]
今村天主堂　内部

以前のこれらの作品に対する建築界の評価は、当初は職人たちがつくった未熟な洋風建築という否定的なものであった。しかし大正・昭和戦前期にはモダニズムの価値観の影響を受けて、擬洋風の独創性を高く評価する人々が現れた。堀越三郎の『明治初期の洋風建築』（1929年）はその先駆的業績であった。さらに1970年代のポストモダン時代になると、擬洋風にもう一度光があてられるようになる。擬洋風に対する評価は、時代の価値観の変化を反映しているのである。

　擬洋風建築の先駆者は、二代目清水喜助である。喜助は、1868（明治元）年に徳川幕府が開港に合わせて創設した〈外国人旅館（築地ホテル）〉の施工と運営の仕事を任された。原設計はアメリカ人建築家のR・ブリジェンスであるが、築地ホテルに使われている"なまこ壁"をはじめとするさまざまな和風意匠の存在から、清水喜助が手を加えたと考えられて

[1-24]
海運橋三井組ハウス
1872年／東京都／二代目清水喜助

5回にわたる計画案では、当初の洋風案から和風色の強い案へと代わっていった経緯がある。木造5階建で多くの和風要素を用いて和洋折衷の形態をつくり上げている。

[1-25]
三田演説館　外観
1875年／東京都／木造

木造2階建、桟瓦葺寄棟屋根で外壁全体になまこ壁を採用している。福澤諭吉が演説の必要性からアメリカにいた富田鉄之助に依頼して送ってもらった「諸種会堂の図本」をもとにつくった。内部には幅約2mのギャラリーをまわし、中央に吹き抜けのあるホール型の内部空間をもち、正面には演台がある。演台の背後の壁は音響上の配慮からから円弧上となっている。

[1-26]
三田演説館　内部

第2部　近代：明治・大正・昭和戦前　221

[1-27]
旧鶴岡警察署庁舎　外観（左）
1884年／山形県／高橋兼吉／木造

木造2階建入母屋桟瓦葺で入母屋の初層の上に宝形平面の上層を載せる。ペディメントやオーダーの取り扱い、雲形模様の軒飾りなど、和洋を見事に融合させた作品。高橋は鶴岡藩お抱えの大工で維新後は横浜で洋風建築を学んだ。2階の宝形屋根の上に小塔が載る。〈旧西田川郡役所〉とともに鶴岡市の致道博物館の敷地内に移築されている。

[1-28]
尾山神社　神門（右）
1875年／石川県／津田吉之助／石造＋木造

加賀藩初代藩主の前田利家を祀る神社の神門。和漢洋の三つの様式を折衷した3層の楼門。1階は石積みアーチの中に木造架構と欄間を組み込んでいる。2階と3階には高欄がまわり、3階の内部は4色のギヤマンを使ったステンドグラスが入っている。

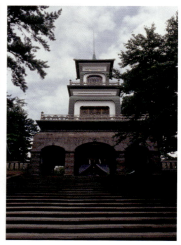

いる。さらに喜助は〈海運橋三井組ハウス〉[1-24]や〈駿河町三井組〉（1874年）といった作品を次々と手掛けた。いずれもが文明開化の息吹を伝える建築として人々に絶賛されて、東京土産の錦絵などに描かれ、全国各地に擬洋風が伝播するきっかけとなった。

公共建築にみる擬洋風

擬洋風の建物種別としては学校や役場、警察署などの公共建築が多い。建設のピークは1879（明治12）年頃で、明治20年代には本格的な西洋建築を学んだ建築家たちにバトンを渡すことになる。防火対策として用いられた"なまこ壁"は初期の擬洋風の外観意匠を特徴づけるものであり、〈旧新潟税関〉や東京の〈三田演説館〉[1-25,26]などにその特徴が伝えられている。バシリカ式教会堂の平面を活かした〈三田演説館〉は明治初期の洋風インテリア空間としても貴重な遺構である。学校施設においては、1870（明治3）年の学制発布に合わせて、全国各地に個性的な擬洋風の建築が建てられた。教育に熱心な長野県松本市には〈旧開智学校〉[1-29]という学校建築の名作が残る。〈中込学校〉（1875年）は信州佐久の堂宮大工で4年あまりのアメリカ体験より戻った市川代治郎が手掛けたものである。隣の甲州には土木県令藤村紫朗のもとで活躍した大工棟梁松木輝殷のつくった〈睦沢学校〉（1875年）がある。県令とは県知事のことで、とくに土木行政に力を注いだことから土木県令と呼ばれた。藤村の推進した学校建築は"藤村式"と呼ばれる「インク壺」型を特徴としている。

藤村と並ぶ土木県令は、山形県令として活躍した三島通庸である。山形県の近代病院の先駆となった〈旧済生館本館〉[1-30,31]は十四角形の平面と塔屋をもつユニークな建築であり、三島通庸の残した貴重な遺産でもある。こうした県令たちは、新時代の到来を地方に伝えるうえで建築のもつ力を理解していたのである。同じ山形県の鶴岡市に残る〈旧西田川郡役所〉と〈旧鶴岡警察署庁舎〉[1-27]は大工棟梁高橋兼吉の作品で、新時代のモニュメントとしての記念性をもつ擬洋風の公共施設の好例である。

擬洋風の展開

保守的に見える宗教施設のなかにも擬洋風の名作が多い。金沢の〈尾山神社神門〉[1-28]は、維新を迎えたことを機に前田家の新生を願って建立された、前田利家を祀る神社である。和漢洋の三つの様式を折衷した3層の楼門で、ここに用いられた擬洋風の造形には地域社会の新しい秩序への期待が込められている。最上部の3層部分は4面すべてに色ガラスが嵌め込まれた鮮やかな光の空間であり、夜間には灯台の役割を果たしていた。

仏教施設に擬洋風が採用された例としては生駒山宝山寺の客殿〈獅子閣〉がある。木

[1-29]
旧開智学校
1876年／長野県／立石清重／木造

松本の大工棟梁である立石が数度にわたり東京や山梨への視察旅行を行ない、その見聞をもとに練り上げた斬新な意匠。和風・洋風・中国風を取り混ぜた引用と折衷による自由自在なデザイン。とくにキューピッドまで登場する中央部の意匠は秀逸。バルコニーの部分は一度取り壊されたが復元された。

[1-30]
旧済生館本館　外観
1878年／山形県／筒井明俊（設計）、原口祐之（施工）／木造

当初は山形市三の丸大手門跡に建てられていた県立病院で、現在は二の丸跡の霞城公園内に移築され、山形市の郷土館として使用。正面は4階建にみえる円形の三層楼、その背後に和風庭園のある中庭を中心として十四角形の平面をもつ平屋の建物が付く。

[1-31]
旧済生館本館　中庭

造2階建でオーダーとペディメントを備えたベランダ付きの玄関部を備えている。石垣の上にせり出した懸造の外観はまったくの洋風ながら、内部は洋風窓を備えた畳敷きの部屋が並び、その一角には螺旋階段が設けられた和洋折衷のインテリアとなっている。〈獅子閣〉の室内空間には積極的な和洋折衷の試みが窺える。多くの擬洋風建築は外観意匠に力を注ぐ一方、内部空間への意識はまだまだ未熟な段階にあった。インテリアに対する意識の高さという点では、津軽に建てられた〈盛美園〉[1-32,33,34]は注目すべき作品である。

東北では堀江佐吉を筆頭に、開拓使の技術を身に着けた大工棟梁たちが活躍して木造の西洋館に優れた作品を残している。堀江の弟子である西谷市助が手掛けた〈盛美園〉は、和風住宅の上に洋風住宅を重ね合わせ

第2部　近代：明治・大正・昭和戦前　223

[1-32]
盛美園 外観(左頁)
1908年／青森県／西谷市介／木造

南津軽郡の地主、清藤ヶ野24代当主である清藤盛美(もりよし)が建設。この地方独特の作庭法である武学流の庭園を観賞するための施設。1階が和館、2階が洋館で二つの様式が上下に重なったユニークな形式。

[1-33]
盛美園 2階座敷(上)
漆喰の左官仕事で大理石模様を仕上げるなど、細部へのこだわりも強い。

[1-34]
盛美園 1階座敷(下)

たような外観が印象的な建物である。武学流と呼ばれる流派の日本庭園を観賞するための施設で、大らかさと大胆さを兼ね備えた擬洋風ならではの和洋折衷の意匠である。1階の座敷にはレンズの嵌め込まれたガラス障子があり、絵画のように庭園を映し出している。また2階から庭園を俯瞰するという新しい視点を住宅の中に持ち込んでいる。左官仕上げの大理石模様が生み出す座敷飾りなど、随所に和洋折衷の室内意匠の技が光る。外観意匠の模倣に始まった擬洋風建築であるが、徐々に内部空間への意識を高めていったのである。

第2部　近代：明治・大正・昭和戦前　225

>>> ［第2部］ 近代：明治・大正・昭和戦前

第2章 明治日本の歴史主義

　本において、近代化は西欧化であり、西欧化は近代化にほかならなかった。それは、明治維新を契機として劇的に始まる。19世紀後半、東南アジアの国々が欧米列強に相次いで植民地化され、その危機のさなかにあった東洋の果ての日本は、明治新政府の「富国強兵」、「和魂洋才」の掛け声のもとに、近代国家形成を強力に推し進めていく。新政府の「西欧に追い付け、追い越せ」という徹底した欧化政策は、西欧家具に座する洋装の明治天皇の肖像画に端的に表れていよう。それは、日本国民にはもちろんのこと、欧米列強に向けての、日本が江戸徳川幕藩体制から明治国家へと生まれ変わり、世界に大きく窓を開いたことの表明でもあった。

　そして、日本の建築の近代化、つまり西欧化も、その表明とともに始まる。というより、その表明の最もわかりやすい表現手段が建築だった。明治時代を通し、多くの外国人建築家が訪日し、また多くの日本人建築家が誕生し、西欧建築は日本各地に建設されていく。それらは「西洋館」と呼ばれ、都市のシンボルとなり、明治国家は西欧建築を介し、自らの存在を日本全国に知らしめていったのである。鎖国で約300年も異文化と接触のなかった日本人が受容し、明治政府が司る「大日本帝国」を強力に飾った遠い異国の西欧建築とは、一体いかなるものだっただろうか。

　西欧建築には、二つの大きな源流がある。古代ギリシャ・ローマの神殿建築、そして西欧中世キリスト教の教会堂建築である。その古代ギリシャ・ローマの神殿建築を千数百年の眠りから目覚めさせ、古典主義建築として復活させたのが、15世紀イタリア・ルネッサンスだった。この様式は、その後バロック様式、新古典主義様式へと変容し、西欧建築のゆるぎない主流となっていく。ギリシャの〈パルテノン神殿〉やローマの〈パンテオン〉、そのDNAを受けついだアメリカの〈ホワイトハウス〉を思い起こせばいいだろう。そして19世紀、古典主義に反発するかのように登場したのが、たとえばパリのノートルダム大聖堂などのゴシック様式を理想とする、中世主義の建築だった。その頃、西欧建築界では、古今東西の建築様式がスタイルブックのようにカタログ化され、建築の用途や格式に合わせて様式を選択し、折衷することが建築家の仕事となっていた。

　そうした19世紀の様式折衷主義を、20世紀の近代主義推進派の人々は批判を込めて「歴史主義」と呼ぶようになる。明治日本が受容したのは、19世紀西欧のまさに歴史主義の建築であり、それが日本の近代建築の始まりでもあったのだ。

権威と格式の古典主義

J・コンドルと日本人建築家の誕生

　日本最後の内戦「西南の役」の戦火が冷めやらぬ1879（明治12）年、西欧建築を学ぶために設立された工部大学校造家学科を4人の若者が第一期生として卒業している。それは、初めての日本人建築家が誕生した瞬間でもあった。

　造家学とは建築学のことである。彼らは、日本近代建築創世のパイオニアとなり、リーダーとなって西欧建築を日本全国に実現し、文明開化を実践していく。その一人である曾禰達蔵は、新生国家を背負う建築家の覚悟を卒業論文にこう記している。「現在の私の目的は、外国の人目を惹く建築様式によって、人々を文明に感奮させ、その遂行のなかで彼らの生命と財産とを守ることなのだ。」卒業生全員が同じ想いだったろう。そこには、明治建築界の巨星となる若き辰野金吾と片山東熊の姿もあった。

　彼らを指導したのは、イギリスからやってきた俊英な青年建築家J・コンドルである。お雇い外国人として招聘された彼の使命は、西欧建築を設計できる日本人建築家を速やかに育て、本格的な西欧建築を日本に実現することにあった。彼が青春を過ごした19世紀後半のヴィクトリア朝のイギリス建築界は、折衷主義の真っ只中にあり、しかもグリーク・リバイバルの〈大英博物館〉を典型とする古典主義派と、ゴシック・リバイバルの〈イギリス国会議事堂〉を典型とする中世主義派とに大きく二分されていた。いずれにしろ、イギリス建築界が未来より過去に建築の本質を見ようとする歴史主義にあったことに変わりはない。

　さまざまな建築様式が飛び交う折衷主義のロンドンで、コンドルはゴシック建築に身も心も捧げた中世主義の建築家W・バージェスに建築の実務を学んでいる。イギリス留学していたときの辰野金吾もまた、彼のもとで建築設計の修行をしていた。つまり、工部大学校造家学科の学生たちはコンドルから、古典主義様式を西欧建築の基本としながらも、イギリス・ヴィクトリア朝時代のゴシック・リバイバル、いわゆるヴィクトリアン・ゴシック様式を軸にしたフリー・クラシックと呼ばれる折衷主義を学んでいたのである。東京の大手町に再現された〈三菱一号館〉［2-3］に、その面影をみることができよう。

日本における「建築」の誕生

　日本の西欧化は近代化でもあったから、建築の西欧化は建築の近代化でもあった。この日本の近代建築創世期の何よりの特徴は、意匠的にも技術的にもそのモデルとなったのが19世紀西欧の「歴史主義」建築であり、しかもその「直写・模写」だったことにある。それを、明治初期の建築家たちは「造家」と呼んでいた。

　しかし、1897（明治30）年、明治建築界は「造家学会」を「建築学会」へと改称する。その目的は、「Architecture＝建築」は単なる建造物ではなく「Fine art＝美術」であるという認識を、あらためて明治建築界の内外に知らしめることにあった。さらに、建築は殖産興業の手段

[2-1]
旧東宮御所　外観
1909年／東京都／片山東熊／鉄骨補強煉瓦造

フランス系ネオ・バロック様式の建築。現在は赤坂迎賓館として利用されている。

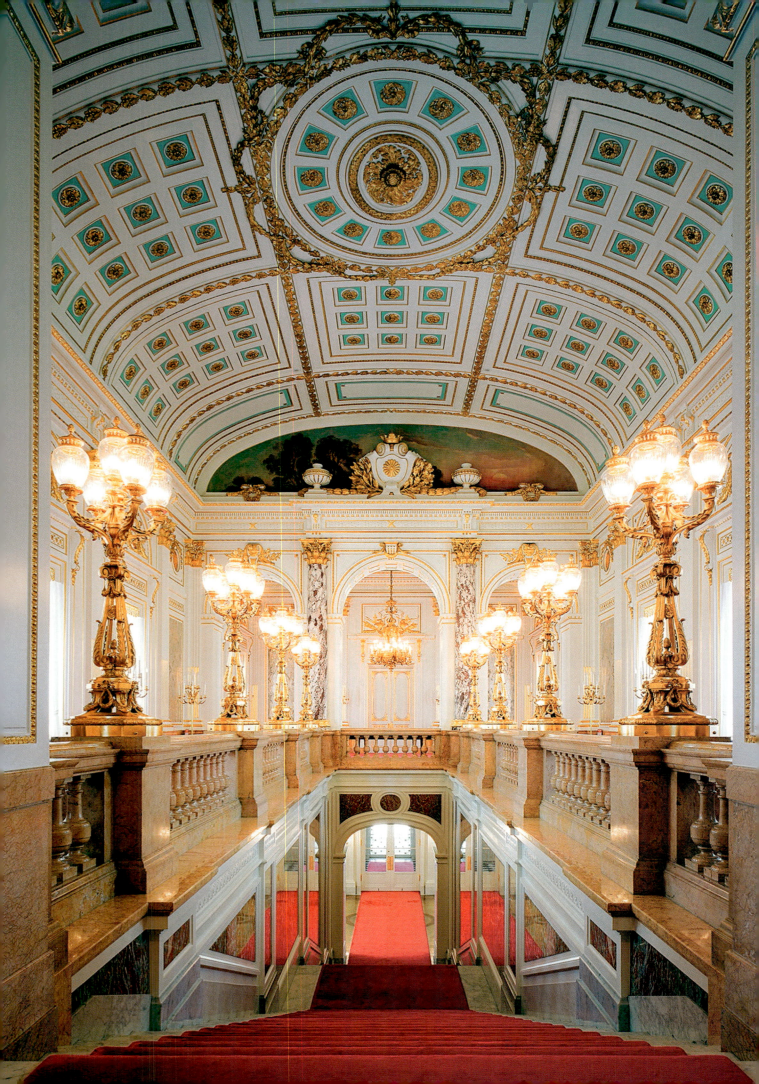

以上に文化資産であり、もはや西欧建築の「直写・模写」では済まされないという明治の建築家の自覚表明でもあったろう。

造家学科第一期生の卒業から約20年の歳月が流れていたその頃には、すでに建築界のリーダーとなっていた辰野金吾は〈日本銀行本店〉[2-4]を、宮内省の官僚建築家となった片山東熊は〈旧帝国奈良博物館〉や〈旧帝国京都博物館〉を竣工させている。また、〈旧東宮御所(現・迎賓館赤坂離宮)〉[2-1,2]の起工は1899(明治32)年だから、片山はその設計の最終段階に入っていた頃でもあったろう。近代日本最大級の贅を尽くしたこの宮殿は、明治期西欧建築の頂点を飾るにふさわしい壮麗

[2-2]
**旧東宮御所
階段の間(左頁)**

日本近代建築史上、最高に贅を尽くした建築である。大正天皇と皇后のためのこの宮殿を、明治天皇は一言「贅沢」と評したという。それもあり、また実際住みにくいことから、この宮殿はほとんど使われることはなかった。戦後、国に移管、1970年代に改修され迎賓館として蘇る。この宮殿は、その意匠を19世紀フランスのネオ・バロック様式とし、構造設備は当時のアメリカの最先端技術を搭載、工芸美術装飾は日本最高の巧技により実現され、それは見事である。

[2-3]
**三菱一号館(復元)
銀行営業室**
1894年／東京都／J・コンドル、曾禰達蔵／煉瓦造

J・コンドルと曾禰達蔵により設計された丸の内で初めての煉瓦造オフィスビルである。以降、馬場先通りには次々とビル建設が行なわれ、その赤い煉瓦の街並みは「一丁倫敦」と呼ばれた。建築様式は、イギリスのヴィクトリアン・ゴシックを背景にしたクイーン・アン、あるいはフリー・クラシックとも呼ばれる折衷主義である。1階2層吹き抜けの銀行営業室は、鋳鉄柱に木を張りコリント式に仕上げられた木彫の柱群が林立し、さながら中世のゴシック空間のようである。

[2-4]
日本銀行本店　貴賓室
1896年／東京都／辰野金吾／煉瓦造＋石造

明治国家を飾る西欧歴史主義建築を、お雇い外国人ではなく日本人自ら設計するようになったのは、明治20年代後半からである。それを象徴する建築が、〈日本銀行本店〉だった。外観は、パラディオの建築を原典とする英国ネオ・バロック様式である。その貴賓室は、格式高い書院造と古典主義様式の装飾に覆われている。その折上格天井や大和絵、動物の彫刻が施された暖炉の柱など、濃密な装飾空間に、西欧歴史主義建築を学んだ日本人による和と洋の折衷表現を見ることができる。

第2部　近代：明治・大正・昭和戦前　229

な姿を、その10年後に現すことになる。

明治建築を飾る古典主義建築

　20世紀が幕を開けた明治30年代、明治期の西欧建築受容が学習期から習熟期へ移行したかのように、明治国家を彩る優れた古典主義建築が数多く登場する。

　もう一人の建築界のリーダー妻木頼黄の代表作〈旧横浜正金銀行本店（現・神奈川県立歴史博物館）〉、フランスで古典主義を習得した

[2-5]
旧兵庫県庁舎
1902年／兵庫県／山口半六／煉瓦造＋鉄筋コンクリート造

フランス系ルネッサンス様式のこの建築は、異国情緒あふれる神戸にふさわしくエレガントである。この建築には和洋折衷の「濁り」がない。それは、19世紀後半のパリで建築を学んだ山口半六によるところが大きい。貴賓室にそれはよく現れている。抽象化された書院造の折上格天井は「和」を、西欧古典主義の窓枠まわりは「洋」を象徴し、それらは一体のものとなってこの部屋を気品あるものにし、そこにはモダンも垣間見える。

[2-6]
旧京都府庁舎
1904年／京都府／松室重光／煉瓦造＋石造

震災や戦災の災禍を受けることなく、竣工時の姿をそのままとどめる日本最古の官庁建築である。ネオ・ルネッサンス様式のこの建築は、〈旧兵庫県庁舎〉を参照したとされるが、和洋折衷がより直截である。それは、旧議場に端的に現れている。2階傍聴席は、ネオ・ルネッサンス様式らしくアーチの列柱廻廊となり、その古典主義装飾が木彫により折衷化され、また議場を書院造格天井が覆うなど、明治期の大工技術の醍醐味を体感できる。

230　第2章　明治日本の歴史主義

[2-7]
**旧大阪図書館
中央ホール**
1904年／大阪府／野口孫一
／煉瓦造

典型的なパラディオ主義の建築である。その正面に立つと、16世紀イタリアの建築家パラディオの〈ヴィラ・ロトンダ〉が、イギリス、アメリカを経由し、ついに日本の中之島にたどり着いたという感慨を覚える。ドーム塔頂から自然光が降り注ぐ中央玄関ホールは、威風堂々とした円形バロック階段と円形廻廊、そして1階のイオニア式列柱、2階のコリント式ピラスター（付柱）列柱からなり、この階段を登り廻廊を歩くと、明治の「文明開化」の香りがする。

山口半六の〈旧兵庫県庁舎〉[2-5]はその代表格だろう。妻木は米国のコーネル大学、山口は国立パリ中央工芸学校で建築を学んでいる。

また、〈旧大阪図書館(現・大阪府立中之島図書館)〉[2-7,19]の野口孫一、〈旧京都府庁舎〉[2-6]の松室重光ら第二世代の建築家たちが頭角を現わしはじめていた。辰野金吾に学んだ長野宇平治もその一人であり、のちに日本各地に建つ日銀支店を確固たる古典主義で飾っていく。〈日本銀行本店〉〈旧大阪図書館〉はイギリス系の、〈迎賓館赤坂離宮〉はフランス系の、〈旧横浜正金銀行本店〉はドイツ系のネオ・バロック様式であり、〈旧兵庫県庁舎〉〈旧京都府庁舎〉はフランス系のネオ・ルネッサンス様式である。それらにJ・コンドルから学んだヴィクトリアン・ゴシック様式の中世主義の片鱗はどこにもない。それは、古典主義直系の建築様式を明治政府が選択したからにほかならないが、それほどに古典主義は権威と格式ある建築様式だったのである。

古典主義をさらに壮大に壮麗にしたネオ・バロック様式は、19世紀半ば頃フランスのナポレオン3世の第二帝政時代に登場し、皇帝の権威を飾る建築様式として西欧文化圏全域に広まっていく。片山東熊が手掛けた皇室建築のほとんどは、そのネオ・バロック様式だった。日本文化において格式を表す「真」・「行」・「草」にたとえていえば、古典主義は一番格式の高い「真」ということになろう。英語なら「Formal」である。

第2部　近代：明治・大正・昭和戦前　231

非古典としての中世主義

[2-8,9]
聖ザビエル天主堂　礼拝堂
1890年／京都府（現在は明治村へ移築）／パピノ神父／煉瓦造＋木造

京都河原町にあったこのカトリック教会堂は、典型的なバシリカ形式のゴシック様式建築である。フランス本国から取り寄せた設計図をもとに建設されたという。その内観には、丸窓のクリアストーリー（高窓）、束ね柱、側廊上部のトリフォリウム（天井裏廊下）、交差リブ・ヴォールト天井、ステンドグラスの薔薇窓など、ゴシック様式の要素がすべて揃っている。その意匠の見事さに、明治期の大工の高度な巧技を窺えよう。木造の穏やかな「和」の神々しさが漂う。

19世紀イギリスのゴシック・リバイバル

　建築の古典主義と中世主義、この対立軸が初めて浮上するのは19世紀イギリスにおいてである。それは、ゴシック・リバイバルがいち早くイギリスに登場したことに深く関係している。

　ルネッサンス以降、西欧建築の主役は古典主義系となり、中世のゴシック様式はゴート族の古い建築の代名詞、蔑称でしかなかった。そのゴシック様式に光をあて、中世にユートピアを見たのはJ・ラスキンであり、さらに中世主義を構築的に実践したのはW・モリスのアーツ＆クラフツ運動である。その背景には、世界に先駆けて産業革命を成し遂げたイギリスならではの社会事情があった。

　機械化が進めば進むほど、生活の利便性は高まったものの、都市環境は人口過密で劣悪化し、大量生産の粗悪品は巷にあふれ、生産効率優先で慈しみや喜びのない労働に、イギリス市民のストレスは増すばかりだった。そのとき、古から身近にあり、数百年の風雪に耐えてともに時を刻んできた、中世のゴシック教会堂やハーフティンバーの木造民家にイギリス市民は癒され、そこに自らのアイデンティティを再発見したに違いない。それに、そもそも古典主義は、遠い地中海のラテン世界の、しかも古代の異教の建築様式でしかなかった。

　ゴシック・リバイバルは、ネオ・ゴシック様式とも呼ばれて19世紀折衷主義を背景に西欧全域に広まり、日本にも明治維新直後にキリスト教布教とともに上陸している。

近代化のなかの古典主義と中世主義

ここで、古典主義と中世主義の建築特性を整理しておこう。古典主義の原風景は、アクロポリスの丘に聳える〈パルテノン神殿〉にある。もともと木造だったこの神殿は、木が白い大理石に変わっただけで、基壇、柱、梁、切妻屋根という架構がそのまま現れている。その姿を装飾化し、アーチやドームで実現した巨大建造物に張り付けたのが古代ローマ建築だった。それは〈コロッセオ〉の外観や〈パンテオン〉の内観で確認できよう。

その古代異教徒の建築形式をキリスト教会堂に復活したのが15世紀イタリア・ルネッサンスであり、その完成形がD・ブラマンテの〈テンピエット〉だった。この円形集中式の建築はバロック様式へと変容しながら、権威ある建築の原型として16世紀ローマの〈サン・ピエトロ大聖堂〉から19世紀の〈アメリカ合衆国議会議事堂〉まで、さらに明治日本の古典主義建築へと受け継がれていく。

それに対し、古代ローマのバシリカ形式の集会場をキリスト教会堂へと展開したのがロマネスク様式で、中世西欧世界にその素朴な姿を現すのは9世紀頃である。さらに数百年の時をかけてこの様式の構造軀体をスリム化し、天空にどこまでも聳えるように高く、荘厳な光を満たす窓をより大きくと、進化を遂げたのがゴシック様式だった。その特徴は、建築素材や構造形式を実直に表現し、荘厳で静謐な光に満ちた空間を出現させたことにあろう。そして18世紀末のイギリス建築界に、非古典を代表する中世主義の象徴としてゴシック様式は蘇ることになる。

産業革命は、社会や都市のかたちを大きく変えていく。日本が産業革命を終えた1907(明治40)年頃、明治建築界は「造家」を「建築」に

第2部　近代：明治・大正・昭和戦前　233

[2-10]
慶應義塾図書館旧館　玄関ホール
1912年／東京都／曾禰中條建築事務所／煉瓦造

慶應義塾の創立は1858（安政5）年、その50周年を記念して建設されたのがこの図書館である。そして、花崗岩の要石に白く縁どられた赤煉瓦のこの建築は、民間の学び舎の象徴となった。建築様式は、華やかなイギリスのクイーン・アン様式を基調にしたゴシック様式、正面玄関を抜けると、緑色大理石の3連尖頭アーチ、奥の階段踊り場のステンドグラスが出迎えてくれる。それらは、ゴシック様式には欠かせない建築要素である。

[2-11]
同志社大学　礼拝堂（左）
1886年／京都府／D・C・グリーン／煉瓦造＋木造

日本に現存する最古のプロテスタント礼拝堂である。ハンマービームとシザース・トラス（鋏状トラス）の組み合わせからなるその小屋組み天井が印象深い。その簡素で合理的な建築構造の率直な表現に、中世ゴシック精神、プロテスタント世界観、アメリカ実利主義が一体となった19世紀アメリカン・ゴシック様式が端的に現れている。D・C・グリーンは、1869年にアメリカ外国伝道委員会から派遣された宣教師であり、同志社大学の教師でもあった。

[2-11]
同志社大学　礼拝堂 断面図：小屋組

最下部の円弧の部位がハンマービーム、その上部がシザース・トラスというユニークな小屋組み。シンプルで美しい。

改称し、西欧建築の学習期から習熟期へと移行しつつあり、東京は江戸を払拭して近代都市へとその姿を大きく変えようとしていた。新しい都市機能を担う新しい用途の建築が、東京に次々と出現していたのである。工場、オフィス、銀行、過密化する都市の労働者住宅や商業施設、それに伴い拡大する役所、郵便電信局、病院、刑務所、また博物館や劇場、小中学校に大学など、数え上げればきりがない。

明治日本の折衷主義建築

　近代化とともに登場する新しい用途の建築は、明治の日本人にとって西欧建築の衣装をまとう近代建築であり、何よりも文明開化の象徴となっていた。そして、その用途にふさわしい様式を選択し折衷することが、明治建築家の使命とされたのである。しかし、その用途と様式との整合性は、たとえば市庁舎は古代民主主義のギリシャ風、軍事施設は中世の古城風、大学施設は中世の修道院風というように、単純な連想を根拠にしていた。そこに、歴史主義と批判された折衷主義の本質と限界が見えてこよう。

　明治日本の折衷主義はJ・コンドルのイギリス・ヴィクトリアン・ゴシックを軸に始まり、その本質は非古典の中世主義だった。たとえ

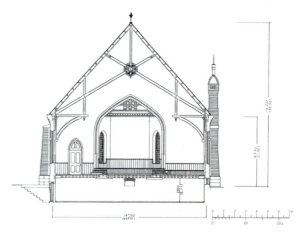

[2-13]
求道会館　礼拝堂
1923年／東京都／武田五一／煉瓦造＋鉄筋コンクリート造

求道会は、仏教哲学者・近角常観が創設した仏教系宗教団体である。その活動拠点となったこの建築は、西欧ロマネスク修道院を参照したとされるバシリカ形式平面からなり、和・洋の折衷装飾が多彩に散りばめられている。ハンマービーム・トラスの天井、2階ギャラリーには5連アーチ窓のステンドグラスと「卍」型手摺、阿弥陀如来を収めた六角堂厨子、「日本的ゼツェッション式」などである。様式折衷に建築創造を見た近代日本の歴史主義建築の典型といえよう。

ば、東京駅に代表される辰野金吾の「辰野式」あるいはフリー・クラシックと呼ばれる一連の建築はその典型といっていい。その一方で、〈聖ザビエル天主堂〉[2-8,9]や〈聖ヨハネ教会堂〉、また〈同志社大学礼拝堂〉[2-11,12]などの正統的なネオ・ゴシック様式は、外国人建築家によって明治初期から数多く建てられている。日本人建築家によるネオ・ゴシック様式は、ヴィクトリアン・ゴシックの香りを残す〈慶應義塾図書館旧館〉[2-10]まで待たねばならない。

またバシリカ式平面の〈求道会館礼拝堂〉[2-13]は、内観はイギリス後期ゴシックのチューダー様式、外観はネオ・ロマネスク様式と、典型的な非古典の折衷様式にまとめられている。やはり、権威や格式を飾る古典主義系に比して、中世主義系は精神や知性に関わる宗教建築や大学施設に多く、たとえば一橋大学[2-14]はネオ・ロマネスク、東京大学はネオ・ゴシックでキャンパスを飾っている。建築家は、キャンパスに学ぶ学生たちに中世の修道院で瞑想する修道僧をみていたのだろう。

[2-14]
一橋大学兼松講堂　内部
1927年／東京都／伊東忠太／鉄筋コンクリート造

厚い壁に穿たれたアーチが連続するネオ・ロマネスク様式の講堂。重厚な壁とアーチ、ヴォールトは、ロマネスク様式を象徴する建築要素である。

[2-15]
武田五一の「アール・ヌーボー」スケッチ：英国国民図案懸賞競技会出品作品「室内意匠作品」
1902年／武田五一

イギリス留学中の武田五一が、学生対象のコンペ「The National Competition of Art」に応募し、銅メダル「皇后賞」を獲得した作品である。本場フランスのアール・ヌーヴォーと比較すると、やはりマッキントッシュ風の線の多いグラフィカルな作風である。むしろ、ゼツェッション風といっていい。そこには、歴史主義を超えるモダニズムの新しい息吹を習得しようという武田の意気込みが満ちている。

プレモダンへの憧憬と冒険

アール・ヌーヴォーの登場

　歴史主義は過去の建築に建築の本質を見ようとし、近代主義は未来の建築に建築の本質を見ようとする。19世紀後半の西欧建築界は、歴史様式の折衷主義が華やかに繰り広げられていた。その代表的な建築が、パリの〈オペラ座〉だろう。

　その一方で、産業革命による工業化社会を象徴するかのように、鉄とガラスの〈パリ中央市場〉や〈ロンドン・パディントン駅〉などの革新的な建造物が、建築家ではなくエンジニアによって続々と誕生していた。それら近代ならではの新しいビルディングタイプは、近代社会を発展させ、市民生活を支えていくことになる。

　さらにその一方で、工業化社会に異を唱え、中世の手仕事にこそ美の真実と労働の喜びがあるとし、社会と芸術との統合を目指したアーツ＆クラフツ運動が人々の共感を得ていく。中世主義者たちは、建築素材や構造形式が人の「手」の痕跡とともに実直に表現され、自然の造形を慈しむ素朴なゴシック様式に建築の本質を見ていたのである。

　その石が鉄とガラスに変わったとき、アール・ヌーヴォーはプレモダンとして登場する。アール・ヌーヴォーといえば、樹木を模した

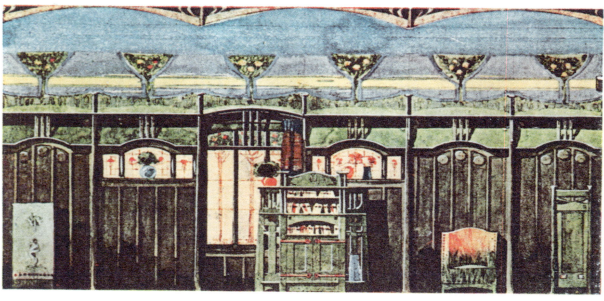

鋳鉄柱にガラスが載ったパリの〈地下鉄出入り口〉がすぐに思い起こされよう。「新しい芸術」という意味のこの斬新な様式は、建築からグラフィックデザインまで、幅広い同時代的な芸術運動として、ドイツ語圏ではユーゲントシュティール（青春様式）やゼツェッション（分離派）、スペイン語圏ではモデルニスモ（近代主義）、英語圏ではグラスゴー派と呼ばれて西欧全域に広まり、歴史主義を一掃するかのように19世紀末から20世紀初頭の西欧建築界を一気に駆け抜けていく。

日本のアール・ヌーヴォー

近代主義誕生前夜のプレモダンの時代、20世紀が幕を開けたばかりの西欧諸国を一人建築行脚している日本人がいた。若き日の建築家、武田五一である。辰野金吾を第一世代の建築家とすれば、彼は第二世代になる。だから、明治国家を背負う建築家という気負いも少しは薄らいでいたであろう。彼の卒業研究は、国家を飾る建築ではなく、風流人がたしなむ茶道具の延長のような草庵茶室であり、日本建築のさらなる伝統美の探求だった。

また彼は、大学院生の時に、妻木頼黄のもとで〈旧日本勧業銀行本店〉の設計監理を手掛けている。実はこの建築、屋根に唐破風や千鳥破風が載り、壁は真壁に仕上げられて一見日本建築のようだが、その骨格は古典主義そのものであり、和風の衣装をまとった西欧建築だった。西欧建築の「直写・模写」一辺倒だった明治折衷主義に、和風という新様式が新たに加わったのである。それは、明治建築界が「造家」を「建築」へと改称した頃であり、明治の建築家たちが独自の建築様式を模索しはじめたことの証でもあったろう。

〈旧日本勧業銀行本店〉を竣工させてまもない1901（明治34）年、武田五一はイギリス留学へと旅立つ。それから約2年半、ロンドンとグラスゴーで建築を学び、西欧諸国を建築行脚している。彼は、イギリス・ヴィクトリアン・ゴシックの黄昏とともに、アール・ヌーヴォー［2-15］やゼツェッションという西欧プレモダンの息吹を全身に体感したに違いない。帰国後ただちに〈福島行信邸〉でアール・ヌーヴ

[2-16]
旧松本健次郎邸　食堂
1911年／福岡県／辰野金吾／木造

明治時代の邸宅は、広大な庭園の中に瀟洒な洋館と和館を併設するのが一般的だった。その典型であるこの邸宅のユニークさは、洋館が当時最先端デザインだったアール・ヌーヴォーに飾られていたことにある。19世紀末の西欧に流行したアール・ヌーヴォーは、植物をモチーフにした有機的な曲線や曲面をその特徴としている。この洋館の実現は、建て主である北九州の実業家の新奇さと風流を好む「数寄」の精神によるところが大きいであろう。

ヴォーを全開させている。
　同じ頃、欧米建築留学をした建築家たちもまた、西欧プレモダンの洗礼を受け、日本の建築界にアール・ヌーヴォーは広まっていくが、個人邸宅を飾る新たな装飾以上にはならなかった。日本のアール・ヌーヴォーは、歴史主義を払拭することも国家を飾ることもなかったのである。

アール・ヌーヴォーからゼツェッションへ
　しかし、明治建築界の巨星となっていた辰野金吾が、アール・ヌーヴォーの大輪の花を咲かせている。地方財閥の西洋館〈旧松本健次郎邸〉[2-16]である。イギリスのチューダー様式を基本にし、曲木が乱舞するかのようにダイナミックな、しかも気品に満ちたデザインは見事である。そこに、イギリスのヴィクトリアン・ゴシックを自家薬籠中のものとした第一世代建築家の成熟した姿をみることができよう。
　アール・ヌーヴォーやゼツェッションは、プレーンでグラフィカルな装飾により建築を

[2-17]
**旧山口県庁舎
2階ホール**
1916年／山口県／武田五一／煉瓦造＋鉄骨造

〈旧東宮御所〉（1909年）のような西欧歴史主義の「直写・模写」を終焉させ、日本オリジナルの建築様式創造の嚆矢となった建築である。しかし、その建築の骨格はいまだ西欧古典主義である。その意匠を、日本趣味とゼツェッションを折衷した「日本的ゼツェッション式」にし、外観も内観も装飾を幾何学化、抽象化したその繊細さにこの建築の特徴はある。

[2-18]
京都府立図書館　閲覧室
1909年／京都／武田五一／
煉瓦造

アール・ヌーヴォー風の照明器具が吊り下げられた閲覧室。部屋の出入口を飾る真っ白な三角ペディメントや櫛形ペディメントは抽象化され、折上格天井はさらに抽象化されて和風、洋風を超えたまさに武田五一の「日本的ゼツェッション式」インテリアとなっている。

軽やかにした。その日本最初期の建築が〈京都府立図書館〉[2-18]である。外観は、古典主義の衣装をまとっていながらもその重厚さは消えており、内観はロマネスクのシンプルなアーチの面影を残している。

その後、武田五一は、曲線の多いアール・ヌーヴォーより直線を主体にしたゼツェッションが日本の建築文化にふさわしいとし、「日本的ゼツェッション式」*1を提唱する。そして実現されたのが、〈旧山口県庁舎〉[2-17]だった。建築の基本構成は古典主義でありながらも、ポルティコ列柱の柱頭は日本の古建築の舟肘木を連想させ、建築全体にほどこされた直線的で精緻な装飾は日本的ゼツェッションが試みられ、近代主義の予感に満ちている。

古典主義や中世主義、新たに日本趣味やゼツェッションをも折衷主義のアイテムに加え、さらにそれらを幾何学的形象へと抽象化、象徴化した建築を「日本的ゼツェッション式」と呼んだ武田五一は、プレモダンへの憧憬と冒険のなかに新しい日本建築の誕生を思い描いていたに違いない。

それは、いまだ歴史主義のなかにありながらも大正モダンの息吹に載せて〈三井物産神戸支店〉や〈日本工業倶楽部会館〉（第2部第6章を参照）へと受け継がれていく。

＊1　日本的ゼツェッション式
武田五一「アールヌーボーとゼツェッション」：『建築ト装飾』1912年6月。

[2-19]
旧大阪図書館
外観（上左）

イギリス系ネオ・バロック様式＝パラディオ主義。

[2-20]
ヴィラ・ロトンダ　外観
（下左）
1552年／イタリア・ヴィツェンツァ／A・パラディオ／煉瓦造

アンドレア・パラディオは、イタリア後期ルネッサンスからマニエリスムの時代に活躍した建築家である。彼は、古代ローマの建築遺跡を実測し、古典主義建築を体系化した設計教則本『建築四書』の著者としてもよく知られている。その『建築四書』によりパラディオの建築は、西欧世界はもとより、大英帝国、その植民地、とくに新大陸アメリカなど世界中に広まり、その建築様式は「パラディオ主義」と呼ばれるようになる。

[2-21]
ウィーン中央郵便局
中央ホール（右）
1912年／オーストリア・ウィーン／O・ワーグナー／鉄筋コンクリート造

鉄骨とガラスのトップライト、アルミの換気筒など、金属によるモダンデザインの原点がここにある。床や壁の「余白」を生かした繊細な幾何学模様が実にエレガントであり、それがウィーン・ゼツェッションのグラフィカルな装飾壁画の特徴でもある。

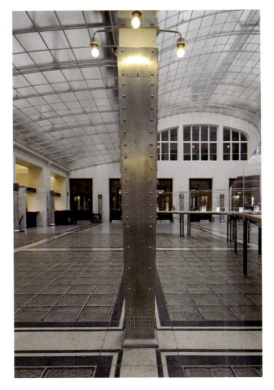

第2部　近代：明治・大正・昭和戦前　239

>>> [第2部] 近代：明治・大正・昭和戦前

第3章 "新しい和風"の創造

明治初期は急激な洋風化の時代であった。文明開化の名のもとに旧時代の文物が忘れ去られ、仏教界では廃仏毀釈の嵐が日本全国に広がって多くの仏像や建築物が廃棄あるいは解体された。嵐が収まり古社寺保存の気運が高まってくるのは1879（明治12）年頃からである。南北戦争の英雄で、前アメリカ大統領のグラント将軍が来日した折に日光を見学、さらに荒廃していた奈良の見学なども計画されたことを機に、古建築保存に向けて具体的な動きが現れてきた。古社寺保存の始まりは、国家の威信を外国人に顕示することを目的としていたのである。

　明治政府にとって長年の懸案であった〈皇居宮殿（明治宮殿）〉が建設されたのは1888（明治21）年である。建設をめぐっては、洋風石造の宮殿にすべきか和風木造の宮殿にすべきかで意見が二分されていたが、結果的には洋風宮殿を設計できる日本人建築家がまだ育っていないことと経済的な理由から、和風木造の宮殿に決定された。その推進者の一人であり、工部省四等技師で伝統的な木造技術立川流の継承者であった立川知方は、和風木造宮殿の優位性として、経済性や技術者層の厚みに加え"国家的表象性"としての意義を強く訴えている。急激な洋風化の反動から、ナショナリズムの気運とともに伝統への関心が高まっていたのである。伝統再評価の動きが顕在化したのは廃仏毀釈の渦中となった古都奈良においてである。国の威信をかけて建設された〈帝国奈良博物館〉の建設に対し、古都の景観を壊すものとの批判が地元民の間から起こったのである。火は収まったものの、その後の奈良の公共建築には、伝統を意識したデザインが試みられた。その設計を担当したのは長野宇平治や関野貞といった近代建築教育を受けた建築家たちであった。

　それまで西洋建築の習得のみを目的としてきた東京大学のカリキュラムの中に、木子清敬により「日本建築」の講座が開講されたのは1889（明治22）年のことである。社寺仏閣の修理や新築の仕事も増え、それまで大工棟梁に任せきりであった伝統建築に対する知識が必要とされるようになってきた。こうした伝統建築に対する再評価の気運により、全国の社寺仏閣の荒廃に対しても各地で保存修理の提言が寄せられるようになり、1897（明治30）年には念願の古社寺保存法が成立した。〈平安神宮〉や〈明治神宮〉といった国家的な事業は、伝統的な日本建築への関心を高めただけでなく、全国的な規模での大工棟梁をはじめとする工匠たちの交流を促し、新しい和風が醸成される基盤ともなった。近代建築教育を受けた建築家たちが日本建築を体得し、洋風と和風をともに相対化されたものとして受け取るようになり、新しい和風を創出する気運が生まれてきたのである。

和風様式の創出

奈良の革新

　1868（明治元）年の奈良には廃仏毀釈の嵐が吹き荒れて、多くの古器物が無残に打ち壊された。明治中期になるとその嵐も収まり、日清戦争後のナショナリズムが加わって伝統復活の気運が高まってきた。奈良の興福寺の境内にフランス・バロック様式の〈帝国奈良博物館〉が竣工した際には、古都の景観を破壊するものとして地元から激しい非難が寄せられた。当時の様子を奈良県議会の記録は「菊花楼ノ如ク擬似西洋風デ世人ニ嘲笑サレ」と記している。以後、奈良の公共建築には歴史的環境への配慮が求められるようになった。大学を卒業後に奈良県技師として赴任した長野宇平治は、新庁舎の設計にあたり新しい「トラディショナル・スタイル」の追求を試みた。完成した〈旧奈良県庁舎〉[3-1]は、洋風平面をもつ建物に入母屋の瓦屋根を載せ、大壁の立面に真壁風の付け柱を付けることで、柱と梁が瓦屋根を支えるという伝統的な美意識に対応する独自の和風スタイルを生み出した。この建築は和風スタイルをとった

大規模な洋式建築の最初の例であり、建築家による新しい和風の創出であった。

和風様式の広がり

　長野のあとに奈良県技師に赴任した関野貞は〈旧奈良県庁舎〉の手法を受け継ぎつつ、さらに和風の外観にイスラム風を加味した〈旧奈良県物産陳列所（現・奈良国立博物館仏教美術資料研究センター）〉[3-2]を設計した。東大寺建立時の奈良には唐とイスラムとの文化交流があったことを踏まえての意匠であろう。関野は技師としての仕事の合間に奈良六大寺の調査を行ない、今日の建築史学の基礎となる成果をまとめて、伊東忠太につぐ建築史の大家としての基礎を固めることになる。

　長野や関野とともに奈良県技師として活躍

[3-1]
旧奈良県庁舎
1895年／奈良県／長野宇平治／木造

ロ字型で左右対称形の平面は完全に洋風。立面の工夫によって木造2階建の箱型の建築に入母屋桟瓦葺の屋根を載せ、和風に仕上げられた。近代建築家によってつくられた新しい和風形式の原点。

[3-2]
旧奈良県物産陳列所
1898年／奈良県／関野貞／木造

奈良県庁舎の成功を受けて、後輩の関野貞が手掛けた新しい和風。洋風の平面、入母屋屋根の採用、外壁の腰壁には堅羽目の下見板を貼り、凹凸の少ない外壁のなかにイスラム風のアーチ窓が組み込まれている。関野はのちに日本および東洋建築史学界の権威者となる。

[3-3]
日本聖公会奈良基督教会
1930年／奈良県／大木吉太郎（大工棟梁）／木造

興福寺境内の西隣に位置することから、景観への配慮によりキリスト教の教会堂ながら和風意匠でつくられた。渡り廊下でつながった〈旧信徒会館〉は親愛幼稚園として用いられており、ともに国の重要文化財の指定を受けている。大木吉太郎は大和郡山藩の出身の宮大工で自身も信者。日本聖公会には信州の上田にも同様の和風教会がある。

していた橋本卯兵衛は〈旧奈良県立戦捷記念図書館（後の奈良県立図書館、現・大和郡山市民会館）〉の設計において先人二人の成果を踏まえ、さらに工夫を重ねて独自の近代和風の創出に取り組んだ。長野の〈旧奈良県庁舎〉の書割的な意匠に対し、本来の軸組を意匠に反映したうえで、左右対称の記念的なデザインにまとめている。

奈良における景観保存の動向は興福寺境内の一角に建つキリスト教会堂にまで及んだ。〈日本聖公会奈良基督教会〉[3-3]は、桟瓦葺の入母屋屋根に十字架を掲げた和風のキリスト教会堂で、平面はバシリカ式ながら、格天井や欄間など、随所に伝統的な意匠が組み合わされた和洋折衷のインテリアとなっている。

奈良における新しい和風創造の試みは〈奈良ホテル〉[3-4,5,6]において最高潮に達した。木造2階建一部望楼付きで、平面は完全に洋風の形式が採用されている。敷地に合わせ幾つかの棟に分けて配置され、周囲を池に囲まれた全体像は近代和風ならではの景観を生み出している。切妻の車寄せ玄関を入ると吹抜けのロビーおよびフロントの空間となる。寄木張りの床には椅子・テーブルが並び、天井は折り上げの格天井、柱上の舟肘木、鳥居を象った暖炉など多様な意匠を見せる。貴賓室のインテリアでは縦長の寸法をもつ部屋であることから、小壁の下に欄間を設けてプロポーションを整えている。長押や筬欄間、格天井、御簾といった書院造の要素と椅子や

[3-4]
奈良ホテル　外観
1909年／奈良県／辰野片岡建築設計事務所／木造

資金は関西鉄道、経営は今日の都ホテル、地所は奈良市が提供するとの協定であったが、紆余曲折あり、開業時には敷地と建物の所有は鉄道院で、経営は大日本ホテル（株）となった。外国人向けの宿泊施設として計画され、さらに迎賓館的な性格をもったホテルとして建てられた。

[3-5]
奈良ホテル　玄関ロビー
（右頁上）

[3-6]
奈良ホテル　貴賓室
（右頁下）

[3-7]
**旧日本勧業銀行本店
（上左）**
1901年／東京都（現在は千葉県へ移築）／妻木頼黄、武田五一／木造

当時の総裁の発案から和風意匠の銀行建築が提案された。武田五一は当時はまだ大学院の学生の身分であったが、卒業設計でのデザインの力量を認められて協力を要請された。のちに千葉県の谷津遊園に移築され阪東妻三郎劇団の施設として使用、さらに千葉県庁舎としても使われた。現在は大幅に改変され千葉市稲毛の千葉トヨペット(株)の施設として使われている。

[3-8]
旧二条駅（上右）
1904年／京都府／木造

竣工時には2階に京都鉄道の本社機能があり、貴賓室も備えられていた。1997年、若干規模を縮小し、梅小路蒸気機関車館用地区に移築保存された。写真は移築以前のもの。

テーブルといった洋風要素とが和洋折衷の不思議な融合を果たしている。こうした和洋折衷技法のルーツは、東京の〈皇居宮殿（明治宮殿）〉にまで遡ることができる。儀式と儀礼の場である表宮殿のインテリアには、書院造とバロック宮殿を融合させたような和洋折衷技法にもとづく濃密な内部空間が生み出されていた。

国民的様式への希求

　全国的な規模で国民的様式を期待する動きが高まっていた。1899（明治32）年には和風意匠の銀行建築〈旧日本勧業銀行本店〉[3-7]が、欧化政策の象徴である鹿鳴館と背中合わせの敷地に建てられた。設計は元幕臣の官僚建築家妻木頼黄、妻木を補佐したのは当時東大の大学院生でありながら優れたデザイン力が高く評価されていた武田五一である。シンメトリーな全体構成、唐破風と千鳥破風、入母屋屋根を組み合わせた屋根の扱い、1階の木骨様式の壁、2階部分の左右突出部のバルコニーなど、巧妙な和洋の融合と鋭い造形感覚を見せている。外観意匠のみならず禅宗寺院を

想わせる内部空間は、椅子やテーブルを備えた仕上がりを見せる。〈旧奈良県庁舎〉と並んで近代建築家によって創作された、近代和風様式の名作である。

　こうした和風様式に共通する特徴は次の通りである。平面は純粋な洋風を採用、外壁は凹凸の少ない大壁とし、付け柱によって真壁に見えるような処置を行ない、開口部には上げ下げ窓を用いる。瓦屋根は寄棟や入母屋を使い分け、さらに千鳥破風や唐破風などによって左右対称性や中心性を高める、といった内容である。明治の後半期になると、帝国議会議事堂の建設を前提とした様式論争が人々の関心を集める一方で、洋風および和風を問わず、日本独自の国民的様式を追求する動きが繰り返されていたのである。

　その建物類型は各地の県庁舎や公会堂、あるいは裁判所などの記念性の高い公共建築にはじまり、民間のさまざまな施設へと広がっていった。なかでも最も華やかな展開を見せたのは、ホテルや旅館といったリゾート施設であった。

[3-9]
旧大社駅　外観
1924年／島根県／丹羽三雄／木造

国鉄大社線の駅。1990年に大社線は廃止されたが現状のままに保存されている。設計者は神戸鉄道管理局の技師である。切妻屋根の玄関部、その上には千鳥破風をつけた切妻の大屋根が載り、左右には妻面をみせて左右対称性と中心性を強調している。

[3-10]
**旧大社駅
改札ホール（右頁）**

244　第3章 "新しい和風"の創造

[3-11]
金谷ホテル　外観
1893年(本館)、1935年(別館)／栃木県／久米権九郎

1873(明治6)年に創業した日本最古のリゾートホテル。建設途中のまま放置されていた三角ホテルを買収、それに手を加えた。1936(昭和11)年に1階ロビーであったところを、地下を掘り下げて、2階の食堂として改造した部分は和風色が強い。1935(昭和10)年に、本館の脇に木造3階建の和洋折衷の別館がつくられた。

和風様式の展開

和風のリゾート空間

近代建築家たちが創意を重ねて生み出した近代和風様式は、さらにさまざまなビルディングタイプへと展開されるようになる。なかでも興味深い展開を見せたのは、リゾート空間の花形である温泉旅館やホテル、そして行楽地へと人々を誘う駅舎建築である。

行楽地への交通機関である鉄道の駅舎建築では、中央から伝えられる洋風文化の象徴として、主要都市の玄関口には洋風駅舎が採用される一方、伝統への意識の高い地域では地方性や伝統性の表出として和風駅舎が建てられた。その最初の例が、日光の玄関口となった国鉄〈宇都宮駅〉の2代目駅舎である。左右対称で入母屋桟瓦葺の屋根を載せているが、軀体の大壁には上げ下げ窓が採用される一方で、屋根とのバランスから真壁風の付け柱が付けられている。長野宇平治が〈旧奈良県庁舎〉で試みた和洋折衷技法である。京都の〈旧二条駅〉[3-8]は、和風駅舎の先駆である〈宇都宮駅〉の影響を強く受けている。

また出雲大社の玄関口として建てられた〈旧大社駅〉[3-9,10]も、現存する和風意匠の

駅舎として優れたものの一つである。全体は左右対称形で切妻屋根と入母屋屋根に千鳥破風を組み合わせた豊かな表情をもち、そこに鴟尾(しび)を載せた大屋根がかかる。内部には2層分吹き抜けた改札空間があり、折上格天井からは和風意匠のシャンデリアがかかる。また事務空間以外にも貴賓室、1等および2等、3等の待合室を備えている。

鉄道網の充実は人々に旅行の楽しみをもたらし、人々の日常生活を大きく変えたのみならず、非日常性をもつ娯楽として、さまざまなリゾート施設の建設を促した。東京近郊では箱根と日光が近代リゾートの2大拠点であった。当初は外国人観光客を対象としたものが中心で、日光の〈金谷ホテル〉[3-11,12]と箱根の〈富士屋ホテル〉[3-13,14,15]が外国人を対象としたリゾート空間の双璧であった。

[3-12]
金谷ホテル　食堂

[3-13]
富士屋ホテル 外観
1891〜1936年／神奈川県／本館（河原兵次郎）、食堂部（木子幸三郎）、花御殿（角南隆の指導）／本館は木造、食堂部と花御殿は鉄筋コンクリート造

1878（明治11）年に外国人向けのリゾートホテルとして開業。1891（明治24）年に完成した本館は、洋風建築の平面をもつ建物に千鳥破風や唐破風のついた入母屋屋根を載せた和洋混交の建築で、随所に社寺建築に見られる意匠が散りばめられている。写真の左手が本館。右手の塔屋をもつ建物は食堂棟。1930（昭和5）年につくられた食堂部は、宮内省内匠寮出身の木子幸三郎の設計による。1936（昭和11）年の花御殿は、和風コンクリート造のホテル建築の名作。

リゾート建築の魅力

　古くからの温泉地として知られる四国の道後温泉には、明治中期から昭和戦前期にかけて増改築が繰り返されてきた共同浴場〈道後温泉本館〉[3-16]がある。木造3階建の「神の湯」を中心に、皇族専用の「又新殿（ゆうしんでん）」や洋風意匠の加わった「養生湯」など、さまざまな形式の温泉が複合化された温泉施設で、唐破風と入母屋破風を組み合わせた新しい和風様式が展開されている。

　伊豆修善寺の〈新井旅館〉には明治初年の望楼付き擬洋風建築から昭和戦前期の数寄屋建築の部屋までが建ち並び、常連の日本画家安田靫彦（ゆきひこ）が構想した天平風呂なども加わって趣のある空間となっている。建築家の手掛けた温泉建築としては辰野金吾設計の〈武雄温泉〉[3-18,19]がある。竜宮門を彷彿させる朱塗りの〈楼門〉と、共同浴場であった〈新館（現・資料館）〉の和洋を取り混ぜたピクチャレスクな外観意匠とが印象的である。

　明治期の温泉地は主に上流層の日本人客を対象としたものが多いが、昭和期になると大衆化の波が押し寄せ、各地の温泉地に大型の和風旅館が建てられるようになった。そのなかには100畳を越す大広間が設けられ、巨大な温泉プールが登場するなど大衆化に伴う団体旅行に対応するためのさまざまな工夫が凝らされるようになった。また山間の温泉地の場合、限られた敷地の有効利用から3階建や4階建が建てられるようになる。長野

[3-14]
富士屋ホテル 花御殿 外観

[3-15]
富士屋ホテル 花御殿 スイートルーム「菊」

第2部　近代：明治・大正・昭和戦前　247

[3-16]
道後温泉本館
1952〜1935年／愛媛県／坂本又八郎（大工棟梁）／木造

1894（明治27）年に改築の「神の湯」（総3階建）、1899（明治32）年に改築された「霊の湯」と「又新殿」、1924（大正13）年改築の「養生湯」、1935（昭和10）年建築の事務棟と入母屋の「玄関棟」など、明治から昭和にかけて増改築が繰り返されてきた。
写真は皇族専用の「又神殿」。

の渋温泉地に建つ〈金具屋旅館〉[3-17]は木造4階建の和風旅館としても知られている。

昭和に入ると都内にも温泉と食事をセットにしたリゾート施設〈目黒雅叙園〉が誕生した。草津温泉の湯を東京まで運び入れ、中華料理をはじめとする料理とともに楽しむための施設である。その建築的特徴は、竜宮城を想わせるような演出にある。部屋ごとに趣向を凝らした天井画や凝った建具、さまざまな室内装飾は非日常性を演出した"雅叙園スタイル"として、豪華さを求める全国の旅館建築に影響を与えた。

和風様式の展開

伝統の再評価の風潮はデパート建築にも及び、1911（明治44）年に建てられた〈白木屋呉服店〉は入母屋屋根の和風部分に加えてコーナー部分にドームを載せた和様折衷のスタイルで注目を集めた。"呉服屋"と"百貨店"の融合を意図したものであろう。

建物の機能から伝統的な形式が採用された例としては、伝統芸能の場である劇場や各地の色街に残る見番、そして武道修練の場である武徳殿などがある。また敷地環境を配慮して伝統形式が採用された例として〈京都市公会堂〉などもある。京都の平安神宮の境内に建てられた〈京都市公会堂〉は、木子幸三郎という和洋を巧みにこなす建築家によって設計された木造の建物で、外観は入母屋造で左右対称性を強調した記念碑的な意匠で、内部は吹き抜けの大空間ながら折上格天井にシャンデリアが掛かった和洋折衷空間を内包している。公共施設に大々的に和風を採用した好例である。その影響から、和風意匠の公会堂は、その後も〈小樽市公会堂〉など各地に建てられた。

[3-17]
金具屋旅館
1936年／長野県／三田清助／木造

木造4階建て入母屋鉄板葺きの「斉月楼」は6代目である西山平四郎が、伊豆や箱根の旅館等を参考にして、小布施の大工棟梁である三田清助によってつくられた。旅館内にある「大広間」とともに登録文化財となっている。

248　第3章　"新しい和風"の創造

[3-18]
武雄温泉　外観（上左）
1915年／佐賀県／辰野金吾／木造

楼門は漆喰仕上げの下層の上に、鯱を載せた入母屋本瓦葺き。新館は千鳥破風の玄関部を中心とした対称形の立面をもち、両サイドに唐破風を載せた両翼が張り出した構成。

[3-19]
武雄温泉　新館内部（上右）

当初は共同浴場としてつくられた新館の内部には、八角形の湯気抜きをもつ天井や、有田産のタイルなどが用いられている。現在は資料館として使われている。

　伝統芸能の劇場建築の代表は東京の〈歌舞伎座〉である。1911年に志水正太郎によって設計された〈歌舞伎座〉は入母屋屋根に千鳥破風や唐破風を組み合わせた豪壮な和風意匠の建物であったが、1921（大正10）年に失火で全焼し、そのあとに建てられたのが岡田信一郎による和風コンクリート造の建物である。三つの千鳥破風を前面に並べ、鉄筋コンクリート造で柱や梁、組物をていねいにつくり上げて独自の桃山調スタイルを生み出した和風コンクリート造の名作である。また京都の〈南座〉も狭小の敷地を最大限に生かした和風コンクリート造の劇場建築である。

　大日本武徳会が主導する柔剣道の道場が全国各地に建てられたが、その本部は京都の平安神宮に隣接して建つ〈京都武徳殿〉[3-20,21]である。裳腰付きの切妻桟瓦葺きで、小屋組にはトラス構造を採用して大空間を支え、トップサイドライトの採用によって広く明るい内部空間を獲得している。また煉瓦基礎の採用で耐震性を高め、床下の通風にも配慮している。近代的な工法と感覚により設計された新しい伝統様式の一例といえる。設計は京都で活躍した建築家の松室重光である。1913（大正2）年には天皇の観覧のための玉座と車寄せが増設された。武徳殿のスタイルは、その後は和風コンクリート造によって建てられる例が増えてくる。

[3-20]
京都武徳殿　外観（下左）
1899年／京都府／松室重光、亀岡末吉／木造

平安遷都1100年記念の折に発案され、1899（明治32）年に建てられた武道場。設計は京都府技師の松室重光。1913（大正2）年に玉座と車寄せが増設されたが、増設の担当者は京都府技師の亀岡末吉で、"亀岡式"と称される絵様が掘り込まれている。

[3-21]
京都武徳殿　内部（下右）

第2部　近代：明治・大正・昭和戦前

>>> [第2部] 近代：明治・大正・昭和戦前

第**4**章 ｜ 日本の西洋館

　現存する日本最古の洋館は、1863（文久3）年に建てられた〈旧グラバー邸〉である。このあとに、各地の居留地に建てられたコロニアル住宅が日本における洋館の先駆けとなった。その多くは外国人施主の指示により、あるいは外国人技師の設計にもとづき、日本人の大工棟梁が手掛けたものである。希少な例として、同志社の創立者である新島襄が建てた〈旧新島襄自邸〉［**4-1**］がある。同志社教師で医師のW・テーラーの助言にもとづき、新島自身が京都の大工棟梁を指示して建てたものであり、三方にベランダをまわしたコロニアル様式であるが、工法は伝統的な真壁造となっている。都内に残る最古の宣教師住宅である〈明治学院インブリー館〉［**4-2**］は、アメリカの住宅パターンブックを参考に設計され、日本人大工によってつくられた。

　こうした宣教師と大工による作事から、しだいに外国人建築家による本格的な洋館の時代へと移る。日本の西洋館を考えるうえでミッションの建築に関与した建築家、いわゆるミッション・アーキテクトと呼ばれる人々の活動は重要である。その代表は立教大学校長として来日し、建築家としても活躍したJ・M・ガーディナーで、学校、住宅、教会など数多くの建築を手掛けたのち、日本で亡くなっている。ガーディナーにつぐ活躍を見せたのはW・M・ヴォーリズである。宣教師として来日、布教活動の一環で近江兄弟社を設立してさまざまな事業を展開し、建築設計の分野でも多くの作品を残した。学校、教会、病院、住宅などを手掛け、とくに中流住宅の啓蒙活動とスパニッシュ様式の普及に尽くした。ドイツ系建築家G・デ・ラランデの活躍も目覚ましい。神戸の山手に建つ洋館群のなかでも異彩を放つ〈風見鶏の館〉の設計者である。日本政府の信頼も厚く、晩年は〈旧朝鮮総督府庁舎〉の仕事に従事したが、設計の途中で他界した。

　本格的な西洋館を日本に定着させるうえでの最大の功労者はJ・コンドルである。工部省からの招聘により来日、〈鹿鳴館〉をはじめとする国家的建造物の設計の傍ら、〈旧東伏見宮邸〉や〈旧有栖川宮邸〉の設計に携わった。その現場に工部大学校の日本人学生たちを参加させることで建築の実務を学ばせた。コンドルが直接指導した学生は21名にすぎないが、その影響は大きい。日本の西洋館はこうした皇族邸宅を中心とした本格的な西洋館から、徐々に上流層の西洋館へと拡がっていった。

　当初は大規模な洋館が中心であったが、明治中期以降は各地で比較的小規模な西洋館も建てられるようになる。こうした中規模の西洋館で最も好まれた様式がハーフティンバーのチューダー様式とスパニッシュ様式である。日本の真壁構造を想起させるハーフティンバーと装飾を抑えた壁面をもつスパニッシュは、装飾過多を嫌う日本人の嗜好に合った様式であった。加えて日本の気候風土の特性から構造は煉瓦造よりも木造が好まれた。昭和になると和洋折衷技法の浸透と国産の家具調度品によって、独自の室内空間が演出されるようになる。

外国人建築家たちの西洋館

ミッション・アーキテクト

　ミッション関連の施設を数多く手掛けたミッション・アーキテクトの代表はJ・M・ガーディナーである。正規の建築教育は受けていないが建築への関心が高く、アメリカ聖公会伝道局から派遣されて立教学院の校長として赴任した。1882（明治15）年には築地に〈立教学院旧校舎〉を設計、ほかにも聖公会関連の施設を数多く手掛けた。その活動は全国的で東北地方では〈旧遺愛女学校本館〉と〈旧遺愛女学校宣教師館〉、京都では〈聖三一大聖堂（聖アグネス教会）〉といった大規模な教会も設計している。また横浜山手の〈旧内田定槌邸（外交官の家）〉［4-3］や村井吉兵衛の京都別邸〈長楽館〉［4-4］などの優れた住宅作品を手掛けるなど外国人建築家のなかでも抜き出た業績を上げた。日本で亡くなり自らの設計した〈日光聖公会教会〉に眠っている。ガーディナーの建築作品はインテリアも充実している点が特徴で、迎賓館としての性格をもつ〈長楽館〉では、さまざまな様式を駆使した重厚なバロック的演出も行なっている。

　ミッション建築家のもう一人の代表がW・M・ヴォーリズである。宣教師として来日し、近江八幡の中学の英語教師として活動するなかで、布教活動を経済的に支える手段としてメンソレータムの独占販売権を取得して近江兄弟社を設立、のちに建築部をつくって学校、教会、住宅、病院などの建築を数多く手掛けた。中流住宅の改善にも熱心で『吾家の設計』や『吾家の設備』といった住宅啓蒙書を執筆している。また京都の〈旧下村正太郎邸（大丸ヴィラ）〉（第2部第7章［7-31］を参照）や〈駒井家住宅〉（第2部第7章［7-27,30］を参照）などスパニッシュ様式の日本へ導入という点でも功績を残した。

　多くの洋館が建ち並ぶ神戸の山の手のなかでも、〈風見鶏の館〉［4-5］は外観意匠のみならず内部意匠においてもレベルが高い。その設計者であるドイツ人建築家G・デ・ラランデは住宅から大規模建築までを手掛けた実力者であったが、日本政府からの依頼を受けた〈旧朝鮮総督府庁舎〉の設計中に急死している。東京の信濃町にあった〈旧デ・ララン

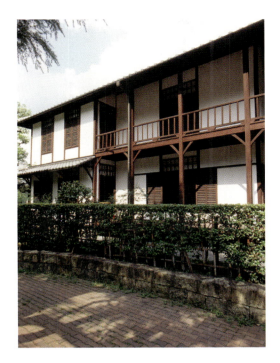

[4-1]
旧新島襄自邸
1878年／京都府／木造

木造2階建寄棟桟瓦葺で真壁造。内部は和室と洋室を備えた折衷式で、暖炉の余熱を1、2階の床に回す暖房方式を採っている。のちに茶室に関心をもつ八重夫人によって室内に茶室が増設されている。

[4-2]
明治学院インブリー館
1889年／東京都／木造

インブリー博士の住んだ教師館。木造2階建下見板張りで屋根は銅板の一文字葺の寄棟ながら匹面に切妻を見せる。明治中期のアメリカ・ニューイングランド地方の住宅の一例。

[4-3]
旧内田定槌邸（外交官の家）
1910年／神奈川県／J・M・ガーディナー／木造

明治から大正期に活躍した外交官の家。当初は渋谷の南平台に建てられていたが、1997（平成9）年に横浜山手のイタリア山庭園内に移築された。下見板張りの外壁など、アメリカ風にアレンジされたヴィクトリア様式。凹凸の多い壁面、変化に富んだ屋根、八角形の搭屋が特徴。インテリアの特徴としてはステンドグラスにはアール・ヌーヴォーの見事な植物模様が採用されている。

第2部　近代：明治・大正・昭和戦前　251

[4-4]
長楽館
1909年／京都府／J・M・ガーディナー／煉瓦造

煙草王として知られる村井吉兵衛の京都別邸。外観がルネッサンス様式のパラッツォ。1階は接客空間で、フレンチ・ロココ風の応接室、イスラム風の喫煙室、などさまざまな様式が混在した濃密なインテリア空間。3階には表千家(残月亭)写しの茶室や桃山調の書院がある。当初より3階は和風であったが1915(大正4)年に折上格天井の書院に改修された。

[4-5]
風見鶏の館　応接室
1909年／兵庫県／G・デ・ラランデ／煉瓦造

ドイツ人貿易商G・トーマスの邸宅。木造2階建でベランダの付いた一般的な西洋館とは異なり、煉瓦造2階建で風見鶏の付いた塔屋など、変化に富んだスカイラインをもつ。細部装飾にはドイツのアール・ヌーヴォーであるユーゲントシュティールの特徴を備えている。

デ邸〉は、現在は東京小金井の江戸東京たてもの園内に移築保存されている。

J・コンドルの邸宅作品

明治政府の期待を受けて1887(明治20)年に招聘されたのが、24歳の青年建築家 J・コンドルである。コンドルは工部大学校での教育と平行して、工部省営繕局の顧問という立場で〈旧東伏見宮邸〉(1880年)と〈旧有栖川宮邸〉(1884年)の設計監理を行なった。この二つが皇族邸宅に純洋風が採用された最初の事例であり、以後の日本の西洋館の模範とされた。コンドルは帝国大学講師を辞し、西紺屋町官舎内に設計事務所を開設した1888(明治21)年からは、官庁の仕事以外に民間の仕事にも手を染めるようになる。たとえば三菱会社および岩崎家の仕事である。コンドルが民間人の邸宅として最初に手掛けたのは〈旧岩崎家深川別邸〉(1899年)であり、続く〈旧岩崎家茅町本邸〉[4-6,7]は1896(明治29)年に建てられた現存する都内最古の木造洋館である。コンドルが日本への永住を決意したのは麻布三河台に自邸兼事務所を完成させた1904(明治

37)年頃といわれている。その後も〈旧岩崎家高輪別邸〉(1908年)をはじめ、箱根湯元や元箱根の別荘など岩崎家関係の仕事が続いた。他方で、桑名の〈旧諸戸清六邸(現・六華苑)〉や〈旧島津公爵邸(現・清泉女子大学)〉[4-8,9,10]、そして〈旧古河邸〉[4-11,12,13]など岩崎家以外の財閥や上流層の邸宅も数多く手掛けて邸宅作家としての地位を確立した。晩年の作品である〈綱町三井倶楽部〉[4-14,15,16,17]では、迎賓施設としての性格を踏まえ、当時の欧米諸国において主流となっていたネオ・バロック様式による華麗な演出を試みている。

コンドルの一連の邸宅作品に見る特徴は、洋と和の取り組みかたである。和洋館並列型が一般的であった時代は、〈旧岩崎家深川別邸〉や〈旧茅町本邸〉のように、和館と洋館は別途に、建築家と大工棟梁がそれぞれ担当した。〈旧深川別邸〉の和館は幕府小普請方出身の工匠柏木貨一郎、〈旧茅町本邸和館〉は大河喜十郎という大工棟梁である。大正期に入ると〈旧諸戸清六邸〉のように和館と洋館が完全に一体化したものがつくられる。両館ともコンドルの設計である。そして晩年の〈旧古河邸〉になると洋館の2階部分に書院や数寄屋の座敷を巧みに取り込んだ形式へと変化している。洋風と和風、それぞれの良さを認めつつ、両者が違和感なく並立できる形式を模索していたのである。〈古河庭園〉では、斜面地を利用した配置によって和洋の庭園が違和感なく共存されている。

洋館の様式にはどのような特徴が見られるのか。木造の〈旧岩崎家茅町本邸〉ではチューダーやエリザベスの様式が採用されている。公式な接客機能が重視されるような場合には、ルネッサンスやバロックなどの古典系のスタイルをとる場合が多い。ヴィクトリアン・ゴシックを出発点としたコンドルだが、当時の世界の潮流を理解し、ルネッサンスに始まる古典系に、さらには〈綱町三井倶楽部〉のようなバロック様式へと作風を拡げていった。コンドルは麻布三河台の自邸をはじめとしてハーフティンバーの西洋館も数多く手掛けている。木造で真壁造を想わせることから、日本

[4-6]
旧岩崎家茅町本邸
1896年／東京都／J・コンドル／木造

都内に現存する最古の木造洋館。当主がアメリカ留学者であったことから煉瓦造ではなく、慣れ親しんだ木造を採用。和洋館並列型の典型例であり、和館は大工棟梁の大河喜十郎が担当。

[4-7]
**旧岩崎家茅町本邸
夫人客室**

第2部　近代：明治・大正・昭和戦前　253

[4-8]
**旧島津公爵邸
庭園側ファサード**
1915年／東京都／煉瓦造

煉瓦造2階建石張り、正面側のファサードにはマニエリスム的な取り扱いが見られる。庭園側ではバルコニーを円弧上に張り出してバロック的な演出を試みている。階段まわりの演出にはコンドルらしさがよく出ている。

[4-9]
**旧島津公爵邸
応接室（下左）**

[4-10]
**旧島津公爵邸
階段室（下右）**

人には最も親しみやすい様式として採用したのであろう。

皇族たちの西洋館

洋風化の先鋒

　明治元（1868）年の時点では皇室および皇族は洋風化の先鋒に立っていた。天皇自らが髷を落とし、洋装に身を包むことで新しい国づくりへの想いを人々に広く知らしめる役割を担った。皇室の藩屏としての役割を担った皇族たちにとっても、洋風化こそが当面の課題であった。

　来日したJ・コンドルが最初に手掛けたのが〈旧有栖川宮邸〉（1884年）である。工部省の技師であった高原弘道と片山東熊が担当し、片山にとっては宮廷建築家としての地位を確立する契機となった作品である。規模も大きく1階が接客空間、2階が日常生活のための空間で、併設されていた和館は内廷の職員たちの生活空間に充てられていた。明治中期以降になるとコンドルの薫陶を受けた日本人建築家、とくに宮内庁内匠寮の技師たちによって多くの皇族邸宅が設計されるようになった。〈旧竹田宮邸洋館（現・グランドプリンスホテル高輪・貴賓館）〉[4-18,19]はその代表で、〈東

宮御所〈赤坂離宮〉〉と同時期に設計が進められていた皇族邸宅である。正面中央のマンサード屋根、車寄せのトスカナ式円柱や軒勾欄、2階中央間には櫛型ペディメント付きのヴェネチア窓とドーマー窓が並び、多様なモチーフを使った変化に富んだ立面構成をもつ。庭園側のベイ・ウィンドウに挟まれた2階ベランダにはペデスタル付きのイオニア式列柱が配されている。インテリアはフランス17、18世紀様式でまとめられ、とくに2階の御座所と御寝室は華麗な空間であり、一方、1階の食堂は木彫を活かしたチューダー調の落ち着いたインテリアとなっている。

親王家と呼ばれていたのは伏見宮、閑院宮、桂宮、有栖川宮の4家である。そのうち伏見宮家の枝分かれは11宮家（閑院宮を含む）に及び、その一つに久邇宮家がある。1918（大正7）年に広尾の地に木造平屋の和館と煉瓦造2階建の洋館からなる和洋館並列型の本邸がつくられたが、洋館は1919（大正8）年に焼失、和館も戦災で大きな被害を受けた。現存する〈旧久邇宮邸〉については次章の「皇室と皇族の和風大邸宅」の項で触れたい（第2部第5章を参照）。

[4-11]
旧古河邸　外観
1917年／東京都／J・コンドル／煉瓦造

コンドル最晩年の円熟を示す作品。外観は変化に富んだスカイラインや粗石積みの外壁などゴシック調。1階の接客空間ではとくに大食堂のインテリアが充実している。2階は主寝室を除きすべて和風で、仏間を始め主座敷＋次の間形式の書院や数寄屋風の座敷が並ぶ。

[4-12]
旧古河邸　大食堂（下左）

[4-13]
旧古河邸　2階座敷（下右）

[4-14]
綱町三井倶楽部　外観
1913年／東京都／J・コンドル／煉瓦造

都内に点在している三井13家の共同の接客施設。和風の接客施設としては有楽町に〈三井集会場〉もあった。煉瓦造2階建地下1階で、中央ホールには楕円形の吹き抜けがとられ、バロック階段によって2階と結ばれている。2階ホールでは歌舞伎や能楽などの伝統芸能が披露された。半円アーチの連続する庭園側には洋風庭園が広がる。

[4-15]
綱町三井倶楽部　客室

昭和期の皇族邸宅

　昭和期に入ってからの皇族の洋風邸宅としては〈旧李王家東京邸（現・赤坂プリンスクラシックハウス）〉[4-20,21]がある。フランス系の洋館が多い皇族邸宅のなかにあって、〈旧李王家東京邸〉の外観は非対称で変化に富んだ屋根構成をもつチューダー・ゴシック様式を基調としてまとめられている。内部はアンピールやスパニッシュをはじめとするさまざまな様式の折衷が見られるが、改変されている部分も多い。接客部分のみならず日常生活空間までが手慣れた歴史主義の手法でまとめられており、昭和戦前期における皇族邸宅の掉尾を飾るにふさわしい作品である。

　皇族邸宅の場合、本邸は煉瓦造によるルイ王朝の様式が主流であるが、別邸や別荘には木造によるカジュアルなスタイルが採用されている。山陰地方に建つ〈仁風閣〉は旧藩主池田家が建てた大正天皇の行幸時の宿泊所である。フレンチ・ルネッサンス様式で1階は洋間、2階は和室となっている。福島の〈旧有栖川宮邸翁島別邸・天鏡閣〉[4-25,26]は木造2階建下見板張で、玄関広間の上部に八角形3階建の展望室をもつ。主要部の屋根は

[4-16]
綱町三井倶楽部　大食堂

[4-17]
綱町三井倶楽部
1階ホール

[4-18]
旧竹田宮邸洋館　御座所
1911年／東京都／宮内省内匠寮／煉瓦造

当初は高輪南町御用邸として計画されていたが、計画中に竹田宮家に下賜されることになり、何度かの設計変更が竹田宮家から出された。和洋館並列型の邸宅で、洋館は煉瓦造2階地下1階、和館は表側に事務棟と局棟を、後方に表御殿、中御殿、奥御殿が配置され、表御殿は客室、中御殿と奥御殿のそれぞれに御座所が置かれているのは御用邸の名残り。洋館は1階が接客空間、2階が私生活空間。設計担当は片山東熊、足立鳩吉、木戸幸三郎、渡辺譲（海軍建築部工務監）、片山と足立が東宮御所の仕事に追われていたため木子が設計主任、渡辺が補佐の役割。

[4-19]
旧竹田宮邸洋館　外観
現在はグランドプリンスホテル高輪の式場および宴会場として利用されている。

258　第4章　日本の西洋館

寄棟だが御座所にはマンサード屋根が使われ、ピクチャレスクな外観を特徴としている。

皇族関連施設としてユニークな存在が皇族子弟のための寮〈旧学習院高等科昭和寮（現・日立目白クラブ）〉である。昭和寮は本館と寮舎（第1～第4）、官舎（舎監の住居）、門衛所の7棟で構成され、生徒50名と舎監家族が暮らしていた。本館の外観はスパニッシュ様式で、室内は、階段の金属版の透かし模様や幾何学的な漆喰装飾、ステンドグラスなど随所にアール・デコ様式の影響が表れている。本館1階は食堂、談話室などの生徒の施設で、2階は応接室や舎監室などの教育施設となっていたが、現在はクラブ建築として活用されている。

1925年様式とも言われるアール・デコは、日本においては1930年代の商店建築をはじめとする消費の空間を彩る際に採用されることが多い。きわめて例外的に1925年様式のオリジナルがそのままに皇族邸宅に採用されたのが〈旧朝香宮邸（現・東京都庭園美術館）〉[4-22,23,24]である。ご夫妻がパリで開催中の博覧会を体験したことから、現地のデザイナー・H・ラパンにインテリアデザインを依頼した。宮内省内匠寮の設計した鉄筋コンクリート造の軀体の中に、パリでつくられた建具や扉などのインテリアが組み込まれた。本格的なアール・デコ様式の邸宅は他の皇族邸宅と比較しても別格の豪華さで、明治天皇の第八皇女の立場にして可能となった邸宅であり、昭和戦前期の東京に突然に舞い降りた奇跡のような邸宅である。

ブルジョワジーの西洋館

さまざまなスタイルの導入

〈東宮御所（赤坂離宮）〉で体得した歴史主義の手法は、明治30年代以後の日本の西洋館のレベルを一気に押し上げた。ルイ王朝の

[4-20]
旧李王家東京邸
1930年／東京都／宮内省内匠寮／鉄骨鉄筋コンクリート造＋木造

李王家とは李氏朝鮮第26代高宗皇帝の子である昌徳宮垠（ぎん）殿下の家系。1907（明治40）年、11歳の時に日本留学（実質的な人質）、陸軍幼年学校から陸軍大学に進学、1920（大正9）年に梨本宮方子（まさこ）妃と結婚、日本の皇族として生きた。1955（昭和30）年より赤坂プリンスホテルとして開業、2016年にはグランドプリンスホテル赤坂跡地の再開発にあわせ曳家して保存復元された。李王家を担当したのは、課長北村耕三と技師の鈴木鎮雄、権藤要吉、主任技手の輪湖文一郎。

[4-21]
旧李王家東京邸
1階応接室

[4-22]
旧朝香宮邸　外観（中左）
1933年／東京都／宮内省内匠寮、H・ラパン／鉄筋コンクリート造

久邇宮家の流れを汲む朝香宮鳩彦（やすひこ）と、明治天皇の第八皇女允子（のぶこ）内親王のための邸宅。1923（大正12）年、鳩彦殿下が留学中のパリで、北白川宮夫妻とともに交通事故に遭遇したため、見舞いにいかれた内親王と、しばし夫婦でパリに滞在していた時に1925年の"アール・デコ博覧会"を体験したことから、朝香宮邸のスタイルが決定された。内匠寮の側は、北村耕造課長のもとで、権藤要吉が設計を担当。H・ラパン設計の家具やインテリアはフランスから船で運ばれた。

[4-23]
旧朝香宮邸　玄関ホール（下左）

[4-24]
旧朝香宮邸　1階サロン（下右）

華麗な様式への理解が進む一方、日常生活に相応しいカジュアルな雰囲気を求める機運が高まってくる。儀礼や儀式を重んじる皇室皇族とは異なり、政財界で活躍するブルジョワジーたちは、徐々に日常生活にあった洋館を好むようになる。そうした日本人の施主に最も好まれたのはチューダー様式とスパニッシュ様式であった。

インテリアではイギリスのジャコビアン様式、クイーン・アン様式が好まれ、そこにアール・ヌーヴォーが顔を覗かせることもあった。宮内省内匠寮出身の建築家である木子幸三郎（こうざぶろう）が設計した〈旧渡辺千秋邸〉[4-27,28,29]は木造2階建ハーフティンバーによるチューダー様式の華麗な外観をもつ。インテリアで

は1階の応接室は華麗なロココ調、2階応接室はイギリス風のアール・ヌーヴォーが採用されている。ロココとヌーヴォーという曲線スタイルの共演である。日本へのアール・ヌーヴォーの導入は武田五一の〈福島行信邸〉を嚆矢とする。その内容はヌーヴォーというよりはマッキントッシュやウィーン・ゼツェッションに近い。また武田は学生時代より日本建築や茶室建築に関心をもっていたことから、とくに数寄屋の手法を欧米のモダンデザインと融合させる試みを先駆的に行なっている。

[4-25]
旧有栖川宮邸翁島別邸・天鏡閣　外観（上左）
1908年／福島県／宮内省内匠寮／木造

猪苗代湖畔に建つスティック・スタイルにフレンチ・ルネッサンスを加味した瀟洒な木造洋館。有栖川宮威仁親王の東北巡幸を機に建設された別邸。外観の複雑な構成に比べ、インテリアは比較的質素。

[4-26]
旧有栖川宮邸翁島別邸・天鏡閣　応接室（上右）

第2部　近代：明治・大正・昭和戦前　261

[4-27]
**旧渡辺千秋邸
外観（上右）**
1905年／東京都（現在は長野県へ移築）／木子幸三郎／木造

高輪にあった渡辺千秋伯爵の和洋館並列の邸宅。1962年に木造の洋館部分のみが移築され〈トヨタ鞍科記念館〉として保存されている。

[4-28]
**旧渡辺千秋邸
2階応接室（アール・ヌーヴォー）（上左）**

神戸大阪を代表する豪商芝川又衛門が1893（明治26）年に甲陽園に建てた週末住宅〈旧芝川又衛門邸〉は、武田五一によって設計されたカジュアルなスタイルの洋館であったが、1916（大正5）年にさらにモダンな装いが加えられた。ハーフティンバーの洋館のなかに本格的なアール・ヌーヴォーを展開したのは、九州の炭鉱王の邸宅〈旧松本健次郎邸（現・西日本工業倶楽部）〉[4-30]である。とくにインテリアにみるヌーヴォー特有の曲線美は他に類をみない。2階の座敷には暖炉が設置され、フランスのナンシー派に影響を与えた高島北海の描く襖絵との対比を見せている。

大正期に入ると和洋を取り混ぜた多彩なインテリアがさらに洗練度を増してくる。政治家鳩山一郎の住まいである東京音羽の〈旧鳩山邸（現・鳩山会館）〉[4-31,32]は比較的小規模ながら、様式建築の名手として知られる岡田信一郎の設計で、各部屋はチューダー様式とアダム様式、数寄屋風の座敷などが手堅くまとめられている。日本人建築家によるスパニッシュ様式の代表としては曾禰中條建築事

[4-29]
**旧渡辺千秋邸
1階応接室（ロココ様式）
（下）**

務所の設計した〈小笠原伯爵邸〉[4-33,34,35]がある。チューダー様式の暗褐色の食堂、果物と花のモチーフにあふれたラウンジ、イスラム調にまとめられた円形平面をもつ喫煙室など多彩な意匠が展開されている。喫煙室の外壁には美術タイルの第一人者である小森忍のデザインタイルが用いられている。

　昭和期になると地方においても優れた洋館がつくられるようになる。神戸の海運業を担った新興ブルジョワジーの邸宅〈旧乾新兵衛邸〉は、大阪を中心に活躍した建築家・渡辺節の設計で、重厚なジャコビアン様式から数寄屋までが巧みに処理されている。こうした数寄屋普請への理解と洋風住宅への巧みな応用は、昭和期の大きな特徴である。

鉄筋コンクリート造と充実したインテリア

　昭和期のブルジョワジーの邸宅の特徴として、鉄筋コンクリート造の洋館の存在がある。また和洋館並列型ではなく単独型の邸宅が増え、充実したインテリア空間の実現などが挙

[4-30]
旧松本健次郎邸　外観
1912年／福岡県／辰野片岡建築事務所／木造

九州の炭鉱王の一人、松本健次郎が建てた和洋館並列型の邸宅。洋館の内外ともにアール・ヌーヴォーが採用されている。2階の畳敷きの座敷には洋風暖炉が採られ、花鳥の襖絵とのコラボレーションをみせる。

[4-31]
旧鳩山邸　外観（左）
1924年／東京都／岡田信一郎／鉄筋コンクリート造

政治家鳩山一郎の邸宅。現在は鳩山会館として活用、公開もされている。鉄筋コンクリート造2階建の洋館。1階にはチューダー様式とアダム様式の応接室、食堂およびサンルームが並ぶ。階段室の五重塔をモチーフとしたステンドグラスは小川三知の作品。2階の和室と書斎は当時のままに残されたが、子供室3室は大きく改造。

[4-32]
**旧鳩山邸
居間からサンルームを望む（右）**

ッチタイルに身を包んだゴシック調の洋館である。コの字型の配置をもち1階は接客空間、2階は私室空間で、公私の空間と表奥の空間とが明確に分離されている。海軍関係の職にあった前田侯爵が、海外での体験から、欧米の方々を迎え入れるには伝統的な形式を重視したほうが良いと考え、急遽、木造平屋一部2階建の和館が増設された。和館の設計は帝室技芸員の大工棟梁佐々木岩次郎と、その息子の佐々木孝之助が担当している。

もうひとつの〈旧細川侯爵邸〉は本格的な西洋館が単独で建つ形式。1階は各種の洋風意匠の部屋を配しているが、2階部分には書院と数寄屋の座敷が並んでいる。昭和戦前期の最後を飾るブルジョワジーの邸宅が〈旧岩崎家熱海別邸・陽和洞〉である。鉄筋コン

[4-33]
小笠原伯爵邸　正面玄関部（上）
1927年／東京都／曾禰中條建築設計事務所／鉄筋コンクリート造

小倉藩主小笠原長幹が建てたスパニッシュ様式の邸宅。鉄筋コンクリート造2階地下1階、中庭（パティオ）と屋上庭園がある。東京都の施設となったのち公募により選定された事業者によって保存改修が行なわれた。現在は上述の通り、都の所有する歴史的建造物を民間に貸し出し保存活動を行なうPFI事業を利用し、高級スペイン料理の店として活用されている。

[4-34]
**小笠原伯爵邸
庭園側外観（中）**

[4-35]
**小笠原伯爵邸
サロン（下）**

げられる。〈旧前田侯爵邸〉[4-36,37,38]は震災後に本郷の敷地と等価交換のかたちで駒場に建てられた本格的な西洋館である。設計はのちにホテル建築の専門家となる高橋貞太郎である。本館は鉄筋コンクリート造でスクラ

クリート造ながらイギリスのチューダー様式を基本に、部屋ごとに異なった本格的な歴史主義のインテリア様式を採用、書院や数寄屋普請も含まれている。作庭は京都の小川治兵衛が担当、一山全体が世俗から隔離された静謐な空間となっている。

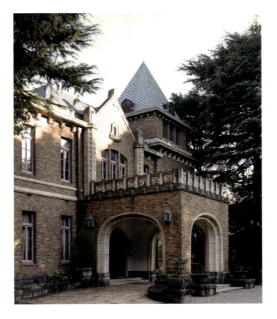

[4-36] **旧前田侯爵邸洋館 外観（上右）**
1929年／東京都／塚本靖、高橋貞太郎／鉄筋コンクリート造

前田家第16代の前田利為の邸宅。離れて迎賓館としての和館も建つ。鉄筋コンクリート造2階地下1階、スクラッチタイルに身を包んだチューダー様式。昭和期の日本建築家による西洋館としての完成度を示す。

[4-37] **旧前田侯爵邸洋館 階段室（上左）**

[4-38] **旧前田侯爵邸洋館 大食堂（下）**

>>> [第2部] 近代：明治・大正・昭和戦前

第5章 | 近代和風大邸宅の世界

近代社会における上流層の住まいは、和館と洋館の両方を並べた和洋館並列型を基本としているが、両者の関係を位置関係からみると、洋館主体と和館主体の二つのタイプがあることがわかる。位置関係というのは、正門から入ると最初に洋館が現れる場合は洋館主体型で、一方、車寄せをもつ和館が現れる場合は和館主体型である。もちろん、主体となる建物の中に接客機能が含まれている。そして規模については、接客空間のほうが日常生活空間よりも大きく採られている場合が多い。

〈旧竹田宮邸〉や〈旧東伏見宮邸〉など皇族たちの邸宅は、明治初期には洋館主体のものが多い。洋館の１階に接客の場、２階に日常生活の場を設け、併設されている和館は事務方や女官の施設である。明治も後半期になると、皇族邸宅の中に和館を主体とした邸宅構えが表れ、唐破風の車寄せを備えた和風大邸宅が登場する。その内部は書院風ながら椅子式を採用した和洋折衷の接客空間である。こうした和洋折衷の接客空間の最良のモデルとなったのは1888（明治21）年に竣工した〈皇居宮殿（明治宮殿）〉の表御殿で、〈正殿〉や〈豊明殿〉は書院造と欧米のバロック宮殿を混合した濃密な空間であった。こうした和洋折衷技法のインテリアは、瞬く間に上流層の邸宅へ広がっていった。

三井家や住友家といった財閥系の和風大邸宅には、国家的な迎賓館としての機能が要求されていた。公共施設としての劇場や歌舞伎座、能楽堂といった施設がまだ不完全であった時期、諸外国の要人を伝統芸能によるもてなしで接客する施設が財閥の邸宅に求められていたからである。

政財界人の邸宅の多くは、和洋館並列型の住まいであった。彼らにとっては、旧幕時代の権威の象徴であった書院造も、新時代のステータスである西洋館も、どちらもが憧れの対象であった。和洋館並列の形式は変わらないが、その使いかたはかなり自由であった。たとえば大勢の宴会や夏場の集まりには和館を使い、冬場の比較的少人数の会合には洋館（洋室）を用いるといった使いかたである。部屋の機能が固定されている洋館よりも、さまざまな接客内容に対応できる和室の融通性が大きな魅力であったからである。

上流層の人々のなかに、とくに茶の湯を通して交流を深め、互いに古美術品の収集を競い合う近代数寄者と呼ばれる人々があった。E・フェノロサや岡倉天心らの仕事に刺激され、海外に流出する日本の美術工芸品を買い集め、それらを茶の湯の世界に積極的に取り込んだ。広大な敷地には洋館、書院と並んで多くの草庵茶室が設けられ、独自の建築世界を形成していった。

皇室と皇族の和風大邸宅

新しい伝統の創出

　明治初年において洋風化の先鋒に立っていたのは明治天皇である。髷を落としての断髪、和装から洋装への転換なども自ら率先して行ない、明治という新しい時代に生きることを人々に印象づけた。天皇は、やむをえず旧幕時代の建物を使う場合でも、畳の上に絨毯をひき、靴のままで上がることを旨とした。とくに正式の謁見の場では、必ず椅子とテーブルを用いた。〈旧日光田母沢御用邸〉[5-1,2]は江戸〜大正までの形式が混在した施設であるが、正式な謁見所では畳に絨毯敷が採用されている。江戸期以来の御殿建築の中に椅子式を持ち込む形式は、〈旧沼津御用邸〉にも見ることができる。

　上流層における洋風化一辺倒の風潮に変化が出てくるのは、明治後期、日清・日露の戦役を終えた頃からである。日露戦争の勝利は、世界の一等国への仲間入りを果たしたという意識を多くの日本人に抱かせるようになった。と同時に、それまでの欧米追随ではなく、独自の文化をもつべきとの意識が目覚めてきた。歴史ある国家として"新しい伝統"を創出すべきという意識が、上流層を中心に起こってきたのである。皇室のみならず皇族の住まいかたにも変化が表れ、能楽や歌舞伎、茶の湯などの伝統芸能や技芸を賓客たちの接客儀式に積極的に取り入れるようになった。そのために必要とされたのが、洋風の接客機能を備えた和風御殿であった。

明治宮殿のインテリア

　椅子式ながら和風意匠をもつ接客空間に一つのヒントを与えたのが、1888（明治21）年に完成した〈皇居宮殿（明治宮殿）〉[5-3,4]である。長く宮中の侍従を務めた入江相政は『皇居』（保育社）の中で、正殿のインテリアの印象について「文官の大礼服、武官の正装、どれも良く調和した。燕尾服やフロックコートにも、婦人のローブ・デ・コルテにもつり合いは良かった。さらに昔ながらの十二単にも不思議なほどに具合が良かった」と語っている。

　他方で、表御殿の〈豊明殿〉に見られる和洋折衷技法のインテリアは、バロック宮殿と豪華な書院造を混在させたようなスタイルであった。それは日本の伝統的装束にも、また

[5-1]
旧日光田母沢御用邸　外観
1899年／栃木県／木造平屋一部2階および3階／宮内省内匠寮／木造

江戸・明治・大正の三時代と、さらに用途の異なる建物で構成された御用邸。御座所と御寝室のある3階屋部分は〈紀州徳川家江戸中屋敷〉の一部を移築したもの。明治期に建てられた皇后宮は、民間人の小林年保の所有していた〈小林家別邸〉の建物を使用。大正時代に増築された公的部分が謁見所、御玉突所、表御食堂であり、この時期の建物は〈京都御所御常御殿〉の意匠を謁見所に取り入れたもので、近代和風宮廷様式と呼称されている。トラスの採用など伝統の様式を活かしながら、洋風技術が取り入れられている。

[5-2]
旧日光田母沢御用邸　謁見所

[5-3]
明治宮殿　正殿
1888年／東京都／皇居御造営事務局／木造

天皇皇后の日常生活の場としての奥御殿（山里地区）と饗宴および儀式の空間である表御殿（西の丸地区）の二つのエリアで構成され、両方を合わせると5855坪の広さをもつ。表御殿の〈正殿〉と〈豊明殿〉は、儀礼と饗宴に対応できる和洋折衷の空間。

[5-4]
明治宮殿　豊明殿

明治22年2月、帝国憲法の発布の祭典は正殿での儀式のあと、会場を饗宴場の豊明殿に移して開催、外山正一の発声による我が国初の万歳三唱が行なわれた。ここに参集した上流層の人々は初めて体験する和洋折衷の不思議な空間に驚かされたに違いない。

第2部　近代：明治・大正・昭和戦前　267

[5-5]
旧赤坂仮皇居御会食所　外観
1881年／東京都／木造

〈赤坂仮皇居〉の別殿として建てられた。ここで大日本帝国憲法の草案審議が行なわれたことから、憲法制定の功績として伊藤博文に下賜された。伊藤の死後、大井の〈伊藤邸〉より現在地に移築。

[5-6]
旧赤坂仮皇居御会食所　金鶏の間

正式な洋装にも似合う、独特の雰囲気を醸し出していた。〈明治宮殿〉のインテリアは、表宮殿のような公的部分には椅子座、奥御殿のような私的部分には床座の起居形式が採用された和洋折衷式である。

表御殿の天井は格天井、とくに重要な部分は黒漆塗りの二重折り上げの格天井で、格間には繧繝模様が描かれ、金鍍金の飾り金具が用いられていた。格天井にはシャンデリアが架けられている。壁は金砂子の貼付壁で、繻子張りに緞帳、床は寄木張り、建具には金蒔絵の唐戸が採用されている。そこにガラス戸やマントルピース、燭台、椅子、テーブルなどが混在した書院造とバロック宮殿とを混在させたような和洋折衷のインテリアである。その初期の姿は〈旧赤坂仮皇居御会食所（現・明治記念館本館）〉[5-5,6]にもみることができる。〈明治宮殿〉の建設は、建築のみならず、家具や室内意匠、彫刻や絵画、漆や金工といったさまざまな伝統工芸に従事する人々が、総力を挙げて完成させたものである。この室内意匠を担当した川島織物（株）の創設者である川島甚兵衛は、新しい日本の室内意匠を目指して、伝統の西陣織の近代化を推進した。

考案されたさまざまな織物は、〈明治宮殿〉のインテリアを彩った。維新の動乱期に有力なパトロンを失った伝統工芸の世界が、再び息を吹き返すきっかけとなった。それは、洋風分野における〈旧東宮御所（赤坂離宮）〉の建設と同じような影響を後世に残したのである。

皇族の和風御殿

1910（明治43）年に建てられた〈旧梨本宮邸〉[5-7,8]は、接客機能をもつ和洋折衷の和風御殿の好例である。門を入ると、まずは壮大な唐破風の車寄せをもつ和風御殿があらわれ、洋館はその背後に置かれている。この和風御殿は、和洋折衷技法のインテリアをもち、応接室は床の間と違棚、付書院、長押、筬欄間などを備えた書院でありながら、絨毯敷きで椅子とテーブルがしつらえられている。さらに〈旧北白川宮邸〉[5-9]に至っては、敷地内の主要部分が和館で構成された、都内最大規模の和風大邸宅であった。東京大空襲により全焼、そのすべては灰となってしまった。その敷地跡には戦後、村野藤吾の設計により〈新高輪プリンスホテル〉が建てられている。

昭和戦前期における最後の皇族邸宅である

[5-7]
旧梨本宮邸　外観
1910年／東京都／木子幸三郎、中里清五郎／木造

渋谷町元青山7丁目に建てられていた総坪数1万6500坪あまりの和風大邸宅。宮内省内匠寮の設計で、木子幸三郎が嘱託、中里清五郎が工事主任。正面玄関は16尺の大きさを誇る車寄せ。公式の場として表御殿や御食堂には寄木張りの床に椅子式が採用。

[5-8]
旧梨本宮邸　応接室

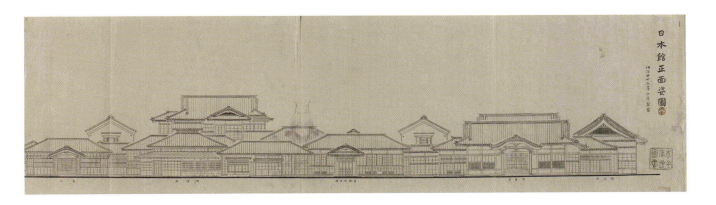

〈旧久邇宮邸〉［5-10,11］は、唐破風の車寄せをもつ本館〈クニハウス〉と別棟の〈パレス〉からなる邸宅であった。本館は唐破風の車寄せ部分のみを残して戦災で焼失、〈パレス〉は現在も聖心女子大学の施設として活用されている。木造2階建ての〈パレス〉には木造平屋の謁見所も付設されている。〈パレス〉の1階は和室の接客空間で、床の間・違棚・付書院・帳台構を備えた格式の高い空間。2階は和様折衷のインテリアをもつ書斎である。謁見所のほうも床の間・違棚に洋風暖炉が付加され、寄木張の床に折り上げ格天井といった和洋折衷の空間となっている。戦前期の皇族邸宅の掉尾を飾る貴重な遺構である。

財閥系の和風大邸宅

三井家の邸宅

江戸以来の富豪である三井家は、本家と連家を合わせて11家からなる同族を形成し、明治以降はいずれもが東京に在籍していた。本家とは北家、南家、伊皿子家、新町家、室町家、小石川家の6家で、連家とは松坂家、永坂家、五町目家、本村町家、一本松家の5家である。惣領家であり、普請好きとしても知られる北家の当主・三井八郎右衛門高棟は1887（明治20）年に京都より移転し、1906（明治39）年6月に〈旧三井家今井町邸〉［5-12,13,14］を構えた。

広さは当初7700坪であったが1920（大正9）年に隣接する藤田家の敷地を譲り受け1万3500坪あまり、この敷地に建坪700坪の本館14棟のほかに茶席3棟、土蔵3棟、供待、門番所、車夫部屋、作事部屋などが建てられていた。本館和風部分は1909（明治42）年に竣工、設計は小田垣清三郎との記述があるが、工事を担当した清水米吉の証言によると、建物の設計からすべての意匠は男爵である高棟自身が行なったという。建築に造詣の深い施主の意向が強く反映されていたのであろう。1922（大正11）年に別棟として建てられた饗宴場は、イギリス皇太子を迎えるにあたって建設された約300坪の和洋折衷の建物で、宮内省内匠寮の木子幸三郎が設計を担当している。本館の中でも高棟が最も力を注いだのは、大書院と書斎である。全体構成は大名屋

[5-9]
旧北白川宮邸
日本館正面姿図
1912年／東京都／宮内省内匠寮／木子幸三郎／木造

明治の初年には洋館が中心であった皇族邸宅が、和館中心に大きく変化した最も顕著な例。

[5-10]
旧久邇宮邸 外観
1914年／東京都／森山松之助／木造

森山は台湾総督府の技師。本館〈クニハウス〉は唐破風の車寄せ部分のみ現存。

[5-11]
旧久邇宮邸 書斎

第2部　近代：明治・大正・昭和戦前　269

[5-12]
**旧三井家今井町邸
外観**
1908年／東京都／清水米吉
／木造

三井八郎右衛門高棟が自ら設計、意匠を担当、清水米吉が工事監督と家具製作を担当。書院は「上の間」「次の間」「三の間」「中の間」「鞘の間」「化粧の間」の合計六つの座敷で構成されている。襖や小壁の画はすべて川端玉章の作、釘隠し、引手、「上の間」の金物はすべて七宝。本格的な書院造ながら床は絨毯敷きで、椅子とテーブルが置かれ、椅子式の生活が採用。敷物は堺で作らせた特注の織物、椅子は蝋色うるみ塗りで桐と唐草模様を盛り上げ金蒔絵にしている。椅子の張り布は、古代錦の模様を拡大したものを京都の西陣で織らせた繻珍。

[5-13]
**旧三井家今井町邸
大書院**

[5-14]
**旧三井家今井町邸
配置平面図**

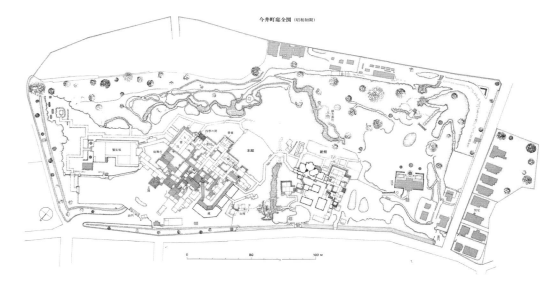

今井町邸全図（昭和初期）

敷そのままの配置形式で、大書院には能舞台を付属させ、茶席としては立礼式の〈北泉閣〉と京都正伝院より移築した国宝〈如庵〉が敷地内に置かれていた。〈如庵〉は戦時中に大磯の別邸〈城山荘〉に移築されていた。大磯の〈城山荘〉は、高棟の発案で奈良の薬師寺をはじめ全国の社寺から不要となった古材や造作物、礎石などを集めて再利用した建築であり、高棟の数寄者としての側面を窺わせる。〈旧三井家西麻布邸〉[5-15]は〈京都本邸〉の部材などを東京の麻布笄町に移築したもので、現在は江戸東京たてもの園に移されており、和洋折衷技法による独特の空間が体験できる貴重な遺構となっている。高棟は震災後には都心を離れ、〈旧鍋島直大侯爵邸〉を買い受けたのち移築して手を加えた〈旧三井家拝島別邸（現・啓明学園）〉[5-16]に居を移し、郊外生活を営んだ。

住友家の邸宅

第15代の住友家当主となった住友吉左衛門友純は、名門・徳大寺家より迎え入れられて養子に入った人物である。のちに総理大臣となる西園寺公望は、友純の次兄に当たる。友純は「春翠」の号をもつ近代数寄者で、建築と造園、そして中国の古銅器類の収集では世界的なコレクターであり、在任期間中に数々の造営事業を行なったことでも知られる。

住友家は本邸として〈旧鰻谷本邸〉と〈旧茶臼山本邸〉の二つを造営、別邸として〈旧須磨別邸〉と〈旧舞子別邸〉〈旧鹿ケ谷別邸〉をはじめとして、ほかにも多くの邸宅を構えている。これらの設計を手掛けたのは住友家の営繕組織で、野口孫市や日高胖といった大学卒の優れた人材のみならず、八木甚兵衛という大工棟梁も抱えられていた。この点は自社に営繕組織をもたなかった三井財閥との一番の違いである。

〈旧鰻谷本邸〉の敷地は1636（寛永13）年頃

から住友家が邸宅を構えていた地所であるが、八木甚兵衛の手で木造2階建ベランダ付きの洋館が1879（明治12）年に建てられ、友純の養子入籍を機に、近代数寄者としての活動が活発化すると、公家出身の当主に相応しく"美術と生活の一体化"を目指すようになる。そのために取り組んだのが〈旧住友家茶臼山本邸〉［5-17,18］の建設である。それは伝統的な日本建築を邸宅の中心に置き、その内部に屏風絵や襖絵等の名品を飾ってまとめ上げた和風の邸宅美術館であり、住友春翠の思想と美意識が具現化された近代和風大邸宅であった。しかし、1903（明治36）年に大阪市で第5回内国勧業博覧会が開催されると、周辺の都市環境が急激に変化を遂げたことから、やむなく邸を手放すことを決意、敷地は大阪市に寄贈され、半分を占めていた庭園は慶沢園として公開、残りの敷地跡には大阪市立美術館が建てられた。春翠伝によれば、茶臼山の敷地について国民公共が必要ならば提供すると述べている。

〈旧住友家鹿ケ谷別邸〉は、南禅寺周辺に広がる京都の高級別荘地にある。木造2階建の書院と和洋折衷の応接室をもつ邸宅で、敷地の一部にあった泉屋博古館は美術館として西隣に移転し、一般に公開されている。伝統と革新の狭間で家業を営んできた住友家では、春翠という強烈な個性によって独自の建築世界が模索されてきた。そこには当主の旺盛な建築活動を支える優れた営繕組織があったこ

とも無視できない。野口孫市、日高胖らの跡を継いだ長谷部鋭吉、竹腰健蔵らによって築かれた設計組織は、今日の（株）日建設計へと継承されている。

岩崎家の邸宅

三菱財閥の岩崎家では早くからJ・コンドルとの関係を築き、〈旧深川別邸〉〈旧茅町本邸〉〈旧高輪別邸〉といった洋館を主体とする邸宅群をつくり上げてきた。〈旧岩崎家深川別邸〉［5-19］では、洋館と和館とが離れた位置に建てられていた。和館は大小四つの座敷で構成さ

[5-15]
**旧三井家京都本邸
書院客間**
1890年／京都府（現在は東京都へ移築）／木造

三井総領家は麻布今井町に本邸を構えていたが1945（昭和20）年の東京大空襲で焼失、その後、江戸期を通じて本邸が置かれていた京都市下京区の敷地に明治期に建てられた〈旧三井家京都本邸〉の部材を、笄町へ移築した。現在は小金井の江戸東京たてもの園にある。書院造ながら椅子・テーブルを導入した応接室など、和洋折衷の生活の様子が窺える。床の間や天井の高さを椅子式に合わせて調整している。茶室の〈望海楼〉は大磯の〈城山荘〉から移築したもの。

[5-16]
**旧三井家拝島別邸
外観**
1892年（竣工）1927年（移築）／東京都

震災後の1925（大正14）年に土地を購入、隣接していた〈伏見宮別邸〉の土地も後に購入し、そこに永田町にあった〈旧鍋島直大侯爵邸〉を1927（昭和2）年に移築して本館としている。1階には和風意匠の応接間があり、2階は書院造。滝山丘陵を借景とする庭園は、藪内節庵の設計。

[5-17]
旧住友家茶臼山本邸 配置図
1918年／大阪府／住友営繕部／木造

木造平屋桟瓦葺一部2階建の数寄屋風書院で、本館はおよそ630坪の広さをもつほかに付書院や洋館も建てられた。施工は二代目八木甚兵衛、庭園（慶澤園）は七代目の小川治兵衛が担当。1925年に建物は取り壊され、土地、庭園、茶臼山古墳は大阪市に寄付された。

[5-18]
旧住友家茶臼山本邸 外観

れ、清澄庭園の名前で親しまれている池泉回遊式の庭園を眺め、また回遊することを前提とした配置計画が採られていた。設計は幕府小普請方出身の工匠柏木貨一郎である。

洋館主体の岩崎家の邸宅群のなかでも特別な存在が〈旧岩崎家鳥居坂本邸〉[5-20,21]である。4代目当主となった岩崎小彌太が震災後の1929（昭和4）年に建設、外国人の賓客のための迎賓館として建てたものである。鉄筋コンクリート造の基礎の上に木造平屋および2階建の和館を載せた形式である。設計は内務省神社局から独立し、大江国風建築塾を主催していた異色の建築家・大江新太郎である。建築のみならず庭園には小川治兵衛、漆工芸にはのちに人間国宝となる松田権六など優れた美術家や工芸家を動員している。起伏に富んだ敷地を巧みに活かし、庭園との関係性を考慮した配置および断面計画をもっていた。フランス帰りの建築家・中村順平もスタッフとして参加、部屋全体を漆で仕上げた応接室は、漆によるアール・デコ様式ともいえるインテリアを形成していた。昭和戦前期を代表する近代和風大邸宅であったが、戦災で焼失、そのあとに、残ったRC造の基礎を活かして前川國男、坂倉準三、吉村順三の共同設計による〈国際文化会館〉が建てられている。

富裕層への拡がり

政財界人の邸宅

日本資本主義の父とも評される渋沢栄一は、あらゆる業界において指導的な役割をはたした。建築業界においては清水組（のちの清水建設）の相談役として、その近代化を手助けし、また日本初の建築家である辰野金吾のパトロンとして、渋沢商業街のさまざまな建築の設計を発注してきた。渋沢の最初の自邸で辰野の初期作品である〈旧渋沢兜町邸〉は、運河に面する敷地環境からヴェネチアン・ゴシック様式が採用された洋館であった。その後は大勢の人々が集まるという接客機能を重視して和館主体の邸宅〈旧渋沢深川邸〉が清水喜助によって建てられた。渋沢の終の住みかとなった〈旧渋沢王子飛鳥山邸〉は最初は別荘として使用されていたがのちに増築されて〈曖依村荘〉[5-22,23]の名で本宅としての機能をもつこととなった。和風本館の設計は柏木貨一郎、洋館は清水組（現・清水建設）が担当、大正期には古書籍を収蔵する〈青淵文庫〉と和風バンガローともいうべき〈晩香廬〉が建てられた。和風庭園と洋風庭園、茶室と茶庭も設けられ、世界各国からの賓客を迎え入れるための接客と饗宴の場が用意されていた。とくにユニークな点は、和風の本館に書院とセットになった演舞場が設けられていたことである。本館および洋館は東京大空襲で焼失したが、〈晩香廬〉〈青淵文庫〉のみが現存し、往時の華やかさを伝えている。

政財界のなかでも、とくに和風大邸宅にこだわった人物として、土佐藩出身の元勲田中光顕がいる。その本邸〈蕉雨園(旧田中光顕邸)〉は目白の〈椿山荘(旧山縣有朋邸)〉に隣接しており、本格的な書院には床の間、違棚、付書院に加えて帳台構も備えた最上級の座敷飾りが設けられている。宮内大臣を務めた田中は、在任中に明治天皇を自宅に迎えることが夢であり、そのための和風御殿であった。田中は静岡に別邸〈古谿荘〉も設けていて、書院主体の邸宅だが、数寄屋や茶室、そしてユ

[5-19]
旧岩崎家深川別邸 和館
1893年／東京都／柏木貨一郎／木造

駿河台に本邸を構えていた弥太郎がゲストハウスとして建てた別邸。震災で和洋館ともに焼失。1923年から深川清澄庭園として市民に公開された。久弥時代に保岡勝也によって設計された茶亭(涼亭)が現存。池泉回遊式の庭園の設計は、京都武者小路一門の茶匠で造園家の磯谷宗庸。

[5-20]
旧岩崎家鳥居坂本邸
1929年／東京都／大江新太郎／木造＋鉄骨コンクリート造

彌之助の建てた純洋風の〈旧高輪邸〉に対し、小彌太は新日本式建築として〈鳥居坂本邸〉を建てた。とくに外国からの賓客を迎える和風迎賓館としての性格をもつ。設計は大江新太郎、インテリアは中村順平、彫金と漆は松田権六、庭園は小川治兵衛、美術タイルは小森忍、ステンドグラスは小川三知といった当代一流の人々が担当。

[5-21]
旧岩崎家鳥居坂本邸 南北立面図

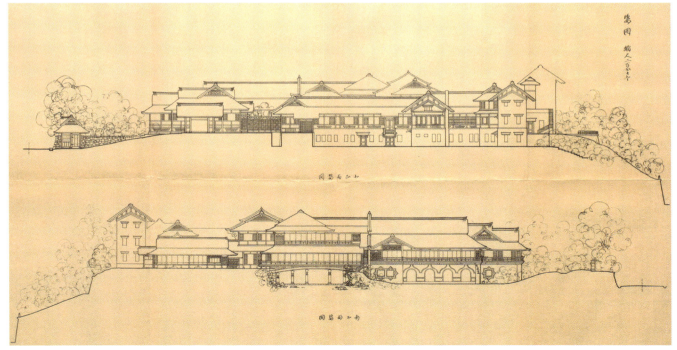

第2部　近代：明治・大正・昭和戦前

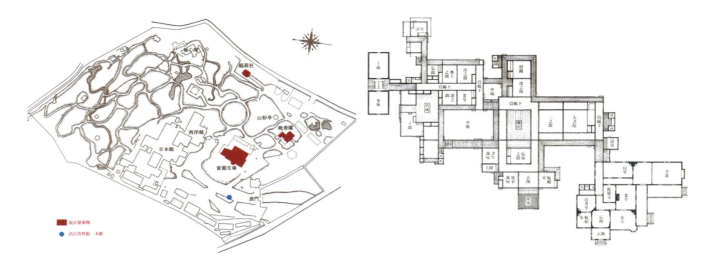

[5-22,23]
**旧渋沢王子飛鳥山邸
曖依村荘
配置図・平面図**
1900年／東京都／柏木貨一郎、清水組／木造、洋館は煉瓦造

渋沢栄一が王子の飛鳥山に構えた邸宅。当初は別荘として使われたが、徐々に重要性を増し、最終的には本邸として使われた。和風大邸宅の本館は柏木貨一郎、洋館は清水組、茶室〈無心庵〉は益田克徳らが担当。本館には書院に付随して舞踏場が設けられていた。

ニークな十字形平面をもつ洋風応接室を備えるなど、普請道楽の元勲らしい邸宅構えを見せている。

新興財閥の雄である大倉喜八郎の本邸は、現在のホテルオークラの地に建つ大名屋敷を改造したものであったが、戦災で焼失。大倉自身がこよなく愛した和洋折衷技法の濃密な空間をもつ〈旧大倉喜八郎向島別邸〉[5-24,25]のほうは、戦後に船橋へ移築、活用されていた。

公爵の位をもつ毛利家は、地元の三田尻に壮大な邸宅〈旧毛利家三田尻邸（現・英雲荘）〉を構えた。玄関棟、大観楼棟、奥座敷棟、台所棟の四つの棟が中庭を囲むロの字型の配置である。大きな唐破風の車寄せをもつ玄関棟は木造平屋建てで、中には和風意匠の洋

[5-24]
**大倉喜八郎向島別邸
蔵春閣　外観**
1912年／東京都／大倉土木（今村吉之助、山中彦三）／木造

〈向島別邸〉は書院と付属屋と〈蔵春閣〉からなる。戦時中は海軍の手に渡り、戦後は〈蔵春閣〉のみが船橋に移築され「長安殿」の名で使われていた。2006年に解体されたが、大倉喜八郎の郷里である新発田市への移築が予定されている。

風応接間が付く。木造2階建の大観楼棟は入母屋桟瓦葺で、欄干付き勾欄をもつ本格的な書院である。大観楼棟の1階部分は正式な対面儀礼の場、2階座敷は三田尻の海への眺望を楽しむことのできる数寄屋風の意匠が採られている。

関東地方に建つ昭和戦前期の和風大邸宅の代表は〈旧中島知久平邸〉[5-26,27,28]と〈旧遠山元一邸(現・遠山記念館)〉[5-32,33,34]である。中島知久平は三菱と並ぶ民間の航空機会社であった中島飛行機の創設者である。東京三鷹に本邸を構えていたが、郷里の群馬県尾島町に両親の隠居所として、また太田工場の迎賓館として建てたものである。〈旧毛利家三田尻邸〉と同様にロの字型の配置をもち、二つの洋風応接室を備えた玄関棟や書院棟、主人棟、隠居棟からなる。書院棟からは窓越しに航空演習の様子を望むことができた。〈旧遠山元一邸〉は日興証券の社長である遠山が、郷里に住む母親のために建てた邸宅である。旧家復興の思いを豪農の館として表現する一方、書院と数寄屋、アール・デコの洋間など複数の様式が混在し、また多くの良材がふんだんに使われた、昭和期ならではの邸宅である。東大阪の〈旧森平蔵邸(現・樟徳館)〉[5-29,30,31]は、森平汽船会社の社長の森平蔵が

[5-25]
大倉喜八郎向島別邸
蔵春閣　2階座敷

昭和初期に建てた邸宅である。材木業も営んでいたことから全国各地より集められた良材と優れた職人技によって和洋折衷の室内空間をつくり上げている。

　地方で活躍した実業家たちの多くは、迎賓機能を兼ね備えた和風邸宅を構えていた。石炭産業の盛んな九州地方には筑豊の麻生太吉や伊藤伝右衛門、そして唐津の高取伊好など石炭王と呼ばれる人々がいる。飯塚にある〈旧伊藤伝右衛門邸〉は、歌人の柳原白蓮を迎え入れるために建てられた邸宅、2階の白

[5-26]
**旧中島知久平邸
外観**
1931年／群馬県／伊藤藤一／木造

三菱と並ぶ航空産業の雄であった中島飛行機製作所の創業者・中島知久平が、郷里の尾島町に建てた邸宅。両親の隠居所としてつくられたが、企業の迎賓館としての性格をもつ。玄関棟、書院棟、主人棟、居間棟の4棟で構成されている。設計は宮内省内匠寮出身の建築家伊藤藤一で、基本設計の段階では先輩格の中里清五郎が関与していた。

[5-27]
**旧中島知久平邸
応接室**

[5-28]
**旧中島知久平邸
書院**

276　第5章　近代和風大邸宅の世界

蓮の間は瀟洒な数寄屋風にまとめられている。〈旧高取伊好邸〉は1887（明治20）年に建設された和風大邸宅であるが、室内に能舞台を備えており、日常生活の中で能楽を楽しんでいたことがわかる。

一方、東北地方には豪農で知られる酒田の本間家や新潟の伊藤家などがある。〈旧伊藤本家（現・北方文化博物館）〉は約8年をかけて1889（明治22）年に完成したもので、施工は笹岡の大工棟梁斎藤金蔵である。8800坪の敷地には大書院、奥座敷、茶室、茶の間、台

[5-29]
旧森平蔵邸
1937年頃／大阪府／木造

東大阪の帝国キネマ長瀬撮影所の跡地に建つ。森平蔵が海運業や材木業を営んでいたことから、全国各地の良材を収集している。1932（昭和7）年頃より計画され、5年以上の歳月をかけて完成。約21年間私邸として利用され、その後森の創設した樟蔭学園へと寄贈された。

[5-30]
旧森平蔵邸　応接室

[5-31]
旧森平蔵邸　居間

第2部　近代：明治・大正・昭和戦前　277

[5-32]
**旧遠山元一邸
外観(上左)**
1936年／埼玉県／室岡惣七
／木造

正面玄関部は茅葺屋根の農家。本格的な書院棟の2階には、来客用の洋間と日本間、数寄屋棟には銘木を駆使した茶室や仏間などが設けられている。

[5-33]
**旧遠山元一邸
1階書院(上右)**

所、米蔵などが別棟で建てられ、総建坪は1200坪に及ぶ。建築としては格式を備えた大書院と三角形の平面をもつ茶室がとくに優れている。明治維新とともに政府の殖産興業を側面から支え、自らも大きな財力を蓄えてきた豪農や豪商は、封建時代の庶民には許されなかった様式への夢を開化させたのである。

近代数寄者たちの建築世界

近代数寄者

　政財界で活躍しながら、趣味の世界で茶の湯を楽しみ、その富を背景に古美術品を買い集め、個性的な茶の世界に遊ぶことに執念を燃やしていた人々を近代数寄者と呼ぶ。政治家の井上馨(世外)や実業家の益田孝(鈍翁)、藤田伝三郎(香雪)といった人々である。明治・大正・昭和戦前期にわたる近代数寄者の活動のなかで最も華やかな時期の中心人物が、鈍翁益田孝である。鈍翁の〈御殿山邸〉の敷地内には、J・コンドルの洋館と柏木貨一郎の設計した書院〈禅居庵〉と大小さまざまな茶室群が点在し、ここで行なわれる大寄せの茶会「大師会」には、大勢の人々が集まった。東京大空襲ですべて焼失したが、焼失前に鈍翁より東京国立博物館に寄贈された〈応挙館〉[5-37,38]のみが、遺構として残る。震災後の鈍翁は東京を離れ、小田原の地に〈掃雲台〉を構え、茶の湯三昧の晩年を過ごした。震災後の大師会の会場は、御殿山から護国寺に移った。高橋義雄(箒庵)の尽力により整備が進められてきた〈護国寺茶苑〉は、関東における茶の湯の総本山の役割を担った。箒庵

の意向を受けて護国寺内の茶席の移築や新築を手掛けたのは、数寄屋建築師の仰木魯堂(敬一郎)である。

　益田鈍翁や高橋箒庵らの茶の湯は、いわば趣味至上主義ともいえるものであったが、近代数寄者のなかには、国粋主義にもとづく茶道経国論を打ち立てる者もいた。関西の近代数寄者のひとり高谷宗範は、皇室中心主義の山荘流茶道を創設した人物で、"国粋としての茶道"の実践の場として宇治木幡に〈松殿山荘〉を築いた。この建築は高谷の"方円の思想"にもとづき、円形と正方形を基本に平面や立面が構成されたユニークな和風建築である。

数寄空間の創出

　鈍翁の後輩にあたる原富太郎(三溪)は横浜に〈三溪園〉[5-39,40]を築き、各地の名建築を移築、独自の美意識によって園内を整備、境内全体を自身の作品としてまとめ上げた。外苑は早くから一般にも公開されていた。原の個人生活の場である〈鶴翔閣〉においては、多くの日本画家を滞在させ、絵画鑑賞や創作の場として開放するなど、パトロンとして彼らを保護した。鈍翁から三溪へ、三溪から耳

[5-34]
旧遠山元一邸　2階洋間

[5-35]
白雲洞茶苑　外観
1916年／神奈川県／木造

箱根の強羅公園の一画に造られた茶室群。鈍翁益田孝好みの田舎家の茶室〈白雲洞〉を中心に、〈対字斎〉や〈不染庵〉などが建ち並ぶ。1922(大正11)年に益田から原三溪に譲られ、三溪死後の1940(昭和15)年に松永安左エ門に譲られたことから、近代の三大茶人ゆかりの茶室となった。

[5-36]
白雲洞茶苑　内部

[5-37]
応挙館　外観
1742年／東京都／木造

もともとは天台宗の〈明眼院〉の書院。益田孝が買い取り品川御殿山の自邸内に移築、大師会をはじめとする数々の茶会の舞台となった。円山応挙が描いたとされる障壁画が名前の由来。1933(昭和8)年に東京国立博物館に寄贈された。

[5-38]
応挙館　内部

庵松永安左エ門へと譲られた3人の近代数寄者ゆかりの建築が、箱根の強羅公園内に建つ〈白雲洞茶苑〉[5-35,36]である。彼らに愛された仰木魯堂のつくった農本主義の茶席である。松永安左エ門ゆかりの施設としては小田原に〈老欅荘〉、埼玉には江戸期の農家を移築した〈柳瀬荘・黄林閣〉があり、農本主義の茶の継承者であることを示す。

　藤田伝三郎は鉱山業で財をなし、茶道と能楽と道具収集を趣味とする関西きっての近代数寄者となり、ふたりの息子ともども数寄者としての生涯を送った。〈旧藤田綱島邸〉は本邸・西邸・東邸の三つの邸宅で構成された大邸宅であった。〈本邸〉と〈西邸〉は大阪大空襲で焼失し、RC造の蔵と門、そして〈東邸〉[5-41,42,43,44]のみが残った。現在は〈太閤園・淀川邸〉として活用されている。〈旧毛利家三田尻邸〉と同じロの字型の配置で、唐破風の車寄せ玄関と洋風応接室、書院棟には一の間

から三の間までの座敷が並び、三の間の畳を外すと能舞台に早変わりする。数寄屋棟には３部屋の小間の茶席が並ぶ。道具の収集家としても名を挙げた藤田のコレクションの多くは、現在、隣接する〈藤田美術館〉に所蔵されている。こうした近代数寄者たちの建築世界は、さらに多くの実業家たちの憧れの的となって拡がり、中規模程度の和風邸宅にも瀟洒な茶室を構えることが流行となった。

　近代数寄者たちが構えた和風大邸宅は、戦後の財閥解体や財産税のために、その多くが失われた。土地や建物、そして多くの収集品を守るための方法として採用されたのが美術館・博物館への転用である。東武鉄道の根津嘉一郎が東京青山に構えた邸宅と庭園は、現在は〈根津美術館〉として活用、東急の五島

[5-39]
三溪園　外観
1902〜22年／神奈川県

横浜を代表する生糸貿易商の原富太郎（三溪）が築いた邸宅。1902（明治35）年に本邸〈鶴翔閣〉を建設、その後、園内には〈臨春閣〉をはじめ数々の名建築を移築して、独自の建築世界をつくり上げた。1906（明治39）年からは、外苑が市民にも公開されている。原三溪はこの地で、美術品の収集や芸術家の支援を行なった。

[5-40]
三溪園臨春閣　内部

第2部　近代：明治・大正・昭和戦前　281

慶太の収集品は〈五島美術館〉に継承され、愛用の茶室も残されている。

数寄屋邸宅の普及

　日露戦争後に建てられた上流層の和風大邸宅は、迎賓館に近い性格をもつものが多かったが、大正から昭和に向かうにつれて、徐々に住宅本来の私的性格を帯びたものへと変化してきた。格式ばった儀礼的・儀式的な接客ではなく、気の合った仲間たちとの交流を主眼としたサロン的雰囲気が求められ、茶の湯と美術品の鑑賞を中心とした和風サロン文化が形成されてきたのである。新聞連載の茶会記を通じて近代数寄者たちの世界が一般のブルジョワジーたちに与えた影響も少なくな

い。益田孝の〈白雲洞茶苑〉[5-35,36]に見られるような農本主義の美学に支えられた田舎家の茶席などが、格式ばらない接客方式として浸透していたのである。

　武田五一の卒業論文「茶室建築」（明治30

[5-41]
旧藤田綱島邸東邸　外観
1914年／大阪府／木造

大阪を代表する実業家の藤田伝三郎が綱島に構えた邸宅は、西邸と本邸と東邸の三つのブロックからなっていた。現在の〈旧大阪市長公館〉の立つ場所にあった西邸とその隣の本邸（現・藤田美術館）の建物は、すべて大阪の大空襲で焼失。東邸のみが太閤園・淀川邸として残る。

[5-42]
旧藤田綱島邸東邸　書院

[5-43]
**旧藤田綱島邸東邸
応接室（下左）**

[5-44]
**旧藤田綱島邸東邸
茶室（下右）**

年)は、建築家によって書かれた初めての茶室論考である。新しいデザイン傾向に関心を抱いていた武田が、日本の住宅様式の中で最も自由な形式をもつ茶室に惹かれてまとめたものである。1916(大正5)年には建築家の大江新太郎の「数寄と住宅」(『住宅建築』建築世界社)が書かれている。大江は「数寄屋の建築なり又は数寄屋建築を一般住宅に応用すること」を主張し、間取り、造作建具、寸法などにわたって検証を試みている。

大正5年は武田の後輩にあたる藤井厚二によって数寄屋モダニズムの名作〈聴竹居〉(第2部第8章を参照)が発表された年でもある。イス座とユカ座、数寄屋とモダニズムの融合は昭和戦前期の近代住宅におけるテーマとなっていた。ミツワ石鹸でしられる三輪善兵衛の〈旧沼津別邸「松岩亭」〉[5-45,46]は、柏木祐三郎が設計した数寄屋住宅で、座敷のみならずイス座の接客空間までも数寄屋手法で統一されている。

東京高輪の〈旧鈴木三郎助邸〉[5-47,48]は、官内省内匠寮出身の建築家木子幸三郎の設計による邸宅である。2階建ての書院棟、主人棟、数寄屋棟がL字型に庭を囲い込み"真・行・草"の展開を見せる数寄屋邸宅の名作で〈味の素記念館〉として活用されてきたが近年建て替えられてしまった。

昭和期に入ると建築の専門雑誌においても数寄屋の特集が組まれ数寄屋ブームの様相を呈するようになった。会員向けに発行された建築学会パンフレットでも『数寄屋建築』(1931年)の特集が組まれたのは、そうした社会の傾向を反映しての事であろう。数寄屋再考の動きは中流階層の住宅にも大きな影響を及ぼすようになる。我国最初期の住宅作家である保岡勝也は大正から昭和初期にかけて多くの住宅啓蒙書を刊行しているが、昭和期に入ってからの著作は茶室や数寄屋に関するものが多い。

建築専門の出版社として知られる洪洋社から出された『数寄屋集成』(全20巻、1935~37年)は数寄屋研究家として知られる北尾春道の監修によるもので、人目に付きにくい古今の数寄屋の名作を写真と図面を添えて解説したものである。英文を併記し外国人への対応も図られた書籍で、昭和初期の数寄屋ブームを背景とした企画であった。こうしたなかで、建築家の堀口捨己による茶室建築の研究と実践や吉田五十八による新興数寄屋への挑戦などが行われていたのである。

[5-45]
旧三輪善兵衛沼津別邸 松岩亭 外観
1907年／静岡県／柏木祐三郎／木造

ミツワ石鹸の三輪善兵衛が沼津市より3000坪の敷地を借用して建てた別邸で、松石園の中に建つ。幕府小普請方の流れを汲む柏木祐三郎が設計した数寄屋建築。戦時中は海軍の施設として、戦後は大蔵省の管轄となった。1946(昭和21)年に沼津市が大蔵省より取得し、(社)沼津倶楽部として設立。2006(平成18)年に数寄屋建築の改修と隣接して、RC造のゲストハウス(設計は渡辺明)を建設。数寄屋部分はレストランやライブラリーとして使用。

[5-46]
旧三輪善兵衛沼津別邸 松岩亭 洋風応接室

[5-47]
旧鈴木三郎助邸 外観
1929年／東京都／木子幸三郎／木造

味の素(株)の二代目鈴木三郎助の自邸。設計を担当した木子幸三郎は和風、洋風のいずれにも優れた才能を発揮した。木造2階建の書院棟、主人棟、数寄屋棟と"真・行・草"の三つのブロックからなる昭和期を代表する近代和風大邸宅であったが解体された。

[5-48]
旧鈴木三郎助邸 主人の間

[第2部] 近代：明治・大正・昭和戦前

第6章 | 日本建築のアイデンティティを求めて

　日本の国会議事堂は、1918（大正7）年の公開設計競技を経て2年後に着工、そして関東大震災を乗り越え17年の歳月をかけて1936（昭和11）年に竣工している。この建築への取り組みは、1885（明治18）年の内閣制度発足とともに始まっているから、実際は竣工まで約半世紀もかかったことになる。近代国家「大日本帝国」の象徴となるべき宿命を背負ったこの議事堂建設の軌跡は、明治・大正の日本建築界の軌跡そのものだった。日本の建築家たちは、西欧建築を習熟するほどに「日本的なるものとは何か」という想いをつのらせ、日本建築のアイデンティティへの希求は高まっていったのである。

　1910（明治43）年夏、「我国将来の建築様式を如何にすべきや」という討論会が日本建築学会で開催されている。当時の主要建築家たちによるこの討論会の趣旨は、建設が現実化しつつあった国会議事堂をいかなる様式で飾るか、その意見を広く求め、方針を決定することにあった。それは、誰もが納得する近代日本の「国民的建築様式」でなければならず、建築界の関心は高く、聴講者は100人を超えたという。座長は、建築界の長老となっていた第一世代の建築家、辰野金吾である。明治を飾る建築を数多く手掛けた彼は、国家的建築プロデューサーとして国会議事堂をその最終章にしようと考えていたに違いない。すでに第二、第三世代の建築家が活躍していた明治末から大正初期の建築界は、西欧歴史主義建築の習熟期から西欧プレモダンの影響も現れる革新期へと移行していたものの、いまだ様式折衷主義のなかにあった。この討論会で、明快な結論はもちろん出ていない。しかし、その頃の建築思想状況が建築家それぞれの立ち位置とともに整理され、日本建築界にとって示唆に富む方向性が示されることになる。

　建築家がいかなる立場に軸足を置くかにより、大きく三つの道が明示されたのである。それらを端的にいえば、長野宇平治らの「西欧建築推進派」、伊東忠太らの「和風進化論派」、横河民輔や佐野利器らの「機能合理主義派」となろう。「西欧建築推進派」は、地球全域に西欧文化圏は拡大しつづけているのだから、日本も従来通り歴史主義を深化させればよいとし、「和風進化論派」は、日本の気候風土に培われた伝統建築を近代文明にふさわしい新しい建築へと進化させるべきとし、帝国主義と資本主義へ向かう日本近代国家が要請する質実剛健で機能重視の合理的な建築を目指せば、建築様式は自ずと浮上するというのが「機能合理主義派」だった。

　いずれにしろ、近代ならではの建築素材である鉄とガラス、とくに鉄筋コンクリートの登場は、日本建築をその根底から大きく変えていく。その直接の契機となったのが、東京を壊滅させた大正の関東大震災だった。

歴史主義の変容と綻び

「西欧建築推進派」の行方

日清・日露の両大戦にからくも勝利した明治日本は、その存在を世界に知らしめ、東洋の貧国から欧米列強に並ぶ近代国家へと成長を遂げていく。それに弾みをつけたのが、第一次世界大戦による経済特需だった。帝国主義と民主主義が入り混じって大正モダンは華やかに幕を開け、好景気を謳歌していく。

しかし、1923（大正12）年の関東大震災で首都圏は壊滅し、その復興まもない昭和のはじめに世界大恐慌が日本を襲い、起死回生を目指す昭和日本は帝国主義を強化していく。この明治末から大正、昭和初期にかけての激動のおよそ四半世紀、日本の建築は大きく変容する。それは、明治末の日本建築学会の「我国将来の建築様式を如何にすべきや」という討論会の予言の通りに展開していった。すなわち、「西欧建築推進派」「和風進化論派」「機能合理主義派」という大きな三つの潮流が明治末に形を成し、それらは日本建築のアイデンティティを探し求めるかのようにうねり重なり合い、大正、昭和初期の建築となっていったのである。

「西欧建築推進派」の行方を見てみよう。明治国家の権威を飾ってきた歴史主義、とくに古典主義は、近代社会を担う新しい用途の建築にも多く採用されるようになる。その主流となったのが、西欧の斬新なゼツェッションや重厚壮大なネオ・バロック様式ではなく、新大陸のアメリカン・ボザール様式だった。このアメリカ版新古典主義の根底には、資本主義を強力に推進する後進国アメリカならではの、フロンティア精神に満ちた実利主義が流れていた。同じ後進国日本の資本家や建築家にとって、古典主義様式を簡略化しながら最先端技術を搭載した実利主義の建築はとても魅力的に見えたに違いない。

アメリカン・ボザールの実利主義から歴史主義のほころびへ

多くの日本の建築家が、摩天楼聳えるアメリカの大都市を訪れ、アメリカン・ボザール様式に飾られた建築や最新の構造設備技術を学んでいる。そして、日本に輸入されたアメリカン・ボザール様式は、正統派・古典主義と折衷派・古典主義へと大きく二つに分かれていく。主に、前者は権威と格式を重んじる銀行などの金融系商業ビルに、後者は世界の建築様式の華やかな内装を楽しむクラブハウスやホテルのロビーに採用されていったのである。

その正統派・古典主義の東京を代表する建築が〈明治生命館〉[6-1,2]であり、関西の大阪では〈住友ビルディング（現・三井住友銀行大阪本店ビル）〉[6-5]だった。この二つの建築は、骨格はすでに近代主義的な直方体のフレーム構造で同じだが、その外観と内観のありかたはまったく違う。皇居のお堀に面し、正統派・古典主義らしい3層構成をなし、荒石積み風基壇階上にビル5階分の巨大なコリント式列柱が建ち並ぶ〈明治生命館〉の外観は、威風堂々としてそれは見事である。しかし、1階営業ホールの2層吹き抜けの大空間に光り輝き林立する巨大な角柱群は、確かに古典主義

[6-1]
明治生命館　外観
1934年／東京都／岡田信一郎、岡田捷五郎、内藤多仲／鉄筋コンクリート造

皇居の前に建つ大オーダーの列柱群。

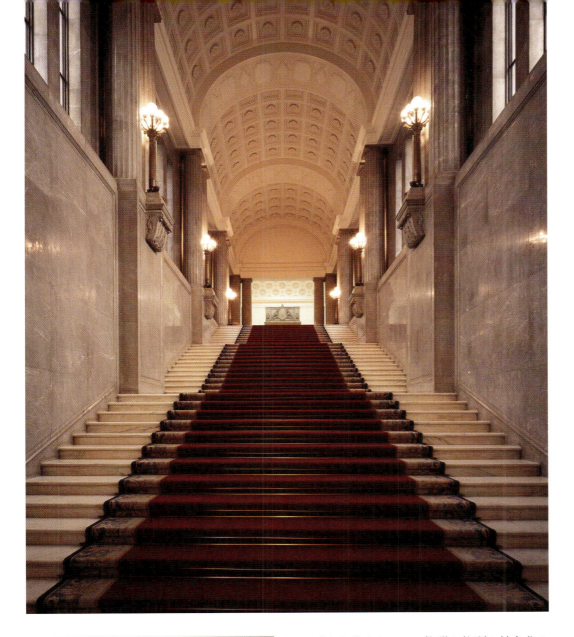

の香りを残すものの、柱礎も柱頭も抽象化され、近代主義へジャンプする寸前のようにも見える。

　この内観をかろうじて古典主義にしているのは、自然光降り注ぐ中央部トップライトと一体になった華麗な八角形格天井（コファリング）とその花型飾り（ロゼット）であろう。〈国会議事堂〉[6-3]の御休所前広間[6-4]のヴォールト天井にも採用されているこの八角形格天井は、古代ローマ遺跡のバシリカにその起源

[6-2]
明治生命館　営業ホール（左頁）

柱頭を載せたオーダー（角柱）やアーキトレーブ（梁）からなるこの巨大な営業空間は、確かに歴史主義建築をモチーフにしている。しかし、古典主義様式で独立柱を角柱にすることはなく、柱頭はかろうじてコリント式とわかるほどに抽象化され、あらためてこの大空間を見渡せば、四角い柱と梁のフレーム構成だけが浮上してくる。それは、もはや構造躯体を率直に表現する近代建築にほかならない。歴史主義と近代主義の微妙な均衡のなかにこの内観はある。

[6-3]
国会議事堂　中央階段（帝室階段）（上）
1922年／東京都／大蔵省臨時議院建築局／鉄骨鉄筋コンクリート造

ロゼット（花型飾り）に飾られたヴォールト形状のコファリング（格天井）、抽象化されたオーダー（古典主義様式の柱）の列柱など、西欧の古典主義様式をモチーフにした意匠に覆われたこの階段ホールは、シンメトリカルな国会議事堂の中央を軸線となって貫く。そして、先の正面には天皇陛下の御休所があり、衆議院と参議院へと左右に分かれていく。

[6-4]
国会議事堂御休所前広間（下左）

[6-5]
住友ビルディング　営業ホール（下右）
1930年／大阪府／長谷部鋭吉／鉄筋コンクリート造

古代神殿、またバシリカ教会堂の身廊の列柱を思わせる威風堂々とした大空間であり、歴史主義建築の真骨頂といっていいインテリアである。それこそが、銀行の権威を象徴し、人々に信頼と安心を与えてきた。明治以来、日本の近代銀行は常に西欧の古典主義様式に備わる「権威」に飾られてきた。それは、昭和の初めまでつづく。

[6-6]
**綿業会館
エントランスホール**
1931年／大阪府／渡辺節／
鉄筋コンクリート造

角柱のピラスター（付柱）とアーチ、アーキトレーブ（梁）などの古典主義言語に覆われたこのエントランスホールは、建築空間として濃密である。しかし、それら大理石の壁面デザインは自己完結的で、ホールから各部屋への空間的伸びやかさがない。それは、空間構成にではなく、装飾構成にこの建築コンセプトがあるからである。実際、装飾様式の異なる部屋が並ぶこの建築は、西欧建築様式のテーマパークのようであり、訪れる者を楽しませたことであろう。

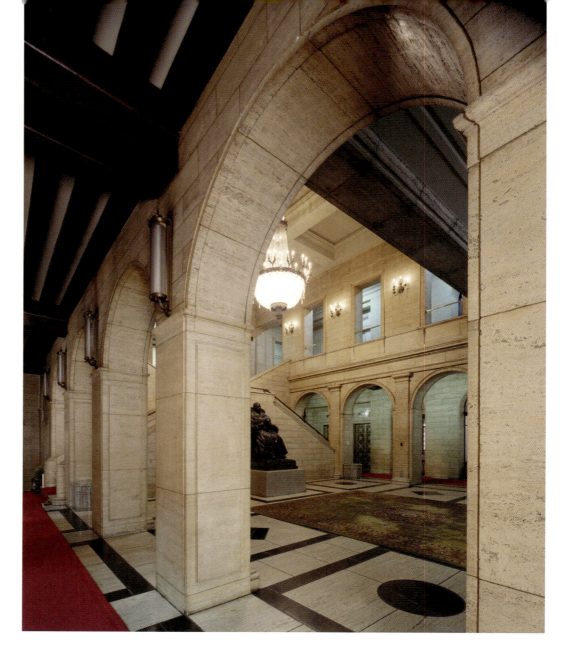

[6-7]
**綿業会館
談話室：イギリス・ジャコビアン・スタイル（左）**

ジャコブとはジェームズのラテン語読みで、イギリスのジェームズ1世時代（1603〜25）の建築や家具のデザイン様式をジャコビアン・スタイルという。イタリアはすでにバロック様式華やかな時代だが、イギリスはいまだゴシック様式が色濃く、ようやくラテン世界の古典主義様式が知られるようになった頃の様式である。

[6-8]
**綿業会館
特別室：クイーン・アン・スタイル（右）**

をもつ。

　その一方、大阪土佐堀川に面する〈住友ビルディング〉は、重厚な石壁に彫りの深い四角い窓が規則正しく並ぶだけの、もはや近代主義のような外観である。しかし、1階営業ホールの2層吹き抜けの大空間は、中央部トップライトから自然光が降り注ぐなかに巨大

[6-9]
**日本工業倶楽部会館
3階大ホール**
1920年／東京都／横河民輔
／鉄筋コンクリート造

緑鮮やかな蛇紋石のイオニア式オーダー、そのダブルニラムの列柱がこのホール四周を囲み、列柱上部のアーキトレーブ(梁)が真っ白なスタッコ塗りヴォールト天井を見事に見切っている。このホールは、ネオ・バロック様式を基調としながらも歴史主義の重厚感はなく、軽やかな気品を漂わせている。それが、この建築を「ゼツェッション」と言わしめているのであろう。そのプレモダンデザインを、この建築の随所に見ることができる。

なコリント式オーダーの柱群が林立し、古代神殿を彷彿させる荘厳な古典主義空間を実現している。興味深いことに、この建築は〈明治生命館〉とは反対に、外観は組石造風でありながらもシンプルにして、内観は古典主義の香りに満ちている。しかし、アカンサスの葉に彩られた柱頭をもつその巨大な柱には、本来あるべきフルーティング(溝)がない。ここにも歴史主義のほころびは始まっていた。

建築様式のカタログ化

さて、アメリカン・ボザール様式のもうひとつの流れとなった折衷派・古典主義を象徴する建築もまた、東京と大阪それぞれに登場している。東京丸の内の〈日本工業倶楽部会館〉[6-9]と大阪船場の〈綿業会館〉[6-6,7,8]である。いずれも、日本の実業家たちの社交場であり迎賓館で、共通しているのは、部屋の規模や用途により室内装飾がそれぞれ個別に演出され、多彩な建築様式を楽しむエンターテイメント空間になっていることであろうか。たとえば、〈綿業会館〉の設計者渡辺節は、「玄関はイタリアルネッサンス、二階談話室は……ジャコビアンスタイル、貴賓室はクイーンアンスタイル、会議室はアンピールスタイル……」と言う[*1]。〈日本工業倶楽部会館〉もまた、ゼツェッションを基調にしながら、パラディアン・モチーフなどの古典主義言語が華やかに飛び交っている。こうして歴史主義の建築様式は、カタログ化されて形骸化し、またそれらの形態言語も文法も抽象化、簡略化され、終焉へと向かっていく。

「西欧建築推進派」の最終回答として、またその最終章を飾るべく登場したのが、日本の古典主義建築の第一人者とされる長野宇平治の晩年の力作〈大倉精神文化研究所〉[6-10]である。この建築、歴史主義の陽炎(かげろう)のように見えまいか。

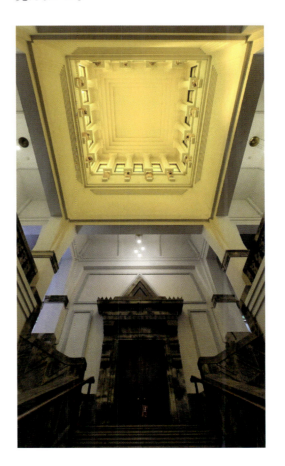

*1
渡辺節「綿業会館の設計と私」『日本綿業倶楽部月報』1969年。

[6-10]
**大倉精神文化研究所
階段ホール**
1932年／神奈川県／長野宇平治／鉄筋コンクリート造

明治の建築家たちによる討論会「我国将来の建築様式を如何にすべきや」で西欧建築推進派の旗手だった長野宇平治は、古典主義の名手とされ、日本全国に古典主義様式の日本銀行支店を数多く手掛けている。この建築に、彼の遺作といってもよい作品である。抽象化され、デフォルメされた古典主義の建築言語で構成されたこの建築は、長野宇平治にとって「古典主義」と「近代主義」を止揚し、結晶化した集大成であったろう。

第2部　近代：明治・大正・昭和戦前　289

日本趣味と帝冠様式論争

日本趣味の起源

　明治建築界の主流にあった西欧歴史主義の衰退を招いた要因の一つに、日本趣味への高まりがあった。伝統的な日本建築が様式の一つとなり、折衷主義のアイテムに追加されたのである。それが、単なる和風ではない"和風進化論派"による日本趣味だった。

　明治初めの鹿鳴館時代から明治政府の欧化主義への反感は根深くあったものの、「日本的なるもの」への希求が表面化するようになったのは、やはり日清・日露戦争に勝利し、

[6-11]
国会議事院第1、2案
1887年／エンデ&ベックマン

上：ドイツ・バロック様式の第1案。
下：ドイツ人の日本建築理解にもとづく元祖・日本趣味の第2案、帝冠様式は中央に城郭屋根が載る。

[6-12]
**東京帝室博物館
設計競技1等案 図面**
1930年／渡辺仁

この建築意匠は、あくまでも日本趣味であって、帝冠様式ではない。

290　第6章　日本建築のアイデンティティを求めて

世界に伍していけると日本人が自信を得た明治も末になってからだろう。そして、大正、昭和初期の建築界に日本趣味は華を咲かせていく。

日本趣味を英訳するとジャポニズムになる。パリの印象派、アール・ヌーヴォー、グラスゴー派のマッキントッシュ、ウィーン・ゼツェッションのクリムトなどの19世紀末西欧のアートシーンに、そしてシカゴのF・L・ライトに、江戸時代の琳派や浮世絵がジャポニズムとして与えた影響ははかり知れない。その本家、日本の建築界で、日本趣味はどのように展開していったのか。

そのエポックメイキングな発端は、1887（明治20）年のドイツのエンデ＆ベックマン事務所による国会議事堂案にあった。明治政府に依頼された彼らの〈国会議事院第1案〉［6-11］は正統ドイツ・ネオ・バロック様式だったが、〈国会議亭院第2案〉［6-11］は一変し、日本趣味に色濃く彩られていたのである。当時の日本の建築家たちは、それを外国人が和服を着たような不自然な「和三洋七の奇図」と揶揄している。

いずれの案も、政治的事情もあり実現されていない。しかし、古典主義の王道にあったネオ・バロック様式を建築の骨格にして、そ

［6-13］
旧東京帝室博物館 階段ホール
1937年／東京都／渡辺仁／鉄骨鉄筋コンクリート造

「日本趣味ヲ基調トスル東洋式」という競技設計要綱に応えて一等になったこの建築は、昭和初期の「日本趣味」を見事に表現したことになろう。しかし、その内観に「和」は直截に表現されておらず、それはエントランスホールの壮大なバロック階段に端的に現れている。大理石や花岡岩そのものを簡素・簡潔に表現し、装飾ではなくあくまでも建築の形態と素材を主役にしている。「日本趣味」は、すぐそこにモダンを見ていたのである。

[6-14]
奈良ホテル
メインダイニングルーム
「三笠」
1909年／奈良県／辰野金吾
／木造

「あり壁」「長押」「釘隠し」などの真壁造、この部屋全体を覆う格天井など、正しい書院造の大広間である。ただ、テーブルと椅子による洋食のメインダイニングだからであろう、床の間はなく暖炉がしつらえられ、畳の代わりにカーペット敷きである。ちなみに「あり壁」とは、天井は天井、壁は壁と、それぞれを綺麗に見せるための横に細長い壁であり、釘隠しに飾られた長押と同様に書院造の必須アイテムである。

の表層を日本建築の意匠で飾った〈国会議事院第2案〉は、その後に展開する日本趣味の建築の原型になっている。実は、そのネオ・バロック様式の鳥が羽を広げたようなシンメトリカルなファサード構成は、16世紀イタリア・マニエリスム時代のA・パラディオの〈ヴィラ・バルバロ〉[6-26]を原風景とし、日本の国会議事堂はもちろん、世界中の権威ある建築はそれを基本的な骨格としていた。

日本趣味のひろがり

　日本で最初の日本趣味の建築は、木造の〈奈良市庁舎〉である。この建築の表層デザインは確かに寝殿造風の和風だが、その骨格は「和風アメリカ式木骨構造」と呼ばれた、当時としては斬新な建築形式で実現されている。それは、いわゆる壁式「大壁」構造で、「真壁」風に見える柱は装飾でしかない。この建築に続く〈旧奈良県物産陳列所〉（第2部第3章を参照）、

[6-15]
愛知県庁舎
講堂（旧議場）
1938年／愛知県／西村好時、
渡辺仁／鉄骨鉄筋コンクリート造

帝冠様式の典型とされる建築である。日本の城郭をモチーフにする帝冠様式は、西欧歴史主義建築を終焉させる直接の契機にもなった。2階の旧議場は、完璧なシンメトリー、その正面中央の議長席を飾るアーチ、かつて吊り下げられていた豪華なシャンデリア、それらが「洋」の意匠アイテムである。天井は書院造の折上天井、壁面は真壁造の柱と長押を連想させる「和」の構成であり、そこに日本趣味が抽象化されてモダンへと向かう過渡的意匠を見ることができる。

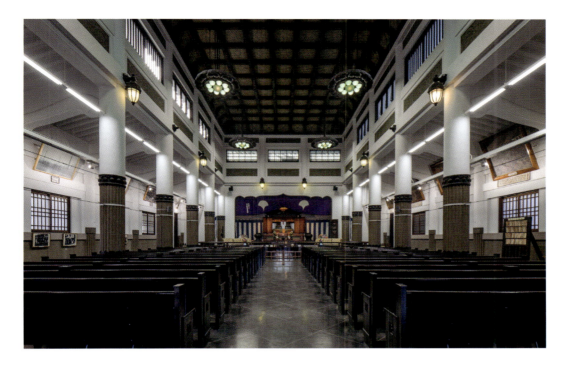

[6-16]
旧震災記念堂　内部
1930年／東京都／伊東忠太／鉄骨鉄筋コンクリート造

関東大震災の犠牲者を祀るこの〈震災記念堂〉は、その平面も断面も西欧教会堂のバシリカ形式を建築の骨格としている。しかし、中央の身廊には書院造の「折上格天井」、側廊上部には「虹梁」が連続して並ぶなど、「和」の直截な意匠がこの建築を構成している。設計者の伊東忠太は〈築地本願寺〉も手掛けており、いずれも和洋折衷の不思議な魅力と力強さを備えた建築である。それが、折衷主義の真骨頂なのだろう。

〈奈良ホテル〉[6-14]もまた基本的に同じ建築形式であり、それらをプレ日本趣味、あるいは近代和風と呼んでもいいかもしれない。ネオ・バロック様式を建築の骨格とする日本趣味の建築は、近代社会形成とともに登場する新しいビルディングタイプに多い。

本格的な日本趣味は、鉄筋コンクリート造とともに登場する。その代表的な建築が〈旧東京帝室博物館(現・東京国立博物館)〉[6-12,13]であろう。第二次世界大戦直後、日本帝国主義を象徴する「帝冠様式」とされたこの建築は、近代主義への反動的建築とされ、悪名高かった。関東大震災の復興とともに昭和の時代が幕を開けると、日本趣味を求める建築設計競技が数多く開催されるようになり、この建築も「日本趣味を基調とした東洋式」というテーマの〈設計競技１等案〉が実現された

[6-17]
京都市美術館　階段ホール
1933年／京都府／前田健二郎／鉄筋コンクリート造

この建築もまた帝冠様式とされる建築である。エントランスホールのバロック階段には、手摺頭部に八角形灯籠、踊り場開口部には障子、格天井など、「和」の意匠が直截に表現されている。その分、わかりやすいが、日本趣味が本来担うべき建築の革新性は希薄である。

[6-18]
帝国議会設計案
(議院建築「帝冠併合式」姿図)
1920年／下田菊太郎

第2部　近代：明治・大正・昭和戦前　293

[6-19]
郵船ビルディング
階段ホール
1923年／東京都／曾禰達蔵、中條精一郎／鉄骨鉄筋コンクリート造

[6-20]
三井物産横浜支店
事務所：フラットスラブ
1911年／神奈川県／遠藤於菟／鉄筋コンクリート造

「KN日本大通ビル」が、このビル現在の名称であり、写真も現在のもの。オフィス中央のフラットスラブの円柱は、室内の広さに比してボリュームが大きく、天井も低い。また、窓際の壁は鉄骨で耐震補強され、時の流れを感じる。

ものである。

〈東京帝室博物館〉の成り立ちは、やはり西欧建築を基本にし、エントランスのダイナミックな階段ホールは、平滑な石貼りでありながらも威風堂々としたネオ・バロック様式そのものである。

また、〈設計競技1等案〉と〈実現案〉のファサードを比較すると、正面車寄せポルティコが「平入り」か「妻入り」か、つまり三角「破風（はふ）」の有無、また2階屋根の棟の「そり」の有無などの違いが見えてくる。〈設計競技1等案〉のほうがより近代主義的な印象が強く、そこに日本趣味の濃度が浮き彫りにされて興味深い。いま、この建築は、帝冠様式でも日本帝国主義の象徴でもない日本趣味の優れた歴史的建造物として評価は高い。

帝冠様式の登場

帝冠様式の起源は、異端の建築家下田菊太郎の〈帝国議会設計案〉[6-18]にある。西欧歴史主義の本体に日本建築の屋根をシンボリックに載せたその案を彼は「帝冠併合式」と呼び、〈国会議事堂設計競技1等案〉の代案として提唱し論争となるが、日本の建築界は完全否定する。しかし、それから約10年後の昭和の初めに〈愛知県庁舎〉[6-15]や〈京都市美術館〉[6-17]などの日本的な屋根を載せた公共建築が多く登場し、帝冠様式と呼ばれるようになる。それらは、やはりネオ・バロック様式を建築の骨格にし、正面中央のドームを日本の伝統的な屋根に替え、内観も外観も日本趣味を基調にしていた。

同様の成り立ちは、桃山様式とされる〈歌舞伎座〉のファサードとエントランスまわりにも見られ、また重厚な唐破風と入母屋屋根を載せた〈旧震災記念堂（現・東京都慰霊堂）〉[6-16]は、身廊と側廊をもつ完璧なバシリカ平面のキリスト教会堂の骨格をもつ。

日本趣味を手掛かりに、多くの設計競技を開催していたその頃の建築界は、真剣に近代日本の建築のアイデンティティを模索していたのである。そして、日本趣味は、神社系、仏閣系、城郭系に分類され、中世の城郭系は帝冠様式へ、素材や構造を清楚に表現する古代神道の神社系は20世紀初頭西欧に登場する、前衛的な近代主義に合流していく。

新素材「コンクリート」による革新

「機能合理主義派」の功績

日本人は、古から木に神が宿ると信じ、御神木や鎮守の杜をあつく信仰してきた。その一方で、地震や台風や火事災害が日常化されたなかの木の建築は、それは儚いものだった。倒壊し、吹き飛ばされ、燃えても、すぐに建て替え再生されることを宿命とし、日本建築は伝統化され形式化されてきたのである。その建築文化の根底には、日本人の死生観と木への信仰が重なり合うように流れている。それを象徴する建築が、鴨長明の『方丈記』の庵であり、式年遷宮が行なわれる伊勢神宮であろう。

しかし、明治時代になると、近代化とともに石や煉瓦の恒久的な西欧建築が数多く建つようになり、建築事情は大きく変わる。富国強兵を使命とした明治政府は、西欧に負けない耐震・耐火の恒久的な建築、都市、国づ

294　第6章　日本建築のアイデンティティを求めて

くりを目指したのである。その期待に応えた建築素材が、明治末に登場するコンクリートだった。自分のかたちをもたない変化自在のコンクリートは、歴史主義から近代主義への推進力となって、日本の建築文化を革新していく。

大正初期、都市圏でオフィスビルの建設ラッシュが始まる。それは、日本の建築の巨大化と高層化の始まりでもあった。明治以降、耐震・耐火を担っていた組積煉瓦造は、建築が高層化すると壁厚が厚くなり、オフィスビルには不向きとされ、柱と梁からなるフレーム（軸組）構造の鉄筋コンクリート造（RC造）や鉄骨造に関心は向けられていく。横浜日本大通りに建つ〈三井物産横浜支店〉[6-20]は日本初のRC造オフィスビルであり、そのシンプルな外観や増築部分のフラットスラブの試みに、近代建築のパイオニア精神が満ちている。

巨大化するオフィスビルと関東大震災

資本主義の拡大とともにオフィスビルはさらに巨大化へと向い、その先駆けとなったのが〈丸の内ビルディング〉や〈郵船ビルディング〉[6-19]だった。しかし、アメリカ直輸入の最先端技術で建設中のそのとき、関東大震災は起きる。鉄骨で構造強化した鉄骨鉄筋コンクリート造（SRC造）のこれら巨大ビルの損壊は大きく、煉瓦造の多くは倒壊し、鉄骨造の鉄骨は火に溶け、東京はさながら耐震耐火の悲惨な実験場と化す。

その災禍のなか、ほぼ無傷だった建築が〈日本興業銀行本店〉[6-21,22,23]だった。震災3か月前に竣工したばかりのこの建築には、地震力を抑える強力な「耐震壁」がバランスよく配されていたのである。その構造設計は、東京タワーの設計で知られる内藤多仲であり、震災の前年に「耐震壁による耐震構造理論」を提唱したばかりだった。しかし、その内観はいまだアメリカン・ボザールの歴史主義に華やかに飾られていた。以後、日本の主要な建築は、耐震壁を配したフレーム構造のRC造が主流となり、SRC造は劇場や宗教建築などの特殊な大空間に多く採用されていく。

実は、RC造が耐震耐火に有効だと最初に提唱したのは、国家的使命を建築の第一義とする「機能合理主義派」のリーダー佐野利器であり、彼は1906（明治39）年のサンフランシスコ大地震視察によりRC造の有効性を確信し、建築界に普及させていく。それに拍車をかけたのが、内藤多仲の耐震壁理論だった。

鉄筋コンクリートの可塑性による自由な建築造形

粘土のように成形でき、固まれば彫刻のようになるRC造は、建築表現をも大きく変えていく。「和風進化論派」の伊東忠太は、日本建築の原点を遠くアジアの西域に求め、建築は常に進化しつづけているとする『建築進化論』を提唱し実践していくが、それを可能に

[6-21]
日本興業銀行本店　外観
1923年／東京都／渡辺節／鉄骨鉄筋コンクリート造

シンメトリー、三層構成、コーニス、抽象化されたジャイアントオーダーの柱など、19世紀後半から20世紀アメリカの大都市によくみられる古典主義を基調にしたオフィスビルの外観である。

[6-22]
日本興業銀行本店　営業室

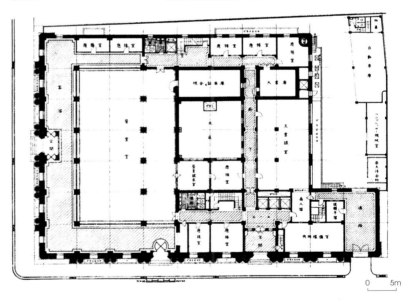

[6-23]
日本興業銀行本店　基準階平面図

中央の黒く塗られた箇所が耐震壁を示す。

第2部　近代：明治・大正・昭和戦前　　295

[6-24]
築地本願寺　本堂
1934年／東京都／伊東忠太／鉄骨鉄筋コンクリート造

虹梁に似せた鉄筋コンクリートの梁と柱のフレーム、その上に載るいくつもの組み物が「和」のアイコンとなって天井を支えている。それら部位の明快な構成が、その表層が何の様式で折衷されようとも、この建築をモダンにしている。

[6-25]
**明治神宮宝物殿
展示室・天井**
1921年／東京都／大江新太郎／鉄筋コンクリート造

明治神宮が創建された翌年に竣工した鉄筋コンクリート造の宝物殿で、明治天皇と昭憲皇太后ゆかりの品々が展示されている。RC造最初期のこの宝物殿は、RC造が耐震耐火に有効な建材であると認められたことの象徴でもあった。この頃、鉄筋コンクリートは、いまだ開発まもない建材だったのである。

[6-26]
ヴィラ・バルバロ　外観
1557年／イタリア／A・パラディオ／煉瓦造

ペディメントを載せた中央正面の建築から、廻廊を両翼に伸ばし、その先に小さな建築を置き、建築全体をシンメトリカルに横に長く威風堂々と見せる。広大な敷地で、その風景に負けない風景から屹立した建築をいかにつくるか、つまり建て主の権威や威厳を象徴するための手法の起源がこの建築にあり、それがバロック様式建築外観の基本構成となっていく。〈ヴィラ・バルバロ〉は邸宅だが、教会堂にはさらにシンボリックな中央ドームが載るようになる。実は、このシンメトリカルな中央と両翼という水平構成は、宇治の〈平等院鳳凰堂〉も同じであり、また身廊と側廊からなるバシリカ形式の教会堂の断面、さらに仏教彫刻における本尊とその両脇に侍する脇侍との関係にも似ていて、興味は尽きない。

したのがRC造だった。たとえば、西欧歴史主義を建築の骨格としながら曲線の多いインド石窟寺院風の外観をもつ〈築地本願寺〉[6-24]は、その典型といっていい。本堂の大空間は、巨大な柱と虹梁が近代主義的なフレームを組み、それを斗栱や格天井が包み覆う不

296　第6章　日本建築のアイデンティティを求めて

思議な折衷空間を出現させている。

〈正倉院〉の校倉造を彷彿させる〈明治神宮宝物殿〉[6-25]も、重々しい和風の屋根が載るものの、その骨格は基壇を高床式に変えた３層構成の西欧歴史主義を基本にし、その神社系日本趣味のシンプルな外観は、RC造ならではの造形であろう。

中央の高床建築と両翼の建築群をつなぎ一体の建築としているのが廻廊であり、その全貌は〈正倉院〉と寝殿造の香りを残す〈平等院鳳凰堂〉を合体、抽象化した近代主義RC造古建築のように思える。その廻廊の柱、肘木、梁も抽象化され重々しい。でも、その質感や形態は石や木には見えない。その一方、内部空間は、木彫のヴォールト折上格天井や斗栱が繊細にデフォルメされ宙を舞い、実に軽やかである。

鶴岡八幡宮の〈鎌倉宝物館〉もまた校倉造風RC造であり、〈明治神宮宝物殿〉との比較が興味深い。円柱、斗栱、虹梁が織りなすその内部空間は、鎌倉らしい禅宗様の香りがほのかに漂い、展示物を主役にした展示空間はより近代主義建築へと変容している。

この頃、さらに斬新なRC造建築が〈聖徳記念絵画館〉[6-27,28]だった。ネオ・バロック様式の歴史主義を基本にするこの建築は、外観も内観も古典主義モチーフを幾何学化したゼツェッション風に飾られ、中央ホールの大空間を覆うドームには革新的なRC造シェル（貝殻）構造が採用されていた。構造設計は佐野利器である。「建築の本義は重量と支持との明確的な力学的表現に過ぎない」とする彼の信条は、近代主義の建築理念の一面を簡潔に表明している。以降、曲線や曲面の多い「表現主義」や線と面の「構成主義」、さらに白い箱の「インターナショナルスタイル」などの前衛的な近代主義建築を、RC造は華々しく実現していく。

[6-27]
聖徳記念絵画館　外観
1926年／東京都／小林政一、佐野利器／鉄筋コンクリート造

明治天皇の生誕から崩御まで、明治時代のエポックメイキングな出来事とともに描かれた80枚の絵画を、パノラマのように展示している。日本最初期の美術館とされている。

[6-28]
聖徳記念絵画館　中央ホール

中央ホールのドームは、日本初のシェル構造でつくられ、高さ最高部で約27mあり、床と壁は13種類の国産大理石で仕上げられている。石貼りの繊細な幾何学模様や、石を固定する金属鋲の装飾化など、意匠はウィーン・ゼツェッションの影響が大きい。

>>> ［第2部］ 近代：明治・大正・昭和戦前

第7章 多様化する日本の建築

明治の歴史主義建築家たちにとっての宿願であり、かつ最終章となった〈国会議事堂〉が着工した1920（大正9）年、日本で最初の近代建築運動とされる分離派建築会が発足している。大正デモクラシーの自由な息吹のなかで、建築界でも歴史主義から近代主義へと新旧交代劇が始まっていた。

歴史主義は過去に真実を、近代主義は未来に真実を見ようとする。東京帝国大学を卒業したばかりのエリート建築家たちによる分離派運動は、近代主義建築の先駆けとなったウィーン・ゼツェッション（分離派）の影響を受け、いまだ歴史主義を信奉する日本建築界からの分離を宣言し、未来に新しい建築を見ようとするものだった。その背景には、建築の芸術性より機能的合理性を優先する、東京帝国大学の佐野利器らの構造技術主義への反発もあったろう。

若き建築家たちは、分離派宣言とともに前衛的な建築作品展を日本橋のデパート〈白木屋〉で開催する。模型やドローイングで展示された建築作品は、不定形の曲面による抽象形態が多く、ドイツ表現主義建築を彷彿させ、ほとんどその模倣といってよかった。しかし分離派運動の意義は、表現主義を近代建築思想としてセンセーショナルに日本の建築界に知らしめたことにある。

建築を、近代に生きる建築家の内奥を表現する手段としたのが建築の表現主義であり、だからこそ建築は芸術であると、分離派の若者たちは宣言したのである。そのときから、歴史主義や構造技術主義を超えて、建築家の近代的自我の表出を主題とする建築が、さまざまなかたちで登場する。そして、極論すれば建築家の数だけ建築様式は誕生し、建築の多様化が始まる。

その典型的な建築家が、近代建築の巨匠F・L・ライトだった。大正時代の初めに〈帝国ホテル〉設計のために来日した彼は、日本の建築界に衝撃とともに多大な足跡を残していく。彼の個性的なデザインは、あたかも新しい建築様式であるかのように「ライト式」や「ライト風」と呼ばれて流行し、またアール・デコと融合した近代装飾様式の一つとして〈旧首相官邸〉をはじめ大邸宅に採用されていくことになる。

日本に永住し、独自の建築デザインを展開したW・M・ヴォーリズもまたその一人だろう。彼は基本的には折衷主義の建築家である。しかし、アメリカの歴史主義を独自の折衷により、彼ならではの人を優しく包み抱くような建築を数多く残している。とくにアメリカン・スパニッシュのミッション系キャンパスや西洋館は、まさにヴォーリズ様式へと昇華されて実に親しみ深い。その一方で、吉田五十八の新興数寄屋や、堀口捨己のオランダ近代主義を参照した実験的な住宅など、日本の木造建築の近代主義への革新も始まり、大正から昭和にかけて日本の建築はますます多様化していく。

日本の分離派と表現派

日本の近代建築運動の高まり

「建築は一つの芸術である　このことを認めてください」、分離派建築会[7-3]の石本喜久治は宣言論文集にそう記している。1920（大正9）年の「分離派建築会宣言」は、日本の

[7-1]
**早稲田大学旧図書館
閲覧室**
1925年／東京都／今井兼次／鉄骨鉄筋コンクリート造

竣工当時の閲覧室。

[7-2]
**早稲田大学旧図書館
エントランスホール**

格天井と大きな花飾り、シンボリックに林立する柱の蓮の華のような柱頭、どこか「和」を感じさせるエントランスホールである。しかし、この天井は西欧古典主義のコファリング（格天井）とロゼット（花型飾り）を基本にし、柱はドイツ表現主義を代表する建築、〈ベルリン大劇場〉（1919年）のエントランスホールの柱とよく似ている。この斬新なデザインに、日本の表現主義建築の誕生を見ることができる。現在、〈會津八一記念博物館〉として一般公開されている。

第2部　近代：明治・大正・昭和戦前　299

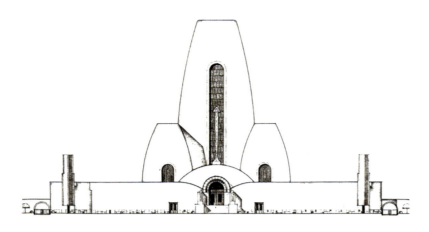

[7-3]
**分離派建築会
第1回作品展　展示作品**
1920年／石本喜久治

分離派建築会第1回作品展に石本喜久治は自らの卒業設計を出展し、タイトルは「涙凝れり＝ある一族の納骨堂」とある。その有機的な曲線の造形は、華麗で繊細なウィーン「ゼツェッション」というより、やはりドイツ「表現主義」であり、タイトルも大正ロマンの息吹に満ちて文学的である。

[7-4]
大隈講堂
1927年／東京都／佐藤功一、佐藤武夫、内藤多仲／鉄骨鉄筋コンクリート造

近代建築運動の嚆矢とされるが、その若き建築家の悲鳴とも哀訴ともとれる言説は、どのような背景のもとで誰に向けて発せられたのか。

　西欧歴史主義の「直写・模写」を始めた明治期第一世代の建築家たちは、すでにこの世にいない。しかし、西欧歴史主義はアメリカン・ボザールへと軸足を移し、ときには「日本的ゼツェッション式」や「日本趣味」の意匠を借りていまだ現役であり、さらには建築の質実剛健を国家的使命とする構造派、つまり機能合理主義派が建築界を席巻しはじめていた。分離派建築会は、その二重の足枷からの「分離」とともに建築の芸術性の優位を宣言したのである。しかし、彼らがその先に描いていたのは、実は大正ロマンを背景にした私小説的な建築であり、その無意識の吐露が冒頭の言説だった。

　ゼツェッションの和訳は「分離」である。武田五一に始まる直線を主役にした装飾様式の「日本的ゼツェッション式」は、明治末から大正にかけて市井の商店建築にも流行し、建築界においても革新的な建築の代名詞になっていた。

　しかし、西欧の建築シーンはすでに新たな段階へと進み、さまざまな前衛的な近代建築が華々しく登場していた。日本の若き建築家たちはそれを鋭敏に感じ取り、なかでも最も影響を受けたのが、第一次世界大戦の敗戦を契機にドイツを中心に登場した、表現主義の建築だった。印象主義が心を鏡にして「外」を映し出そうとするなら、表現主義は心の奥底に漂う「内」なるものを表現しようとする。だから、表現主義の建築には、曲線や曲面の有機的な、しかも主観を大切にした造形が多い。その造形から、表現主義をアール・ヌーヴォーの延長と位置づけることもできよう。

日本の表現派建築の登場

　衝撃をもって登場した日本の表現主義建築が、パラボラアーチが印象的な〈東京中央電

信局〉[7-5]であろう。設計者は、分離派建築会の山田守である。パラボラアーチ群と大胆なヴォールト空間が織りなす最上階の休憩室は、訪れる者の心身を優しい光で包み抱いたに違いない。

同様に、大曲面のヴォールト天井に光降り注ぐ表現主義の空間を、〈早稲田大学旧図書館（現・會津八一記念博物館）〉[7-1,2]の閲覧室にも見ることができる。また、その斬新な意匠のエントランスホールは、柱頭飾り華やかな6本の柱が、花型飾りに彩られた格天井をシンボリックに支えている。その柱は、ドイツ表現主義の建築〈ベルリン大劇場〉[7-6]のエントランスホールに立つ円柱の写しであろう。とはいえ、エントランスホールから閲覧室へ誘うシンメトリカルな階段ホールはバロック様式を基本にしているなど、この建築はいまだ西欧歴史主義をその骨格としていた。

分離派建築会を東大系の近代建築運動グループとすれば、早稲田系がメテオール建築会である。〈早稲田大学旧図書館〉はその旗手今井兼次の処女作だった。日本にいち早くスペインの建築家A・ガウディを紹介した彼は、中世主義への思慕の念を抱く建築家でもあり、そこに表現派の一端を垣間見ることができる。

同じキャンパスに聳える〈大隈講堂〉[7-4]

[7-5]
**東京中央電信局
屋上休憩室（左）**
1925年／東京都／山田守／鉄筋コンクリート造

竣工当時の屋上休憩室。

[7-6]
**ベルリン大劇場
エントランスホールの柱（右）**
1921年／ドイツ・ベルリン／H・ペルツィヒ

H・ペルツィヒは、ドイツ表現主義を代表する建築家であり、その代表作がこの建築である。このエントランスホールの柱は、不思議な植物が花を咲かせたようである。〈早稲田大学旧図書館〉のエントランスホールの柱によく似ている。

[7-7]
**宇部市渡辺翁記念会館
エントランスホール**
1937年／山口県／村野藤吾／鉄骨鉄筋コンクリート造

エントランスホールに建ち並ぶ「柱－床」の構造を、無梁板構造、フラットスラブ、またマッシュルーム・スラブともいう。その柱は、確かにマッシュルームによく似ている。その円柱上部の笠を彩る虹色や、2階席へ誘う階段の軽やかで味わいある曲線や曲面、その天井装飾など、「西欧歴史主義」でも「日本趣味」でもない当時としては斬新な建築表現がこのエントランスホールに出現している。昭和初期日本の表現主義建築といってもいいだろう。

第2部　近代：明治・大正・昭和戦前　301

[7-8]
**高輪消防署
円形講堂（左）**
1933年／東京都／警視庁総監会計課営繕係・越智操／鉄筋コンクリート造

床から垂直に伸びる柱が、天井ぎわで曲線を描き梁になる。その8本のフレームが放射状に広がるドーム状の円形講堂である。本来、ドームは壁が織りなす「曲面」だが、この小さな講堂は柱－梁構造の「曲線」によりドームを形成している。曲面の多いその表現主義的な外観は都市の灯台のようであり、建設当時は火の見櫓の役目を果たすその望楼からはパノラマのように都心を見晴らせたという。

[7-9]
紫烟荘　居間（右）
1926年／埼玉県／堀口捨己／木造

線、円、正方形、グリッド、直角へと、幾何学形象化され研ぎ澄まされたその構成は、むしろ表現主義的でさえある。

もまた、メテオール建築会の会友佐藤武夫の設計になる。外観はイギリス・チューダー期のゴシック様式を基調にし、大ホール内観は表現主義的な曲線や曲面が飛び交い、格調高くも斬新でプレモダンの香りに満ちている。中2階を無柱で支えるこの大空間の構造設計は、高層ビルの耐震壁理論を提唱した内藤多仲であり、舞台、照明、音響など、当時の最先端技術がこの大学講堂には凝集されていた。その天井中央の楕円トップライトは、太陽系を象徴しているという。

花開く日本の表現派建築

日本の多彩な表現主義を、いくつかに分類できそうである。〈東京中央電信局〉を「白い曲面派」とすれば、都心の近代版「火の見櫓」である〈高輪消防署〉[7-8]も同類だろう。それに対し「色彩曲面派」は村野藤吾が装飾性豊かにデザインした〈宇部市渡辺翁記念会館（宇部市民館）〉[7-7]のエントランスホールであり、その柱群はプレモダンでありながらも古代クノッソス宮殿の色彩鮮やかな列柱を連想させる。

[7-10]
**旧日向別邸
地下室**
1936年／静岡県／B・タウト／鉄筋コンクリート造

相模湾を臨む熱海の小高い丘に建つ〈旧日向別邸〉、その地下部分にこの細長い続き間はある。社交室、洋間、和室と1列に並ぶそれらを、B・タウトはベートーヴェン、モーツァルト、バッハの調べに例えていると言われている。素材も色彩も趣がまったく異なる3室を一つの空間にしてつなげ、海の風景とともにそのシークエンスを楽しむという発想は、日本伝統の和室の続き間からヒントを得たに違いない。雛壇のある洋間の強烈な朱色は、「色彩の建築家」といわれた表現主義者タウトらしい。

また「日本趣味派」がアムステルダム表現派の影響濃い藁葺屋根の〈紫烟荘〉[7-9]であり、その内観に幾何学形象化された日本趣味を見ることができる。ドイツから亡命してきた表現主義の建築家B・タウトが実現した彼なりの日本趣味が〈旧日向別邸〉[7-10]地下室の内装であり、これも「日本趣味派」といえまいか。ドイツ人による日本趣味はその色彩感覚といい、やはりエンデ＆ベックマンの国会議事堂案と同様の違和感をぬぐえないが、日本の建築文化に確かな足跡を残している。

そして、羽ばたく鳳凰の姿をそのまま外観にした「擬似形象派」と呼べそうな〈小菅刑務所〉を忘れることはできない。また、大正建築の最高傑作とされる〈豊多摩監獄〉[7-11,12]は、日本の表現派建築の原点ともされている。

それは、設計者の後藤慶二が、建築家の近代的自我を建築意匠の核にして、建築を歴史主義の呪縛から解放し、個人主義の崇高さを建築創造へと拡充した建築家とされているからである。

「ライト式」の流行

様式になった一建築家の意匠

〈旧帝国ホテル〉はさまざまなエピソードを残し、明治村にその一部が移築保存されている。日比谷公園を借景に姿を現したこの建築の竣工祝賀会の準備中、1923（大正12）年9月1日正午に関東大震災は起きる。しかし、ほ

[7-11]
豊多摩監獄（竣工1915年）教誨所内部の一案：計画案スケッチ
後藤慶二

身廊と側廊からなるバシリカ形式の断面を描いた表現派らしいスケッチである。この曲面を強調したヴォールト空間は、日本の表現派建築の原風景であったろう。ただ、スケッチに描かれた身廊ヴォールトの頂点は尖頭状になっており、この空間がゴシック様式であることを表象している。日本の表現派の理論的、精神的支柱だった後藤慶二の建築思想の根底には、西欧中世主義があったことを、このスケッチは示している。

[7-12]
豊多摩監獄　外観
1915年／東京都／後藤慶二

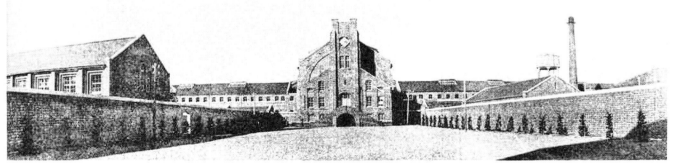

[7-13]
旧山邑邸　食堂
1924年／兵庫県／F・L・ライト、遠藤新／鉄筋コンクリート造

基本設計をF・L・ライト、実施設計・建築監理を遠藤新と南信が担当。高台の高低差ある細長い敷地形状を生かした、ライトらしい流れるような空間構成であり、そのシークエンスこそ彼が提唱する「有機的建築」であろう。その概念の根底に、若き日の彼が強く影響を受けた日本の建築空間があったことを実感できる住宅である。なお、現在は国の重要文化財の指定を受けている。

とんど被害もなく、震災の瓦礫のなかに無傷で聳えるこの建築は、人々を驚嘆させて大きな話題になった。それから昭和の初めにかけて、日本の建築界に「ライト式」が大流行する。

　ライト式の「ライト」とは、〈旧帝国ホテル〉を設計したアメリカ人建築家にして近代建築の巨匠F・L・ライトである。また、その「式」とは、たとえば近世復興式や日本ゼツェッション式というように、建築の意匠特性を表す西欧概念の「様式」とほぼ同義であり、ライト式とはF・L・ライト様式にほかならなかった。一人の建築家の個性的な意匠が一つの様式となったことの意義は大きい。それは、建築家の個性が全面に現れた意匠が尊重され採用されるほどに、歴史主義建築の存在意義もその様式概念も希薄になっていくからである。ライト式の登場は、歴史主義建築の終焉の始まりだった。

　ライトの建築は、1910年代西欧の前衛的な「構成主義」や「デ・ステイル」[7-15]などの近代建築運動にも多大な影響を与えていた。いくつもの直方体が水平方向に伸びやかに組み合わされ、キュビズムのように立体構成された彼の建築は、流動的な空間がどこまでも広がっていく。20世紀初頭西欧の前衛建築家たちは、その抽象的な軽やかさに革新的な建築を見たに違いない。日本でライト式は「立体式建築」とも呼ばれていた。

F・L・ライトの遺産

　芦屋の小高い丘に建つ〈旧山邑邸（現・ヨドコウ迎賓館）〉[7-13]に、いまも「立体式建築」の面影を見ることができる。この住宅は、室内空間が内に外に上に下に流れるかのようにつながり、また垂直に水平に伸びる装飾的な「線」が実に多い。それは、建具に仕切られ、融通無碍に部屋がつながる伝統的な日本建築も同様であり、その柱や長押、畳に障子や竿縁天井は、外国人には「線」の構成に見えるという。

　浮世絵のコレクターでありバイヤーとしても知られるライトは、1893年のシカゴ万博の日本館に衝撃を受け、以来何度も訪日し、日本の美術や建築文化から大きな影響を受けていた。だから、ライトの建築は日本人に馴染みやすく、また日本の伝統建築はライト経由で西欧近代建築運動に少なからず影響を与えていたともいえよう。

　〈旧帝国ホテル〉の設計監理のために訪日したライトは、長引く工期と増大する建築費からその任を解かれ、竣工を待たずに帰国する。

第7章　多様化する日本の建築

[7-14]
自由学園明日館 ラウンジホール
1923年／東京都／F・L・ライト、遠藤新／木造

しかし、彼は、日本にもう一つ名建築〈自由学園明日館〉[7-14]を残していた。鳳凰が翼を広げたように長い廻廊で校庭を囲むシンメトリカルなこの建築の配棟計画は、〈旧帝国ホテル〉と基本的に同じであり、それはネオ・バロック様式のファサード構成のようでもあり、日本の寺社仏閣の境内を囲む伽藍配置のようでもある。その中央正面の細長い壁が列柱のように並ぶ凛とした「お家」のようなファサードは、この建築のシンボルといえよう。

少女たちが学ぶ学園であるから、建築も家具もそのスケールは普通より少し小さい。しかし、大小の空間が織りなす、流れるような建築構成はまるで小川のせせらぎのようであり、いかにもライトらしい。それが、最も象徴的に現れているのが、食堂と一体になった

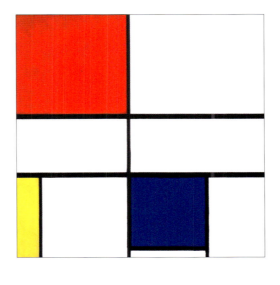

[7-15]
モンドリアン「コンポジションC（No.Ⅲ）赤、黄、青」
1935年／P・モンドリアン

オランダのデ・ステイルを象徴する絵画である。デ・ステイルは、あらゆる造形を3次元グリッドと三原色に還元するなど、構成主義とともに徹底した「抽象化」を目指す近代造形運動である。それに大きな影響を与えたのが、水平面と垂直面を伸びやかに空間構成するF・L・ライトの建築デザインだった。西欧近代建築運動とライトの建築、そして日本の伝統建築、それらが互いに影響を与え合う関係に興味は尽きない。

第2部　近代：明治・大正・昭和戦前　305

[7-16]
浴風会本館礼拝堂
1926年／東京都／内田祥三
／鉄筋コンクリート造

「浴風会」は、関東大震災の被災老人の救済を目的に、杉並区の広大な敷地に本館、入居棟、礼拝堂などの福祉施設が建設されたことをその始まりとしている。その多くが建て替えられているなか、いまも現役で活躍しているのが礼拝堂であり、その内観はいかにも「ライト風」である。その平面構成は西欧教会堂のバシリカ形式を基本にしているが、宗教、宗派を問うことのない祈りの空間だという。それが、和・洋の宗教を超えた「ライト風」にさせたのであろう。

[7-17]
旧甲子園ホテル　ダンスホール・宴会場：西ホール
1930年／兵庫県／遠藤新／鉄筋コンクリート造

〈甲子園会館〉は、もともと「東の帝国ホテル、西の甲子園ホテル」といわれたほどの豪華ホテルだった。しかし、戦争の激化によりその営業はわずか14年間でしかない。ライト式の装飾がこの建築全体を覆い、水平に伸びる建築中央に玄関ロビー、その両翼にはメインダイニングとバンケットホール、その上階に客室群を並べるという構成である。バンケットホールは、水滴をモチーフにした鍾乳洞のような装飾が異彩を放ち、まさにライト式空間となっている。

[7-18]
加地邸
エントランスホール
1928年／神奈川県／遠藤新／木造

葉山に建つ「ライト式」の別荘である。「ライト式」と「ライト風」との違いは、F・L・ライトが提唱する「有機的建築」のコンセプトが、建築の空間構成に反映されているか否かにあろう。水平方向に、垂直方向に、内部空間と外部空間が相互貫入しながら伸びやかなシークエンスを形成するのが「有機的建築」であり、それをこの別荘の十字形プランに見ることができる。

306　第7章　多様化する日本の建築

[7-19]
ビヤホールライオン銀座七丁目店
1934年／東京都／菅原栄蔵／鉄骨鉄筋コンクリート造

〈ビヤホールライオン銀座七丁目店〉は、日本最古のビヤホールである。帝国ホテルのインテリアを彷彿させるその迫力ある内観は、いまも変わらない。菅原栄蔵は、F・L・ライトに直接師事することなく独学で「ライト式」意匠を習得し、それを自らの建築の特徴とした建築家である。その代表作がこの建築内装であり、愛弟子である遠藤新らの「ライト式」と区別するために、「ライト風」と呼ばれている。

中央正面の吹き抜けのあるホールである。この建築の建主をライトに紹介し、共同設計と言ってもよいほどにライトの設計監理を支えた日本人建築家がいた。生涯ライトの忠実な弟子でありつづけた遠藤新である。ライト帰国後の〈旧帝国ホテル〉を竣工させたのも、また「ライト式」を流行させたのも、実は彼だった。

F・L・ライトの弟子たち

ライト式の頂点にある〈旧甲子園ホテル（現・武庫川女子大学甲子園会館）〉[7-17]は、遠藤新の代表作である。関西版帝国ホテルを目指したこのホテルは、日本趣味が濃くなったものの、ライト式幾何学的装飾が満載で、ライトのDNAはしっかりと息づいている。また、遠藤新は〈加地邸〉[7-18]をはじめ、ライト式の住宅を数多く建てていく。そこに師匠ほどのシャープな装飾や空間構成を見ることはないが、日本の住宅の近代化に大きく貢献したことは確かである。遠藤新とライトの二人に直接建築を学んだ岡見健彦もまた、日本にライト式の建築を多く設計した建築家である。ただ、彼の代表作〈カトリック高輪教会〉のファサードは〈自由学園明日館〉の中央正面の建築とほとんど同じであり、それはライト式というよりライト風と言ったほうがいいかもしれない。〈旧帝国ホテル〉の設計監理のドラフトマンだった田上義也もまた、北海道で

〈旧小熊邸〉などライトの意匠を一部切り取り模倣したライト風の住宅を多く設計している。ライトや遠藤新と直接の関連のない建築家たちも、ライト風の優れた建築を多く出現させている。昭和の初めには、それらは幾何学的な近代主義装飾様式「ライト風アール・デコ」へと変容し、日本の建築界に広く流行する。たとえば、〈ビヤホールライオン銀座七丁目店〉[7-19]の1階のビヤホールや6階のパーティールーム、また〈浴風会本館礼拝堂〉[7-16]はその好例だろう。何よりも日本の〈旧首相官邸〉[7-20]がライト風アール・デコで飾られたことは、ライトの建築が日本の建築様式になったことを象徴している。

[7-20]
旧首相官邸 エントランスホール
1929年／東京都／下元連／鉄筋コンクリート造

「ライト風アール・デコ」装飾を基調にした建築である。この首相官邸に初めて訪れた当時の総理大臣田中義一は、「まるでカフェーのようじゃのう」と一言つぶやいたという。彼は、このプレモダンの建築デザインに、格式や権威ではないエンターテイメント性を強く感じたに違いない。F・L・ライトの建築デザインを基本に日本独特のアール・デコ装飾へと発展した「ライト風アール・デコ」は、それほどに日本建築文化に広く定着していたのである。

第2部　近代：明治・大正・昭和戦前　307

[7-21]
神戸女学院大学
図書館本館・閲覧室
1933年／兵庫県／W・M・ヴォーリズ／鉄筋コンクリート造

スパニッシュな連続アーチ窓からの静かな光に満ちたこの図書館は、日本一美しいといわれている。天井の大梁に描かれたカラフルなアラベスク文様がまた愛らしく、いかにもプロテスタント・ミッション系女子大学らしい。型紙で彩られたその装飾文様は、この大学のアイコンをモチーフにしているという。そこには、アメリカン・プロテスタント、スペイン・カトリック、プエブロ、そして日本の古の文化の面影がアイコン化され、この図書館の天井に咲いた花のようでもある。

[7-22]
旧山口萬吉邸
階段ホール
1927年／東京都／木子七郎、内藤多仲／壁式鉄筋コンクリート造

白い曲面の壁、渦巻き模様の鋳鉄手摺がいかにもスパニッシュ様式らしい。階段踊り場の下には小さな噴水がしつらえられていて、スペインの中庭の噴水を連想させる。玄関ホールを抜けると、この階段ホールが出迎えてくれ、一瞬異国の空間に立ち入ったかのような想いにとらわれる。

ヴォーリズの西洋館

信徒伝道者から建築家へ

ヴォーリズの建築は、そこはかとなく優しい。それに穏やかな気持ちにさせてくれる。それは、彼が正式な建築教育を受けておらず、キリスト教プロテスタントの信徒伝道者として慈しみの心を大切にしていたからではないだろうか。つまり、彼は、建築家としての気負いがなく、プロテスタント信徒らしい清楚な建築デザインを終生心掛けていたのだろう。

日本が日露戦争の戦勝に沸いていた1905（明治38）年、ヴォーリズは信仰心篤い英語教師として来日し、生涯を通し日本で信徒伝道者として、建築設計とさまざまな事業を展開していく。メンソレータム軟膏やハモンドオルガンを日本に紹介し、普及させたのは彼である。その建築活動は、主に大正期から昭和初期にかけて、信徒伝道者だったことからミッション系の教会や学校、その関係者の住宅を中心に、日本全国に及ぶ。その建築数は、1500作品を超えるという。彼の建築の多くは、アメリカン・ボザール系の折衷主義を基本にした、スパニッシュ・コロニアル様式［7-24］とイギリスのチューダー様式［7-29］だった。

華やかなスパニッシュ・コロニアル様式

スパニッシュ様式は、アメリカ旧スペイン領の西欧歴史主義とアメリカ先住民の日干し煉瓦のプエブロ様式とが融合した建築様式で、現在のニューメキシコ州エリアが発祥の地になる。その明るい日差しのもとにこの建築様式はアメリカナイズされ、西海岸を中心に白い壁とアーチと赤い丸瓦の地中海様式とも呼ばれ、広まっていく。

ヴォーリズの代表作とされているのが、赤茶の丸瓦と日干し煉瓦色を基調にした、スパニッシュな校舎群が緑豊かなキャンパスに映える〈神戸女学院大学〉である。ミッション系修道院を原風景にするこのキャンパスのシンボルが、四つの主要校舎に囲まれ、中央に瀟洒な噴水池をもつ中庭であろう。この中庭を散策しても、校舎の窓からこの中庭を見ても、そこにはヴォーリズ流スパニッシュ様式の世界が広がり、空を天井にしたインテリアのようでもある。それら校舎は、簡素でありなが

[7-23]
関西学院大学旧図書館 外観
1929年／兵庫県／W・M・ヴォーリズ／鉄筋コンクリート造

白壁と赤い瓦のスパニッシュ様式に彩られた校舎群が、中庭を囲むように配された関西学院大学キャンパス。そのシンボルが、キャンパス中央にひときわ高く時計台聳える図書館である。現在、関西学院大学博物館として一般公開。

[7-24]
スパニッシュ・コロニアル様式

メキシコに近いアメリカ旧スペイン領の西欧歴史主義建築と、アメリカ先住民インディアンの日干し煉瓦のプエブロ様式とが融合した建築様式を、「スパニッシュ・コロニアル様式」という。この建築様式は、太平洋岸を北上しカリフォルニア西海岸エリアへと伝播、土壁は白いスタッコ、床はテラコッタタイルに仕上げられ、19世紀頃にはリゾート感覚あふれる「地中海様式」へと進化していく。そして、スパニッシュ様式として日本に上陸し、上流階級の西洋館として定着していく。

[7-25]
旧徳川義親邸 階段ホール
1929年／東京都（現在は長野県へ移築）／渡辺仁／木造

尾張徳川家・徳川義親侯爵の邸宅として東京目白に建てられたチューダー様式の西洋館である。1968年八ヶ岳高原に移築され〈八ヶ岳高原ヒュッテ〉としていまも多くの人に親しまれている。玄関の吹き抜け階段ホールはイギリス中世のエレガントで素朴な力強さに満ち、柱や梁に刻まれた野趣に富む手斧仕上げが黒く輝き、古木の優しさ、ぬくもり、安心感を訪れる者に与えている。日本のチューダー様式の最高傑作の一つといっていい。

第2部　近代：明治・大正・昭和戦前　309

[7-26]
明治学院礼拝堂（左）
1916年／東京都／W・M・ヴォーリズ／木造

十字形平面でありながらも側廊のない身廊だけのこの礼拝堂は、プロテスタント系キリスト教らしく、実に簡素である。素朴な木造トラス小屋組みあらわな大空間だからであろう。それは、アメリカの大草原に建つ大きな納屋を礼拝空間に改装したかのようである。そこに、ヴォーリズ建築の原風景があるように思う。外観は、ハーフティンバーと煉瓦からなるアメリカ新大陸経由のチューダー様式である。

[7-27]
**旧下村正太郎邸
居間（右）**
1932年／京都府／W・M・ヴォーリズ／鉄骨鉄筋コンクリート造

建て主は、重厚なチューダー様式のリバティ百貨店に魅せられ、ヴォーリズに設計を依頼したという。外観から1階は石造、2階は木と煉瓦のハーフティンバーに見えるが、主体構造は鉄筋コンクリート造である。1階居間の四角い木製パネル壁、白い幾何学模様の漆喰天井、重厚な寄木床、石造の暖炉など、内観もまた典型的なチューダー様式の邸宅に仕上げられている。建築家ヴォーリズの器用さと力量を窺える建築である。

らも大小のアーチや古典主義様式のさまざまなデザインアイテムが装飾として効果的に散りばめられ、またヴォーリズオリジナルの装飾も多い。その一つが〈図書館本館・閲覧室〉天井の梁のカラフルな愛らしいアラベスク模様である[7-21]。閲覧室の2層吹き抜け大空間に連続して並ぶ縦長の大アーチ開口群は、中庭と室内との一体感をつくるとともに、清楚な色合いの天井を明るく映し出し、穏やかで清々しい読書空間を実現している。〈関西学院大学〉[7-23]のキャンパス校舎群もまた、スパニッシュ様式に飾られたヴォーリズの代表作であり、〈神戸女学院大学〉より少し先に建設されている。だからであろう、この大学の象徴となっている〈時計台・旧図書館〉は、その外観も内観もバロック様式を基調にした折衷主義が色濃く、よりスパニッシュ様式らしい。

ヴォーリズ以外の建築家も、大正時代の邸宅をスパニッシュ様式で数多く手掛けている。九段の靖国神社近くに建つ〈旧山口萬吉邸〉[7-22]もそのひとつであり、このRC造の住宅が壁式構造であることが興味深い。構造設計は「耐震構造の父」とされる内藤多仲であり、壁構造の耐力壁と2階に並ぶ寝室群の仕切壁とを整合させたその間取りは、もはや近代住居である。小さな噴水をしつらえた大理石の階段ホールは、いかにもスパニッシュらしい。〈旧小笠原伯爵邸〉[7-28]はスパニッシュ様式を基調にしているが、煙草室のイスラム様式など部屋の用途によって装飾様式が変わり、様式折衷主義の館といっていいだろう。

重厚なチューダー様式

16世紀後半のイギリス・チューダー朝の後期ゴシック様式を19世紀にリバイバルさせたチューダー様式もまた、大正期の邸宅に多い。それは、急勾配の屋根に煙突、木造真壁と煉瓦を組み合わせたハーフティンバーの外観、また内観の床の寄木、壁の木製パネルや漆喰、天井を支える太い梁、そして存在感ある石や煉瓦の暖炉など、オーセンティックな重厚感に満ち、どこか日本の古民家を彷彿させる。明るく軽やかなスパニッシュ様式とは実に対照的である。ヴォーリズのチューダー様式の傑作とされているのが、京都御所の近くに建つ〈旧下村正太郎邸[7-27,30]〉である。また、

[7-28]
旧小笠原伯爵邸　喫煙室
1927年／東京都／曾禰達蔵、中條精一郎／鉄筋コンクリート造

小笠原長幹伯爵の邸宅である。淡いアースカラーの外壁に色鮮やかなスペイン瓦、異国情緒あふれる鋳鉄の飾り窓など、外観は典型的なスパニッシュ様式である。しかし、内観は、各部屋の用途によりデザイン様式が変わる折衷主義を基本としている。たとえば、食堂は木調のチューダー様式、庭に張り出した円形小部屋の喫煙室はイスラム様式の濃密な装飾で彩られている。色鮮やかな大理石や漆喰彫刻の装飾文様に、異国の香りを楽しんだのであろう。

渡辺仁の〈旧徳川義親邸〉[7-25]の木と漆喰の質感を主役にした重厚なハーフティンバーのチューダー様式も忘れることはできない。

住宅以外では、ヴォーリズが自らの結婚式を挙げたという〈明治学院礼拝堂〉[7-26]がある。そのシザース・トラスの小屋組は、いかにも実用主義的なアメリカの巨大な納屋や教会堂の大空間らしく、しかもその簡素で素朴な造形はヴォーリズらしい。

大正期から昭和初期の日本建築界は、建築家の個性に建築創造を求める分離派や表現派、また日本建築のアイデンティティを探す日本趣味が台頭し、歴史主義の様式建築はもはや過去のものとなりつつあった。それは、建築家の社会的使命が「国家」から「市民＝国民」へと移行した証であり、過去にではなく未来に眼差しをむける近代主義建築は今や目の前にあった。その近代主義建築へジャンプする契機となったのが、F・L・ライトやヴォーリズの建築であったろう。それは、いかにも住み心地のよさそうな普通の家〈駒井家住宅〉[7-31]に垣間見ることができる。

[7-29]
リバティ百貨店（左）
1924年／イギリス・ロンドン／E・T・ホール、E・S・ホール／木造

ハーフティンバーが美しいイギリス・チューダー朝（1485〜1603）の建築様式をリバイバルさせたチューダー様式の代表的な建築である。イギリスの軍艦に使われていた木材を再利用して建設されたというこの建築は、ギシギシと床鳴りする床もあり、その古木の力強さと歴史を感じる。しかし、建設されたのは近代建築運動華やかな20世紀初頭であり、19世紀中頃のアーツ・アンド・クラフツ運動から始まるイギリス中世主義の息の長さを物語る建築である。

[7-30]
**旧下村正太郎邸
外観（右）**

[7-31]
**駒井家住宅
居間・サンルーム**
1927年／京都府／W・M・ヴォーリズ／木造

食堂から見える続き間の居間、最奥の明るい部屋はサンルームである。居間の左窓下にはつくりつけのソファーベンチ、右の壁際にはピアノが置かれている。本来は、その間にテーブルとソファーが置かれていたであろう。寝室などのプライベートゾーンは2階にある。幸せな家庭生活が営まれていたことを微笑ましく想像させ、いかにも住み心地良さそうな家である。ここで、ヴォーリズは、近代家族が近代生活を営む近代住宅の原型を見事に実現している。

第2部　近代：明治・大正・昭和戦前　311

[第2部] 近代：明治・大正・昭和戦前

第8章 モダニズム建築の登場とその受容

1923（大正11）年9月1日に発生した関東大震災は、東京や横浜など南関東一帯の広い地域に大きな被害をもたらした。とくに火災の被害は甚大で、東京市の面積の約44%が焼失し、150万人以上が家を失い、死者・行方不明者は約10万5000人にのぼったといわれている。内務大臣であった後藤新平は帝都復興院を創設し、自ら総裁につき、近代都市への生まれ変わりを目指して壮大な復興計画を打ち立てた。予算や権利関係の反発などから、内容・予算ともに大幅に縮小されながらも、土地区画整備や住宅供給、小学校の鉄筋コンクリート化など、さまざまな復興事業が展開された。

新技術として鉄筋コンクリート造とともに注目されていた鉄骨造だが、震災後の大火災によって耐火性の低さが明らかとなったことで、それまでの木造、石造や煉瓦造に代わって鉄筋コンクリート造が主流となり、都市の建築は、不燃化と高層化が進められていくこととなる。さらに、戦後恐慌、金融恐慌、世界恐慌と1920年代に続いた世界的な経済不安により、社会全体が合理化や機能性を求めるようになっていく。建築の分野においても、企業の集中や産業の合理化、官庁営繕機構を中心に規格化や標準化が進められた。

こうした情勢を受けて、当時ヨーロッパの近代建築の主流となりつつあった、機能的・合理的な造形理念にもとづくモダニズム建築が日本でも注目を集めはじめる。1927年に水谷武彦がバウハウスへ入学、翌年には前川國男がル・コルビュジエの事務所へ入所するなど、モダニズム建築を直接学ぶべく渡欧する若い建築家たちが増加していった。また、昭和初期にはジャーナリズムにおいても、個人や地域の特殊性を超えた世界的に共通する様式を目指した「インターナショナルスタイル（国際建築様式）」を指す「新興建築」という言葉が頻繁に登場するようになる。その造形は、鉄筋コンクリート造による装飾を廃した白い壁、フラットな陸屋根、大きなガラスの開口部などを用いた直線的な表現が特徴で、1930年頃から盛んに建設されるようになっていった。

また、ヨーロッパでは、近代建築と都市計画の理念の追求を目的として建築家たちによりCIAM（近代建築国際会議）が1928年に発足し、会議では住宅についても主要なテーマとして討論された。日本においても大正期から盛んになった住宅改善の動きと相まって、新たな住宅像を追求する実験的なモダニズム住宅作品が生み出されていく。大正期は伝統的な和風住宅を否定し、洋風の住まいかたに改革することが目指されていたが、昭和以降の作品には、従来の床座様式の木造住宅への洋風生活の導入や、椅子座様式の鉄筋コンクリート造住宅への和風要素の導入といった、和風と洋風の融合への試みが多くみられる。

なかでもA・レーモンドは、戦前戦後を通じて日本建築界の近代化に多大な影響を及ぼした人物である。帝国ホテル建設の際に、F・L・ライトの助手として来日し、その後日本に残って活動を続けた。日本の伝統的建築や自然素材、気候風土に対する考察から生み出された「レーモンド・スタイル」と呼ばれる独自の建築表現は、後世の建築家たちに大きな影響を与え、とりわけコンクリート技術を用いた建築表現の世界に新たな地平を切り拓いた。

1920～30年代にかけて、日本ではモダニズム建築の受容に向けたさまざまな試みが開始された。しかし1940年代に入ると戦時色が強まり、資材統制などにより建築家たちの設計活動は制限され、以後、戦後の復興期を通じた十数年間にわたり、日本の建築界の動きは停滞することとなる。

モダニズムの展開

近代都市を彩るオフィスビル

　関東大震災の復興計画では、大規模な土地区画整理が実行された。これにより、昭和通りや靖国通りなど52本の幹線道路が整備され、新設または拡幅された道路は約750km²に及んだ。また、東京の三大公園と呼ばれる隅田公園、浜町公園、錦糸公園が「震災復興公園」としてつくられ、河川や運河の整備が進むなど、まさに帝都をつくりかえて今日の首都東京の基礎が形成されたのである。

　一方で、関西の中心都市である大阪でも「都市大改造計画」が掲げられ、1926年から大阪の中心部を南北に貫く御堂筋の拡張工事が開始された。それまで幅6m長さ1.3kmほどであった御堂筋を、幅約44m長さ約4kmの道路にし、その下に地下鉄を建設するという大事業であった。

　こうして日本の中心地の近代都市化が進むなか、1930年頃になると、新たな時代を感じさせるモダニズム建築の要素の強い先駆的な作品が現れはじめる。〈日本銀行〉をはじめ〈三井本館〉や〈三越本店〉など歴史主義建築が建

[8-1]
森五商店東京支店　外観
1931年／東京都／村野藤吾／鉄筋コンクリート造

外壁には黒褐色のタイルが全面に貼られ、縦長のガラス窓が整然と並ぶ。ほぼ方形の躯体だが、角は小さく丸みを帯び、軒先には手の込んだデザインがなされるなど、村野の繊細な設計が随所にみられる。

[8-2]
森五商店東京支店　エントランスホール

エントランスホールは、壁面に、複雑な帯模様が特徴のトラバーチンが貼られ、ヴォールト天井は、ガラスモザイクで飾られており、外観とは対照的な華やかな演出がなされている。

第2部　近代：明治・大正・昭和戦前

[8-3]
大阪ガスビルディング コロネード
1933年／大阪府／安井武雄／鉄骨鉄筋コンクリート造

歩道と一体となったコロネードや張り出したショーウィンドウにより、建物と歩道とを一体化し、道行く人々を内部へと誘う。路面に埋め込まれたガラスブロックは、当時地下の展示室に光を落としていた。

[8-4]
大阪ガスビルディング 外観

庇部分に組み込まれた照明器具によって夜は"光る建築"となるなど、建物そのものが巨大な一つの広告塔の役割を果たしていた。

[8-5]
常磐小学校 エントランスホール
1929年／東京都／東京市建築課学校建築掛／鉄筋コンクリート造

入り口、天井まわり、壁泉など、表現主義的なアーチ状の意匠が随所に施されている。

ち並ぶ日本橋に、装飾を廃した箱型の外壁に縦長の窓が整然と配置された〈森五商店東京支店（現・近三ビルヂング）〉[8-1,2]が誕生する。渡辺節事務所から独立した村野藤吾の最初の作品であり、「遠目にはモダニズム、近目には様式建築」という自らの言葉通り、軒蛇腹や窓まわりの細部などに様式建築の名残を残している。

一方、拡張工事が終了したばかりの大阪御堂筋の角地に誕生した〈大阪ガスビルディング（現・大阪ガス本社ビル）〉[8-3,4]は、歴史主義の3層構成とアール・デコの細部を残しながらも、白色タイル張りの外壁や横長連続窓など、モダニズム建築の影響が顕著に表れた作品であり、ガスがもたらす近代生活を象徴する存在となった。

小学校の衛生環境

関東大震災は、東京市の小学校建築にも壊滅的な打撃を与えた。そこで東京市は、震災被害を受けた小学校の鉄筋コンクリート造による建て直し事業に力を注ぐ。この事業の陣頭指揮をとった佐野利器は、耐震構造学の祖として知られるが、自身の専門である耐震・耐火に留まらず、学校建築そのものに最新の衛生設備や科学機器を導入することで、子どもたちの衛生観念や科学的思考を育み、その子どもたちを介して、各家庭そして社会全体へと伝播させることを目指した。いわゆる「震災復興小学校」や「改築小学校」と呼ばれる小学校建築は、こうした佐野の思想と当時最新の教育思潮を反映して定められた設計規格を採用するとともに、合理的なシステムのもとで全117校が建設された。

外観意匠についての具体的な規制はなかったものの、校舎端部の時計塔と3階の窓の放物アーチが印象的な〈上六小学校（現・九段小学校）〉や、3階窓やエントランスの開口、外

壁のコーナー部分、内部の梁に至るまで随所に半円形が盛り込まれた〈常磐小学校〉[8-5]などをみると、1920年代は表現主義的な曲面や曲線のモチーフが多く用いられている。

しかし1930年頃からは、装飾性を廃した平滑な外観に変わっていく。〈四谷第五小学校（現・吉本興業東京本部）〉[8-6,7]は、白い壁に全面ガラス張りの階段室とカーテンウォールのガラス面が特徴のモダンな校舎で、竣工当時「東洋一の小学校」と賞賛された。体格の異なる高学年と低学年で使い分けられるよう校庭が二つ設けられ、それらを取り囲むように立体的に構成された回遊性のある校舎は、一種の換気筒としての役割をもつなど、衛生環境向上のための新しい試みがなされている。私学においても、〈慶應義塾幼稚舎〉[8-8]を設計した谷口吉郎は「健康第一主義」を掲げ、明るくオープンな教室をつくることに腐心した。各階順にセットバックした構成で、2・3階でも各教室からそのままテラスに出られるようになっている。また、校庭に面した教室のガラス戸には、全面開放することができる特殊なサッシを使用するなど、環境工学にもとづいた採光・通風への配慮が随所に見受けられる。白くて明るいインターナショナルスタイルの学校建築は、「機能的」「合理的」

[8-6]
四谷第五小学校 階段室
1934年／東京都／東京市土木局建築課／鉄筋コンクリート造

校舎全体のシンボルとなっているガラス張りの階段室は、十分な採光を確保するとともに、1階で直接校庭とつなげることで、外気との接触を高め換気効率を上げる役割を果たしている。

[8-7]
四谷第五小学校 外観（左）

先鋭的なデザインは当時、学校建築としてはやりすぎであるとの批判が寄せられた一方、海外の雑誌に数少ない日本の作品として取り上げられるなど、モダニズム建築として高い評価を得た。

[8-8]
慶應義塾幼稚舎 外観（右）
1937年／東京都／谷口吉郎、曾禰中條建築事務所／鉄筋コンクリート造

各階のテラスは、同時に下階の庇の役割を果たしている。深い庇で部屋が暗くならないように、バルコニーの端部には床にガラスブロックが嵌め込まれている。

[8-9]
東京中央郵便局 公衆室
1931年／東京都／逓信省営繕課（吉田鉄郎）／鉄筋コンクリート造

客溜まりに入ると暗緑色の大理石を貼った八角形の柱がカウンターの前に立ち並ぶ。大きな格子状の窓から光が差し込み、白い壁と黒い柱のコントラストが美しく映える。

[8-10]
東京中央郵便局　外観

外壁の白いタイルは、完璧なまでに割り付けがなされた。集配機能の入る1～3階よりも、4・5階の窓の高さを低くし、4階と5階の間には胴蛇腹を配して全体を引き締めている。

[8-11]
黒部川第二発電所　外観
1936年／富山県／日本電力、山口文象／鉄筋コンクリート造

国立公園の中に構造物を構築するにあたって、山口は、問題はその構造物の機能的性格が偽りなく自然に表現されているかどうかだと述べ、周囲の自然環境とは対比的なインターナショナル・スタイルを採用した。

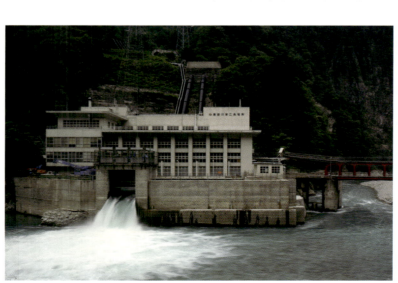

と合わせて、「衛生的」の象徴としてモダニズム建築の普及に寄与したといえる。

建築における合理性の追求

　昭和初期、初期のモダニズム建築を日本で推進する役割を果たしたのは、逓信省営繕課に代表される官庁営繕機構であった。彼らは、設計体制の組織化はもちろんのこと、設計や部材の規格化や標準化をも試み、機能性や合理性を追求することで、造形的にも当時の最先端を行くモダニズム建築をつくり上げていった。

　その代表的な作品が、逓信省営繕課の吉田鉄郎が設計を担当した〈東京中央郵便局〉[8-9,10]と〈大阪中央郵便局〉である。本作品は、鉄筋コンクリート造により、最新鋭の機械設備導入のための連続した大空間を実現するとともに、その柱梁架構をそのまま立面に生かし、日本の伝統的な真壁（しんかべ）構造が表現された。桂離宮を「再発見」したことで知られるドイツ人建築家B・タウトから「実に明朗で純日本的に簡素な現代的建築」と評価されるなど、モダニズム建築と日本の伝統的建築の精神性を結びつけた日本の初期モダニズム建築の傑作の一つである。

　また、分離派建築会の設立メンバーであり、〈東京中央電信局〉（第2部第7章を参照）をはじめとした表現主義建築を数多く手掛けてきた山田守も、1929（昭和4）年の渡欧で近代建築運動の影響を受け、白色タイルの大壁に装飾を廃したインターナショナル・スタイルの〈旧東京逓信病院〉をつくり上げる。材料を規格化し、採光通風などの科学的条件にもとづき各棟の配置を決定するなど、合理性・機能性を追求し、総合病院建築の複雑な要求に応えた。

　逓信省営繕課の製図工として働く傍ら、仲間たちと創宇社建築会を立ち上げた山口文象は、1930（昭和5）年に渡欧してグロピウスの事務所へ入所し、帰国後は〈日本歯科医学専門学校〉を発表して建築界の注目を集めた。また震災復興計画の一つである〈清洲橋〉のデザイン顧問を任されるなど、土木と建築にまたがる体験を経て、戦前期モダニズムの傑作の一つである〈黒部川第二発電所〉[8-11]を設計している。

住宅の近代化とモダニズム住宅

文化住宅とモダニズム住宅

　明治以降の近代社会は、俸給生活者（サラリーマン）という存在を生み出し、第一次世界大戦の戦争景気に伴う都市への人口集中により、彼らをはじめとした中産階級のための専用住宅が大きな課題となっていた。大正期に入ると住宅改善運動が盛んとなり、1915（大正4）年には上野公園にて「家庭博覧会」が開催され、台所や子供部屋などの実物模型が展示された。また、日本初の住宅専門会社である「あめりか屋」による「住宅改良会」や、

文部省主催の「住宅改善展覧会」(1919年)、平和記念博覧会の「文化村」(1922年)といった展覧会や住宅の設計競技などの催しが多く行なわれ評判を呼んだ。1920(大正9)年には「住宅改善調査委員会」が発足し、改良指針(1921年)が示される。この頃の一連の運動は、従来の方廊下型の和風住宅の非衛生性、接客本位のありかた、プライバシーの無さを批判し、椅子座式で家族本位の洋風住宅の普及を目指すものであった。そこで提案されたいわゆる"文化住宅"はさまざまな郊外住宅地計画の一環として、都市の郊外へと広がっていった。日本を代表する郊外住宅地の田園調布には〈大川邸〉や〈鈴木家住宅〉[8-12,13]のような三角屋根の瀟洒な洋館が建ち並んだが、時代の推移とともに和風住宅も建てられるようになった。

同潤会のアパートメント

新しい住宅像を示した点において、同潤会の役割は非常に大きい。関東大震災の復興事業の一環で、罹災者の授産事業と住宅供給事業を目的に設立された同潤会は、これを千載一遇の機会として、大正期から議論が重ねられてきた住宅改善策の実現に向け邁進する。一連の事業のなかでも、とくに鉄筋コンクリート造の中層アパートメントによる住宅団地の建設は、日本初の試みとして高く評価されている。事業の計画・設計の中心を担った内田祥三とその門下生たちは、世界各地の最新情報を参考に、新しい合理的な都市生活を追求し、建設された15の住宅団地にさまざまな試みを実践していった。和洋の生活様

[8-12]
鈴木家住宅　外観
1930年以前／東京都／木造

2階は切妻、1階は吹き下ろして寄棟とする複雑な屋根構成で、軒を連ねて水平線を強調している。モルタル大壁はテラス部にアーチ型が連続し、ベイウィンドウを用い、上げ下げ窓が多く配されている。

[8-13]
鈴木家住宅　居間と食堂

大壁構造で天井まで漆喰が塗込められている。居間と食堂の間には、繰り型の意匠を施したアーチ型の垂れ壁があり、食堂の天井は化粧梁のある木製天井である。アーチ型の壁には片開きの縦長窓が四つ配されている。

[8-14]
代官山アパートメント
独身用住戸
1927年／東京都／同潤会／
鉄筋コンクリート造

床は和洋どちらの生活にも使えるようにコルクの上に薄縁を敷いている。つくりつけのベッドや換気口、収納など住みやすさへの細かな工夫がみられる。

[8-15]
本野精吾自邸　外観
1929年／京都府／本野精吾／中村鎮式コンクリートブロック造

建物はモダニズムに特有の非対称の形態となっている。大きな庇や軒は、日射と雨量の多い日本の気候に応じたもので、「日本インターナショナル建築会」の追求した「ローカリティ」の表れである。

式を自由に選択できるよう工夫され、水道・ガス・電気・水洗便所など最新の近代設備の数々が整った、安全な鉄筋コンクリート造アパートメントは当時から大変な人気を呼び、中間知識人層の間に重層集合住宅という都市化に対応する新しい住意識を育む役割を果たした。

また、独身者用から家族向けまで多様な住棟計画により、ライフサイクルに合わせた内部転居を可能とし、食堂や浴場、商店をはじめ、娯楽室、児童遊園など生活諸機能を敷地内でまかなうことのできた、日本初の本格的な自足的住宅団地〈代官山アパートメント〉[8-14]や、女学生や増えはじめた単身で職業をもつ女性たちが安心して都市生活を送るための女性単身者専用の〈大塚女子アパートメント〉など、同潤会のアパートメントは、震災復興の被災者のための住宅建設を超え、新しい時代を先取りした都市の住宅像を提示していった。

"白い箱"のモダニズム住宅

昭和に入るとジャーナリズムにおいて、"新興建築"という名でグロピウスやル・コルビュジエに代表されるモダニズム建築の運動がいち早く紹介されるようになっていく。1927（昭和2）年の「ジードルングの住宅展」には、世界中のモダニズム建築を主張する建築家たちが作品を展示し、一大デモンストレーションとなった。翌年にはこれらの建築家たちが集まり、CIAM（近代建築国際会議）が結成され、定期的に開かれる会議では、生活最小限住宅や集団住宅についても議論が交わされた。こうしたヨーロッパにおける新しい運動は、日本の若い建築家に大いに影響を与えた。インターナショナル建築会のメンバーだった本野精吾の〈自邸〉[8-15]は、もっとも先駆的な事例といえる。耐震性・不燃性や建設の合理性を考慮した中村鎮式コンクリートブロックが採用され、コンクリートをむき出しにした打ち放しの外観となっている。屋内は居間と食堂が一続きの部屋としてつくられるなど、生活動線をコンパクトにした機能的・合理的な生活空間が追求された。こののち本野は鎮式ブロックの造形的可能性に挑戦して〈鶴巻鶴一邸〉を設計している。

1930年頃からは、"白い箱"のモダニズム住宅が建築雑誌の誌面を賑わせるようになる。白色タイル張りの外観、大きな窓による明るい室内、清潔な最新の設備機器、健康装置としてのバルコニーなど、当時の学校建築と同様に、機能性・合理性と合わせて健康で快適な近代生活の象徴として、ジャーナリズムにおいても推奨された。しかし、日本の住宅観とヨーロッパで誕生したモダニズム建築の思想とでは沿わない部分があったり、工業化

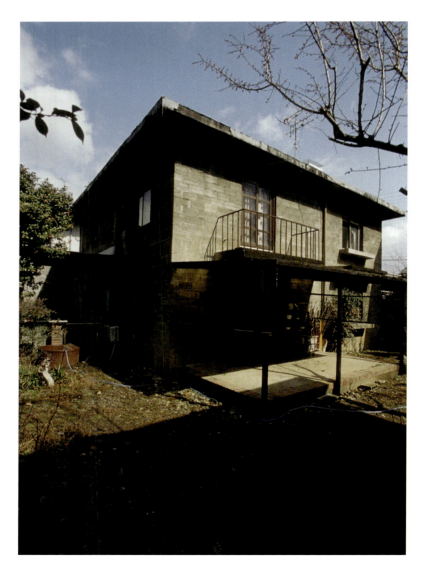

を目指して生み出されたモダニズム建築の技術を支える材料生産の基盤が日本には整っていなかったりと、一般庶民にまで普及するにはまだ課題を多く抱えていた。

一方で中・上流階級のなかには、生活の洋風化がだいぶ浸透しており、建築家自身の自邸に留まらず、富裕層や芸術家たちによっても、富裕層によるモダニズムの新しい邸宅の建設が盛んに行なわれた。吉田鉄郎の〈馬場氏烏山別邸〉は、家族や親しい友人とともに余暇を楽しむ「週末住宅」である。同時期の〈東京・大阪中央郵便局舎〉と共通した概念を住宅に応用した作品で、厳格なインターナショナルスタイルながら、夏の直射日光と雨を防ぐために深い庇や軒の出を多くするなど、日本の気候風土への対応を意図した工夫がなされている。室内は食堂を兼ねた居間が中心で、東側に続くガラス張りのサンルームから庭に出られ、余暇を楽しむ屋外と寛ぐ屋内を結びつける役割を果たす。

また機能性や合理性を超えた空間的魅力をもつ鉄筋コンクリート造の住宅も建てられるようになった。渡辺仁の〈原邦造邸〉[8-18] は、原夫人の「コンパクトで明るい家を」という要望に応えて、設計されたといわれている。緩やかな曲面が生み出す空間や細かなディテールなどにアール・デコの香りを残すものの、装飾を廃した白いモザイクタイル張りの外観に横長窓というモダニズム建築の影響が強く表れている。さらに、屋上にはル・コルビュジエが提唱した屋上庭園やプールも存在していた。さまざまな様式を使いこなした渡辺らしい、20世紀のヨーロッパの建築運動が凝縮した作品となっている。

また、前衛的な作風で知られる洋画家・三岸好太郎は、デッサウ・バウハウスで学び帰国したばかりの山脇巌にアトリエの設計を依頼し、自らもスケッチや図面を描き具体的なイメージを示した。好太郎は工事途中で夭折してしまうが、同じく画家の節子夫人が意志を継ぎ〈三岸好太郎・節子アトリエ〉[8-16,17] を完成させた。無装飾な白い箱の外観に、南面と東面には床から天井までの大きなガラス窓、吹抜けのアトリエに設けられた螺旋階段も好太郎のたっての希望であった。予算の関係で基礎以外は木造となったものの、まさにインターナショナルスタイルの住宅である。

[8-16]
三岸好太郎・節子アトリエ アトリエ部分
1934年／東京都／山脇巌／木造

2階書斎へとつながる螺旋階段は、大きな絵画の制作中に遠距離から眺める役割もあった。かつて書斎下には、間仕切りを取るとアトリエと一続きとなる応接間が設けられていた。

[8-17]
三岸好太郎・節子アトリエ 竣工当時の東南外観

好太郎は北面を壁とし他三面は全部ガラス張りにすることを望んでいたが、予算の関係から東南二面が限界であった。茅葺き農家が点在していた武蔵野に忽然と現れたこの建物は、周囲から「おとうふの家」と呼ばれたという。

[8-18]
原邦造邸 階段室
1938年／東京都／渡辺仁／鉄筋コンクリート造

白い壁に階段の黒大理石と黒いシンプルな手摺がアクセントとして映える。踊り場の吹抜き窓から光が降り注ぐ折返階段で2階に上がると、その先には塔屋に上がる廻り階段が続く。白い壁には幾何学的なガラスブロックの明り取りが配置され、モダニズムとアール・デコが融合した空間構成がなされている。

[8-19]
**土浦亀城自邸
居間（右頁）**
1935年／東京都／土浦亀城
／木造

屋内はワンルームのスタディオ・ハウス式で、吹き抜けの居間を中心に五つのレベルの空間が、流動的につながる。

[8-20]
**土浦亀城自邸
外観**

外壁の石綿スレートパネルやフジテックスは2尺×3尺の単位に切り揃え、窓枠など開口部の位置もその単位に合わせて統一された。大きく張り出したバルコニーと薄い庇がアクセントを加えている。

[8-21]
**聴竹居
居間と食堂**
1928年／京都府／藤井厚二
／木造

居間の一角に食事室が設けられている。畳部分は腰掛け式の人の目線を合わせるため30cmあまり高く設定され、床下には外気を取り入れる導気筒が組み込まれている。

木造モダニズムの萌芽

　一般的にモダニズム建築というと鉄筋コンクリート造であるが、日本では伝統的な木造に置きかえたいわゆる「木造モダニズム」が独自の発展を遂げる。この時期の住宅においても、初期の試みがすでに始まっている。

　環境工学の草分け的存在である藤井厚二は、京都大学で教鞭を振るう傍ら、5回にわたる自邸による実験住宅と多くの住宅設計を通して、在来の日本住宅に根差しながら、日本の気候風土と新しい生活様式に適合する住宅の提案を行なった。集大成として最後につくられた〈聴竹居〉[8-21]は、広間を中心に食事室、読書室、客室などをずらしながら連続的に構成し、畳部分を一段高くすることで、洋風の椅子生活と和風の畳式生活の見事な融合が図られている。また、床下や天井面などに設けられた換気口によって、自然対流を利用した通風換気が図れるよう設計された。

　一方、土浦亀城は、モダニズムのテーマである工業化と規格化を目指して、当時高価であった鉄骨に代わり、木造による乾式工法を用いて〈土浦亀城自邸〉[8-19,20]を設計した。壁には石綿スレートパネルや圧縮繊維板といった工業化された建築部材が採用され、外観はまさにインターナショナルスタイルの"白い箱"である。また、玄関から吹き抜けの居間や食堂、ギャラリー、寝室、そして地下室を含めた五つのレベルの空間が、スキップフロアでつながる流動的な内部構成には、彼の師であるF・L・ライトの影響が感じられる。アメリカ仕込みのモダニズム建築を木造で見事に実現した、戦前の木造モダニズム住宅の傑作である。

A・レーモンドの探求と実践

　第2次世界大戦の勃発により、アメリカに活動の拠点を移した時期もあったが、戦前戦後を通じて日本建築界の近代化に多大な影響を及ぼした人物の一人に、A・レーモンドがいる。彼の日本の伝統的建築や自然素材、気候風土に対する考察から生み出された独自の建築表現は、〈聖パウロカトリック教会〉などの丸太を多用した架構、〈夏の家〉[8-22]の室内と庭の連続性を意識させる空間、あるいは建築細部のディテールによく現れている。さらに、〈星製薬商業学校〉〈霊南坂の自邸〉[8-23,24]などでは、いち早くコンクリート技術を用いるなど、当時世界的にみてもまだ珍しかった先端技術を取り込むことによる建築デザインの革新にも意欲的であった。建築家の育成に果たした功績も大きく、事務所には、前川國男、ジョージ・ナカシマ、吉村順三、増沢洵など、彼のもとで研鑽を積んだ若手の建築家やデザイナーも在籍し、レーモンドは、所員への指導と出版活動を通して、建築のありかたを積極的に共有した。

　戦前のレーモンドの初歩的な段階には、師F・L・ライトの影響からの脱却という葛藤があった。ライトもまた日本の伝統文化に関心を寄せ、浮世絵などの日本の文物を蒐集した人物であったが、彼の場合、自己流の表現の一部において、日本の伝統工芸の遺産を参照したにすぎなかった。一方、歴史的な文脈、自然素材と職人の手仕事、そして最先端の技術とを融合させたレーモンドは、より日本の伝統を咀嚼しながら自己流の表現に置換していった。こうした日本に即した独自の建築表現の探求に励んだレーモンドは、木造建築に近代的な可能性を導き出し、コンクリート技術を用いた建築表現の世界に新たな地平を切り拓いた。

　レーモンドは、ライトが獲得した帝国ホテルのプロジェクトとともに来日した。しばらく彼のもとで仕事を続けたが、果てしない製図作業への不満と仕事に対する価値観の相違もあり、ライトのもとを離れた。独立後のレーモンドは、出資者の一人であった実業家の紹介を得て、東京倶楽部の会員となり、多勢の日本人実業家と会う機会をもつようになった。レーモンドが、最初に設計した住宅〈田中次郎邸〉の施主も東京倶楽部の会員であり、〈星製薬商業学校〉〈東京女子大学〉において実験的に鉄筋コンクリートの技術を用いているが、日本のセメント工業の創始者として名高い浅野総一郎との出会いも、こうした社交の場を通したものであった。また、東京テニスクラブの会員にもなったレーモンドは、そのクラブハウス〈東京ローンテニスクラブ〉も手掛けたが、建物全体のプロポーションや水平性の際立ち、幾何学模様の多用、深い軒を有する屋根の形状など、いずれもライトの影響が色濃く残るものであった。しだいにクライアントからの信頼を高めることに成功したレーモンドであったが、そのような最中に起こった関東大震災は、彼にとっても大きな転機となる出来事であった。

　余震の恐怖と心労を癒すために、レーモンドは中国を旅した。その際に出会ったチェコ人構造家のJ・スワガーのほか、東京に戻ったあともイギリス人建築家のA・サイクス、A・ペレのもとで働いていたB・フォイエルシュタイン、A・フェラーといった若手の建築家がレーモンド事務所に次々と参画した。耐震耐火構造への需要の高まりもあり、いち早くコンクリート技術の導入を進めていたレーモンドの仕事は拡大していった。

　この時期のレーモンドの作品には、コンクリートを用いた建築の可能性を追求していたル・コルビュジエやペレの作品からの強い影響がみられる。横浜の〈ライジングサン石油会社〉は、最新の空調設備を導入した事務所であったが、全体を覆うように天井設けられ

[8-22]
夏の家　居間
1933年／長野県／A・レーモンド／木造

引き戸を全て戸袋に収めることで、開放的な空間を生み出す。ル・コルビュジエの〈エラズリウス邸案〉を骨格として、鉄筋コンクリートを木造に置きかえた作品である。戸袋に完全に収まる引き戸や構造材をそのまま生かした仕上げなど、日本建築の手法が随所に生かされている。

た二重ガラスのトップライトに、パリのアール・デコ博の際にペレが設計した劇場のようなペレ調がみられ、〈聖路加国際病院〉の外観にみられる尖塔は、ル・ランシーのノートルダム教会を明らかに意識したものであった。レーモンドは、ペレに直接会うなど強い関心を寄せていたが、ペレの事務所にいたフォイエルシュタインを通した影響も強かったであろう。また、〈霊南坂の自邸〉[8-23,24]では、帝国ホテルのライトの事務所からレーモンドのもとに移った建築家の内山隈三が力を発揮した。ここでは幾何学的なモダニズムの造形に近づき、周壁によって囲繞された中庭を囲むように設けられた諸室が、空間のつながりを生かしながら立体的に組み合わされている。そして、内外装ともに打ち放しのコンクリートで仕上げるという先駆的な試みが行なわれた。この試みは海外でも評判を呼び、レーモンドの名を世界的に知らしめる作品にもなった。このように、レーモンドがシンパシーを感じていたペレやル・コルビュジエなど、先行する建築家の想像力や新たに加入した所員からの影響も受けつつ、しだいにレーモンドの作品はライトの作風から脱し、独自の建築表現へと昇華していった。

さらにレーモンドの関心は、ヨーロッパでの近代建築運動や鉄、ガラス、コンクリートといった新材料を用いた建物だけでなく、民家などの木造建築にも向けられた。日本の木造建築に近代性を感じ取っていたレーモンドは、部分詳細図と写真を掲載した図集『ANTONIN RAYMOND Architectural Details（アントニン・レーモンド建築詳細図譜）』を出版するなど、日本の伝統的建築を熱心に研究し、自然素材を用いた職人の手仕事への造詣を深めることで、そこから新たな建築表現を引き出そうとした。中禅寺湖の畔に建つ〈イタリア大使館別荘〉では、内外装ともに杉皮張りの自然素材で仕上げ、〈聖パウロカトリック教会〉では、鋏状に組まれた丸太材の構造をそのまま活かした。こうした試みは、戦後の資材不足のなか、安価な丸太を多用して建てられた一連の教会建築や住宅作品にも共通してみられ、「レーモンド・スタイル」と呼ばれる彼特有の木造建築の表現へとつながっていく。

しかし、明るい展望だけではなかった。しだいに戦争に対する切迫感が強まるなか、レーモンドは事務所もそのままに日本を一時的に離れ、南部インドのポンディシェリに向かった。インドの哲学者A・ゴースからの依頼もあり、修道院の門人のための宿舎〈ゴルコンド スリ・オーロビンド・ゴース僧院宿舎〉[8-25]を建設するためである。すでに送り込んでいたジョージ・ナカシマとともに、レーモンドはインドの地にて鉄筋コンクリート造の実践を続けた。門人たちの人力によって建てられた僧院は、強い日差しと高温多湿という自然環境に適応するための工夫がなされ、可動式の水平ルーバーなどが設けられた。建設費抑制のために限界まで薄くしたコンクリートの断面が、美しさと軽快さという相乗効果を生み出した。こうしたポンディシェリでの構造表現を意識した新たな取り組みは、戦後の作品において次々に実践されたが、それまでの間、レーモンドは日本での建築活動の中断を余儀なくされた。

[8-23]
霊南坂の自邸 外観
1923年／東京都／A・レーモンド／鉄骨コンクリート造

[8-24]
霊南坂の自邸 内部

[8-25]
ゴルコンド
スリ・オーロビンド・ゴース
僧院宿舎 外観
1937年／インド・ポンディシェリ／A・レーモンド／鉄骨コンクリート造

第2部　近代：明治・大正・昭和戦前　323

第III部

現代：

昭和戦後
平成

第1章　戦後復興の道のり
第2章　戦後モダニズムによる「和」の表現
第3章　テクノロジーの新たな展開
第4章　都市と建築の境界
第5章　モダニズムを越えて
第6章　「ポストモダン」の到来
第7章　「都市住宅」の季節
第8章　空間の巨大化と複合化
第9章　現代建築の試み
第10章　サスティナブルな建築を目指して
　　　　　—3.11以降の建築

[第3部] 現代：昭和戦後・平成

第1章 戦後復興の道のり

1945（昭和20）年8月15日に終戦を迎えたとき、空襲などで被災した都市は215を数え、罹災した人々は980万人、住宅不足は420万戸に至っていた。幣原喜重郎内閣のもと、建築と都市の復興に向けて小林一三国務大臣を総裁とした戦災復興院が11月に設立された。同年末の12月30日、「戦災復興計画基本方針」を閣議決定し、復興への歩みが始められることになる。この「基本方針」は、都市のインフラ再建について、防災、衛生、美観などの観点を含む土地利用計画の立案を求めたものである。幅広の幹線道路や公園・広場の設置、市街地面積の10％以上という緑地率の規定、防火帯や空地の形成、不燃建築物の建設などが提唱された。

この戦災復興計画を支える法的環境はいかなるものだったのか。1943（昭和18）年に停止されていた市街地建築物法は戦後、集団規定に関わる条項を再び施行させている。1946（昭和21）年には、遊興施設の禁止や木造住宅の規模を50㎡以内に規制する臨時建築制限令、また区画整理について定めた特別都市計画法が公布され、復興へ向けての暫定的な措置がとられた。本格的な法的環境が整うようになるのは1950（昭和25）年で、新憲法下で市街地建築物法は建築基準法として新たに整備された。同時に建築士法や、長期低利の融資を提供するための住宅金融公庫法も整えられていく。住宅不足は変わらず深刻で、翌51年には公営住宅法が定められた。

一方、建築家たちはさまざまなグループや団体を結成して、戦後社会の新たな枠組みに対し、来るべき建築像を模索する活動を始めていった。終戦の年には西山夘三を中心に「関西建築文化連盟」が、翌46年には戦前の建築運動を担った建築家たちを主体とする「日本建築文化連盟」「日本民主建築会」などが結成された。こうした各団体が結集して1947（昭和22）年に「新日本建築家集団（NAU）」が設立される。戦後の「民主化」にともなう「日本人民による民主日本の建設」の道が希求されていったのである。NAUではさまざまな部会、例会、班、委員会による研究活動がなされ、設計計画委員会では〈新日本文学会会館〉〈全日本造船労働組合会館〉の設計も行なわれた。また、『建築新聞』『NAU NEWS』『NAUM』の機関紙誌の発刊など、出版活動も重要な活動の一つだった。

京都を拠点にこうした建築運動に関わった西山は、雑誌『新建築』の戦後復刊第1号（1946年1月号）に「新日本の住宅建設」を寄せ、「戦後日本の住宅建設における10原則」を掲げて住居標準の確立や住宅生産の工業化から、さらには国土計画に至るまでをも論じた。1941（昭和16）年に設置された住宅営団に西山は所属し、庶民住宅の住まい方調査を経て、食べるための部屋と寝るための部屋を分ける「食寝分離論」を発表していた。これは戦後、住宅公団による公営住宅の標準平面に活かされ、ダイニングキッチンやnLDKなど戦後日本の住宅計画の基本形となっていく。この標準平面51C型は東京大学吉武泰水研究室の提案によるもので、吉武研ではその後、さまざまなビルディングタイプごとの「使われ方調査」を実施し、科学的分析手法を用いて各種建築物の設計指針を提案していった。こうして、戦後の建築・都市復興を支えていくことになる、日本独自の「建築計画学」が誕生していったのである。

最小限住宅の模索

組立式住宅からの出発

戦災により消失した420万戸に及ぶ住宅の再建は、都市の復興とともに、当時の建築家たちに課された喫緊の問題だった。戦後の混乱期、資材の調達もままならない状況のもとで、まずは簡便な組立式による住宅建設の方法が模索されていった。浦辺鎮太郎の〈クラケンC型組立住宅〉、牧野清の〈パネル式組立住宅〉、田辺平学の〈組立鉄筋コンクリート住宅C40型〉、棚橋諒の〈桐2号組立住宅〉などの試案が示され、部材の規格化やプレファブリケーション、そのためのパネル工法の開発などが追求されていく。ル・コルビュジエのもとで学んだ前川國男も、〈プレモス〉など木製パネル工法の実現に取り組んだ。これらはいずれも、最小限の資材で生活空間を形成するための構法とその技術開発をテーマとし、また量産化への志向はのちのプレファブ住宅の先駆けとなった。

小住宅の誌上コンペ

一方、雑誌上では当時、住宅をテーマにした設計競技が盛んに行なわれ、新たな生活像の模索が始められていった。1947年から49年にかけ『新建築』誌上では計5回にわたり、池辺陽、伊藤喜三郎、吉阪隆正、中村登一、清家清の5人を審査員として、住宅設計競技が連続して開催された[1-1]。各回の課題テーマが興味深いので、以下に列記してみたい。

第1回：12坪木造国民住宅（1戸建）
第2回：家庭労働の削減
第3回：15坪木造国民住宅－育児
第4回：木造1戸建標準住宅－整理整頓の合理化
第5回：不燃構造による集合住宅

ここに記されている12坪、あるいは15坪とは、1947年2月に施行された臨時建築等制限規則にもとづいたものである。床面積が12坪を越える住宅の建設が一時的に禁止され、翌48年9月にはこの制限が15坪に緩和されたことに呼応している。これらのテーマをみると、第5回をのぞいて、いずれも一戸建の「国民住宅」「標準住宅」のありかたがテーマとなり、「家庭労働の削減」「育児」「整理整頓」など、合理的な生活像が新たに模索されていったことがわかる。さらには食寝の分離、居間と個室の確保など諸機能の分化が進められ、近代的な核家族のための生活様式とその空間のありかたが分析的に示されているのが特徴的である。菊竹清訓、大高正人などが入選者に名を連ね、次代を担う建築家たちの登竜門的役割も果たした。

新たな住宅像の模索

起居形式も畳敷きの和室での床座から椅子座の生活へ移行し、家長を中心としたかつての封建的な家族像も変化した。床の間付きの和室を備えた中廊下式から、夫婦を要とする居間中心型の新たな平面形式が提案されている。こうした背景には、西山夘三の『これからのすまい』（1947年）や浜口隆一の『ヒューマニズムの建築』（1947年）における機能

[1-1]
新住宅懸賞競技―家庭労働の削減を主体とする―入選1等案　室内透視図
1948年／渥美謙

「家庭労働の削減」をテーマにした誌上コンペ（『新建築』）の1等案。「団欒室（屋外）」（テラス）と「団欒室（屋内）」（居間）、さらに食堂・台所とバックヤードまでがひとつながりの連続した空間として捉えられている。審査員の吉阪隆正は「主婦の作業場がよく集約され、特に建物の内と庭とが有機的に結ばれ」ていると評している。

[1-2]
**立体最小限住居の試み
〈植松氏の家〉
居間・中2階・台所**
1950年／東京都／東京大学
池辺陽研究室／木造

平面・断面における空間の節約、それによる建設費のコストダウンが目指された。寝室の天井高はわずか2.1mに抑えられている。床座式から椅子式への転換など、新たな生活様式の実現、普及が試みられた。台所から食堂・居間への連続、吹き抜けを介してつながる居間と書斎など、空間を一体的に捉え、動線短縮による家事労働の軽減が図られた。

[1-3]
SH-1　居間
1953年／神奈川県／広瀬鎌二建築技術研究所／鉄骨造

軽量鉄骨を構造材として用いた作品で、SHと名づけられた住宅作品のシリーズ第1作。広瀬の自邸。納戸と浴室（便所）以外は戸棚やペチカなどで仕切られるだけのワンルーム空間で、建設費の削減が目指された。鉄骨の柱梁架構の繊細さに比べ、間仕切壁として煉瓦が用いられ、各材の材質感が際立つ。

主義としての近代建築の定義、浜口ミホの『日本住宅の封建制』（1949年）による「封建的残滓」の否定といった、数々の著作を通じての新たな住宅像の提示、啓蒙という活動の影響があった。西山夘三はとりわけ、関西圏の長屋の住まい方調査をもとに食寝分離論を提唱し、和室におけるそれまでの食寝転用論を衛生面から、また家族の生活時間帯のずれや家事労働の軽減という機能的側面から批判した。食寝分離の考えかたは、のちに日本住宅公団の公営住宅〈51C型〉（1951年）に採用され、その後の住宅平面の計画に大きな影響を与えていった。

戦後1940年代後半に展開されたこうした「小住宅」の試みの延長線上に、1950年代を通じてさまざまな建築家が近代住宅のプロトタイプとなる提案を展開させていった。さきの『新建築』誌上での住宅設計競技で審査員を務めた池辺陽の〈立体最小限住居の試み（植松氏の家）〉[1-2]は、吹き抜けをもつ空間のなかに必要諸室を組み込み、15坪という狭小住宅でありながら立体的な構成手法を示した。その後も池辺はそれぞれに通し番号を付した実験的住宅のシリーズに取り組み、構成部材の規格化やモデュールの導入などを実践していった。広瀬鎌二も同様に、軽量鉄骨造による一連の住宅作品をシリーズとして発表し、工業化の可能性を探った。その嚆矢となる自邸〈SH-1〉[1-3]や一つの到達点となった〈SH-30〉には、鉄骨造による空間の開放性とそれに伴う新たな生活像が顕著に示されている。

また、1960年代初頭における清家清の一連の住宅作品では、日本の伝統的住宅にみられる要素をあらためて取り込みながら、従前のものとはまったく異なる発想で平面計画が組み立てられた。〈森博士の家〉[1-4]は和室の続き間を平面の中心に据え、食堂を端部に置きながら両者が縁側を介してつながれるという構成をもつ。続いて、畳を縁台としてしつらえた〈斉藤助教授の家〉、生活空間としてのワンルームの可能性を探った〈私の家〉[1-5]など、近代住宅の形式と日本の伝統的生活要素の融合が図られているさまが見て取れる。

増沢洵はA・レーモンドの事務所を経て、「最小限住居の試作」として〈増沢洵自邸〉[1-6]を発表した。3間×3間の正方形プランのなかで吹き抜けを介して上下階をつなぎ、立体的なワンルーム空間をつくる構造的な明快さのなかに、障子や襖など伝統的要素を組み込み、両者を統合しようと試みた。また〈コアのあるH氏の住まい〉では、設備コアを中心に設け、個室を両端に配しながら居間・食堂と庭とのつながりを強調し、住宅におけるコアシステムの可能性を提案している。

[1-4]
森博士の家　和室
1951年／東京都／清家清／
木造

畳敷きの和室を続き間（6畳・4.5畳）として中央に配し、その脇に居間・食堂・台所を一体の空間として設けている。襖や障子を開放すれば3室がつながり、ワンルーム空間として使うことができる。これら3室同士および縁側が床・天井面ともに面一でつなげられていて、天井高は2400mm。清家は「鋪設（しつらい）」に言及し、「家具や几帳を適当に置き、その時折の空間を構成」すると述べている。

[1-5]
私の家　居間・寝室
1954年／東京都／清家清／
鉄筋コンクリート造

15坪という床面積制限を逆手に用い、居間と寝室を仕切るカーテンが唯一の可動間仕切りという、ほぼワンルームの内部空間が生み出された。鉄平石乱貼りの床は庭へつづき、内外空間の連続性をつくり出している。キャスター付きの移動式畳がしつらえられ、天気のよい日はこれを庭に出し、夏の夕涼みなどに供された。宙に浮いているかのように見える中央の棚は、ベッド脇の壁に背面で繋結されている。

第3部　現代：昭和戦後・平成　329

[1-6]
最小限住居の試作(増沢洵自邸)居間
1952年／東京都／増沢洵／木造

3間×3間の正方形平面。1階が9坪、2階は6坪、計15坪の延床面積で、当時の床面積制限に則り設計された。1階に居間・寝室、2階には書斎・家事室を設け、居間上部を吹き抜けとしている。杉丸太の通し柱12本が主構造。建具など造作材をあまり用いず、構造材に代用させてディテールを簡略化している。

戦後モダニズムの胎動

ル・コルビュジエに学んで

1950年代を迎えると朝鮮戦争の特需景気を背景に、建築・都市の再建にようやく道筋がつけられるようになった。さまざまな公共建築の設計に建築家が携わる機会が増え、戦後社会の新たな枠組みに対し、建築のありかたがあらためて問い直されていくことになった。この課題を巡って理論的な指針を示したのが、建築評論家浜口隆一の著作『ヒューマニズムの建築』(1947年)である。人民、機能主義、技術、それらから導かれる美、を唱え、機能主義にもとづくモダニズムの建築こそ戦後の民主主義社会に相応しいと説いた。では、このような理念に裏づけられたモダニズムの建築に、どのような空間的可能性が見出されていったのだろうか。その空間像を体現するモデルの一つとして、なお影響力をもったのがル・コルビュジエの建築だった。戦前にコルビュジエに学んだ建築家たちがしだいに活躍の場を得て、コルビュジエの設計手法を展開させながら、戦後モダニズムの胎動を告げる作品を生み出していった。

前川國男は1928〜30(昭和3〜5)年にわたる2年間をパリのコルビュジエの事務所で過ごした。帰国後、A・レーモンドの事務所に身を寄せながら、自身の設計活動もスタートさせた。処女作となった〈木村産業研究所〉には、初期のコルビュジエ作品からの影響が色濃く映し出されている。また、東京帝室博物館の設計競技案(1931年)と、その落選の経緯について記された小論「負ければ、賊軍」などを通じて、日本へのモダニズム建築導入の先陣を切っていった。戦後は50年代を通じて、〈神奈川県立図書館・音楽堂〉[1-7]、〈晴海高層アパート〉(第3部第4章を参照)、〈世田谷区民会館〉[1-20]、〈京都会館〉などの公共建築を手掛け、ベトン・ブリュット(生のコンクリート)とコルビュジエが呼ぶ打ち放しコンクリートの造形表現を取り入れながら、日本の戦後モダニズムの旗手としての立場を確立していった。その集大成となったのが〈東京文化会館〉[1-8]で、大小のホールを対角線上にずらして置き、その両者に挟まれる空間をエ

[1-7]
神奈川県立図書館・音楽堂 音楽堂ホワイエ
1954年／神奈川県／前川國男建築設計事務所／鉄筋コンクリート造

横浜港を遠望する高台に、図書館と音楽堂が別棟形式で建設された。音楽堂のホワイエは客席下部の空間を利用し、天井には客席の段床がそのまま露出する。三面をガラス貼りとした開放的な構成で、裏手の掃部山公園の樹林の緑を内部へ取り込んでいる。遮音効果も高い軽量コンクリートブロックを外装材とし、「テクニカル・アプローチ」の理念にもとづき設計が進められた。

ントランスとホワイエ、あるいはテラスや庭園として開放し、建物を上野公園の樹林とつなぎながら周辺環境と融合させる独自の設計手法を示した。のちに〈埼玉会館〉〈埼玉県立博物館〉〈熊本県立美術館〉などでエスプラナード（散策路）として定型化されていく空間構成手法の萌芽を、この〈東京文化会館〉の設計に見出すことができる。また、のちに「テクニカル・アプローチ」と呼ばれるようになる設計手法も、前川によるモダニズム建築の理解の独自性をよく示している。日本ではじめての全溶接工法を採用し、耐震壁を取り去って鉄骨による純骨組構造を実現した〈日本相互銀行本店〉（第3部第4章を参照）はその代表作である。

日本の伝統、風土のなかへ
　前川に続き坂倉準三は1929（昭和4）年に

[1-8]
東京文化会館 大ホール・ホワイエ
1961年／東京都／前川國男建築設計事務所、横山建築構造設計事務所／鉄骨鉄筋コンクリート造

六角形平面の大ホールと正方形平面の小ホールをずらして配置し、両者の狭間の空間をエントランスロビーやホワイエとして用いる構成。大ホールのホワイエは床面にレベル差が設けられ、ガラス面を介して周囲の上野公園にゆるやかにつながる。張り出している2階レストラン下のピロティから入場し、ホワイエを経て大ホールに入る。天井は無数の照明をランダムに配置し、満天の星になぞらえられる。

第3部　現代：昭和戦後・平成　331

[1-9]
パリ万国博覧会日本館 スロープ
1937年／フランス・パリ／坂倉準三／鉄骨造

斜面地に建つことからスロープが多用され、坂倉が学んだル・コルビュジエの「建築的プロムナード（散策路）」を参照した空間構成が試みられている。鉄骨フレームのなかには、海鼠（なまこ）壁をイメージさせるスクリーンが組み込まれた。伝統的な日本建築の造形を抽象化しモダニズム建築との融合を図るという設計手法を示し、つづく世代に影響を与えた。

[1-10]
神奈川県立近代美術館 1階テラス
1951年／神奈川県／坂倉準三／鉄骨造

鶴岡八幡宮の平家池をのぞむテラス。屋外彫刻などの展示スペースとしても使用されながら、中庭―テラス―池という空間的連なりを見事につくり出している。日本建築の伝統的な空間構成や自然環境との融合が試みられ、日本のモダニズム建築が課題としたテーマに応じた。大谷石の壁の背後にわずかに見えるのは、2階展示室への階段。

パリに渡り、1931～36（昭和6～11）年の間コルビュジエの事務所に学んだ。そして、1937（昭和12）年のパリ万博で〈日本館〉[1-9]を設計し、建築部門大賞を受賞した。斜面に建てられたこのパビリオンは、内外空間を流動的に結びつけ、コルビュジエの建築的プロムナードを実践しながら、なまこ壁を模したスクリーンなど、日本の伝統的な造形モチーフを取り込んだものだった。この設計手法は〈神奈川県立近代美術館〉[1-10]に受け継がれ、戦後日本におけるモダニズムの幕開けを告げる作品を生み出していった。〈神奈川県立近代美術館〉は戦後初の公立による近代美術館で、鎌倉の鶴岡八幡宮の境内に建てられ、「人々に親しまれるもっと社会性の多い有機的な機能」（坂倉）の実現を目指したものだった。池に面した1階テラスは屋外展示のためのスペースで、中庭にも通じて内外空間の連続性をつくり出している。日本の伝統的建築にみられる空間の性質をモダニズムの造形手法で実現させ、環境と建築を融合させた空間のなかに美術館のもつ「有機的な機能」を組み込んでいった。坂倉は都市デザインの分野でも、〈新宿駅西口広場・地下駐車場〉〈国鉄渋谷駅西口ビル〉などの作品を残している。近代化される都市のなかで、鉄道やバスなど公共交通の発達による、人々の大量輸送という課題に対する建築的解決に取り組んでいった。

また、戦後パリに渡った吉阪隆正は1950～52（昭和25～27）年の間、コルビュジエの事務所でマルセイユの〈ユニテ・ダビタシオン〉などの設計を担当した。ブルータリズムとも呼ばれたコルビュジエ後期のスタイルに強く影響を受け、帰国後は〈吉阪隆正自邸〉や〈浦邸〉などの住宅作品のほか、〈日仏会館〉〈アテネフランセ〉など、コンクリートや煉瓦の素材表現を取り入れた独自の作風を示した。〈大学セミナーハウス〉[1-11]は、八王子の森林内の傾斜地に本館、講堂、ユニットハウス、

宿泊棟などを散在させ、「不連続統一体」と名づけられた建築・都市理念を反映させた作品である。とくに本館は、逆四角錐形の特異な形状、荒々しいコンクリート打ち放しの外観、装飾的なディテールなど、その独自の造形が目を引く。内部は最上階の多目的ホールに至るまでスキップフロアや吹き抜けを配した立体的な空間で構成され、モダニズムの機能主義的なデザイン原理とは異なる力強い造形性が示されている。

上野に建設された〈国立西洋美術館〉[1-12]は、コルビュジエの原案にもとづき3人の日本人弟子の建築家たちが実施設計を担当した。正面玄関部のピロティや吹き抜けの中央ホール上部のトップライト、展示室に向かうためのスロープなどコルビュジエ特有のデザイン手法が導入されている。中央ホールの四周を囲む展示室の構成は、コルビュジエの「無限成長美術館」の構想を具現化したもので、回遊性と大小さまざまなスケールの空間が混在する、変化に富む展示空間がつくり出されている。

そのほか、コルビュジエに直接学んだわけではないが、大江宏による〈法政大学55年館および58年館〉、次節で詳しく述べる丹下健三による一連の計画など、戦後第一世代の日本のモダニズム建築はなおコルビュジエの影響下にあったといえる。建築家たちは、個別の設計のなかで、日本の環境や風土との融和を図りつつ、また日本の伝統的建築の空間性を取り込みながら、それぞれ独自の空間造形を展開させていったのである。

[1-11]
**大学セミナーハウス
本館中4階ロビー**
1965年／東京都／早稲田大学建築学科U研究室〈吉阪隆正〉／鉄筋コンクリート造

逆四角錐形の特異な形状をもつ本館は、内部ではさまざまなフロアレベルが設けられ、各機能を立体的に折り込む。階段を上がると最上階の4階多目的ホール、その手前、左側には3階のゲストルームに下る別の階段が備えられている。右下に見えるのは中3階のラウンジ。中4階ロビーの右手側からは外部に通じ、講堂・図書館セミナー室へ向かうブリッジが伸びる。

[1-12]
**国立西洋美術館
2階展示室**
1959年／東京都／ル・コルビュジエ〈監理、坂倉準三・前川國男・吉阪隆正・文部省教育施設部工営課〉／鉄骨コンクリート造

ル・コルビュジエの「無限成長美術館」のアイデアを具現化させた。中央の19世紀ホールを2階展示室が取り囲む構成。展示室には中央にトップライトが設けられている。当初は自然採光が計画されていたが、実現しなかった。トップライト下部は、コルビュジエ独自の寸法システム、モデュロールにしたがい天井高さが2260mmに設定された。展示室は、バルコニーを介して吹き抜けの19世紀ホールともつながる。さまざまなスケールをもつ空間が混在し、移動にともない視線の変化や空間の広がりを感じ取ることができる。

第3部　現代：昭和戦後・平成　333

[1-13]
旧広島平和会館原爆記念陳列館　広島平和記念公園（航空写真）
1955年／広島県／丹下健三／鉄筋コンクリート造

陳列館と原爆死没者慰霊碑を結ぶ中央の軸線は原爆ドームに向けられ、また陳列館背後の都市計画道路に直交している。慰霊のための施設でありながら、都市公園としての機能も併せもつ。陳列館に隣接する本館、公会堂とともに、戦災復興の象徴となる場にあって、都市における公共空間のありかたを示した。

[1-14]
旧清水市庁舎　玄関ホール
1954年／静岡県／丹下健三、浅田孝、神谷宏治、小槻貫一、光吉健次／鉄筋コンクリート造

中庭を囲むロの字形の平面、一部に6階建の高層棟を擁する。外壁を全面ガラスのカーテンウォールとして、開かれた庁舎建築の構成が目指された。中庭の周囲には、事務カウンターに面して、2層吹き抜けの市民スペースが設けられている。

[1-15]
旧東京都庁舎　玄関ホール（右頁）
1957年／東京都／丹下健三研究室／鉄筋鉄骨コンクリート造

「シティホール」としての庁舎のあり方がテーマとなった。ピロティの玄関ホールを利用者に開放し、都市のコアともなる公共空間の形成が目指された。中2階は歩行者のためのペデストリアンデッキにつながる。交通量を増しつつあった自動車の1階進入路との分離が図られた。奥の壁面は岡本太郎作の陶板レリーフ。

公共のかたち

民主主義の空間とは

　戦争末期の本土空襲は、日本各地の都市に壊滅的な打撃を与えた。終戦後、1945（昭和20）年11月に戦災復興院が設立され、被災した都市の復興計画が策定される。主要幹線道路の幅員や市街地面積の10％以上の緑被率、防火帯・空地の導入など土地利用計画を定め、予算の9割を国庫補助によるという壮大な計画で115の市町村がその対象となった。1949（昭和24）年のドッジラインによる緊縮財政で縮小を余儀なくされたが、仙台の定禅寺通り、名古屋の100m道路、姫路の大手通りなど、都市インフラの中核をなす幅広の幹線道路の設置はこの戦災復興計画の成果である。

　丹下健三と東京大学丹下研究室による広島計画は、原爆の被災地でもあることから、日本の戦災復興を象徴するプロジェクトとなった。丹下は1946（昭和21）年より始まった広島復興都市計画の基礎調査に加わり、1949年に行なわれた広島平和記念公園および記念館のコンペで1等入選を果たした。この案にもとづき1955（昭和30）年に完成したのが、〈旧広島平和会館原爆記念陳列館（現・広島平和記念資料館本館）〉[1-13]と〈旧広島平和記念館（現・広島平和記念資料館東館）〉である。幅員100mの都市計画道路から原爆ドームへ垂直に伸びる軸線上に記念陳列館、広場、慰霊碑を置き、建築を復興計画の都市軸と重ね合わせて構成した点に大きな特徴がある。慰霊祭の際に無数の人々で埋め尽くされる広場は、普段は都市公園として開放され、市民の憩いの場となるよう計画された。

　また、50年代を迎えると復興を担う各自治体の庁舎建設が進められるようになり、建築家たちがモダニズムの設計手法を展開させながら、戦後民主社会に相応しい新たな公共空間の創造に取り組んでいった。丹下健三は広島計画に続き〈旧清水市庁舎〉[1-14]、〈旧東京都庁舎〉[1-15]、〈倉吉市庁舎〉〈旧香川県庁舎（現・東館）〉[1-16,17]などを設計し、その後日本各地で建設されていくことになる庁舎建築のモデルとなる造形を示した。〈旧東京都庁舎〉では、吹き抜けの1階および中2階をシティホールとして市民に開放し、また歩行

者と自動車の動線分離を目的として中2階にはペデストリアンデッキが周回するよう考えられていたが、実現は一部に限られた。ペデストリアンデッキの採用は、都心部において急速に増大するモビリティ、自動車交通に対応するためで、建築と都市を結びつける新たな手法として提案された。

　一方、〈旧香川県庁舎〉は前面道路側に配された低層棟（議場）と高層棟（事務室）から成り、低層棟1階のピロティを介して、中庭および高層棟1階の玄関ホールが前面道路につなげられる。内外空間にわたって市民に開放された公共スペースをつくり出し、建築と都市を有機的に連続させる手法が試みられた。また高層棟は、耐震壁に囲まれたセンターコア方式を採用することで各階に張り出したバルコニーを実現させ、このバルコニーを支える小梁と欄干の繊細なデザインが特徴的である。低層棟も柱梁の骨組構造を強調し、日本の伝統的な木造建築の構成とモダニズムの造形表現との融合が目指されていった。

[1-16]
旧香川県庁舎　1階ピロティ
1958年／香川県／丹下健三研究室／鉄筋コンクリート造

県会議場が設けられた低層棟下のピロティ。高層棟の1階ロビーへのエントランス通路を兼ねながら、前面道路に並ぶ店舗など周辺の街並み、都市環境との緩衝空間としての役割を果たす。庭園とともに、市民に開放された公共スペースとして利用された。

[1-17]
旧香川県庁舎　1階ロビー
1958年／香川県／丹下健三研究室／鉄筋コンクリート造

高層棟1階のロビー。耐震壁を中央に集め、エレベーター・設備コアと一体化させている。外壁を全面ガラスのカーテンウォールとし、アクセスしやすい、開放的な市民ホールが生み出された。コア部の壁画は高松市出身の画家猪熊弦一郎作による陶板画。

[1-18]
旭川市庁舎　玄関ホール
1958年／北海道／佐藤武夫設計事務所／鉄筋鉄骨コンクリート造＋鉄筋コンクリート造

低層棟1階の玄関ホール。低層部に市民サービスのための窓口や議会関連諸室を配し、執務部門は高層化させて機能の分化を図っている。床はモザイクタイル貼り、床下には日本で初となるパネルヒーティングが装備され、靴に付着してもち込まれる雪片を溶かした。

地方庁舎での試み

庁舎の機能を執務空間と議場に分節し、高層棟と低層棟にそれぞれを対応させて構成する手法は、佐藤武夫による〈新潟市庁舎〉〈旭川市庁舎〉[1-18]などにも共通してみられる。〈旭川市庁舎〉では、1階をピロティとして開放し、中央の高層棟とその左右に配された低層棟を2階部分で接続している。コンクリート打ち放しで仕上げられた柱梁間を赤煉瓦で充填し、白色で覆われる厳冬の雪の季節にも存在感を発揮できるようデザインされた。

区町村など小規模自治体の庁舎建設にも建築家が参画するようになり、それぞれ独自の特徴をもつ作品が生み出されていった。白井晟一の〈旧松井田町役場〉は、ファサードにおける列柱の表現、野面積みの壁面、湾曲するバルコニーの対比が特徴的で、ギリシャ神殿に通じる古典主義的な構成のなかに土着性を感じさせる独自の造形を示している。

今井兼次による〈大多喜町役場〉[1-19]は鉄筋コンクリート造2階建の小品ながら、柱梁による門型架構のなかに地場産の蛇紋石や陶片モザイクタイルの壁画を組み込み、地域性への配慮が造形に表出した作品である。

また、自治体の庁舎とは異なるが、前川國男の〈神奈川県立図書館・音楽堂〉では軽量コンクリート・ブロックの使用、〈京都会館〉では京都の歴史的環境に対する造形的対応が図られ、戦後社会の公共という問題への新たなテーマが示されていった。同じ前川の〈福島県教育会館〉〈世田谷区民会館〉[1-20]、また丹下健三による〈今治市庁舎〉〈公会堂〉〈愛媛県民館〉（第3部第3章を参照）、A・レーモンドの〈群馬音楽センター〉（第3部第3章を参照）はコンクリートの折板構造やシェル構造を採用したもので、特殊構造の形式のなかに公共建築の新たなかたちが模索されていった。

1950年代後半から60年代前半にかけて建設された庁舎建築では、建築を都市的スケールに延伸しながら、市民に開かれた公共空間の設計が実践されていった。他方、各地の地域性や風土性を取り込み、また新たな構造形式の表現も試みられて、戦後社会の規範的存在としての建築デザインが探求されていったのである。

[1-19]
大多喜町役場　大会議室
1959年／千葉県／今井兼次／鉄筋コンクリート造

約5mの高低差をもつ傾斜地に建設された。この敷地条件を活かし、斜面を庭園として、周囲の樹林につらなる大会議室を地階に設けた。「関東の大和」と今井が語る大多喜盆地の地勢が映し込まれたかのような、周辺環境に溶け込む、広がりのある議場が生み出された。

[1-20]
世田谷区民会館　ホワイエ
1959年／東京都／前川國男建築設計事務所／鉄筋コンクリート造

折板構造を用いたホールと、集会室・展示場・図書室などを配した柱梁架構の低層棟からなり、両者の間にホワイエが設けられている。玄関前のピロティが内部へつづき、奥に見えるエントランス・ロビー（広場）や勾配天井をもつホワイエの空間につながる。「コンクリートで空間を創る」というテーマのもと、鉄筋コンクリート造のさまざまな造形的可能性や仕上げの手法が試みられている。

第3部　現代：昭和戦後・平成　337

>>> [第3部] 現代：昭和戦後・平成

第2章 戦後モダニズムによる「和」の表現

「**も**はや戦後ではない」、経済企画庁が経済白書にそう記したのは1956（昭和31）年のことである。そして、日本の高度経済成長は始まる。都市には高層建築が次々と建ち、敗戦の面影を消すかのようにその景観を変えていく。

しかし、第二次世界大戦敗戦前後の約10年間、戦前の国家総動員法や戦後の占領体制による資材統制と慢性的な建材不足から、建設量も少なく、木造建築しか建たなくなっていた。実はそれこそが日本伝統の木造建築を、近代に向かって革新していく契機となっている。戦前の逓信省営繕課による日本各地に建つ小さな郵便局や電信局、戦後の若手建築家たちによる小住宅など、激動の時代のなかの清貧の美学ともいえる珠玉の木造建築作品が、この頃に数多く登場している。それは、木造建築によって、あたかも日本建築の近代化の行方をさまざまにシミュレーションしているかのようでもあった。

その成果は戦後モダニズムへと昇華し、高度経済成長とともに始まる建設ラッシュで実現される鉄筋コンクリート造（RC造）や鉄骨鉄筋コンクリート造（SRC造）建築におおいに反映されていく。もちろん、数寄屋建築の新たな展開や、伝統家屋を参照した近代住居の確立など、戦後モダニズムは木造建築を革新し、新生日本の建築文化を築いていくことになる。

軍国主義から民主主義へ、主権は国家から市民へと、敗戦により日本の社会体制や価値観は大きく変わる。それは、まさに敗戦という社会革命だった。それにより、建築も変容する。まず、言葉はコンセプトでありイデオロギーでもあるから、建築を語る言葉が大きく変わる。しかし、伝統とモダニズムを止揚した新たな日本建築の創造という建築家の想いが変わることはなかった。

日本建築のアイデンティティ探求は、縄文や弥生の古代にまで遡及する伝統論争を引き起こし、より一層深まっていく。戦前の建築界は、西欧の歴史主義建築に日本の伝統意匠をまとわせた建築様式を「日本趣味」と呼んでいた。それは明治中頃に登場し、昭和初期には仏閣系、城郭系、神社系へと分類、整理されていく。城郭系は帝冠様式と呼ばれるようになり、戦後は軍国主義の建築という汚名を着せられる。神社系は、その屋根や柱の簡素な機能美と構造美からモダニズム建築と融合していく。神社系モダニズム建築は、戦前から戦後にかけて、伝統デザインの「象徴化」と建築デザインの「抽象化」をさらに推し進め、モダニズムを深化させ、戦後モダニズムへと昇華する。それは、市民のための機能主義による「ヒューマニズムの建築」と呼ばれ、戦後の建築界に明るい未来をたずさえ、華やかに登場する。

こうして、戦後の日本建築のアイデンティティ探求は、戦後モダニズムによる「和」の表現となって現れ、ヒューマニズムと民主主義の新しい日本を表象していったのである。

数寄屋造の新たな展開

戦後民主主義と和風建築の格式

　和風建築と言われて、まずイメージするのは畳と障子であろう。さらに、床の間、違棚、付書院、柱や長押へと連想は続く。それら和風を象徴するさまざまな建築部位の起源は、銀閣寺として知られる慈照寺に建つ東求堂の一間〈同仁斎〉にあるとされている。いま私たちが慣れ親しんでいる茶道や華道や能楽もまた、室町時代に銀閣寺を中心に華を咲かせた東山文化にその起源はあり、江戸時代に数百年の時をかけて醸成されたものである。それら芸能の舞台として常にともにあったのが建築と庭園だった。

　時代の主役が公家から武家に移り、〈同仁斎〉を起源にして書院造と草庵茶室は誕生する。戦国時代の頃である。武士の執務と住居を兼ねた格式高い書院造は、床の間と付書院と違棚があることをその特徴とし、武士や商人が身分を超えて茶の湯をたしなむ庵が草庵茶室だった。そして、太平の世の江戸時代に書院造と茶室が融合し、数寄屋造は誕生する。書体に真書、行書、草書があるように、日本文化には真、行、草という格式を表す伝統的な様式概念がある。それに倣えば、書院造は真、数寄屋造は行、茶室は草となる。現代の和風建築のほとんどは、権威主義的ではない「行」の数寄屋造であり、それは戦後民主主義に支えられたモダニズムによる「和」の建築表現として登場している。

モダニズムによる数寄屋建築の展開

　〈八勝館・御幸の間〉[2-1]は、1950（昭和25）年、愛知国体の際に昭和天皇皇后両陛下が宿泊した名古屋の老舗料亭としてよく知られている。この建築は、床の間、付書院、長押など「和」の構成要素も、「室」の成り立ちも、書院造を基本にしている。しかし、この建築を数寄屋建築にしているのは、柱や長押や建具など、木造部位のすべてが軽やかで瀟洒なことにあろう。それが、格式高い書院造の重さを払拭している。

　さらに、間口約7.3mもある床の間、茶の

[2-1]
八勝館・御幸の間　料亭
1950年／愛知県／堀口捨己／木造

「御幸の間」とは、天皇をお迎えする部屋というほどの意味である。したがって、建築意匠は最上級の格式の高さを求められたに違いない。しかし、本来、格式の高さを象徴する書院造の床柱も長押も、自己主張せず他の部位に溶け込んでいる。また、数寄屋造の原型とされる宮家の〈桂離宮〉からの写しも多くみられる。「御幸の間」を、戦後日本の象徴となった人間天皇を表象する「和」の空間と理解してもいいかもしれない。

第3部　現代：昭和戦後・平成　339

湯の炉が切られた畳、また月見台や三連の丸い下地窓など〈桂離宮〉からの写しもあり、格式にとらわれない数寄の精神に満ちている。また、その長大な床の間や華やかな変形「竿縁天井（さおぶちてんじょう）」の構成やプロポーションは、20世紀初頭のオランダのデ・ステイル派や構成主義を彷彿させ、庭と一体となった広間の解放感は実にモダンである。そこに、「和」の姿をしたモダニズムをみることができよう。

「ウェスティン都ホテル京都」の別館〈佳水園〉[2-2]もまた同様である。この建築は、屋根の軒先の薄さや限りなくプレーンに見える外壁など、紙の起こし絵に見えるほどに抽象性と繊細さを極めている。壁面と柱や枠との小さな段差を建築用語で「ちり」という。その「ちり」が異常に小さいことが、壁面を平滑にし、この建築を繊細にしている。また、〈醍醐寺三宝院〉の写しとされる中庭に面し雁行するエントランスロビーは、透明感のあるなかに見え隠れする淀みのコーナーをつくり、床は同じカーペット敷きだが、各コーナーの天井デザインはそれぞれ違う。その天井の多彩なデザイン構成により淀みの空間の質を変える手法は、草庵茶室から受け継がれた数寄屋造の特徴である。

モダニズム建築理論を建築美へと結晶化した数寄屋建築が〈丹下健三自邸〉[2-3,4]であろう。この木造住宅に、ピロティ、コア、無限定空間など、戦後モダニズム建築のデザイン言語の萌芽を見ることができる。伝統家屋の続き間を踏襲し、障子や襖で仕切られた畳敷の内観は、モダニズムのフレキシブルな無限定空間と素直に重なる。ピロティで宙に浮くその立面は、コルビュジエの近代建築や古代日本の高床式住居、さらには〈桂離宮〉をも彷彿させる。そしてコアは、無限定空間とセットでオフィスビルのプロトタイプへ、またメタボリズムのメジャーストラクチャーへといずれ展開していく。それにしても、その静かな佇まいは、研ぎ澄まされた「和」のエッセンスに満ちている。

柱と壁、その新たな編成と表現の革新

土壁に柱を露出させる「真壁造（しんかべ）」がいまだ主流だった頃、柱を壁の中に隠す洋風の「大壁造」で、「和」をさらに象徴化し抽象化した数寄屋建築を実現したのが〈山口蓬春記念館〉[2-5]である。明るいモダニズム建築に多いそのガラス大開口部は大胆かつ繊細、その木製サッシの納まりは超絶技巧といっていいほどに優美である。また、雨戸や網戸や障子を壁に引き込み隠す戸袋、壁面収納、埋込み天

[2-2]
佳水園　ロビー
1959年／京都府／村野藤吾／木造

建築を雁行させ、室内と庭とを同一レベルにすることにより、内と外の一体感はより一層増すことになる。それも、村野藤吾流数寄屋造の手法の一つであろう。

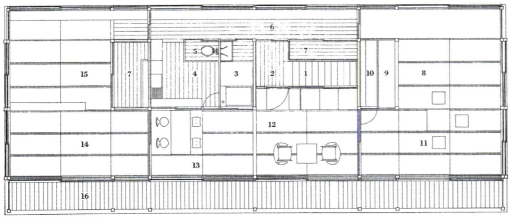

2階平面　1:150

1　階段
2　玄関
3　浴室
4　台所
5　便所
6　廊下
7　押入
8　書斎
9　床の間
10　書庫
11　居間（客室）
12　居間
13　居間（食堂）
14　居間
15　寝室
16　濡縁

[2-3]
丹下健三自邸　居間
1953年／東京都／丹下健三／木造

畳敷きの続き間、桟のピッチが下方ほど狭くなる明かり障子、ガラスの欄間越しに室内の勾配天井と一体につながる軒天井。水平、垂直に飛び交う繊細な直線が織りなすこの室内は、日本建築のエッセンスに満ちて美しい。「美しきもののみ機能的である」と丹下健三は言う。さて、この建築は、住まいとして機能的であろうか。丹下健三はここに長く住んではいない。建築機能を建築的価値の第一義とせず、住宅であることを超えた戦後日本初の建築である。

[2-4]
**丹下健三自邸
2階平面図**

4部屋の畳の続き間とはいえ、右が居間のパブリックゾーン、左が寝室のプライベートゾーンと、明快にゾーニングされている。中央2部屋の階段がある右は玄関ホール、左はキッチンや風呂の水まわりがコア化され食堂とセットになっている。基本的に近代住居の間取りである。

[2-5]
山口蓬春・画室　アトリエ
1954年／神奈川県／吉田五十八／木造

「和」のアイテムがないのに和風なこのアトリエは、数寄屋建築の新しいかたちを見せてくれている。

[2-6]
藤村記念堂　展示室
1947年／岐阜県／谷口吉郎／木造

障子で庭と仕切られた細長い展示室は、縁側のようである。この内と外をつなぐ曖昧な中間領域の縁側空間に、日本建築のエッセンスは凝集されている。庭と展示物を見え隠れさせながら1本の動線でシークエンスを形成することにより、この日本的な土間空間を近代空間へと止揚させたのがこの建築である。

井照明など、室内を簡素かつ優美に見せる仕掛けが随所にある。障子が隠れてしまえば、ここに「和」の要素は何もない。しかし、上質な「和」の空間であることに変わりはなく、そこにこの建築の数寄屋建築の革新がある。

耐震・耐火や高気密・高断熱が求められることから、最近の木造住宅は、柱が表に現れない大壁造が一般的となった。その大壁造の白く抽象化された居間の中央に、大黒柱のような丸柱を1本建て象徴化したのは〈白の家〉である。敗戦からおよそ四半世紀、この建築に戦後モダニズムによる「和」の表現の終着点をみることができよう。方形の瓦屋根に正方形の間取りをもつこの白壁の木造住宅は、現代数寄屋の新しいかたちでもある。

戦後の名建築で、木曽の村人たちによって建てられた〈藤村記念堂〉[2-6,7]を忘れることはできない。この小さな木造建築こそ、戦後モダニズムによる「和」の表現の出発点といっていい。ランドスケープデザインと一体となったこの和風建築は、見え隠れする庭や池の風景を楽しみながら展示物を見るというそのシークエンスだけをテーマにしている。そこに、西欧モダニズムの象徴的建築〈バルセロナ・パビリオン〉[2-8,9]と同じ空間の質と構成を確認できよう。

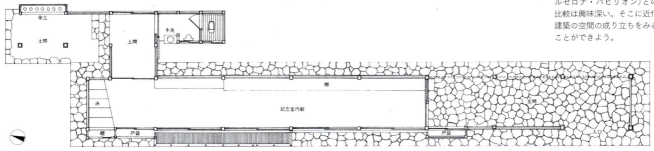

[2-7]
藤村記念堂　平面図

壁と柱が織りなす水平に伸びやかなこの平面構成と、〈バルセロナ・パビリオン〉との比較は興味深い。そこに近代建築の空間の成り立ちをみることができよう。

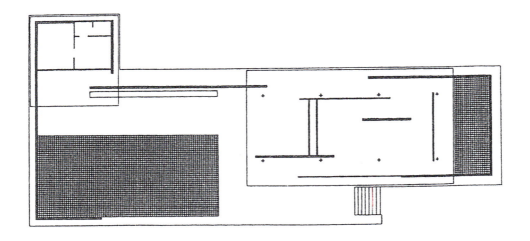

[2-8]
バルセロナ・パビリオン 平面図
1929年／スペイン・バルセロナ／L・ミース・ファン・デル・ローエ／鉄骨造

2次元の平面図では、柱と壁がそれぞれ自立した「点」と「線」で表現されることに注目してほしい。さらに、それらは3次元になると"線"と"面"へと変容する。この「線」と「面」に抽象化された柱と壁による流れるような空間構成は、近代建築運動の源流となり全世界へと発信されていく。実は、その空間構成は、アメリカの建築家F・L・ライトが提唱した「有機的建築」に大きな影響を受け、さらにライトは日本建築の影響を受けている。

[2-9]
バルセロナ・パビリオン 外観

第3部　現代：昭和戦後・平成　343

日本趣味のゆくえ

伝統と和風建築

　和風という言葉が一般に普及するのは、第二次世界大戦後のことである[*1]。戦前の建築界は、それを「日本趣味」と呼んでいた。その登場の直接の契機は、日本建築の象徴となる〈国会議事堂〉の意匠決定をめぐる、大正時代のさまざまな建築論争にあったろう。そして、第二次世界大戦前夜の昭和初期、公共建築の多くが日本趣味で建てられていく。

　敗戦後は、国粋主義を思い起こさせるとして日本趣味という言葉は建築界から消え、その代わりに登場したのが和風だった。そもそも「和」は、平和の和が本来の意味であり、和を倭のあて字にして日本的な建築を「和風建築」と呼ぶようになったのである。

　敗戦から10年経ち「もはや戦後ではない」と宣言され、新生日本の国際化も進み明るい未来が見えた頃、建築界に、弥生か縄文かという伝統論争が起こる。戦後モダニズムによる日本建築のアイデンティティ探求が始まったのである。軽やかな弥生と重厚な縄文という古代日本の対比的な造形を基軸にしたこの伝統論争は、西欧思想の理性的なアポロンと情念的なディオニュソスという二元論とその止揚に倣ったものであり、丹下健三を中心に展開されていった。神社系モダニストだった彼は、国家と建築との関係を市民と伝統という文脈にかえて、弥生的な〈広島平和記念資料館〉から縄文的な〈旧倉敷市庁舎〉[2-10]へ、そして集大成として〈国立代々木競技場〉へと結実させていく。戦後モダニズムによる「和」の表現、つまり和風建築は、こうして伝統論争とともに始まり展開していったのである。

戦後日本の国際化と技術革新

　新しい「和」の表現の始まりを代表するもう一つの建築が、〈国際文化会館〉[2-11]だった。その真壁造風に抽象化された「線」が織りなす構成は、伝統論争の文脈でいえば弥生の典型である。敷地の高低を巧みに利用し、江戸初期の池泉回遊式庭園の面影を残す日本庭園と一体となったこの建築は、モダンでありながらも木製サッシや障子などの「和」の要素がとても多い。また、日本庭園の池に面した低層の建築は、平安時代の寝殿造の「釣殿」を参照しているという。それは、世界中から多くの外国人が訪れる国際文化交流施設であるこの建築に、日本の伝統美と西欧モダニズムを併せ持つ建築意匠が求められたことによる。この建築は、敗戦から蘇った日本が、世界から国際社会への参加を認められたことの象徴でもあった。

　さらにその約10年後、高度経済成長を成し遂げた日本が、ついに欧米に並ぶ先進国になったことの象徴が、京都の宝が池の畔に建つ〈国立京都国際会館〉[2-12]だった。台形の断面形状の巨大な会議室やV字の構造柱が、

[*1] 佐藤道信「"内外""公私"のなかの〈和〉と〈日本〉」『住宅総合研究財団研究論文集』No.31、2004年。

[2-10]
倉敷市庁舎
エントランスホール
1960年／岡山県／丹下健三／鉄筋コンクリート造

ル・コルビュジエが、打放しコンクリートを建築の表現手段とした初めての建築が、〈パリ・スイス学生会館〉（1932年）のピロティである。丹下の〈広島平和会館原爆記念資料館〉（1955年）のピロティはその写しであり、それをさらに展開したのが倉敷市庁舎だった。しかし、その外観、内観には、ル・コルビュジエほどの「ブルータリズム」の荒々しさはない。この階段の壁のレリーフは〈ロンシャン教会堂〉（1955年）の写しであり、そこにも丹下のル・コルビュジエ賛歌が表れている。

344　第2章　戦後モダニズムによる「和」の表現

[2-11]
**国際文化会館
エントランスロビー**
1955年／東京都／前川國男、坂倉準三、吉村順三／鉄筋コンクリート造

緑豊かな日本庭園の広がりが、この建築をモダンながらも「和」の建築にしている。この建築の室内のどこにいても、庭を静かにめでることができる。それは、高低差のあるこの敷地の地形によるところが大きい。江戸の武家屋敷から明治の近代和風の〈岩崎小弥太邸〉（1930年）へ、そして昭和のこの建築へと、庭園は継承されている。エントランスロビーから屋上庭園へ、さらに下階の回遊式庭園へと、風景が一つにつながる「和」の空間を体感できよう。

そのまま外観や広大なロビーやラウンジなどのパブリックスペースに現れ、それは神社の屋根の千木、また伝統民家の大屋根や現し天井の大空間を彷彿させてやまない。実際、日本古来の合掌造を参照したという。

戦後のRC造の技術革新があってこそ実現された新しい「和」の建築が、〈出雲大社庁の舎〉[2-13,14]である。その外観は、大国主が農耕神であることから、この地方の「稲架」にヒントを得たというが、大地に這う切妻屋根の原型のようにも思える。その棟木のような47mもある2改のRC（鉄筋コンクリート）梁がこの建築の背骨となり、屋根状の軽やかなRC水平格子が、「和」の光に満ちた内部空間を出現させている。

それらRCの構成部材のすべてが、工場でつくられ、現場で組み立てられ、またその部材交換を可能とする「メタボリズム＝とりかえ理論」をコンセプトに、この建築は実現されている。また、この建築は、外観も内観も、

[2-12]
**国立京都国際会館
大会議場**
1966年／京都府／大谷幸夫／鉄骨鉄筋コンクリート造

「大会議場は各国代表の空間、議長の空間、傍聴者の空間の三つから合成されるとすれば、都市の〈広場〉と同じような性格を持たせてもよいだろう」と設計者の大谷幸夫は、そのコンセプトを語っている。確かに、客席と階段でつながれたステージは広場の基壇のようにも見える。また、天井の巨大な円形の照明反射板は、天空に浮かぶ地球をイメージしているという。

第3部　現代：昭和戦後・平成　345

[2-13]
出雲大社庁の舎　収蔵庫
1963年／島根県／菊竹清訓／プレファブ鉄筋コンクリート造

庁の舎とは、社務所というほどの意味である。この建築の構成部材のほとんどは、工場で規格化され、量産化されたプレキャストコンクリート（PC）である。お社が建ち並ぶ境内では、現場打ちコンクリートが難しく、現場組み立てのPC工法が採用されたという。また、大架構を支える2枚の大梁は、張力の強い鉄筋に加工したプレストレスト・コンクリートを採用。狭い建設地に、耐火構造、無柱の大空間は、新技術により実現され、それは新しい「和」の空間の誕生でもあった。

[2-14]
出雲大社庁の舎　外観

プレストレスト・コンクリートの巨大な2本の梁とそれを支える井桁を組む4本の柱の力強さは、〈出雲大社本殿〉を彷彿させる。

構造材も仕上げ材も、すべて簡素な同一素材であり、原始の力強さに満ち、清楚な日本建築の原風景とモダニズムの理想が同時に垣間見えはしまいか。

伝統論争を超えて

こうしてみてくると、「和」を表現するモチーフにおいて屋根のもつ役割は大きい。軒の深い屋根は、日本の「家」を象徴するアイコンそのものだからだろう。その家形アイコンが、そのまま建築になったのが〈善照寺〉[2-16,17]である。屋根、壁、床という建築の三要素が

「線」と「面」に抽象化され、限りなく簡素に、かつ力強くそのファサードを構成している。しかも、その床が大地から切り離されてわずかに浮遊していることが、その家形アイコンを強化し、この建築を「和」のモニュメントにしている。

その内観もまた簡素で力強い。切妻の屋根はそのままに天井に現れ、6本の黒い八角柱が身廊と側廊をかたちづくり、内陣上部に天蓋が吊られているだけである。内陣と礼拝空間との結界となっている障子からの明かりが神々しい。伝統論争の文脈でいえば、素朴で生命力あふれる縄文の香り漂う建築である。

建築界の伝統論争を超えて、世界中から訪れる人々に現代日本の「和」を感じさせる民間の迎賓館といえば、関東では〈ホテルオークラ東京旧本館〉[2-18]、関西では〈旧大阪ロイヤルホテル（現・リーガロイヤルホテル）〉[2-15]であろう。いずれの空間にも、伝統的な「和」を抽象化し、象徴化したいくつものアイコンが多彩に散りばめられ、和風の優雅な世界が拡がっている。

とくに、〈ホテルオークラ東京旧本館〉のロビーは、東京オリンピック開催目前に、国際化する日本を見据え「世界をもてなす」ことをテーマに、当時の建築界と美術界の総力を結集したまさに「和」の迎賓館であり、戦後モダニズムによる和風建築を世界に敷衍化した名作といっていい。その神髄は、広々としたロビーに拡がる障子の和紙を透した静謐な光にある。

[2-15]
旧大阪ロイヤルホテル　ラウンジ
1965年／大阪府／吉田五十八／鉄骨造＋鉄骨鉄筋コンクリート造

滝が落ちる竹林の日本庭園を背景にしたこの天井高8mの2層吹き抜け空間には、東雲や紫雲をイメージさせる金蒔絵の柱群やシャンデリア、また芝庭に見立てた緑の絨毯の床に流れる「曲水の宴」の小川など、平安時代の雅の世界が広がっている。近代数寄屋を革新した建築家吉田五十八の艶やかなインテリアデザインである。

[2-16]
善照寺　外観
1958年／東京都／白井晟一／鉄筋コンクリート造

この建築は、シンメトリーでモノトーン、簡素で力強い。白い船底天井に、それを支える6本の黒い八角柱。障子の明かりと白い壁、天蓋のある内陣。この本堂の構成部位は、それだけである。仏を礼拝するというより、仏とともに過ごす「家」のようである。白井晟一は、ドイツで哲学を学び、正式な建築教育を受けていない。歴史主義も近代主義をも超えた、大地に力強く建つ「家」、それが彼のいう「縄文的なるもの」なのであろう。簡素で力強いこの外観は、「家」のアイコン、家形そのものである。

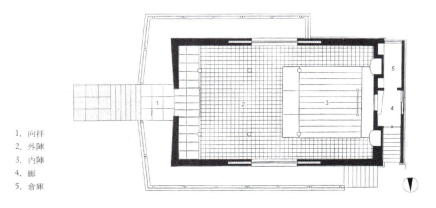

[2-17]
善照寺　平面図

1. 向拝
2. 外陣
3. 内陣
4. 廊
5. 倉庫

[2-18]
ホテルオークラ東京旧本館　ロビー
1962年／東京都／谷口吉郎／鉄骨鉄筋コンクリート造＋鉄筋コンクリート造

ロビーに吊り下げられた照明器具は「オークラ・ランターン」と呼ばれ、古墳時代の飾玉にみられる「切子玉型」をモチーフにデザインされている。どこか昔懐かしい日本のお祭りの明かりを連想させる。また館内には、鱗紋、亀甲紋、菱紋などさまざまな日本伝統の雅な装飾文様が散りばめられている。外国人を「おもてなし」する戦後日本の「和」の空間の原点がここにある。

第3部　現代：昭和戦後・平成　347

>>> ［第3部］ 現代：昭和戦後・平成

第3章 | テクノロジーの
新たな展開

1950（昭和25）年にはじまる朝鮮戦争による特需は日本の戦後復興の経済的契機となった。1955（昭和30）年の神武景気によりGNPは戦前の水準を超え、翌1956年の経済白書には「もはや戦後ではない」と記され流行語となった。以降、つづく高度経済成長への道筋が切り開かれて、製造業も息を吹き返していくことになる。

　粗鋼の生産量は1955年に941万トンだったが、1973（昭和48）年には1億トンに達して先進国の水準に並んだ。型鋼の種類もしだいに増え、とくにH型鋼の普及は鉄骨の組立作業の手間を大きく減じさせることになった。また、軽量型鋼の生産開始は鉄骨造による住宅建設を可能にし、60年代になるとプレファブ住宅の工業化につなげられていった。さらに、溶接・切断技術の進歩とともに鋼管が構造材として用いられるようになり、鋳鋼ボールジョイントの開発により立体トラスのスペースフレーム構造が可能となった。1970（昭和45）年の大阪万博における丹下健三の〈お祭り広場〉の大屋根や、菊竹清訓の〈エキスポタワー〉はその成果でもある。サスペンション構造やケーブル構造も用いられるようになり、大架構の構造形式がしだいに実践されていった。

　一方コンクリートも、混和材の導入により高強度コンクリートが使用できるようになり、またガラス繊維などを用いた補強コンクリートが漸次開発されていった。50年代はじめにはプレストレスト・コンクリートの技術も用いられるようになった。なかでも50年代末から60年代の時期に至ると、コンピュータの利用が進み、それまで解析が十分でなかったシェル構造などの実現が可能となっていった。経済成長とともに人々の文化的活動の範囲も広がり、多くの人が一堂に会するための集会施設や展示施設、スポーツ施設などの需要が生まれ、鉄骨や鉄筋コンクリートによる新たな構造形式が応用されていくことになる。

　経済成長に支えられ、このような建設技術の発展も伴って日本の都市の復興は進み、急激にその姿を変貌させていった。人々が想像する以上の速度で生活環境そのものを変化させていったのである。急速に成長し、変化する都市に対し、建築はどのように関わっていけばよいのか。この新たな課題が建築家たちに突きつけられていくことになる。それは日本ばかりでなく、やはり戦後復興に取り組んでいたヨーロッパ各都市にも共通する事態だった。日本の若手建築家たちのなかから新たな運動、メタボリズムが生まれ、こうした現実を受けて独自の建築・都市のイメージを展開させ、世界へ向け発信していった。進展するテクノロジーを背景に、戦後の建築表現はこの時期、新たな局面に移行していくことになる。まずはこのメタボリズムに着目し、かれらの描いた建築・都市像を見ていきたい。

メタボリズムの建築・都市イメージ

カプセルユニットの建築表現

　メタボリズムのグループが狼煙を上げたのは、1960（昭和35）年に東京で開催された世界デザイン会議だった。この会議に合わせ作成された小冊子『METABOLISM 1960―都市への提案』のなかには、菊竹清訓の〈搭状都市〉[3-1]、〈海上都市〉、大高正人と槇文彦による〈新宿ターミナル再開発プロジェクト〉、黒川紀章の〈農村都市〉などの都市プロジェクトが掲載され、それまでとは大きく異なる、半ば夢想的ともいえる都市ビジョンが示されることになった。60年代を迎え、経済成長を背景に国土開発が加速し、都市も変化・成長の度合いを急速に増していた。テクノロジーの進展は、若手建築家たちに建築と都市をつなぐ新たな発想を促していたのである。

　菊竹の〈搭状都市〉は、円筒状の超高層構造物の外周に無数のカプセル状の住居ユニットが装着され、エレベーターの昇降によって地上階のオフィスへ通勤するという、垂直型都市の提案である。都心と郊外を結ぶ高速鉄道による水平輸送に代わり、超高層建築内の垂直移動を都市の基幹に据え、またカプセルユニットによって都市生活に可変性を与えようとする。このようなメガストラクチャーと可変的ユニットの組み合わせによって都市の変化・成長に対応していこうと考えたのが、メタボリズムに参加した建築家たちのビジョンだった。それは、CIAM（近代建築国際会議）などによって示されていた近代都市の、機能を固定させた静的な都市構造に対する批判的プロジェクトでもあった。

　メタボリズムはもともと生物学の用語で「新陳代謝」を意味する。生物が細胞レベルでは日々代謝を繰り返しその生命を維持しているように、都市もその構成要素たる建築を都度更新させながら発展していく。都市に現れるこのダイナミズムを「変わるもの／変わらないもの」として階層化し、メガストラクチャーと可変ユニットの組み合わせによって表現しようとしたところに、メタボリズムの建築思想の独創性が見出される。可変ユニットとしてのカプセルのイメージは、1970（昭和45）年の大阪万博における菊竹の〈エキスポタワ

ー〉や黒川の〈タカラ・ビューティリオン〉[3-2]、〈中銀カプセルタワー〉[3-3,4]などで実現し、メタボリズムの建築イメージを決定づけた。

　〈タカラ・ビューティリオン〉は鋼管ユニットによる立体格子状の構造と、そのなかに装着されるカプセルユニットからなる。カプセルの脱着により機能の変化に対応しようという、〈中銀カプセルタワー〉につながるデザイン手法が博覧会場という場で実験的に試みられた。〈中銀カプセルタワー〉は、都心のビジネス・商業エリアに建設された。2本のタワーシャフトに140室のカプセルが装着されて、そのありさまがそのまま建物の外観をつくり出している。タワーシャフトにはエレベーターと階段、ダクトスペースが組み込まれコアをかたちづくる。一方、カプセルは軽量鉄骨製で、あらかじめ工場生産されたものがタワ

[3-1]
塔状都市　透視図
1958年／菊竹清訓

雑誌『国際建築』（1959年1月号）に発表され、翌年の世界デザイン会議（1960年）に合わせ出版された『METABOLISM 1960都市への提案』に再録された。無数のカプセル式住居を取り付けた巨大な塔状都市が雲間に浮かび、メタボリズムの建築・都市イメージを象徴する。

[3-2]
タカラ・ビューティリオン　ユニット内観
1970年／大阪府／黒川紀章／鉄骨造

1970年の大阪万博のパビリオン。鋼管フレームを立体格子状に組み上げた構造体と、そのなかに正六面体のステンレスカプセルのユニットが装着される。地上4階で、各階は生活フロア、理・美容フロア、ショーフロア、休憩フロアからなる。最上階ではキッチンユニット、バス・トイレユニット、化粧室ユニットなどが展示され、また地階には劇場と広場が設けられた。

第3部　現代：昭和戦後・平成　349

[3-3]
中銀カプセルタワー
カプセル内部
1972年／東京都／黒川紀章／鉄筋鉄骨コンクリート造＋鉄骨造

銀座8丁目という立地を活かして、セカンドハウスあるいは個人用オフィスなどとして利用された。カプセル内にはユニットバスやベッドのほか、デスク、衣服類の収納スペース、オーディオ機器・テレビ・電話等が組み込まれ、あらかじめ工場で組み立てられてから搬送された。数個のカプセルを扉でつなぎ家族用として使用する計画もあった。

[3-4]
中銀カプセルタワー
外観
全140室のカプセルユニットはエレベーター・シャフトにそれぞれ4本の高張力ボルトのみで装着された。カプセルユニットは軽量鉄骨の全溶接トラスで組み立てられ、外装材はボンデ鋼板。各ユニットには円形の窓が穿たれ、蛇腹式の遮蔽スクリーンが装備された。

ーに緊結された。内部はトイレ、バス、また寝具や机、照明、電話機までユニット化され、限界的な寸法のなかで都心に通うビジネスマンたちのセカンドハウス、あるいは個人用オフィスとして使用された。

〈中銀カプセルタワー〉は、メタボリズムのもつひとつの側面、進展するテクノロジーによって切り開かれていく未来都市像を象徴的に形象化した作品だった。メタボリズムの理論がその有効性を示すためには、建築が可変的となりうることを造形として実際に示す必要があった。そのために、外観デザインをかたちづくる主モチーフとしてカプセルユニットを扱い、造形の対象としていく手法はきわめて明快で、効果的だった。カプセルの表現は、メタボリズムのみならず、海外の建築家たちもほぼ同時期にその可能性を探求しはじめていた。P・クックやR・ヘロンらによるアーキグラムの計画案〈プラグ・イン・シティ〉では、都市に「プラグ・イン」される居住ユニットとメガストラクチャーからなる都市イメージが、色鮮やかなドローイングによって描き出されている。

柱は空間に場を与え、床は空間を規定する

　また、変化・成長をテーマとしたメタボリズムの建築・都市像の発想の背景には、メタボリズムのグループのなかでも主導的役割を果たした菊竹清訓による独自の空間認識があった。菊竹はすでに、増改築が比較的容易な木造建築のなかに「変わる部分」と「変わらない部分」があることを示し、「更新」あるいは「とりかえ」という考えかたを50年代初頭より提唱していた。柱梁などの主架構部は変わらない部分として、木造建築ではそれ以外の間仕切り壁や建具は改変が可能で、機能や空間の更新を図りやすい。伝統的な日本の木造建築へのこうした理解が菊竹の設計手法の背景をなし、それはメタボリズムの活動を理論的に支えた評論家川添登とも共鳴する点だった。菊竹の代表作〈東光園〉[3-5,6]は、コンクリートの主柱と添え柱が貫状の横架材によって結ばれ全体として組柱をかたちづくり内外観に強い存在感を示すが、この造形は広島・宮島の厳島神社の鳥居の組柱になぞらえられ説明されていった。また、〈島根県立図書館〉[3-7]、〈出雲大社庁の舎〉〈京都国際会館設計競技応募案〉など初期の代表作では、京都の〈清水寺〉などにみられる懸造や高床式の蔵など日本の伝統的な建築形式との照応が図られるのである。

　さらに菊竹は、伝統的な木造建築の「変わらない部分」、つまり柱や梁、また床や屋根に独自の意味合いを重ね合わせていった。「柱は空間に場を与え、床は空間を規定する」と題された小論には菊竹の空間認識が端的に表れている。壁によって分節された単位空間の集合として建築を捉えるのではなく、柱や床など建築の部位を造形の直接の対象として、柱や床がつくり出す「場」の強さを介して空間が形成されていくと考えるのである。〈東光園〉におけるコンクリートの組柱は、建物内部ではエントランスホールのほぼ中央に位置し、来訪者に強烈な印象を与える。また、〈島根県立図書館〉ではエントランスホール上部の鉄骨梁が、〈萩市民館〉[3-8]では天井のトラス梁が同様の役割を担い、造形的な強度を誇示しながら内部空間を秩序づけているのである。このように菊竹は、建築の架構システムに着目し、日本の建築的伝統への近接を図ることで、西欧のモダニズムが依拠する空間の把握の仕方とは異なる独自の空間認識を展

[3-5,6]
東光園 1階ロビー
1964年／鳥取県／菊竹清訓建築設計事務所／鉄骨鉄筋コンクリート造

主柱の脇に添柱が置かれ、貫状の横架材によって緊結されている。ホテルのエントランス脇、1階ロビーのほぼ中心にあって、強烈な存在感をかもし出す。「柱は空間に場を与え、床は空間を規定する」の論文のなかで菊竹は、「場の強さは柱の支える力に比例する」と記している。この柱の上部には、フロア1層分に相当する梁成をもつ巨大梁が最上階に架け渡されている。

開していった。

　柱や梁などの部位を表現の対象としていく手法は、この時期以降の他の建築家たちにも同様に見られる。大高正人による〈栃木県議会棟庁舎〉[3-9]、〈千葉県立中央図書館〉は、プレキャスト・コンクリート製の柱梁ユニッ

第3部　現代：昭和戦後・平成　351

[3-7]
**島根県立図書館
エントランスロビー**
1968年／島根県／菊竹清訓
建築設計事務所／鉄筋コンク
リート造＋鉄骨造

エントランスロビーの天井には鉄骨梁がダイナミックに架構、露出され、屋根面のずれを活かした天窓より光が導き入れられる。柱や床、また屋根など建築を構成する基本部位に独自の表現を与え、空間形成の主モチーフとする菊竹独自の手法がここにも見られる。「屋根を空間に秩序を与える」とも菊竹は記している。

[3-8]
萩市民館　1階ロビー（左）
1968年／山口県／菊竹清訓
建築設計事務所／鉄筋コンク
リート造＋鉄骨造

放射状に広がる「軸力ドーム」（松井源吾設計）の鉄骨フレームが天井に露出し、ロビー全体を覆う。この鉄骨フレームには照明デザイナー石井幹子のデザインにより、大ホール1700個、小ホール1000個、ロビー1600個という無数の裸電球が装備され、また撮影用のカメラやマイクの設置も想定されていた。市民に開放された「パブリック・ロビー」をシンボライズする「情報天蓋」のデザイン。

[3-9]
**栃木県議会棟庁舎
玄関ホール（右）**
1969年／栃木県／大高建築
設計事務所／鉄筋コンクリート造

主柱（十字形柱）と3階床レベルの大梁は現場打ちのRC造（メインストラクチャー）、そして大梁の上下にプレキャストコンクリート製のフレーム構造（サブストラクチャー）が取り付けられた。この構造形式がそのまま外観および内部に表現され、空間造形の主モチーフとなっている。

トを採用し、空間構成の基本単位としている。丹下健三の〈山梨文化会館〉は、外観を特徴づける円筒形シャフトは柱であるとともに、内部にエレベーターや階段、ダクト類など設備コアを収める。従来は一か所に集約されていた設備コアは、柱のなかに組み込まれることで分散し、外観デザインをかたちづくる主要素に置き換えられていった。

テクノロジーの表現

構造表現主義の潮流

1960年代を迎えると、構造技術の発展とともに、従来の構造形式を越えた新たな空間創造への試みがなされるようになった。戦後、モダニズムとして定式化されていった近代建築は、柱梁構造を主体構造とし、可変の間仕切壁の採用によって多様なビルディングタイプの機能要請に対応するという原理を備えていた。近代化の進展とともに増大していく、多種にわたる機能的要求に応えうる建築形式としてこの造形原理が導入されていったのである。一方、戦後復興が進み、人々の社会活動の範囲が拡大していくと、さまざまな文化的活動を支える新たな空間が求められはじめた。スポーツ施設や劇場、大規模集会施設など柱を用いない大空間と、それを成立させる構造技術が必要とされていったのである。

柱梁架構によらない構造形式として、海外では、E・トロハによるマドリードの〈サルスエラ競馬場〉、P・L・ネルヴィによる〈オルヴィエート飛行機格納庫〉など、シェル構造を用いた独自の大架構空間が戦前期にすでに試みられていた。こうした流れは戦後になって、E・サーリネンによるニューヨークの〈ケネディ空港TWAターミナル〉や、J・ウツソンの〈シドニー・オペラハウス〉などに受け継がれ、コンクリートの可塑性という性質を活かしたシェル構造の空間的可能性が展開されていった。ル・コルビュジエやL・ミース・ファン・デル・ローエらの巨匠の世代、つづくA・アールトやL・カーンらの第二世代、さらにその次の第三世代の建築家たちを特徴づける「構造表現主義」の考え方が一つの潮流をつくり出していった。

こうした傾向を日本で代表するのが、またしても丹下健三である。シェル構造への取り組みは〈広島子供の家〉[3-10]、〈愛媛県民館〉[3-11]、〈駿府会館〉、そして〈東京カテドラル聖マリア大聖堂〉などの作品に結実していった。〈愛媛県民館〉の本館は直径50mの円形平面上に、鉄筋コンクリートによる半径50mの球形薄肉シェルが20本の柱で支えられている。壁面との間の水平スリット窓によりあたかもこのシェル屋根が浮遊しているかのよう

に感じられる。このシェル構造の構造設計は坪井善勝が担った。こうした特殊構造に建築家が挑む際には構造家との協働が多くみられ、〈福島県教育会館〉における前川國男と木村俊彦、〈東京国際貿易センター2号館〉[3-12]における村田政真(まさちか)と坪井善勝、〈新潟市体育館〉における宮川英二と加藤渉などのパートナーシップによって設計が進められていった。

一方、大空間の形成にあたり、鉄筋コンク

[3-10]
広島子供の家　読書室
1953年／広島県／丹下健三、坪井善勝ほか／鉄筋コンクリート造

広島平和公園の一角にある児童公園のなかに建設された。「緑陰が建築に成長した」と丹下がたとえるコンクリートのシェル構造が、子供のための開放的な読書室と、読書会などに供される集会室をやわらかに覆っている。

[3-11]
愛媛県民館　ホール
1953年／愛媛県／丹下健三ほか・坪井善勝ほか／鉄筋コンクリート造

直径50mの円形平面のうえに、20本の柱に支えられて、わずかに傾けられた球形シェルが載る構造。シェル屋根には中央の肉薄部に133個の円形トップライトが設けられた。躯体に合わせ建設されたが、公会堂、音楽堂など多目的ホールとして設計されている。キャノピー付きの渡り廊下を介して、〈広島子供の家〉と同様の構造による事務棟とつながる。

[3-12]
東京国際貿易センター2号館　展示室
1959年／東京都／村田政真建築設計事務所／鉄筋コンクリート造

大規模な展示や集会・催事のために、球形シェルによる無柱大空間の形成が追求された。天井にメンテナンス用の電動梯子が装備され、シェル面に沿って回転する。天井中央には開閉可能な天蓋が設けられた。

第3部　現代：昭和戦後・平成　353

[3-13]
世田谷区民会館　ホール
1959年／東京都／前川國男建築設計事務所／鉄筋コンクリート造

1300人収容のホールと集会室および図書室からなる。ホールは鉄筋コンクリートの折板構造で架構され、音響的効果とともに、折板面を露出させた内外の構造表現が追求された。

[3-14]
群馬音楽センター　ホール
1961年／群馬県／A・レーモンド／鉄筋コンクリート造

最高高さ18m、屋根頂部では厚さわずか12cmという折板アーチ構造で2000人収容のホールを架構している。舞台から扇状に平面が広がり、ファサード側に至ると折板アーチのスパンは最大60mにおよぶ。建設費の多くを市民からの寄付に頼らざるをえない状況下で、コンクリートの量をいかに減らしていくかが大きな課題となった。コンクリートの素材としての美しさを引き出しつつ、経済性をも実現しうる構造として折板構造が採用された。歌舞伎など演劇の上演にも対応できるよう、舞台には直径12mの回り舞台と3基の迫（せり）が装備されている。

リートによる折板構造を利用して特徴ある空間性を示したものに、前川國男による〈世田谷区民会館〉[3-13]やA・レーモンドによる〈聖アンセルモ教会〉〈群馬音楽センター〉[3-14]がある。いずれも、薄肉の板状コンクリートを折板状に組み合わせ、壁体のみならず屋根面にも用いて、空間全体を折板の門形アーチ架構で覆い独自の空間効果をつくり出している。〈群馬音楽センター〉は、映画「ここに泉あり」（今井正監督、1955年）で知られる群馬交響楽団の本拠地として建設された。舞台と客席の間に通常設けられるプロセニアム・アーチを廃し、基部で壁厚が25cm、屋根部分ではわずか12cmの厚みに抑えられた折板アーチがホール全体に及んで、舞台と客席との強い一体感をつくり出している。天井を構成する折板の入隅部には空調や照明のためのスペースが配され、また折板が音響上の拡散効果を果たすなど、音楽ホールの数々の機能的要求に折板構造が応用されているさまが見て取れる。

国家の祭典へ

また、丹下と坪井のコンビは新たにサスペ

ンション構造（吊構造）に取り組み、1964（昭和39）年の東京オリンピックに際して〈国立屋内総合競技場〉[3-15,16]を完成させた。〈第一体育館〉では1対2基の主柱に架け渡された直径33cmの2本のメインケーブルに、ゆるや

[3-15]
国立屋内総合競技場・付属体育館　建設中の様子
1964年／東京都／丹下健三研究室　都市・建築設計研究所／鉄骨鉄筋コンクリート造＋鉄筋コンクリート造＋鉄骨吊構造

かな曲線を描く補剛梁を架けて屋根面を形成する世界初のセミリジッド構造を実現させた。平面は直径120mの円を半分にずらして巴形とし、二方向に設けられたエントランスから内部へ入るとしだいに天井高が増して、滑らかな曲面天井に覆われる空間が一気に見渡せる。この曲面天井の形状は外観にもそのまま現れて、あたかも巨大な甍を仰ぎ見るようである。隣地に明治神宮の森を配し、じつはその本殿に向かう参道と〈国立屋内総合競技場〉のメインケーブルがちょうど直交するように配置されている。丹下の出世作でもある、戦時下のコンペ〈大東亜建設忠霊神域計画〉の最優秀案を連想させるかのような壮大で象徴的な大屋根の造形が、サスペンション構造を通じて展開されていったのである。

〈国立屋内総合競技場・主体育館〉の設計に際し、坪井のもとで構造設計を担当した川口衞は1970（昭和45）年の大阪万博で丹下と再び協働し、〈お祭り広場〉[3-17]の大屋根のスペースフレーム構造とそのリフトアップ工法を試みた。鋳鋼ボールジョイントの開発により幅108m、奥行292mという巨大な立体トラス式の屋根を6本の柱のみで支えるメガストラクチャーを実現させた。「人類の進歩と調和」を謳ったこの祭典の中心施設として、そのスペースフレームがかたちづくる大空間に多くの人を招き入れた。川口は大阪万博で村田豊の設計による〈富士グループ・パビリオン〉[3-18]も手掛け、エアー・ビーム形式の空気膜構造の可能性を示した。一方、〈アメリカ合衆国館〉はエアー・ドーム形式の空気膜構造の先駆けとなった作品で、のちに空気膜構造の第一人者となるD・ガイガーの処女作である。

シェル構造、サスペンション構造、スペースフレームなど新たな構造形式の採用は、丹下による一連の作品に見られるように、単に新たな造形表現を競うというだけでなく、オリンピックや万博など国家的祭典に応用されて象徴的役割を担ったり、地域社会のシンボル的存在として活用されていった。近代建築が白い箱型の抽象性、普遍性を標榜した時代から、新たな造形的可能性を希求する段階へ移行したことをこれら構造表現主義の作品は示している。

[3-16]
国立屋内総合競技場・主体育館　競技場

全長280mにおよぶ2本のメインケーブルから、優美な曲線を描く補剛梁が吊り下げられている。天井の曲面がダイナミックな上昇感をもたらし、約1万3000人を収容する内部空間に強い一体感をつくり出す。オリンピックの競泳競技場として建設されたが、プールの使用は1998年に終了し、飛び込み台も2002年に撤去された。

[3-17]
日本万国博覧会お祭り広場 大屋根と観覧席
1970年／大阪府／丹下健三（基幹施設プロデューサー）／S造・RC造

お祭り広場上部に架け渡された大屋根は幅108m×長さ291.6m、1辺10.8mの四角錐と正四面体からなるスペースフレーム構造で、トラス材の接合部には800〜1000mmの鋳鋼ボールジョイントが開発され用いられた。屋根面には飽和ポリエステルの薄膜フィルムによる二重空気膜構造のパネルが取り付けられている。スペースフレーム内には住宅カプセル（黒川紀章設計）、空中テーマ館、照明・音響装置類が装着された。

[3-18]
日本万国博覧会富士グループ・パビリオン 内観（工事中）
1970年／大阪府／村田豊／空気膜アーチ構造

直径4m、長さ72mのエアチューブ16本を連結させてアーチ状に架構し、高圧空気を送風して形状を維持する。エアーチューブは特殊加工した高強度ビニロン帆布製で、内部の最高天井高は31m、空気膜構造としては当時世界最大の規模を誇った。「空気膨張型」と呼ばれる膜構造形式で、日本における空気膜構造の先駆けとなった。

[3-19,20]
カトリック目黒教会聖アンセルモ聖堂
身廊・内陣
1956年／東京都／A・レーモンド／鉄筋コンクリート造

9対の折板壁は中空三角形の切断面をもつ柱状部をつくり、さらに斜面に伸びて横架材として用いられる。天井高と幅がともに15m（50尺）、祭壇方向への奥行が30m（100尺）というスケール比をもつ。祭壇背後の壁面に見られる、円をモチーフにした造形と黄金の天蓋もレーモンドによるデザイン。

祈りの空間

神は光なり

　シェル構造などの特殊構造がしばしば用いられたビルディングタイプとして、寺院や教会などの宗教建築を挙げることができる。宗教建築は祭祀に際し多くの信者が集うことから、大空間の建築が必要とされる場合が多い。スポーツ施設や博覧会施設ほどの大規模なスケールにまでは至らないにしても、無柱の大架構空間によって訪れる人々を包み込み、儀式にふさわしい荘厳性を演出するために独自の構造的試みが重ねられていった。
　とりわけキリスト教会においては、中世のヨーロッパで広まったゴシック建築に見られるように、堂内における光の表現が空間構成上の大きなテーマとなっていった。「神は光なり」と聖書に記された、超越的存在の顕現を形象化していくために、さまざまな特殊構造を活かして独自の採光形式が模索されていった。
　A・レーモンドは50年代初頭に〈カトリック目黒教会聖アンセルモ聖堂〉[3-19,20]を手掛け、折板構造を教会建築の設計に応用していった。厚さ18cmのコンクリート壁が45度の角度でジグザグ形に折り込まれ折板を形成し、この折板は天井面にも伸びて、壁体と一体化して門形架構を形成している。壁体に穿たれた縦長のスリット窓から陽光が注ぎ込み、こ

の折板壁による門形架構を浮かび出させるのである。ストライプ状に堂内に導き入れられる光は荘厳で、かつ鋼板型枠によって美しく仕上られたコンクリート壁の肌理をよく際立たせている。
　レーモンドは続いて〈立教学院聖パウロ礼拝堂〉[3-21]、〈神言神学院〉などを手掛け、コンクリートのシェル構造を用いた印象的な教会建築を設計している。〈立教学院聖パウロ礼拝堂〉では、祭壇に向かう中心軸上に架かるアーチと、この軸に直交して側面に向けられたアーチが内部で重なり合い、アーチに沿った曲面天井が小単位に分節されながら連続しているさまが特徴的である。外部に張り出ているアーチには無数の小開口が設けられ、ステンドグラスを通して彩色された光で堂内が満たされる。〈神言神学院〉の礼拝堂も、5区画に分けられた小ヴォールト天井が祭壇から外陣に向け扇状に広がり、光を柔和に拡散させるのである。いずれも規模は小さいものの、それぞれの構造の造形的特質が光のデザインと結びつけられて設計されていることがわかる。
　丹下健三は、前節で記したようにさまざまな構造形式の設計に挑んでいったが、〈東京カテドラル聖マリア大聖堂〉[3-22]ではHPシ

360　第3章　テクノロジーの新たな展開

[3-21]
立教学院聖パウロ礼拝堂 身廊・内陣
1963年／埼玉県／A・レーモンド／鉄骨鉄筋コンクリート造＋鉄筋コンクリート造

天井高と幅が約13m、祭壇に向かう方向の奥行が44.3mという規模で、SRC造のアーチがヴォールト状の天井面を支える。ヴォールト天井は互いに直交してクロスヴォールトをつくり出し、空間全体を小単位に分節する。礼拝堂脇には中庭を囲んで正5角形の廻廊が設けられている。

ェル（双曲放物面シェル）を採用して、独自の教会建築の姿を示してみせた。8枚のHPシェル面が十字形平面に覆いかぶさるように配され、堂内はこのシェル面の形状がそのままあらわれて、空間に一体性とともに高い垂直性を与えている。それぞれのシェル面の狭間には開口部が設けられ、とくに上端部ではトップライトが十字形をなして内部に光を導き入れる。キリスト教の象徴的図像としての十字架の形状とシェル構造を巧みに組み合わせ、丹下の言う「カトリックの崇高な精神的な小宇宙」の創造が果たされていった。

大地や空、風も建築である

キリスト教会に限らず、宗教建築の設計にこうした特殊構造が応用され独自の建築を生み出していった事例として、〈大石寺正本堂〉[3-23]が挙げられる。横山公男と連合設計社が構造家青木繁と組んで、半剛性吊屋根構造により6000人を収容する大容積の無柱空間を実現させた。円を二つに折り中心をたれ下げたような屋根形状が特異で、外観は鶴が

[3-22]
東京カテドラル聖マリア大聖堂　身廊と祭壇
1964年／東京都／丹下健三＋都市建築設計研究所／鉄筋コンクリート造

双曲放物面シェル（HPシェル）のふくらみのある壁面が礼拝堂の空間の構成に応用された。祭壇に対面する身廊の上部は高さ40mの吹き抜けで、空間の垂直性が際立つ。身廊脇の側廊部では天井は低く抑えられ、両者の対比が強調される。8枚のシェル面の間にはスリット状の開口部が設けられ、注ぎ込む陽光が祭壇を照らし出している。

第3部　現代：昭和戦後・平成　361

[3-23]
大石寺正本堂　妙壇
1972年／静岡県／横山公男、連合設計社／鉄骨造＋鉄筋コンクリート造＋鉄骨鉄筋コンクリート造

扇状に広がる信徒席5400席と僧侶席600席、計6000席を擁する会堂空間。上部には長軸110m、短軸82.5mの楕円形の半剛性吊屋根が架構されている。約2万トンの屋根重量を三角錐形の大小トラス柱が支える。天井の仕上げはアルキャストとアルミからなるパネル材。

羽ばたいて飛翔するときの姿を模しているといわれる。この円環の外殻から36本の鉄骨梁が中心に向け張り渡され、車輪形の屋根面が形成された。この折り曲げられ、吊り下げられる円形屋根面は、内部空間に軸線と求心性をもたらし、会堂空間としての強い一体性をつくり出しているのである。

また、特定の宗教にもとづいているわけではないが、池原義郎による〈所沢聖地霊園礼拝堂・納骨堂〉[3-24]は樹林に囲まれた霊園に建ち、周辺の自然環境と結びつけられた構成に特徴がある。礼拝堂は偏心した方形屋根を集成材の大梁が支え、その頂部にはガラスのボックス形トップライトが設けられて傾斜した天井面に陽光を映し出す。訪れる人をやさしく包み込みながら、宗教上のなんらかの教義に結びつくことのない、深い「祈り」の空間が現出している。祭壇の奥の幅広の開口部を通じて、空間は外部の芝庭や林の樹木につなげられていく。隣接する納骨堂は不定形の平面をもつ小間を連続させながら、半ば大地と一体化し、やはり奥の林につらなる。「大地や空、風も建築である」と池原が語るように、建築を環境や自然の要素と結びつけながら、高い象徴性を獲得していく手法が鮮やかである。

宗教建築は祭式の場となることから、多くの人が一堂に会するための大空間を必要とする。戦後復興期を脱して新たな技術的段階に入った日本の近代建築が、さまざまな構造形式を駆使して大架構の空間を提供するに至るプロセスをこれらの作品から読み取ることができる。同時に建築家たちは、こうした独自の構造形式そのものを造形の対象として捉え、それまでにない空間性を導き出しながらモダニズムの建築の新たな局面を開拓していったのである。

[3-24]
所沢聖地霊園礼拝堂・納骨堂　礼拝堂
1973年／埼玉県／早稲田大学池原研究室／鉄筋コンクリート造＋木造

偏心した屋根頂部に据えられた光ボックスは一辺2550mmの立方体。縁甲板(スプルス)で仕上られた天井面と登り梁(集成材)を浮かび上がらせ、夜間には照明ボックスとして闇を照らし出す。祭壇背後の開口部からはなだらかな斜面の線と樹林が望め、礼拝堂の空間を大地につなげている。「大地・天空・光・林と建築を同化して"明るい静けさ"の空間をつくる」という設計理念を受けて、独自の象徴性をはらんだ空間が生み出された。

>>> [第3部] 現代：昭和戦後・平成

第4章 都市と建築の境界

　1950年代にはじまる経済成長により、戦後の混乱がいまだ収拾されない間に都市の成長が加速しはじめ、新たな課題へと建築家たちを向かわせていった。都市への人口流入が激しさを増し、都市部における過密居住とスプロール現象とを招いていった。これらの問題を解決するために、都市郊外のニュータウン建設が進められ、また既成市街地の再開発による高層高密度の集合住宅が姿を現していった。1963（昭和38）年には新住宅市街地開発法が公布され、〈筑波研究学園都市〉などの開発計画が実施に移されていく。また、自動車交通が移動・輸送手段として普及し、都心部ではいわゆる交通マヒが常態化していた。50年代末には首都高速道路の建設が着手されていくことになった。このように急速に変貌を遂げていく都市環境に対し、60年代を迎えると建築家たちは積極的に計画案を提示していくことになる。

　メタボリズムのグループは、空想的なドローイングのなかに都市の変化・成長に対応しうる建築・都市像を描き出していった。また、丹下健三は〈東京計画1960〉のなかで、東京湾を横断する都市軸を設定し、東京のスプロールを海上で解消する壮大な計画案を提案した。頻発する交通渋滞に対応するため、皇居から木更津へ延伸するサイクル・トランスポーテーション・システムを導入し、都市を「開いた系」へ転換していこうとするのである。建築や都市をこのように動的なものと捉える発想は、戦前にCIAM（近代建築国際会議）で議論されアテネ憲章として示された静的、古典的な近代都市計画の理念を超えようとするものでもあった。

　CIAMは1956（昭和31）年のドゥブロヴニク（旧ユーゴスラビア）の会議で実質上解散し、つづく新しい世代の建築家たちはチームXを結成した。チームXの建築家たちは、ヨーロッパ各都市の戦後復興という現実を前に、やはり同様の課題に直面していた。かれらが掲げたクラスター、モビリティ、成長と変化、都市と建築、などの理念や手法は、日本の若い建築家たちにも大きな影響を与えていった。

　このような都市の拡大、成長という事態は、単体としての建築を超えて、建築を都市との関係性のなかで把握することを要請する。建築の外部環境としての都市が意識化されていき、外部空間論やアーバン・デザインなどの理論も着目されるようになっていった。本章では、都市を構成する基本単位ともいえる、集合住宅とオフィスビルの二つのビルディングタイプを取り上げ、50年代以降の建築に漸次導き入れられていった都市との関係を見ていくことにしたい。

集合住宅の展開

公団住宅の取り組み

　1955(昭和30)年に日本住宅公団が発足し、公団住宅の建設が始められていった。公営住宅、公庫住宅と並んで、公的な住宅供給がいよいよ本格的に進められていくことになる。経済成長の時代を迎え大都市への人口集中に備えるためのもので、1970(昭和45)年までに約60万戸の公団住宅が建設された。1日当たり4時間の日照確保を条件に、中層鉄筋コンクリート造の住棟を南面させ平行に配置した、画一的な「団地」の風景が誕生していった。団地はしだいに大規模化し、居住者間のコミュニティやまちづくりの視点から住棟のグルーピング、集会室や遊園地などの共同施設の計画も組み込まれ、阿佐ヶ谷、赤羽台、石神井公園、香里など数多くの団地が生まれていった。

　また、1965(昭和40)年頃から住宅公団は、大都市の郊外エリアにおけるニュータウン建設に取り組み始める。同時に、既成市街地の工場跡地などに高層高密度の団地開発(面開発)を仕掛けていくようになった。前者は都市への人口流入の激化に対応するためのもので、千里、高蔵寺、多摩、港北など計画人口が10〜30万という規模に至る。近隣住区理論に則りながら学校、商業施設などを組み込んで、都市計画的アプローチを要する大規模開発となった。また後者では、地価の高騰と大量供給という相反する条件を克服するために高層化が目指され、金町駅前、大島四・六丁目、住吉、又穂などの各団地が建設されていった。

　前川國男による〈晴海高層アパート〉[4-1]は、公団住宅の高層化の先駆けとなるもので、3層分をスーパーラーメンとした独自の構造および住戸計画が試みられている。エレベーターの停止階を3層ごととし、上下階の住戸にはエレベーター停止階の共用廊下から階段を通じてアプローチする。ル・コルビュジエの〈ユニテ・ダビタシオン〉を参照した全体構成がなされながらも、各住戸では畳敷きのプランが採用され、当時の日本人の生活習慣への配慮がなされた。

　住宅公団の取り組みは60年代を通じて、都心への人口回帰を促し、都市のドーナツ現象解消につながったが、団地各住戸の居住性や住環境には問題が残された。画一的な景観、スケールアウトした生活環境、細部設計の欠落など克服すべき課題であり、量から質への転換が求められていった。

都市居住の可能性

　都市における居住環境の改善がテーマとな

[4-1]
日本住宅公団晴海高層アパート　住戸内観
1958年／東京都／前川國男建築設計事務所／鉄筋コンクリート造

エレベーターの停止階を3階ごととし、エレベーターから伸びる共用廊下に面して上下階に通ずる専用外階段が設けられている。住戸内は台所と食事室のための板の間と、畳敷きの部屋に分けられる。共用廊下のない階では、建物の両面からの採光が可能になった。南側のバルコニーには玄関から靴を脱がずに直接出ることができる。共用廊下にはアルコープ状のスペースにベンチが置かれ、また共用電話や掃除用の流しなども設置された。

第3部　現代：昭和戦後・平成　365

り離されたがゆえの、リズミカルな景観的変化がつくり出された。地上レベルには店舗や公共施設、駐車場などを配し、都市機能の一部を担う。中心市街地のスラム解消と道路拡幅を目的とした開発事業で、市民ホールを一部に組み込みながら、従来の面開発とは異なる先鋭的な設計手法が試みられていった。

大高に続き槇の〈ヒルサイドテラス〉[4-2,3]は、代官山の旧山手通り沿いに1969〜92（昭和44〜平成4）年の20年を越える期間にわたり建設が続けられた。通りに面して商業施設やギャラリー、またイベントスペースやオフィスなどを一角に含みながら、テラスハウス形式の低層集合住宅としての計画がなされた。デザインや素材の統一性、ヒューマンスケールの確保、内外空間の連続性や回遊性、槇独自の「奥の思想」（『見えがくれする都市』）に表明された重層的な空間構成、などの手法を通じて、従前にはない都市型集合住宅の姿

[4-2]
ヒルサイドテラス　C棟中庭（上）
1969〜1992年／東京都／槇総合計画事務所／鉄筋コンクリート造

第2期に建設されたC棟（1973年竣工）には店舗が面する中庭が設けられた。旧山手通りの道路側からだけでなく、ヒルサイドプラザ側から、またD棟が囲む猿楽塚側からもアクセスできる。路地に入り込んでいくようなスケール感と、また回遊性のある半公共的空間が生み出されていった。

ったこの時代、集合住宅の設計を通じて建築を都市と新たなかたちで接続させていこうとするプロジェクトが若手建築家のなかから生まれてくる。メタボリズムに参加した大高正人や槇文彦は群造形（グループフォーム）を提唱し、都市居住の新たな可能性を模索していった。大高正人は〈坂出人工土地〉において、独自の「人工土地」の理念を具現化させた。地上6〜9mの高さに人工地盤を設け、この人工地盤上に1〜4階建の階段室型住棟をずらしながら配置している。既存の地上道路と切

[4-3]
ヒルサイドテラス　A棟エントランスホール（中）

第1期のA棟にはギャラリーやカフェ・レストランが備えられている。エントランスホールに面して諸室が立体的に構成されることで、街路に面するコーナープラザとの空間的なつながりがつくり出されている。正面ギャラリー前の通路を右に行くと、隣接するB棟との間の中庭（サンクンプラザ）に出て、レストランのテラス席が広がる。

[4-4]
フロム・ファースト・ビル　1階廻廊（下）
1976年／東京都／山下和正建築研究所／鉄骨鉄筋コンクリート造

中央のダブルデッキ・プラザ上部の吹き抜けに面して廻廊が設けられ、また階段での昇降により立体的な回遊動線がつくり出されている。都市の街路や広場がそのまま建築化されたかのような、都市型集合住宅のひとつのプロトモデル。

366　第4章　都市と建築の境界

[4-5,6]
広島基町・長寿園高層アパート　共用廊下
1976年／広島県／大高建築設計事務所／鉄骨造＋鉄筋コンクリート造

2層にわたってひとまとまりにされた4住戸を1ユニットとして扱い、上層の2住戸へ通じる外階段が下層の2住戸の間に置かれている。共用廊下は2層ごとに設置され、倉庫なども備えられて、あたかも路地空間のような佇まいを見せる。

が示されていった。

　都市の中心市街地、とくに商業エリアにおいて店舗併用型の集合住宅のありかたを提示したのが、山下和正の〈フロム・ファースト・ビル〉[4-4]である。南青山の一角を敷地として、低層階に店舗とオフィス、上層階に住戸を配する構成をもつ。スキップフロアで変化のつけられた低層階部分には、階段を介して中央のデッキプラザに至る回遊性のある路地的空間が形成され、店舗が配される。賑わいのある都市環境を引き込みながら、落ち着いた小広場を内包させて、建築と都市の境界を段階的に構成していく手法が見事に提示されている。

　大高は〈坂出人工土地〉の後、〈広島基町・長寿園高層アパート〉[4-5,6]において人工土地の理論を展開させながら、公営住宅の大規模再開発に取り組んだ。住棟を雁行形に折り込むことで隣棟間隔と日照を確保しながら、中央に人工地盤を設けて歩車分離を果たし、人工地盤の地上レベルをショッピングセンター、その上部を庭園としている。住棟は〈晴海高層アパート〉と同様、エレベーターの停止階と共用廊下を2層に一つとし、上階には共用廊下からの外階段で向かう。20階という高層化を果たしながら、路地や都市広場があたかも宙に浮いているかのような、ヒューマンスケールを保持しながらの、生活空間の立体化が目指されていった。

低層集合住宅という課題

　この〈広島基町・長寿園高層アパート〉の設計を大高の事務所で担当していた藤本昌也は独立後、茨城県の県営住宅の設計を数多く手掛けた。〈茨城県営水戸六番池団地〉や〈茨城県営水戸会神原団地〉[4-7]では「接地性」「大地性」を主題として、共用廊下を介さず地面より各住戸へ直接アクセスできる、3層の住戸からなる低層住棟の団地計画を実現させた。団地内の外部空間をコミュニティ空間と捉え、歩車分離、クル・ド・サック、大小広場の混在などの手法で、瓦葺の勾配屋根をもつ住棟の外観とともに、戸建ての感覚に近い、緑豊かな生活環境をつくり出した。

　面開発の高層高密度団地に対する批判を経て、低層集合住宅による都市開発への関心が60年代後半から70年代にかけて高まり、民間においても内井昭蔵による〈桜台コートビレッジ〉、現代都市建築設計事務所の〈ライブタウン浜田山〉、竹中工務店の〈サンハイツ金沢八景〉などがつくられていった。都市に開かれた外部空間のデザインが試みられていくなかで、生活環境の向上と近隣コミュニティの形成が新たな課題とされていったのである。

[4-7]
茨城県営水戸会神原団地 コミュニティ・ストリート
1977年／茨城県／現代計画・三上設計共同企業体／鉄筋コンクリート造

約2haの敷地に192戸を収容する県営の集合住宅で、敷地の対角線上にコミュニティ・ストリートと名づけられた、歩行者用の通り抜け通路を配する。住棟間に大小さまざまな広場がつくられ、居住者のコミュニケーションをうながす設計がなされた。階数を3階に抑えた、低層型公営集合住宅の先駆的試み。

第3部　現代：昭和戦後・平成　367

進化するオフィスビル

オフィスビルへの技術的取組み

　1950年代を迎えると、朝鮮戦争による特需景気により都市の復興が加速化し、ビル・ブームとも言われる建設ラッシュが到来した。都市中心部に大型のオフィスビルが建てられるようになり、都市の景観が大きく変貌し、戦後復興を後押ししていった。竹中工務店による〈日活国際会館〉、松田平田設計事務所の〈ブリヂストンビルディング〉など、戦前の歴史主義の造形を一掃させた、モダニズムのデザインをまとった近代的なビルが姿を現しはじめた。〈日活国際会館〉は地上5階までが執務スペース、6〜9階には食堂やバーを備えるホテルが設けられた。また、地下1階に商店街、地下2〜4階は駐車場で、都市中心部におけるオフィスビルのありかたを先駆けて示した。また、地下工事に際して日本ではじめて潜函工法が用いられたことでも知られる。

　一方、建築家たちもこうしたオフィス需要を背景に、モダニズムの建築の日本への定着を図るため、作品を通じてさまざまな問題提起を行なっていった。A・レーモンドの〈リーダーズダイジェスト東京支社〉[4-8]は地下1階地上2階の規模ながら、約50mのファサードがガラスのカーテンウォールで全面にわたり開放され、対面する外堀越しに皇居の石垣や樹木の緑を一望することができる。また、設備コアを建物の中央部に集めることで平面の融通性を高め、さまざまな使用形態を見込んだ可変性のある平面が提供された。中央に1列に配された主柱から梁を張り出した構造形式は「一本足で立ったバレリーナ」などと批判され、構造を担当したP・ワイドリンガーと日本の構造家たちの間でいわゆるリーダイ論争が繰り広げられたことでも知られる。だが、ここで追求された外部環境への開放性と自由度の高い平面の構成手法は、オフィスという限定された機能でありながら、モダニズムの建築のありかたを先見的に示すもので、日本の建築家たちに大きな影響を与えた。

[4-8]
リーダーズダイジェスト東京支社　玄関・展示室
1951年／東京都／レーモンド設計事務所／鉄筋コンクリート造

現在はパレスサイドビルが建つ、東京・竹橋の内堀通りに面した敷地に建設された。建物中央に1列に配された主柱からヤジロベエのように梁を張り出させた特殊構造が採用された。ファサードは開放され、総ガラス貼りの窓面からは堀や皇居の石垣への眺望が広がる。奥の展示室を右側に抜けるとラウンジ・カフェテリア棟につながる。

また、前川國男建築事務所は〈日本相互銀行本店〉[4-9]において、日本ではじめての全溶接鉄骨構造に挑んだ。前川は「20年来私の関心は日本の建築からコンクリートの壁を抹殺してこれを近代建築のスタートラインに立たせたいということ」と述べているが、鉄筋コンクリート造の建物につきものの耐震壁をいかに排除していくか、この問題が〈日本相互銀行本店〉の設計に際して大きなテーマとなった。地下2階から地上2階までは大断面の鉄筋コンクリート柱、3〜9階が小断面の鉄骨柱と、構造形式が下層と上層で異なる。これに対し、1・中2階が銀行の営業室、2〜7階が執務室、8・9階が講堂という機能が割り当てられる。耐震壁を用いないことによって、このような複合化した機能の収容が可能となり、また将来の機能転用にも対応できるようになる。構造家の横山不学と協働し、建物全体の軽量化が徹底して追求され、日本ではじめての押出成形法を用いたアルミサッシとスパンドレルにより、上層部ではカーテンウォールのパネル壁が実現した。

[4-9]
日本相互銀行本店 1階営業室（上）
1952年／東京都／前川國男建築事務所／鉄骨鉄筋コンクリート造＋鉄骨造

地下2階〜地上2階まではSRC造の柱が10本、梁間14.25m、桁行7.5mの間隔で配されている。1階と中2階を吹き抜けとして、耐震壁で遮られることのない、広々とした客溜まりと銀行営業室がつくり出された。この「下部構造部」の上に、鉄骨柱によって軽量化を図った「上部構造部」が載り、事務諸室と最上階には講堂が設けられている。

都市への接続

1960年代に入ると、可動間仕切りシステムや日本初のダブルスキンのカーテンウォールを装備した〈NCRビルディング〉（吉村順三）、ショールームという機能から各階をスキップフロアでつなげ「立体プロムナード」を形成した〈ソニービル〉（芦原義信建築設計事務所）、センターコアに代えて円形シャフトと矩形の設備シャフトを執務棟の端部に配した〈パレスサイドビルディング〉[4-10,11]（日建設計工

[4-10]
パレスサイドビルディング 玄関ホール（中）
1966年／東京都／日建設計工務／鉄骨鉄筋コンクリート造

皇居の平川門に対面する正面玄関の玄関ホール。竹橋に向かい合う、西玄関と地下鉄駅に建物内の通路を使って行くことができる。都市的機能をしだいに高めていった戦後オフィスビルのひとつの頂点をなす。

[4-11]
パレスサイドビルディング エレベーターホール（下）

敷地の形状に沿うようにずらして配された事務室棟の端部に円形のシャフト状コアを設け、エレベーターとトイレ、階段を収容している。円形コアは事務室棟から分離し、外観デザインの主モチーフともなっている。

第3部　現代：昭和戦後・平成　369

[4-12,13]
**ポーラ五反田ビル
1階ロビー**
1971年／東京都／日建設計・東京／鉄骨鉄筋コンクリート造＋鉄骨造

ダブルコア・システムにより38mにおよぶ無柱空間がつくりだされた。JR山手線の土手と建物背面の昇り庭に挟まれるかのように、総ガラス張りの1階ロビーの空間が置かれている。サツキが植えられた昇り庭は駐車場の屋根を兼ね、地階では食堂の窓面からの視線を受け止める。

務）、などの先駆的作品が生み出されていった。〈パレスサイドビルディング〉はオフィスに加え地下に新聞社の印刷工場を備える複合建築で、地下鉄駅と直結し、店舗が並ぶ商店街も組み込んで、建築と都市をまさに媒介し接続していく機能を担った。

　林昌二を中心とする日建設計は続いて〈ポーラ五反田ビル〉[4-12,13]を手掛けた。小品ながら〈パレスサイドビルディング〉と同様、当時一般的だったセンターコアを廃し、コアを両端に分散させるダブルコア・システムを採用し、その先駆けとなった。両端のコアを1層分の梁成をもつ大梁で架構し、38mに及ぶ

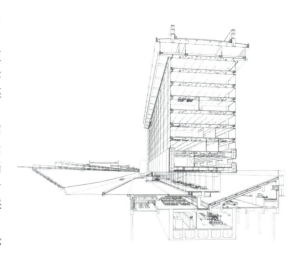

370　第4章　都市と建築の境界

無柱空間をつくり出している。1階は全面ガラス張りで、サツキが植樹された奥の昇り庭を見通すことができる。小規模ながらオフィスビルを周辺の都市環境に対し空間的に連続させ、オフィスビルが公共的役割をも担いうることを示した点で画期的だった。

1963（昭和38）年の容積地区制度の導入により、戦前から続けられていた31m（100尺）の絶対高さ制限が廃止され、超高層のオフィスビルの建設が可能となった。構造解析手法の発達により柔構造の理論が採用され、36階建、地上高さ147mの日本で最初の超高層ビル〈霞が関ビルディング〉[4-14]が1968（昭和43）年に竣工した。各部材のユニット化、セルフ・クライミング方式のタワークレーン、デッキ・プレートの作業床など新たな施工技術が開発され、先例となっていった。また、70％の空地率は市街の縮小化につながり、建築と都市との新たな関係をつくり出した。

1970（昭和45）年には建築基準法改正により容積率制が全面的に導入され、都市部における超高層ビル建設の時代を迎えていくことになる。前川國男建築設計事務所の〈東京海上ビルディング本館〉は美観論争で知られることになり、また新宿西口副都心の開発が本格化していくのである。

[4-14]
霞が関ビルディング
1階ロビー
1968年／東京都／霞が関ビル建設委員会（三井不動産、山下寿郎設計事務所）／鉄骨鉄筋コンクリート造＋鉄筋コンクリート造＋鉄骨造

36基のエレベーターを収めるコアシャフト、その前面に広がるエントランスのロビー空間。床面のモザイクタイルはピコティを介して前庭へつづき、内外部空間の連続性をつくり出している。

>>> [第3部] 現代：昭和戦後・平成

第5章 モダニズムを越えて

　1955（昭和30）年よりはじまる日本の高度経済成長は、日本の産業化、工業化を急速に発展させ、1968（昭和43）年にはGNPが西ドイツを抜いて世界第2位となり、その成長のプロセスは東洋の奇跡ともいわれた。だが、この成長も1970年代前後を境にして翳りを見せるようになる。大阪万博が「人類の進歩と調和」を謳い華々しく開催される一方で、各地で公害が相次ぎ社会問題化していた。1968年のパリ五月革命は世界に飛び火し、日本でも70年安保闘争が激化して過激なテロ事件を招いていった。1971（昭和46）年のドルショック、1973（昭和48）年のオイルショックは西側先進国の戦後経済体制が脆弱なものであったことを知らしめる契機となった。戦後の成長を後押ししてきた近代化路線に対し、産業構造、経済システム、文化規範など近代社会を支える基幹分野で多くの問題が噴出していったのである。

　こうした産業化、近代化を、都市を主舞台として牽引してきた戦後日本の近代建築も、そのありかたに対し批判の目が向けられるようになっていった。機能主義を標榜し、普遍性や合理性を希求して建設されていった新たな建築と都市は、市井の人々の暮らす生活環境として見返してみたとき、はたして十分に魅力的な空間となりえているのだろうか。こうした問いが、建築家たちの眼差しを「近代の見直し」に向けさせ、いまだ豊かな自然環境と伝統的生活が失われずに残る、日本各地の風土や場所の固有性への着眼を生み出していった。

　明治大学の神代雄一郎研究室、法政大学の宮脇檀（まゆみ）研究室など、各大学の研究室を主体に1960年代末よりデザイン・サーヴェイが実施され、こうした日本各地に残る伝統的生活と建築との関わりが踏査されていった。その背景となったのが、伊藤ていじ、磯崎新（あらた）などによる都市デザイン研究体が60年代初頭に『建築文化』誌で特集した「日本の都市空間」で、日本の伝統的町並みや集落の空間形成原理がサーヴェイにもとづくケース・スタディや都市デザインの手法として分析されていった。これらは、K・リンチの著作『都市のイメージ』、G・カレンの『タウン・スケープ』など60年代初頭に海外において提示された都市の新しい分析手法の影響を受けたものでもある。

　この時期、非都市的なるものへの関心が、ヴァナキュラー（土着的）というキーワードで語られるようになっていった。また、B・ルドルフスキーによる展覧会および著作『建築家なしの建築』などを通じてアノニマス（匿名的）で自然発生的な建築の魅力への共感も示されるようになった。これらは、近代建築が前提としてきた、創作主体としての建築家のあり方にも疑義を付すことになった。1970年代後半になるとこうした視点は、C・ノルベルグ＝シュルツの『ゲニウス・ロキ』（地霊）やK・フランプトンの「批判的地域主義」の理念の提唱などによって、場所性の回復やエコロジー、景観論などとも融合して、近代建築の普遍性という価値をさらに揺るがしていくことになる。

　このような世界的潮流とも歩を合わせながら、都市をあとにし、日本各地の伝統的生活に根差しながら、モダニズムの建築を乗り越えていこうとする建築家たちが現れてくる。本章ではまず、その様相を追っていきたいと思う。

地域への眼差し

都市からの離反

オイルショックなどを契機として1970年代初頭に生じた産業構造の大きな転換は、それまで都市の発展と切り離すことのできなかった日本の近代建築に新たな局面をもたらすことになった。戦後の経済発展のプロセスのなかで、建築は諸産業の興隆と結びつき、都市を主たる舞台として、機能主義にもとづくモダニズムの建築を生み出してきた。テクノロジーの進展に支えられて、急速に変貌を遂げる都市と建築との関係性が問われ、建築家たちの手によって次々と新たな手法やデザインが示されていったのである。だが、こうしたモダニズムの建築の有効性が、1970（昭和45）年前後の時期を境に疑問視されていくことになる。その現われの一つが、都市をひとまず離れ、建築が建てられる地域や場所の固有性、個別性に着目していこうとする視点である。人が生活する場所やその環境、風土との関わりを設計の際の主要な条件として組み入れ、モダニズムの普遍性に対する信奉をむしろ批判しながら、建築の可能性を新たに切り開いていこうとしたのである。

愛媛県八幡浜市につくられた〈日土小学校〉[5-1]は、1970年代という時代性を負ったものではないが、こうした傾向の先駆的事例として挙示することができるだろう。設計を担った松村正恒は、戦前に土浦亀城の事務所のスタッフとして働き、戦後は出身地でもある愛媛県の八幡浜市役所で学校建築や市立八幡浜総合病院の関連施設など、公共建築の設計に従事した。〈日土小学校〉はその代表作で、大きく開かれた昇降口、ハイサイドライトからの十分な採光、隣を流れる喜木川への親水性など、木造でありながら、モダニズムの建築が特徴とする空間の開放性が建物全体に及んでいるさまを感じ取れる。学校建築の建築計画としてはきわめて早い時期にクラスタープランを実現させた事例としても知られる。八幡浜は山に囲まれ、場所によっては日照が著しく限られる。教室を廊下から切り離し、廊下側にも採光可能な外部スペースを設けることで、クラスター状の平面形式が生まれていった。また、校内の階段は勾配も緩

く、階段と廊下が交わる壁のコーナーは子どもたちの追突防止のために隅切りにされた。廊下の各所には本棚や、座ることもできるベンチ状の収納棚が設けられている。松村は「ひとつの町、人の住む町の原型を造ること……。廊下は道、昇降口ホールは人の集まる広場」と述べているが、小学校という場所でありながらこうした利用者たちの生活世界への関心がうかがえる。学校建築を「地域の生活を支えるコミュニティセンター」と捉える松村の考えが、この〈日土小学校〉に集約されていった。

地域の固有性への着眼

1970年代になると、こうした地域性や風土性への着眼は大きな潮流となり、日本の各地でそれぞれの地域に根差した建築とデザインのありかたを模索する動きが見られるようになった。山本忠司（香川県建築課）による〈瀬戸内海歴史民俗資料館〉は、高松市郊外にある、瀬戸内海を遠望する小高い山頂にあり、小スケールに分けられた各展示室が少しずつずらされながら配置され、中庭を取り囲む。外壁には現地で掘り出された石を積み、コンクリート打ち放しの外壁部分と対比的に表現されて、力強い土着性を感じさせる造形が生まれた。

このような、素材を通してその地域の風土性を表現しようとする手法は、北海道の過酷な自然環境のなかで煉瓦を用いた〈旧北海道開拓記念館（現・北海道博物館）〉（佐藤武夫設計事務所）[5-2]、〈札幌の家（自邸）〉（上遠野徹）などにも見られる。山本長水をはじめとする「土佐派の家」のグループは、地元産の木材、土佐漆喰、土佐和紙を用いて、この地に伝わる伝統工法の次世代への継承と新たな建築的展開を図ろうと、30年を越えてその活動の成果を蓄積してきた。〈かたつむり山荘〉[5-3]は高知県大豊町の斜面地に建ち、敷地近くの樹林から伐採したヒノキ、スギの丸太をカタツムリの殻のようにねじれながら上昇する化粧扇垂木として用い、スキップフロアでつながる諸室を一体の空間にまとめ上げている。

沖縄では1970年代半ばからの象設計集団とアトリエ・モビルによる活動が知られ、〈名護市庁舎〉[5-4]、〈今帰仁村中央公民館〉[5-5]などの独自の造形を生み出した。〈今帰仁村中央公民館〉は沖縄で古くから使われてきた集会所の構成をもとに屋上緑化を試み、アマ

[5-1]
**八幡浜市立日土小学校
階段（東校舎）**
中校舎（1956年）、東校舎（1958年）／愛媛県／松村正恒／木造

手洗いが廊下に設けられ、また生徒同士の追突を防ぐために壁が斜めに隅切りされる。設計者は「廊下は道、昇降口ホールは人の集まる広場」と語っている。幅広の階段は勾配も緩く、手摺も頑丈につくられて、飛び跳ねるように行き来する生徒たちの学校生活を受け止める。現在は設計当初の姿に復原されたため、手洗いは撤去されている。

ハジ(雨端)と呼ばれる、沖縄の民家にみられる庇下空間を公民館の建築に応用していった。〈名護市庁舎〉では、アサギ・ルーバーによる遮光や「風の道」による自然換気、地場産のブロックの使用など、沖縄の風土への建築的対応が独自の造形表現を獲得していった。沖縄では象設計集団やアトリエ・モビルに先駆けて、現代建築設計事務所の金城信吉と金城俊光による〈那覇市民会館〉など、アマハジやヒンプン、赤瓦といった伝統的、風土的要素を取り入れる試みも先行してなされていた。

また、三宅島に建設された〈生闘学舎〉[5-6]は、鉄道の枕木の廃材という特異な素材を用いて、独自の力強い空間をつくり出した。1970年代初頭は政治の季節だった。闘争から離れ三宅島に移住した関係者のセルフビルドにより、高須賀晋の設計と地元の大工棟梁の協力を得て、5年の歳月をかけて建設された。

歴史的資産の活用

さらに1970年代には、歴史的建造物の保存・活用に着目して、各地域の歴史性を考慮した再開発計画が町並み保存やまちづくりの活動とともに進められていくケースが見られるようになった。紡績業で知られる倉敷では、「倉敷を地方のモデル都市に」という倉敷紡績所創業家大原総一郎の構想にもとづき、浦辺鎮太郎が〈大原美術館分館〉〈倉敷国際ホテル〉〈倉敷アイビースクエア〉などを設計した。

[5-2]
**旧北海道開拓記念館
1階ホール**
1970年／北海道／佐藤武夫設計事務所／鉄筋コンクリート造＋鉄骨鉄筋コンクリート造

北海道の風土、またその開拓の歴史を煉瓦という素材に託し、煉瓦(特別焼煉瓦フランス積貼り)の色調・肌理が建物内外の仕上げ、デザインの基調となった。手前にグランドホール(玄関ホール)、また奥に見える北側出口の先には北海道百年記念塔が建つ。約2000haにおよぶ野幌森林公園内の、記念塔と結ばれる軸線上にこの1階ホールが置かれている

[5-3]
かたつむり山荘　ホール（左）と階上の6畳（右）を8畳より見る
1969年／高知県／山本長水建築設計事務所／木造（主要構造部丸太材）

2mほどの段差のある土地に建てられ、天井の化粧扇垂木が"かたつむり"の殻のように捩れながら上昇し、スキップフロアとして配された各室を一体化させている。近くの造林地から伐採された杉や檜の丸太を構造材に、また壁は土佐漆喰、襖には土佐和紙など、地元産の素材をふんだんに利用している。

[5-4]
名護市庁舎
アサギテラス（左）
1981年／沖縄県／Team Zoo 象設計集団、アトリエ・モビル／鉄骨鉄筋コンクリート造

垂木状のコンクリート製リブに平板ブロックを挟み込んだルーバー（アサギルーバー）はブーゲンビリアで覆われ、風が吹き抜けるテラスをつくり出している。ルーバーはまた日射を防ぎ、北側では南中時に最大の影が生まれるよう設計された。光と風をたくみに操り、建物周囲を「重層の外皮」として設計していくことで、沖縄の気候・風土に対応した独自のデザインが生み出されていった。

[5-5]
今帰仁村中央公民館
回廊越しに中庭を見る（右）
1975年／沖縄県／象設計集団、アトリエ・モビル／鉄筋コンクリート造

沖縄の伝統的民家に特有のアマハジ（雨端）と呼ばれる庇下の半外部空間を受け継ぎ、展開させていった。1.5m間隔に柱が林立する列柱空間。内部には講堂、レクリエーションコーナー、講習室、図書室、展示コーナー、喫茶コーナーなどが設けられ、中庭をコの字型に取り囲む。

〈倉敷アイビースクエア〉[5-7]は倉敷紡績所の旧工場をホテルや文化施設に転用したもので、解体部分の木材や吹きガラスなど明治期の材料が再利用され、歴史的建造物の保存・活用の成功例として知られる。

長野県の小布施町では、宮本忠長の設計による〈北斎館〉の開館を契機に、〈小布施町並修景計画〉が進められていった。関係する地権者の住民や法人、行政が、土地の交換や賃貸を通じて自主協定として町並み保存を推進していく手法は「小布施方式」と呼ばれた。住民の生活を支えながら、宮本忠長の参画により伝統的な景観をもとにした修景デザインが、30年を越える長きにわたり継続されていった。

日本の経済成長を支えてきたモダニズムの建築は、都市の発展と切り離して考えることはできない。一方で、都市部とは異なる各地方・地域の歴史性、独自の風土や自然環境を活かしながら、個別性の高い建築デザインに取り組む建築家たちが1970年代に顕著に見られるようになってきた。彼らはそれぞれの地域に根差し、ときには数十年というロングスパンの歳月をかけて、近代化によって失われはじめていた伝統的な生活の再生と、その刷新を図ろうと尽力していったのである。

[5-6]
生闘学舎　食堂
1980年／東京都／高須賀晋／木造

柱・梁のみならず、床、壁、天井、屋根などすべての部位を使用済みの枕木によってつくり上げている。1本の長さ2.1m、重さ60kg、総数5000本という枕木が用いられた。地元大工棟梁の指導のもと、施主をはじめとする関係者の手によるセルフビルドで建設された。

[5-7]
倉敷アイビースクエア　上の広場（休息広場）
1974年／岡山県／浦辺建築事務所／鉄筋コンクリート造＋煉瓦造＋木造

1889年に建設された倉敷紡績所の工場を改修し、ホテル、レストランなどの観光施設、また多目的ホール、工房や記念館などの文化施設として再生した。解体した工場の跡地を外部空間化し、赤煉瓦の壁面が美しい広場、中庭として利用している。

第3部　現代：昭和戦後・平成　377

装飾の復権

モダニズムへの批判的眼差し

モダニズムの建築が封印してきたものの一つに装飾に対する扱いがある。ヨーロッパにおいてモダニズムの建築が台頭したとき、より一般的な形式として社会に認知されていたのは歴史主義ないしは様式折衷主義の建築で、過去の各時代を彩っていた歴史的な様式とその細部装飾が建築造形の規範となっていた。歴史主義の建築は、王族・貴族や教会など旧権威の表象芸術として流通し、モダニズムはこれらに対し反旗を翻していったのである。モダニズムは近代社会のなかで、市民、民衆のための建築形式として確立されていったもので、旧勢力との連想に結びつきにくい抽象的幾何形態が、歴史的様式やその装飾に取って代わっていった。

日本においても、戦前に一般的だった歴史主義の建築が、国家や社会の指導層たちの権威と結びついて造形され装飾されていたことはヨーロッパと同様だった。戦後、日本の社会がモダニズムの建築を受け入れていった背景には、敗戦による旧勢力の解体と民主化の流れがあった。だが、1970年代を迎え、モダニズムに対する批判的視点が広がるようになると、モダニズムによって排除されてきた装飾とその新たな可能性について、あらためて関心が向けられていった。しかし、そこで議論される装飾とは、かつての歴史主義の建築を範としたものではけっしてない。むしろ装飾を通じて、ものづくりの営為の結果としての建築、ないしは人間の手の痕跡を造形表現に置き換え、それを感じられるようにする。そうすることでモダニズムの建築が失っていた、人間と空間を媒介するという建築本来の役割を再獲得しようと試みるものだった。

このような考え方に立つ建築家とその作品は1970年代以前にも知られてはいたが、戦後

[5-8]
世界平和記念聖堂 身廊および内陣
1954年／広島県／村野藤吾／鉄筋コンクリート造

身廊の両側にそれぞれ側廊を備える三廊式の外陣。ヒノキ材の平天井、壁面は蛭石を混入させたモルタルで仕上られている。開口部が州浜紋形でかたどられるなど、日本の伝統的な造形意匠のモチーフが随所に取り入れられている。

のモダニズム建築の興隆の影で評価の対象となっていかなかった。だが、たとえば長谷川堯が著作『神殿か獄舎か』などを通じて村野藤吾や白井晟一などの建築家に光を当てていったことで、彼らの独自の造形世界が見直される機運が70年代に醸成されていった。

村野は戦後復興期に、被爆地広島の再興を祈念して〈世界平和記念聖堂〉[5-8]の設計を手掛けた。広島の砂を用いた煉瓦とコンクリートの柱梁フレームが印象的な外観に対し、内部はアーチが連続して身廊と側廊を分けるバシリカ式の教会堂形式が踏襲されている。ステンドグラスで彩られた上部のクリアストーリー（高窓）から堂内に七色の光が注ぎ、各所の開口部には州浜形など日本の伝統的な装飾モチーフが散りばめられている。

村野の代表作となった〈日本生命日比谷ビル〉[5-9]は、当時のモダニズムでは禁忌とされていた石材（万成石）を外壁に用い、劇場ホワイエでは曲線を描きながらまるで宙に浮遊しているかのような階段が観客を迎え、さらにホール内部ではアコヤ貝片をあしらった華麗な装飾が天井を覆う。これらには、職人技を思い起こさせる手仕事の魅力が横溢し、工芸的な造作がディテールを際立たせている。素材に対する村野の関心は、〈千代田生命保

[5-9]
**日本生命日比谷ビル
オーディトリアム**
1963年／東京都／村野・森建築事務所／鉄骨鉄筋コンクリート造

1300席を越える客席数をもつオーディトリウムの音響効果を高めるため、壁面や天井が波打つ曲面で仕上げられている。壁はガラスタイル貼り、天井ではコバルトブルーに淡く彩色された硬質石膏におびただしい数のアコヤ貝片が埋め込まれ、観客を包み込むかのような、幻想的な空間が生み出された。

第3部 現代：昭和戦後・平成

[5-10]
日本26聖人殉教記念施設 記念聖堂(聖フィリッポ教会) 外観(左)
1962年／長崎県／今井兼次／鉄筋コンクリート造

[5-11]
日本26聖人殉教記念施設 記念聖堂(聖フィリッポ教会) 内部(右)

記念聖堂は日本26聖人殉教記念館と道を挟んで建ち、陶片モザイク(フェニックス・モザイク)を貼り込んだ、スペインの建築家A・ガウディの造形を思い起こさせる双塔が目を引く。聖堂内部は、独自の造形で縁取りされた開口部からステンドグラスを通じて光が取り込まれ、さまざまな色彩で空間を満たしている。

険本社ビル〉のアルミキャストによるルーバー、〈日本興業銀行本店〉におけるマホガニーレッドの花崗岩が艶やかに光る外壁などにもよく発揮されている。モダニズムによって排斥されていた素材の魅力、工芸的な精度を備えたディテールの装飾性など、モダニズムに欠落していた建築の魅力に人々の目を向けさせ、モダニズムに対する教条的な理解を乗り越えていくことにつなげられていった。

手仕事の痕跡

また今井兼次は、ヨーロッパ外遊を経てスペインのA・ガウディ、スウェーデンのR・エストベリなどの建築家とその作品に触れ、彼らの日本への紹介者として知られた。これらの建築家たちは、ヨーロッパにおけるモダニズムの建築の潮流とは一線を画し、それぞれの国の地域的、また文化的、宗教的特色を継承しながら、独自の造形世界を発展させていった。今井も彼らから多大な刺激を受け、コルビュジエの影響下でモダニズムの定着を図ろうとしていた日本の建築家たちとは距離を置いて、装飾性を備えた独特の建築を生み出していった。〈日本26聖人殉教記念施設〉[5-10,11]は記念館と聖堂の2棟からなり、聖堂

[5-12]
酒田市美術館 入口の門扉とキャノピー
1997年／山形県／池原義郎／鉄筋コンクリート造

鳥海山を遠望する小高い丘の上に建設され、この入口を抜けると広大な中庭が待ち受ける。鉄製の門扉とキャノピーは、アーチと十字形柱を組み合わせた複雑な造形で、精巧な造作が加えられ、工芸品のような繊細さで訪れる人の視線を中庭に向けさせる。

380　第5章 モダニズムを越えて

には陶片モザイクを貼った双塔が聳え、ガウディの造形を彷彿させる。この陶片モザイクを今井はフェニックス・モザイクと呼び、〈大多喜町役場〉〈桃華楽堂〉などでも使用し、ときには陶器の破片など日用品を用いたこともあった。関係者の手づくりによって制作されることも多く、特定の様式を想起させることのない、今井独自の装飾モチーフとなっている。

今井のもとで助手を務めていた池原義郎はのちに〈所沢聖地霊園礼拝堂・納骨堂〉〈浅蔵五十吉美術館〉〈酒田市美術館〉[5-12]などを手掛け、やはり精密なディテールと周辺環境を巧みに取り込んだ配置計画により、個別性、一回性の高い造形を実現させた。

また、石山修武の〈幻庵〉[5-13]は、工業製品のコルゲートシートをヴォールト状に巻いて内部空間をつくり出したものである。近代社会の発展のなかで、規格化が進み工業化されていく建築材料とその生産・流通システムに対する批判がその特異な造形に込められている。日輪と月輪を示すという正面ファサードの円筒形開口部、基礎に刻まれた波形の紋様、三角・平行四辺形など幾何形態による開口と青・赤・黄の色光、スチール製の太鼓橋など、工業材料を使用しながらも独自の装飾世界をつくり出している。つづく〈伊豆の長八美術館〉[5-14]では左官職人による漆喰彫刻が見事で、モダニズムの建築では顧みられることの少なかった職人技術を呼び戻し、やはり幾何学的な図柄をモチーフにした装飾が組み入れられている。

これらの作品に共通しているのは、工芸品のような正確さで仕上げられ、またそこに情感が込められていくことで、手仕事の感覚が見るものに伝えられていく点である。建築家たちは、建築に手の痕跡を刻み込みながら、それを造形表現として展開させていくことで、人間と建築、人間と環境との対話の回路を再び開こうとしていったのである。

[5-13]
幻庵　居間
1975年／愛知県／石山修武／ねじ式シリンダー構造

土木工事用に用いられるコルゲート・シートを構造材として利用し、ねじで留めるだけの、セルフビルドが可能な簡便な工法を用いて建設された。円、三角形、平行四辺形など幾何形態をモチーフにした開口がファサードの鉄板に穿たれ陽光を導き入れて、静謐なる独自の夢幻的空間をつくり出している。

[5-14]
松崎町立伊豆の長八美術館　中庭
1984年／静岡県／石山修武、ダムダン空間工作所／鉄骨鉄筋コンクリート造＋鉄筋コンクリート造

江戸末～明治期に活躍した左官職人入江長八の鏝絵などを展示する美術館。隣り合う二つの展示室の狭間に中庭が設けられ、美術館入口へのアプローチ空間となっている。床には瓦タイルや五色砂利が敷き込まれ、壁面下部は海鼠壁で仕上げられている。

第3部　現代：昭和戦後・平成　381

第3部 現代：昭和戦後・平成

第6章 「ポストモダン」の到来

高度経済成長期の成果と楽観的なさらなる夢が描き出された日本万国博覧会の開催で幕を開けた1970年代。だが成長の限界（ローマ・クラブ）が問われ、オイル・ショックに見舞われることともなる。景気の停滞に伴い、建設需要も減少していった。

公共の仕事が姿を消すなか、「野武士」と言われた若い世代は、個人のクライアントを相手として、主に住宅設計の分野に活路を見出していく。安藤忠雄、伊東豊雄、相田武文、六角鬼丈、毛綱毅曠、石井和紘、長谷川逸子、早川邦彦、葉祥栄……といった建築家である。こうした野武士の間にはモダニズム建築に対する批判的な眼が共有されていた。

モダニズム建築を超克しようとする世界的な潮流を先駆的に、そしてワイドレンジで紹介したのは、磯崎新であった。磯崎の著作『建築の解体─1968年の建築状況』（1975年）は、建築界に大きな影響を及ぼした。実作においても磯崎は、主題の不在を唱えながら「手法」を旗印に据えて、脱モダニズムの動向を先導していった。

1980年代に入ると、再び経済状況が上向いていく。バブル景気の勃発である。多くの選択肢をもちうる高度消費社会のうねりも受けながら、建設活動は活況を呈していく。急激に地価が高騰するなかで、工費は相対的に低くうつるという構図も、建設ブームの背景となった。1980年代半ばに世界を席巻した、「近代を問い直そう」「資本主義を超えよう」という掛け声を共有したニュー・アカデミズムのポストモダン思想とも連動することになる。こうして、モダニズム建築の「レス・イズ・モア（より少ないことはより豊かなことである）」といういわば「清貧の美学」を超えようとする実践が、試みられていく。「レス・イズ・ボア（より少ないことはより退屈なことである）」や「モア・イズ・モア（より多いことはより豊かなことである）」といった考えが押し出されながら、さまざまな観点のもとに「ポストモダン」の姿が具体化されていく。

モダニズムを体現する機能主義という視点が切り捨てていった装飾や象徴性、歴史的伝統や場所性などがあらためて見直され、それぞれに再編成されていくことになる。こうしたポストモダンの表現を求める舞台の主役となったのが「野武士」の面々であった。近代を終えるための選択肢の一つとして、やがては海外の建築家も参入してくることになる。また、それまでは軽んじられてきた商業建築に、建築家が積極的に触手を伸ばしはじめるのもこの頃からとなる。そしてインテリアデザイナーもまた、建築界の最前線へと躍り出てくる。

ポストモダニズムの作法
——饒舌なるかたちと表層の戯れ

「近代（という課題）」を乗り越えようとするポストモダンへの試みは、多様なかたちのもとに取り組まれる。機能性や合理性を誇る一方で捨て去られてきた歴史や文化の表現、伝統や風土の感覚、場所や地域ならではとなる特徴をどう取り戻し、いかに生かすのかが問われることになる。

日本におけるポストモダン建築を代表する逸品が、磯崎新による〈つくばセンタービル〉[6-1]である。茨城県つくば市に、国策として計画されたニュータウンである筑波研究学園都市の中核をなす施設であり、ホテル、劇場、商店街などを含んだ複合建築となる。根拠とする歴史や場所性をもたない特性のない立地に対し、マニエリスムという観点のもと、日本的な造形語彙、新古典主義の建築言語、ローマのカンピドリオ広場の意匠など、歴史上のさまざまな造形モチーフを並列・混在させることで、歴史的な系譜、空間的な体系や秩序を乗り越えて、あるゆるものを等価な記号的差異として共存させることが意図されている。こうすることで、けっして一つのイメージには収斂することのない、饒舌なるかたちと意味の戯れと、実際としては空虚にすぎない不在の表現を顕現させることが目論まれてもいた。そこに何を感じ、どう読み解くかは、鑑賞者の建築に関する知識レベルに左右されることになる。知的なゲームとしての建築が、ここに出現したのである。磯崎は1970年代よりマニエリスムを標榜し、新たな建築表現の獲得を目指していた。その一例が、18世紀フランスの幻視の建築家E・L・ブーレーの提案した〈王立図書館再建計画案〉を想起させるヴォールト天井をもつ〈北九州市立中央図書館〉[6-2]である。

磯崎と同じく、知的なゲームとして断片的な造形モチーフを組み合わせて空間を操作し、新たな意味の表出を図っていたのが黒川紀章

[6-1]
つくばセンタービル
つくばセンター広場
1983年／茨城県／磯崎新アトリエ／鉄骨鉄筋コンクリート＋鉄筋コンクリート造＋鉄骨造

筑波研究学園都市の中心軸の焦点をなす場。アプローチの方法や床の凸凹、舗装パターンを反転させて引用されたカンピドリオ広場。その中央へと流れる霞ヶ浦の形犬を模したカスケード。様式建築を想起させる3層構成のファサードを形成する正面のホテル棟。さまざまな材料が混在し、純粋幾何学的形象の散在する風景。けっして一つの意味合いに収斂することなく多様な読解を許容するアーバンインテリアの形成。

[6-2]
**北九州市立中央図書館
ロビー吹抜**
1974年／福岡県／磯崎新アトリエ／プレキャストコンクリート構造

工場生産された部材でつくられたかまぼこ型のヴォールト屋根の連なりが生み出した豊かな空間性。屋根が曲面を描くこの部分では、空間もダイナミックにねじれていく。

であった。ただし黒川の場合、主にわが国の伝統や歴史との接続や共生が図られていた。その先駆けとなったのが、お堀端に建つ〈ワコール麴町ビル〉[6-3]である。江戸時代の天文図(てんもんず)や斗栱(ときょう)、歯車やベルトの機械(ミシン)のイメージ、UFOをかたどった玄関の庇(ひさし)などで、過去と現在、そして未来をつなぐ、共生の表現が試みられている。

機能にもとづく関係性の構築という立場を離れて、「様相」という観点から脱モダニズムの作業に取り組んだのが原広司であった。その第一弾となったのが〈田崎美術館〉[6-4]である。それは親自然的な建築の追求ともされていた。時間のうつろいにより絶えず微妙に変化していく様相を表出させるために、「多層構造」という手法が用いられている。具体的には光と影の戯れるさまざまな表情を誘発させるために、ジグザグに折れ曲がったガラスの開口面の設置、色調としては整えられた多様な材料の混在、さまざまなスケールの混成などが試みられている。

設計者が建築計画論にもとづき、独裁的につくり上げる上意下達のツリー的な構造に疑義を呈し、利用者の自由な解釈と使いかたを誘う余地の表現をおもんぱかる「パターン・ランゲージ」という建築設計システムを用い

て建てられたのが、〈盈進(えいしん)学園東野高等学校〉[6-5]である。設計者のC・アレグザンダーは、ここで日本的な風景を再現することとなった。可能なかぎり木造とし、漆喰や大谷石など自然の素材を用いながら機能に応じて棟ごとに異なる意匠を施された建物群は、キッチュとも思われるが、どこか懐かしい雰囲気の空間

[6-3]
**ワコール麴町ビル
ロイヤルレセプションルーム（9階）**
1984年／東京都／黒川紀章建築都市設計事務所／鉄筋コンクリート造

江戸時代の天文図を模したパターンをもつ9階の円形開口部の内部に設けられた応接空間。銀色のメタリックな表情が近未来的な雰囲気を醸し出すが、斗栱のモチーフなど伝統的な要素が散在してもいる。

384　第6章「ポストモダン」の到来

をもたらしている。

鉄筋コンクリート造といった近代技術が不要とした「屋根」の復権を目論んだのが、石井和紘であった。〈清和文楽館〉[6-6]では木造を積極的に取り込んでいるが、伝統的な構法や形式に囚われることなく、機能に応じて新しい架構形式を提案したうえで、文楽を上演、展示する場を実現させている。

語る建築を標榜し、語られるべき由緒を事前に組み立てたうえで、その物語を語る場を形象化させたのがN・コーツであった。渋谷パルコ1階に公園通りに面して開店した〈カフェ・ボンゴ〉[6-7]では、古代ローマのクラシシズムと近代国家のインダストリアリズムをコラージュすることで、まるで時間や空間を超越したような世紀末的な物語、劇場的な空間を演出している。また、1923（大正12）年に建てられた歴史的建造物である〈旧北海道拓殖銀行小樽支店〉（設計：矢橋賢吉）をホテルへとリノベーションした〈旧小樽ホテル〉では、海運で栄えた小樽の歴史に意を払い、「小樽から世界に向け旅立つ船」という物語がつくり出され、それに応じたインテリアデザインが行なわれている。かつての営業室にはレストランやバーが設けられ、上層階の客室はすべて様式の異なるインテリアとされ、それぞれに世界各国の歴史に名を馳せた港湾都市がイメージされている。

断片的な造形モチーフを衝突させることで多様な意味の誘発を図る点では似ているが、設計者の嗜好や感性を押し出したのが、北川原温であった。その作風を色濃く示すのが、渋谷パルコの裏通りスペイン坂の坂上に建設された〈ライズ〉[6-8]である。映画館（2スクリーン）、レストラン、ブティックが入った複合施設となる。金属製のカーテンなどアーティスティックな要素がちりばめられたインテリアは、官能的で退廃的な香りを漂わせ、立

地の喧噪とは隔絶したインパクトの強い自律した世界をつくり上げている。

近代社会が忌み嫌った非合理的な世界観やコスモロジーの表出を試みたのが、毛綱毅曠であった。生まれ故郷の釧路に建つ二つの建築がその射程を物語る。〈釧路市立博物館〉では、人類創成に至るまでの記憶を造形に含意させている。その象徴となるのが、展示空間の中央に聳え立つ、DNAのように二重螺旋を描く大階段である。一方、〈釧路市湿原展望資料館〉[6-9]では、胎内回帰が造形表現の主題とされている。襞のように折り重なる曲面による空間構成と、トップライトからの採光で演出された光と闇の交錯する空間性が印象的である。

機械装置をオブジェ化したようなマシニックな造形を得意としたのが高松伸である。その腕前がインテリアデザインの領域で最も高く示されたのが、今日の「クラブ」の走りともなったと言われるディスコテーク〈ダンスホ

[6-4]
田崎美術館ロビー
1986年／長野県／原広司+アトリエ・ファイ／鉄筋コンクリート造+木造小屋

2.4m間隔で林立する円柱はスケール感を錯綜させ、トップライトからの光は空間の高さを眩惑させる。そしてジグザグのガラス面は、人の動きや日照の変化などにより思いがけない風景を写しだす。一期一会の蜃気楼のような空間体験。

[6-5]
盈進学園東野高等学校教室棟と正面に多目的ホール
1984年／埼玉県／C・アレグザンダー+日本環境構造センター／木造+鉄筋コンクリート造

教室群の奥に、軸線をずらすかたちで設けられた多目的ホール。外部空間に動きをもたらすとともに、焦点ともなるアーバンインテリアをつくり出している。

第3部　現代：昭和戦後・平成　385

[6-6]
清和文楽館　舞台棟(上左)
1992年／熊本県／石井和紘建築研究所／木造

舞台棟・客席棟・展示棟と3棟の構成からなる。それぞれに異なる架構技術が用いられている。展示棟では、正12角形に木組みした「バット工法」で巻き貝のような螺旋状の小屋組がつくられている。

[6-7]
カフェ・ボンゴ　店内インテリア(上右)
1989年／東京都／N・コーツ

中2階バルコニーから見下ろした眺め。古典的な要素の古さと現代的な要素の新しさとが唐突に同居した、斬新だがどこかなつかしさも感じさせる空間。

[6-8]
ライズ　3階映画館I(下)
1986年／東京都／北河原温＋ILCD／鉄骨鉄筋コンクリート造＋鉄筋コンクリート造

深紅の緞帳、金属製のカーテン状装飾、上下する照明装置などが忽然と混在する世界。どこか退廃的な香りを漂わせる立地とは隔絶し自律した空間。

386　第6章　「ポストモダン」の到来

ール〉[6-10]である。一方、パンチングメタルを駆使して、柱や梁といったリアルな建築的要素を覆い隠し、軽さと仮設性を表現したのが、伊東豊雄の〈レストラン・ノマド〉[6-11]であった。

このように、建築家が商業空間のインテリアへと進出する一方で、建築家とインテリアデザイナーの対等なコラボレーションのかたちを示したのが、〈マニンビル〉[6-12]であった。小規模だが、レストランやギャラリー、ブティック、カフェバー、屋上プールなどが複合した施設である。建築そのものは、鈴木恂が設計しており、コンクリート打ち放しの端正な意匠と骨格の強い空間を特徴としている。この性格に寄り添うように、あるいは対峙するように、二人のインテリアデザイナーが、レストランとブティック、ギャラリーのインテリアを手がけている。地階のレストランを担当したのはP・スタルクで、モノトーンの建物本体に対して、赤と黒を対比させた妖艶なるスペースを対峙させている。そして、1階・2階のブティックとギャラリーを担当したのが相原努。こちらでは、禁欲的な材料の使用によって材質感を抑えることで、建物そのものの端正な性格をいっそう際立たせている。

[6-9]
**釧路市湿原展望資料館
湿原復元展示ブース
（上左）**
1983年／北海道／毛綱毅曠建築事務所／鉄骨鉄筋コンクリート造

胎内をイメージして造形された展示空間。

[6-10]
**ダンスホール
エントランスホール（上右）**
1985年／愛知県／高松伸建築設計事務所

錆びた鉄材を暴力的に構成した力業。リベットのリズムとネオン管の列がつくり出す奥行。古さと新しさの双方の感覚が併立している。

[6-11]
**レストラン・ノマド
2階客席より1階を見下ろす
（下左）**
1986年／東京都／伊東豊雄建築設計事務所／鉄骨造

雲のように吊り下げられた銀色のエキスパンドメタル。照明によりいろいろな色を反射することでさまざまな表情を演出する。

[6-12]
**マニンビル
地階レストラン客席
（下右）**
1987年／東京都／鈴木恂建築研究所、P・スタルク／鉄骨鉄筋コンクリート造

真紅のベルベットの壁面と黒いテラゾータイルの床面、吹き抜け空間に伸びるコンクリートの柱梁の架構と空調用ダクト。限定された素材がつくり上げる官能的な空間性。

第3部　現代：昭和戦後・平成　387

モダニズムを越える もう一つのかたち
――寡黙なる空間のきらめき

モダニズム建築のもつ造形文法を守りながらも、現代的な感性のもとに、立地する場所の感覚や風景に耳を傾けることで、寡黙でありながらも鑑賞者に何事かを語りかけてくる建築も現れた。

谷口吉生・高宮眞介による〈資生堂アートハウス〉[6-13]はまさにその好例であり、禁欲の風景がデザインされている。ランドスケープと一体となった彫刻のような外形の表現は寡黙であり、インテリアには静寂のシーンが連続して現れる。表層の表現はあくまでも抽象的であり、実体の壁面となる直線と虚の壁面となる曲線の構成による造形と、立体的な一筆書きの回遊性を導くシークエンスを形成する空間構成は、訪問者に豊かな感動をもたらし、飽きさせない。このような粋であり、流麗でもある空間の表現と質は、近代的知性（レイト・モダニズム）を体現したものでもある。

槇文彦の〈スパイラル〉[6-14]は、一般のモダニズム建築には見られなかった軽やかで洗練されたイメージを打ち出している。「エスプラナード」と命名された上層部の劇場へと向かう階段は、その動線を表通りへと露出しており、青山通りと「見る―見られる」関係をつくり出している。また、背後にある吹き抜け（アトリウム）には2階へと誘うスロープが設けられている。エレベーターの登場以来、背後に追いやられていた上下移動の装置に再び脚光を当て、「動き」を眼に見えるものとし、

[6-13]
資生堂アートハウス 展示室
1978年／静岡県／谷口吉生、高宮眞介＋計画・設計工房／鉄骨造＋鉄筋コンクリート造

ガラス壁面に沿って回遊することで展示空間を一巡できる仕掛け。円形の中庭はやがて円形の外観へと変化していく。幾何学的形象のもとに融合される外部（自然）と内部（近代的知性）。写真は改修前。

[6-14]
スパイラル エスプラナード
1985年／東京都／槇総合計画事務所／鉄骨造

青山通りに面したファサードに佇む、1階ロビーと3階劇場を結ぶ大階段。動線のみならずラウンジとしても機能する。都市とインテリアとを結ぶ魅力的なスペース。

活き活きとした空間を実体化させている。

　近代の建築材料であるコンクリートを駆使して新たな表現の可能性を獲得しようとする試みを見ることもできる。岡田新一による〈岡山市立オリエント美術館〉[6-15]は、白いタイル張りの瀟洒な外観とは一転して、内部にはコンクリートはつり仕上げの壁面に囲まれた静寂の空間が拡がり、古代のジグラート神殿を彷彿させる。水盤の音だけが静寂を破って響きわたり、トップライトから落ちる光が絶妙な陰影をつくりだしている。観照的な空間である。谷口吉生による〈ホテル安比グランド〉も、コンクリートをはつり仕上げで用いることで、ロビーにリゾートホテルにふさわしい陰影と暖かさを醸し出している。槇文彦による〈前沢ガーデンハウス〉[6-16]は、コンクリートの架構の構成により、直接的な造形語彙に頼ることなく、抽象的に日本的な空間の雰囲気を演出している。高橋靗一による〈大阪芸術大学塚本英世記念館・芸術情報センター〉[6-17]は、内外ともに徹底的に打ち放しコンクリートを用いて建てられている。それはパイプオルガンの設置されたアートホールにおいても同様である。トップライトからの光が落ちる壮大な吹き抜け空間におけるコンクリートの仕上がりは見事である。前川建築設計事務所らによる〈国立国会図書館新館〉[6-18]では、柱・梁・壁面と部位に応じてコンクリートの仕上げを変えることで、単一の材料の使用にもかかわらず豊かな表情をつくり出している。圧巻となるのは地下8層を貫く光庭の空間で、トップライトから射し込む光

第3部　現代：昭和戦後・平成　389

[6-15]
**岡山市立オリエント美術館
展示室・中央ホール**
1979年／岡山県／岡田新一
設計事務所／鉄筋コンクリート造

コンクリートはつり仕上げの建築要素で構成された重量感をもった3層吹き抜けの空間。トップライトからの光に満たされることで「光の塔」をかたちづくる。

[6-16]
**前沢ガーデンハウス
ゲストハウスホール**
1982年／富山県／槇総合計画事務所／鉄筋コンクリート造

柱と梁が宙を走る民家の土間をイメージした空間。半透明の膜に覆われた階段室は行灯を想起させる。藤江和子によるベンチが場を分節する。

[6-17]
大阪芸術大学塚本英世記念館・芸術情報センター アートホール（上左）
1981年／大阪府／高橋靗一＋第一工房／鉄筋コンクリート造＋鉄骨鉄筋コンクリート造

コンクリートを石材になぞらえる設計者が実現した見事なまでに美しい打ち放しの建築。トップライトからの光が時間や季節に応じた陰影をつくり出す静謐な空間。

[6-18]
国立国会図書館新館 光庭（上右）
1986年／東京都／前川國男建築設計事務所＋ミド同人・中田準一、建設大臣官房官庁営繕部／鉄骨鉄筋コンクリート造＋鉄筋コンクリート造＋鉄骨造

トップライトからの光が彫塑的な陰影をもたらす地下8層の書庫を貫く光庭。すべてを手作業でつったという、コンクリートの壁面は壮観。

[6-19]
富ヶ谷のアトリエ 2階事務室（中）
1986年／東京都／長谷川逸子＋建築計画工房／鉄筋コンクリート造

ガラス面の外に設けられたアルミ板とアルミパンチングメタルを雲形に切り抜いた薄膜。鈍く光を反射する表面と半透過する視線とが、抽象的に自然のうつろいを演出していく。

[6-20]
光格子の家　居間（下）
1980年／長崎県／葉デザイン事務所／鉄骨造

限定された材料の使用によるニュートラルな空間。規則的に開けられた格子状のスリットがつくり上げる窓面と壁面の存在が反転した世界。

によって演出されるはつり仕上げの壁面の表情は彫塑的でもある。

　長谷川逸子の〈富ヶ谷のアトリエ〉[6-19]は鉄筋コンクリート打ち放しの立面に、アルミのパネルとパンチングメタルを組み合わせたもう1枚のファサードを取り付け二重(ダブル)のファサードとすることで、透明性と不透明性とが渾然一体となった不思議なインテリアスペースをつくり出している。ガラスの可能性を突きつめているのが葉祥栄である。〈光格子の家〉[6-20]は、ミニマルな材料の使用と住宅全体を光格子で覆わせることにより、敷地の高低差をそのまま室内に取り込みながらも、ニュートラルな表現を獲得している。

第3部　現代：昭和戦後・平成　391

都市を彩るインテリアデザイナーの登場と活躍

戦後復興のプロセスのなか、社会に資する公共建築が重んじられる一方で、資本主義の現場となる商業建築は軽んじられる傾向にあった。民主主義の象徴と理解されたモダニズム建築の作法となる「形態は機能に従う」という見方のもと、内部の機能と外部の意匠とが不可分に総合化された造形が必然ともされ、実用的な意味をもたない装飾や象徴は価値がないとも捉えられていた。加えて、インテリアのみを手掛けるということは、まさに室内を装い飾る表層的な行為にすぎないとも捉えられ、一般に建築家は積極的に関わる素振りを示さなかった。

建築家と協働する作業を通じて、公共建築の性格(空間的な質)に寄り添い、対話する家具をインスタレーションするといったかたちで、インテリアデザインの未来は開花しはじめる。その先駆が剣持勇である。丹下健三の名を高からしめた〈旧香川県庁舎〉で、剣持の家具が用いられている。佐藤武夫設計事務所の設計による〈ホテル・ニュージャパン〉では、客室やロビーに「ジャポニカ・スタイル」の統一的なイメージを徹底させることで、建築の外形とは別物としてのインテリアデザインの魅力を知らしめた。

やがて「インテリア」は、建築そのものの性格とは一線を画するものと認識され、自律した空間性をもつ場として、固有の発展を遂げていく。その起因の一つに、都市部の住環境が貧困であったことがある。自宅の居間(立

[6-21]
イッセイ・ミヤケ・メンズ
渋谷西武B館店　店内
1987年／東京都／クラマタデザイン事務所／スチールエキスパンドメタル

エキスパンドメタルだけで形成されたミニマルで禁欲的な眺望。曲面を描く天井や列柱が人の動きや照明に応じてうつろい、さまざまな表情をつくり出す。

地する郊外までは遠すぎて招けない。そして物理的な広さもない)の代役として、「ハレ」の場となるカフェバーなどの飲食店へのニーズが高まった。飲食系店舗のインテリアデザインの道が開拓されるのである。

1973(昭和48)年に渋谷パルコが開店したことも忘れてはならない(1979年には109ビルも開店する)。老舗の百貨店名という包括的なブランドよりも、ファッションビルに出店する店舗一件一件の個別のブランディングが重要となったのである。「不思議、大好き」「おいしい生活」(ともに西武百貨店の広告コピー)といった機能性・合理性では図れない生活スタイルのイメージも喧伝されていく。こうして、物販系店舗のインテリアデザインの道も開かれた。

その先頭を走り、中核を担ったのが、倉俣史朗、杉本貴志、内田繁……といったインテリアデザイナーであった。

現代アート、とくにミニマリズムの潮流とこだまし合い、商業空間そのものをアートとせしめたのが、倉俣史朗である。渋谷西武B館の〈イッセイ・ミヤケ・メンズ〉[6-21]のブティックは、前年の1986年に発表したエキスパンドメタルの特性を活用してデザインされたオブジェのような椅子〈HOW HIGH THE MOON〉を原型とし、その可能性をインテリア空間へと拡張させたもの。黒のエキスパンドメタルの面によって全体が構成されているが、場所によって透過・不透過、存在感・透明感……とつねに異なる印象を紡いでいく。そしてこのスキンは、物理的に内部を囲い込むとともに、視覚的には外部に開いてもいる。茫洋とした内部は、同じくエキスパンドメタルの円柱によってスケール感とリズムが演出されている。こうして、エキスパンドメタルという材料のもつ性格を、シンプルに、だが極限まで活用することに成功している。

アート作品とのコラボレーションの帰結として、唯一無二の場の感覚と、使用されたそれぞれの素材が「もの」としての実体感をもつ環境をつくり出したのが、席数わずか12席、1982(昭和57)年に改装された二代目の〈バー・ラジオ〉[6-22]である。彫刻家若林奮の金属製のレリーフ作品を壁面に象嵌し、その強さと対話あるいは対峙するように空間が仕掛けられている。豆球が幾重にもアーチを描く照明は、その狭い空間に幻想的な拡がりと深みを与え、錆びた鉄板による壁面を妖しく照らしている。そして、一部に鉄片が埋め込まれた木製のテーブルは、その質感と存在感を際立たせている。

大テーブルが鎮座するカフェバーの風景の原点となったのが、内田繁・三橋いく代による六本木のバー〈バルコン〉[6-23]である。長い立ちカウンターと20人ほども座れる巨大なテーブルが配置されただけのシンプルな空間だが、床も含めて同一の材料(大理石)で仕上げられていることで、一体的なオブジェとも見て取れる。この構成は、知らない者同士のコミュニケーションの可能性を図るというイマジネイティブな機能性の発露として考案されたという。大テーブルの中央には蠟燭の「山」が置かれている。大テーブルで対面する客との視線をコントロールすべく設置されたということだが、シンプルな空間にゆれうごく炎と、日に日に姿を変える蠟のオブジェは、結果的にこのインテリアデザインの肝となった。

[6-22]
バー・ラジオ　店内
1982年／東京都／杉本貴志、若林奮＋スーパーポテト

若林奮のアートと杉本貴志のデザインとが相乗してつくり上げられた小宇宙。

[6-23]
バルコン　店内
1973年／東京都／内田繁・三橋いく代＋内田デザイン研究所

洒脱だが気さくな雰囲気も持った空間。隣り合った他者とも知り合いになりうる大テーブルの存在と、それゆえ向かい合った際の視線を遮るための蠟燭が、それまでにはなかった世界をつくり出した。

第3部　現代：昭和戦後・平成　393

>>> [第3部] 現代：昭和戦後・平成

第7章 「都市住宅」の季節

　戦後の社会復興に際し、合理性や機能性を尺度として装飾などの無駄を省いたモダニズム建築のありかたは、民主社会の理念と合致し、その実現も後押しすると理解された。これを背景に、モダニズムを代表する世界的な建築家組織CIAM（近代建築国際会議）の提唱した「機能的都市」という考えかたが、戦後の都市計画・生活スタイルの主役へと躍り出る。「住居」「交通」「労働」「余暇」と生活の機能を用途別、かつ時間的・空間的にも振り分けて、都市・生活環境を構成しようとしたものであった。

　この骨格は、人々の生活スタイルを一変させる結果を導く。それまでの住むところと働くところを一とする「職住一致」が、両者を異にする「職住分離」へとすがたを変えるのである。「家業を営み・継ぐ」という就業形式に代わり、「企業に勤める」というサラリーマン人生の選択が促され、憧れともなることで、広く受容されていく。こうして、業務機能が集積する都心で働き、自然のあふれる郊外に居を構え、朝晩は満員電車に揺られて通勤するという「マイホーム主義」の生活スタイルが、戦後復興のプロセスのなかで理想のかたちとして擦り込まれていった。こうした背景のもと、土地の所有形態などからいわば無計画に発展していくことになる都心の繁華街は、雑多で混沌とした様相を示す一方で、計画的に団地が建設され、ニュータウンが開発される郊外では、均質で一様な風景・環境が拡がっていった。だがしかし、やがては郊外にも雑駁かつ稠密となる都市化の波が押し寄せていく。

　職住分離の生活スタイルを担う主役と目されたのは、「夫婦と子ども（2人程度）」の家族構成を標準と捉える「核家族」であった。家父長制にもとづく戦前の封建的な家制度と、それに伴う多世代が同居する家族形態への反省もあって、夫婦を軸として自立した生活を営む家族の形式が、戦後社会を担う中核として導かれることになった。逆説的だが、夫婦の自立のためには、家業に囚われずに生活を保障する会社勤めという就労形式が必要ともなったのである。

　こうして戦後の住宅からは働く場という社会的な要素が取り除かれ、家族との私的な暮らしに限定された私生活の場となる専用住宅へと、「住まい」はその性格を転じた。核家族の生活も、夫は都心に生活の糧を稼ぎに出かけ、主婦は家庭で一人家事や子育てに勤しむというように役割分担がなされ、機能的に分離される。子どももまた、就学年齢になれば昼間は学校で学ぶということになる。このような構図から、「就寝分離」「食寝分離」「家事労働の軽減」を主題とし、食事する部屋「公室」と寝る部屋「私室」を分けてしっかりと団欒の場を確保すること、両親と子どもがそれぞれ専用の寝場所（私室）を確保すること、動線の短縮化や家電製品の開発など技術の活用により、家事作業を能率的にこなせることといった平面計画の原則が導かれる。そしてここから、「nBR+LDK（変数nは家族数-1）」という現在では一般化された間取りの形式が確立されていくことになった。

　こうした前提・現実に対し、ささやかだが本質的な抵抗を示す烽火（のろし）が上げられていく。（都市に）住むことの本質とは何か？　「一軒」の住宅（のインテリア）が、理想とされた生活スタイルに内在する課題や問題点を逆照射していくのである。そうしたエポックを刻んだ住宅の軌跡をたどっていこう。

都市居住への執念
――戦後社会が理想を描いた
生活スタイルへの抵抗

戦後日本が理想に描いた住宅の立地や間取りのありかたに対して、さまざまな見地から懐疑的な問いかけがなされる。それは、通勤地獄といった職住分離の新しい生活スタイルがもたらした現実によって紡ぎだされた悲鳴のようでもあり、社会生活の充実など捨て去ろうとした職住一致（に近い）の生活環境こそがものにする魅力を再認識させてくれる作業ともなった。こうしたチャレンジを積極的に支えたのが、1968（昭和43）年5月に創刊された『都市住宅』という建築専門誌であった。

設計者の東孝光の自邸となる〈塔の家〉[7-1]は、働く場としての都心、家族と私的に時を過ごす場としての郊外という住宅立地のありかたについて一石を投じ、都心に住むことの生活上のメリットを明快に示してくれた。狭さと引き換えに、外食や観劇などの享受、つまり生活の積極的な外化が主題とされた。そ

[7-1]
塔の家　中3階から吹き抜けを見下ろす
1966年／東京都／東孝光建築研究所／鉄筋コンクリート造

車庫のピロティ部分も含めると、地階から5階まで6層が垂直につながる立体的なワンルーム空間。3.6坪という建坪を感じさせない垂直的な空間の拡がり。床に敷かれたリノリウムシートを除き一切の仕上げはなされていない。

[7-2]
住吉の長屋　中庭
1976年／大阪府／安藤忠雄建築研究所／鉄筋コンクリート造

主役となる中庭。両側に位置する諸室は中庭に開かれ、周囲とは隔絶した世界として、空や光、雨や風など自然を感じることとなる。

して、それは郊外では望みえず、都心部でのみ可能となる現実であることも照射した。青山のキラー通り、オリンピックの道路拡幅の結果として出現した6坪の敷地、いわば取り残された土地を活用し、「階段室に毛の生えた」ほどの広さにすぎない建坪3.6坪に、鉄筋コンクリート壁構造で6層からなり、玄関を除いては1枚の扉もない、空間を機能別に縦に積み重ねた、いわば垂直のワンルーム住居をつくり上げた。各層は吹き抜けで立体的に関係づけられているため、どの層にいても、さりげなく家族の気配を感じとれる。また、工夫された開口部の配置などにより視覚的な拡がりももたらされているため、驚くほど狭さを感じさせない。東自身が「きたない」と自慢する鉄筋コンクリート打ち放し仕上げの「きたなさ（質感）」が、インテリアに得も言えぬ表情を醸し出している。

安藤忠雄の出世作となった〈住吉の長屋〉[7-2]は、稠密な暮らしが営まれる大阪の下町で、三軒長屋の中央の一軒を建て替えたもの。緑あふれる郊外こそが自然と触れ合える生活に適した場所だという認識を打ち砕いた住宅である。ほぼ敷地一杯に建てられたコンクリートの箱を、中庭となる外部空間を挟んで3分割し、東西の部屋は中庭にかけられたブリッジによりアクセスするというシンプルな間取りとなっている。外部に面する開口部は玄関部分のみで、外部に対しては拒絶のかたちをとっているが、内部においては中庭に向かってとことん開かれている。建ぺい率の規定を逆手に取った構成でもある。見事なまでに美しく、セパ穴の配置まで考え抜かれて施工されたコンクリート打ち放しの壁面、玄昌石（2階はフローリング）の床面と限定された材料の使用が空間の抽象性を高めている。中庭を挟んで対峙し、中庭を越えて（視覚的に）拡張される抽象的なインテリア（エクステリアでもある）は、天候の変化や時間のうつろいを映し出すこととなり、敏感に自然を享受する舞台となっている。雨の日は傘を差してトイレに行かねばならないことが物議を醸したが、日常的な不便を超えて魅力的な空間を生み出していることはまちがいない。

トップライトの多用や上層階に居間・下層階に寝室を設置する工夫など都市型住宅の典型となる建築言語を次々とつくり上げていったのが、「プライマリー」を旗印に掲げ、〈松川ボックス〉など「ボックス・シリーズ」と呼ばれる一連の箱形の住宅を生み出していった宮脇檀である。単純な箱形の外形の中に、家族の私生活を豊かに包む生活空間の実現が試みられていった。〈グリーンボックス#1〉[7-3]は、緑色に塗装された総2階建の箱形住宅で、外部階段を登って主階となる2階にアクセスする。2階はLDKなどパブリックゾーン、内部階段で降りる1階には寝室、子供室、サニタリーとプライベートゾーンが設けられている。郊外部においても劣悪化していく住環境に対応するため、外壁面の開口部はなしとし、代わりにウルトラC級の「アクロバット」とも称されたトップライトによる全面的な採光が導入されている。外部には閉じた性格を装うが、色彩の利用などにより、多少なりとも近隣との関係は保っている。寄せ棟屋根の四隅に設けられた1.8m角の大きさのトップライトは、その直下に設けられた吹き抜けを通して1階のプライベートゾーンまで光を届ける。またこの吹き抜けは、プライベートゾーンとパブ

[7-3]
**グリーンボックス#1
2階居間**
1972年／東京都／宮脇檀建築研究室／木造

密集しつつある状況に対応すべく、居間など生活の中心を2階に持ち上げ、これに応じて外階段で2階に設けられた玄関へアプローチする手法が導入されている。居間は四隅に設けられたトップライトから採光を得る。生活に必要となる家具の過半はていねいに造作されている。

リックゾーンの関係も気配でつなぐ。ソファや収納なども造作として設計されており、アクロバティックな解法に起因する生活空間としてのエキセントリックさは感じられない。あくまで「モダンリビング」を肯定した宮脇の「(家族団欒のための)私生活の場」としての住宅に対する暖かく、しなやかな眼差しを見てとることができる。

劣悪化する生活環境においても周囲に背を向けることなく、敷地の一部を開放し、開放的な間取りも導入することで、近隣との環境をつくり上げようとしたのが、阿部勤の自邸〈中心のある家〉[7-4]である。鉄筋コンクリート造＋木造の混構造で、建物を道路面に対して30度振ることで、建物と道路境界との間に三角形のいわばポケットパークをつくり出している。ここには1本の欅が植えられランドマークともなっている。2階をほぼ1周する開口部など、外部に対して開放的な構えをもっているが、それでもプライバシーを保てているのは、その度合いを調整可能とするコンクリートの壁面を入れ子状に二重に囲い込んでいるからである。

外形的には閉じた印象を与えるが、可能なかぎり開きつつ、立体的な空間性ももつ豊かなモダンリビングの場を実現させたのが東孝光の〈粟辻邸〉[7-5]である。家族団欒の場として、主婦を孤立させないためにアイランド型キッチンを導入した先駆ともなる。

第3部　現代：昭和戦後・平成　397

[7-4]
**中心のある家
食堂から居間(上左)**
1974年／埼玉県／阿部勤／鉄筋コンクリート造＋木造

二重に囲うコンクリートの壁面が、中心性と周縁性、閉鎖性と開放性を絶妙にコントロールしている。

[7-5]
粟辻邸　食堂と居間(上右)
1971年／東京都／東孝光建築研究所／鉄筋コンクリート造＋木造

縦方向に立体的なつながりをもつ開放的な空間。その中心となるのが虫めがね状の食卓と調理スペースを一体としたアイランド型キッチン。

[7-6]
直方体の森　広間1(下)
1971年／神奈川県／篠原一男／鉄筋コンクリート造

2層吹き抜けの広大な広間と、幅狭い谷のような「亀裂の空間」との関係。寒冷紗によりほのかに質感が表現されている。

「アート」となった住空間
――非住宅的住宅の様相

　凡庸な機能主義的な理解と平面計画の方程式に与することなく、象徴性や抽象性、装飾性などを手掛かりに、生活の本質をなす人間の本性に訴えようとする試みも行なわれていった。一見すると「生活の場」とは思えない、まるで美術館のようなインテリアが生み出されることになる。

　こうした動向を先導したのが篠原一男であった。伝統的な民家の研究からわが国独自の空間構成を発見し、「住宅は芸術である」とみなす観点から、その特徴を象徴的・抽象的に昇華させて現代住宅へと落とし込んでいた。〈直方体の森〉[7-6]は、象徴性の表現から抜け出て、空間の抽象性を高めたものである。それまでの分割の空間構成から、連結の空間構成へと移行してもいる。異なる室をつなぐ手段として、幅狭く高い「亀裂の空間」が導入されている。〈上原通りの住宅〉[7-7]は抽象的な空間に対して、プログラムがもたらす「ノイズ」が混入されている。駐車場の上部のキャンティレバー部分を支えるために方杖が付けられた鉄筋コンクリートの構造体と、木造となる2階床スラブなど異なる系の遭遇がもたらすズレが、空間の統御に不可欠なノイズとして、あるがままに実体化されている。

　篠原の影響を強く受けて設計されたのが、伊東豊雄の〈中野本町の家〉[7-8]であった。U字型の円環を描く平面構成は、外部とは隔絶しており、コンクリート打ち放し仕上げがその感覚を強めている。中央部分に中庭をもっているが、中庭とインテリアの関係もほとんど閉じている。U字型のインテリアスペースは曲面をなす壁面に応じて、ゆるやかに流動

[7-7]
上原通りの住宅
2階居間・食堂
1976年／東京都／篠原一男／鉄筋コンクリート造＋木造＋鉄骨造

空間に屹立する象徴的で樹木を思わせるコンクリートの架構。方杖の向きが内部空間を機能的に分節する仕掛けともなっている。

している。白い世界が抽象性を高めるとともに、注意深く設けられた開口部からの光がそこかしこに場の感覚を与えている。中野本町の家では、徹底的に閉鎖的な空間をつくり上げた伊東だが、8年の時を経て隣接した敷地に建てられた自邸〈シルバーハット〉[7-9]では、一転して仮設とも思われる軽やかで開放的な空間をものにしている。コンクリートの独立柱に、スチール製のアーチ屋根が架構されている。この透け透けの空間をつかいこなす記号として置かれたのが大橋晃朗のデザインした家具であった。「変様体」という考えのもと、絶えずうつろい、変化していくさまの建築化を試みていた伊東は、曲面に沿って光が戯れる〈中野本町の家〉を光の変様体、軽快で少しの風にもたなびくような〈シルバーハット〉を風の変様体と説明することで、その一貫性について説明している。

篠原一男の直接の弟子となる坂本一成は、〈水無瀬の町家〉[7-10]でわかるように、抽象度は保ちながらも建築材料のもつ素材感は殺さないことで、インテリアスペースに独特の質感を保たせている。繊細にデザインされた軽快な階段が目を引く。

住むという営みを超えて、徹底的に抽象性を追い求めていったのが藤井博巳である。〈等々力邸〉[7-11]では、3種類の大きさの異なる立方体と開口、格子とによって、外観から内部までがつくりあげられている。あらゆる部位がグリッド化されているため、壁・天井・床面・開口部といった分節が曖昧となっている。こうして各部のもつ固有の機能性や

第3部　現代：昭和戦後・平成　399

[7-8]
**中野本町の家
食卓越しに見た広間**
1976年／東京都／伊東豊雄
／鉄筋コンクリート造

白く塗られ柔らかな表情のインテリアと打ち放しのままで荒々しい中庭の表情とを一望する食卓からの眺望。

[7-9]
**シルバーハット
コートより見た居間・食堂**
1984年／東京都／伊東豊雄建築設計事務所／鉄筋コンクリート造＋鉄骨造

仮設性や即物性を主題として、コンリートの柱と鉄骨の屋根架構という建築の祖型的要素からつくり出された住宅。半戸外のコートが中心となり、必要となる内外の仕切りには、アルミのパンチングメタルやガラスの格子など透ける材料が主に用いられている。

意味合いは消去され、抽象度の高いインテリアが表出されている。

象徴性や物神性を住宅に取り込んだのが、毛綱毅曠や六角鬼丈であった。〈代居邸〉[7-12]で毛綱は、その中心をなす「鏡之間」において、階段という機能の祖型の表現を試みている。玄関室から屋根を突き抜けさらに登りつづける階段と、これに対面する壁一面の鏡により、その空間は構成されている。生活に必要な諸室は、この大階段の裏側に追いやられている。六角による〈塚田邸〉[7-13]や〈塚田邸パートⅡ〉では、インテリアに自然の事物が主役となって鎮座している。〈塚田邸〉では樹齢150年の赤松の原木が、〈塚田邸パートⅡ〉では溶岩が、インテリアの主役とされている。どれもアッと目を見張る光景である。

遊戯性を積極的に住宅へと取り入れたのは、早川邦彦や相田武文であった。早川の〈南青山の家〉[7-14]では、寝室に開けた円形の小窓からのみ望める、舞台装置のような重層的な風景が演出されている。生活そのものには役立たないが、洒落心に富む仕掛けとなっている。相田は、一連の「積木の家シリーズ」で、あたかも積木を積み上げてできあがったかのような表現をもった住宅を実現させていった。〈積木の家Ⅲ〉[7-15]では、目地の工夫や部位に応じた色彩の塗り分けも相まって、おもちゃの家のようなポップさを醸し出している。同時に、画家P・モンドリアンの絵画を彷彿させる抽象性も漂わせている。

[7-10]
水無瀬の町家 居間からホール・2階を見る（上左）
1970年／東京都／坂本一成／鉄筋コンクリート造＋木造

必要となる居室を確保した残余の部分につくり出された吹き抜けスペース。玄関・階段・ブリッジなど動きの伴う要素を集約させるとともに、すべての居室がここに関係づけられている。

[7-11]
等々力邸　事務室（上右）
1974年／千葉県／藤井博巳建築研究室／鉄筋コンクリート造

「負性化」という主題のもとで、徹底的に意味を消し去ろうとしてつくり出されたインテリア。

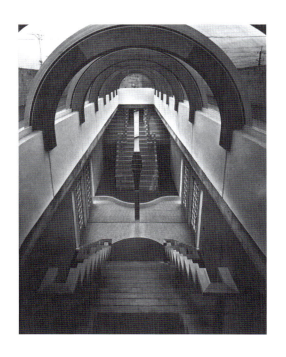

[7-12]
代居邸　鏡の間（下左）
1980年／埼玉県／毛綱毅曠建築事務所／鉄筋コンクリート造

天空へと向かう階段の造形が主役とされ、深層の記憶にもとづく建築の原型が具現された作品。

[7-13]
塚田邸　玄関から見た居間（下右）
1980年／群馬県／六角鬼丈計画工房／木造＋鉄筋コンクリート造

住宅を花瓶に見立て、3本の根付丸太を投げ入れたもの。2本は大梁として内外を横切り、1本は1階の居間に鎮座し2階床を突き破って寝室入口へと達する。

第3部　現代：昭和戦後・平成　401

[7-14]
**南青山の家
2階寝室小窓から覗いた
インテリアの風景（左）**
1981年／東京都／早川邦彦
建築研究室／鉄筋コンクリート造

生活のリアリティを喪失したフィクショナルな現代都市の現実を舞台装置と捉え、その心象風景を住宅内に封印することで実現された「イメージの庭」とも言える風景。

[7-15]
積木の家Ⅲ　居間（右）
1981年／東京都／相田土居設計／鉄筋コンクリート造

600mm角と1200mm角の積木ピースによる構成。積木ピース間の空隙が開口部とされる。1200mmピースには無彩色が、600mmピースには原色が用いられている。実は理知的に考え抜かれた遊戯的な表現。

住空間からの建築思想
——都市から社会へ

　戦後の住宅の間取り（平面計画）は、個人的に用いられる寝室（BR）の数と居間（L）や食堂（D）、台所（K）という家族共用の場との組み合わせを示すこと、つまり2DKや3LDKといったかたちで表現されることとなった。一つ屋根の下で生活を営む家族の公私・昼夜別の使用法の相違（＝機能分化）から導かれる合理的な間取りの形式が、戦後住宅のあるべき姿と捉えられているのである。ようするに「nBR+LDK（変数nは家族数−1）」という図式に則ってつくり上げられる間取りこそが、近代社会の最小単位であり、規範とも捉えられた核家族の生活の器として認知され、普及していった。

　しかし、はたして近代社会の最小単位となる主役は、核家族を規準とした「標準家族」たるべきか？　またその生活の器となる住宅の間取りは、「nBR+LDK（変数nは家族数−1）」で良いのか。住宅の立地などを超え、社会そのもののありかたにも向けられた根源的な問いかけがなされる。

　新陳代謝を旗印とする「メタボリズム」の思想に則り、時間の流れにともなって「変わるもの」と「変わらないもの」とをより分ける考え方を示すことで、近代家族像やその間取りのありかたに一石を投じたのが、菊竹清訓であった。長期的な家族構成の変遷を視野に入れることで、家族の最小単位を両親＋子どもからなる核家族そのものではなく、夫婦と捉え直したのである。夫婦という関係自体は変わることはないが、子どもとの関係は就職や結婚に伴う独立など、成長に伴い必然的に変わるものと捉えられていた。この家族関係の変化の仕組みを、間取りや建築的な仕掛けに取り込んだのが自邸〈スカイハウス〉[7-16]である。この住宅の中心は、4本の壁柱によって持ち上げられたピロティによって空中に浮かぶ巨大なワンルームであり、生活に必要なさまざまな場が家具のインスタレーション（伝統的な舗設の手法にも通じる）により実現されている。家族の増加や設備機器の更新など、将来的な変化に対しては、必要に応じて「ムーブネット」と呼ばれるユニットを取り付けたり、取り外したりすることでの対応が可能とされている。ワンルームの周囲をバルコニーが一周しており、壁柱部に収納できる雨戸（ガラリ戸）の開閉に応じて、プライバシーの度合いを調節しながら、インテリアにはさまざまな表情が演出される。

　黒沢隆の提唱していた「個室群住居論」にもとづき考案された住宅像の回答となったのが、〈ホシカワ・キュービクルズ〉[7-17]である。女性の社会進出といった社会の実情も見据え、夫婦という最小構成単位にも疑義を唱え、それは自立した個人に取って代わられるべきだとする解釈がかたちにされている。ここでは夫婦も、それぞれに自立した個人である男と女という立場に還元される。それは、個人のアイデンティティが尊重される近代社会において、結婚した瞬間に、これが夫婦という一対へと変化してしまう（それまでの個室が夫婦共有の寝室へと変わる）ことへの疑義でもあった。個人の生活に必要とされる最小面積（2.4m×8.1m）が検討されたうえで、各自で完結・自立した生活を営めるように、ワンルーム空間として各室ごとに生活に必要な要素が提供されている。各自の学びの場となり、食事の場ともなり、友人を招いた際にはコミュニケーションの場ともなるアイランド型のデスク兼

テーブルが異彩を放っている。誰かとともに住みながら、各自が自立した生活を営むうえで、シェアする要素が重要ともなるが、ここではサニタリー（洗濯室）と予備室（和室）が、共用部として設けられている。

　黒沢隆の影響も受けながら、家族間の関係、そして家族一人ひとりと社会との関係の問い直しを追求してきたのが、山本理顕である。個を中核と捉え、それを蝶番として家族や社会との関係を捉え直そうとする考え方が、端的かつ究極のかたちで平面計画に落とし込まれたのが〈岡山の家〉[7-18]である。500㎡ほどの敷地は、2.5mあるいは6mの高さの塀に囲われている。こうして外界から閉ざされた内側に、個室3室が1列に並ぶユニット、台所と食堂のユニット、サニタリーのユニットが、中央の中庭に顔を向けながら、微妙に軸線をずらしつつ分散配置されている。塀をくぐると前庭となるがそこには玄関はなく、個室のユニットに遭遇する。何をするにせよ、まずはい

[7-16]
スカイハウス　居間
1958年／東京都／菊竹建築研究所／鉄筋コンクリート造

昼のゾーン（居間・食事室）・夜のゾーン（寝室）と機能的に家具の配置（舗設）によって、領域分けされるワンルーム空間。

[7-17]
**ホシカワ・キュービクルズ
2階のキュービクル（住戸）
（左）**
1976年／千葉県／黒沢隆研究室／鉄筋コンクリート造

多様な使い勝手が想定され、キュービクル内での生活の中心ともなるアイランド型の卓兼机。

[7-18]
**岡山の家
敷地を一周する塀の内部に分散して配置された3棟
（右）**
1992年／岡山県／山本理顕設計工場／木造＋鉄骨造

食堂ユニットからみた左手の個室ユニットと正面のサニタリーユニット。半戸外の縁側状の空間がインターフェースともなっている。

[7-19]
原広司邸　内核の風景
1974年／東京都／原広司／木造

斜面という敷地の形状をなぞって形成されたインテリアの空間構成。住居に「都市を埋蔵する」と、現代社会では失われた共同体のイメージが表現されてもいる。写真手前の部分に、「内核」を挟んで左右に振り分けられた二つの寝室を結ぶブリッジが設けられている。

ずれかの個室に出入りすることが必要となる。つまり個室は、家族や社会との関係を育む、あるいは社会との関係を家族内へと持ち込むインターフェースとされている。ここには、いわゆる居間が存在しないことも特徴である。

これまでに記した建築家の試みとはやや趣を異にするが、機能性・合理性をものさしにつくられた空間構成（均質空間）に疑義を唱え、「反射性住居」という主題のもと、「住居に都市を埋蔵する」ことを試みたのが原広司である。その明快な回答となったのが、自邸〈原広司邸〉[7-19]であった。外形は黒の下見板張りでいたってシンプルだが、内部に入ると一転して白く、敷地の斜面に合わせた断面構成をもち、トップライトから落ちる光に演出された豊かな空間が展開される。「内核」と呼ばれる吹き抜けとなる中廊下の空間を軸に左右対称に諸室が配置され、家の中の家ともいえるセカンドルーフを通じてトップライトからの光がインテリアへと差し込んでいく。逆に夜間は、各室の照明が内核を照らすことになるが、これは家族の居場所を雰囲気として伝える装置ともなる。夫婦の寝室は、「内核」を挟んで別室とされているのだが、端部にそれぞれの寝室を介してしか出入りできないブリッジが設けられている。声高に主張してはいないが、「他者とともに私は生きている」という事実を大切にした原もまた、こうして個としての差異と夫婦としての同一性の共存を図っていたのである。

404　第7章　「都市住宅」の季節

集合住宅の革新

　郊外に建設される住宅団地は、全住戸での4時間日照の確保を目安として隣棟間隔が算出され、帯状のオープンスペースを挟んで羊羹状の住棟が平行に軒を連ねていくという風景を生み出した。そこには近隣意識を育む装置としてのコモンスペースの設定という意識は薄かった。家族と住むためのスイートホームはあっても、コミュニティの感覚に欠けたよそよそしい生活環境にならざるをえなかったのである。そこで、集合住宅での生活ならではとなるメリットを具現すべく、共有となるコモンスペースに集まって住むための仕掛けが追求されることになろう。ここではコモンスペースの取り扱いを、集まって住むためのインテリア空間と考えていきたい。

　また、標準家族を住み手と想定することから導かれる基本的に同一の住戸を、上下左右に反復させていくという建築計画上の貧しさへの対応も、図られていこう。

　集まって住むことへの包括的な関心を呼び、建設作業を通じての実験的な改善の試みが大胆に実践されたのは、1987（昭和62）年に細川護熙県知事（当時）のもとではじめられた「くまもとアートポリス」事業においてであった。ここに多くの建築家が関与することで、型にはまることのない新しい住居集合のかたち、コミュニティの感覚が眼にみえるようになっていった。

　オープンスペースを積極的に住民のコモンスペースと位置づけたのが、山本理顕による〈熊本県営保田窪第一団地〉[7-20]である。住棟をコモンスペースとなる中庭を囲むかたちに配置しているが、「閾論的集合論」という観点から、各住戸を経由しないとアクセスできなくされている。山本の家族像にもとづき全

[7-20]
熊本県営保田窪第一団地
住棟に囲まれたコモンスペースとなる中庭
1991年／熊本県／山本理顕設計工場／鉄筋コンクリート造

中庭のコモンスペースとしての性格を明確にするため、各住戸の居間は方位に関係なく中庭に面して設けられている。

[7-21]
熊本県営竜蛇平団地
コモンアクセス形式の核となるオープンスペース
1993年／熊本県／元倉眞琴＋スタジオ建築計画／鉄筋コンクリート造

パブリックなオープンスペースを囲むように配置された住棟。住戸の延長となるテラスや階段・通路など立体的に形成されたセミパブリック・半戸外の空間がオープンスペースと住戸の中間領域となり、両者をスムーズに関係づけている。

第3部　現代：昭和戦後・平成　405

[7-22]
**再春館製薬旧女子寮
リビングスペース**
1991年／熊本県／妹島和世
建築設計事務所／鉄筋コンク
リート造＋鉄骨造

80人が集まって生活することを
活かせるプログラムとして実現
された空間。

体でコミュニティを形成しようと、110戸に住む家族全体に拡張しているのである。外部からは閉鎖的な性格をもたせる一方で、すべての住戸を中庭に向けて可能なかぎり開くことで、中庭を全住民の住まいの延長と意識させることが試みられている。元倉眞琴による〈熊本県営竜蛇平団地〉[7-21]は、よりマイルドな感覚をもっている。階段状の住棟とピロティをもつ住棟によって緩やかに閉じられたオープンスペースをもち、すべての住戸へのアク

セスを、このオープンスペースを介するコモンアクセス形式とすることで、コミュニティ形成の契機をもたらしている。各住戸や路地のような感覚をもつ階段室も、オープンスペースに関係づけられている。
　また、妹島和世による〈再春館製薬旧女子寮〉[7-22]では、インテリアにおけるコモンスペースの再解釈が行なわれている。「私」を重視するよりも、コミュニケーションの拡充が考慮されている。新入社員用の研修寮として

[7-23]
**川崎河原町高層住宅団地
住棟足下の吹き抜けの大
空間**
1975年／神奈川県／大谷幸
夫＋大谷研究室／鉄骨鉄筋
コンクリート造

子どもの遊び場など切り捨てられていた公共的空間の実現。
逆Y字型の断面計画は高層住棟での低層階住戸の日照条件も改善した。

[7-24]
**広島市基町団地
棟と棟を繋ぐ屋上庭園**
1978年／広島県／大高正人
＋大高建築設計事務所／地
下鉄骨鉄筋コンクリート造＋
奇数階鉄筋コンクリート造＋
偶数階鉄骨造

屋上階をオープンスペースとしてつなげていくことで、住まう棟を超えてのコミュニティ形成も期待できる。

コミュニケーションを円滑とするために、中央に共用部となる吹き抜けのリビングスペースを設け、その両側にベッドルーム（4人部屋）が10室ずつ配置されている。リビングスペースにはトイレ・洗面所（5か所）・キッチン（3か所）が分散して置かれており、どこを使うかは都合に応じて自由となる。「かく使うべし」という利用上の束縛から解放された平面計画。このリビングスペースは、さまざまな生活要素が露出されることで、都市的な風景を醸し出してもいる。

より早い時期にコモンスペースの取り扱いについて工夫をした事例として、大谷幸夫による〈川崎河原町高層住宅団地〉[7-23]や、大高正人による〈広島市基町団地〉[7-24]などがある。

〈川崎河原町高層住宅団地〉は、高層住宅の下層階の日照条件を改良するため、下層部を台形状に拡げた逆Y字型断面を採用した。このことにより、台形状の下層階ボリュームの中央にできた大空間を吹き抜けとして取り扱うことで、子どもの遊び場や住民間の社交の場となるコモンスペースが実現した。〈広島市基町団地〉は、約3000戸の住戸から構成される大規模かつ高密度の再開発計画。高さの異なる高層棟をジグザグ状につなげている。地上部はピロティとすることで、住棟による空間的な分断を防いでいる。2層ごとに片廊下を設けるスキップフロア形式を採用したこともあって、各住戸へのアクセスは単調さを免れている。屋上は各住棟のレベル差も活かしたコモンスペースとなる、立体的な屋上庭園とされている。

住民のニーズに応えた多様な間取りを提供する試みも行なわれている。その先駆となるのが、ヘキサにより「都住創」という名のもとに建設されていった一連のコーポラティブハウジングの試みである。建設組合を結成し、計画段階から居住者が関わることで、それぞれの家族の希望や個性が表出されたインテリアが実現されている。その一例となるのが、〈都住創徳井町〉[7-25]である。商品化された変哲のない集合住宅の場合とは異なり、吹き抜けがあったり、ダルマストーブが置かれていたりと、居住者の嗜好が存分に反映されている。

多様な生活スタイルの受け皿としての集合住宅のかたちを徹底して突きつめたのが、大阪ガスの企画による〈実験集合住宅NEXT21〉の建設である。その実現のために、構造軀体と内装や設備を分離する二段階供給方式が取り入れられた。変化しない部位と、変化を余儀なくされる部位を分けて考えるスケルトン＝インフィル方式ということになる。この作業の中心となったのが内田祥哉であった。住棟のスケルトン設計が行なわれたあと、〈ウッティハウス〉や〈アーバンシングルの家〉など18のライフスタイルに応じた大小さまざまの個性あふれる住戸が提案され、実現された。また、コジェネレーションシステムや建物緑化の導入など、省エネルギーや環境保全など今日的な問題への対応も図られている。

[7-25]
**都住創徳井町
最上階メゾネット住戸**
1982年／大阪府／ヘキサ（中筋修、安原秀）／鉄骨鉄筋コンクリート造＋鉄筋コンクリート造＋鉄骨造

12戸（うち事務所2）からなるコーポラティブハウジング。建設後に分譲される集合住宅には見られない豊かな空間や建築的仕掛けにあふれる。

>>> [第3部] 現代：昭和戦後・平成

第8章 空間の巨大化と複合化

＊1 巨大建築論争
1974年建築批評家・神代雄一郎が「巨大建築に抗議する」という論考を発表し、これに対して「建築評論の視点を問う」（日本設計・池田武邦）、「その社会が建築をつくる」（日建設計・林昌二）などの反論が出された。

1970年代の日本で、「巨大建築」をめぐる論争＊1があった。当時出現しはじめた新宿の超高層ビルや大ホールなどは、経済原理を無批判に受け入れたヒューマンスケールを無視した建築であるとの批判に対し、「その社会が建築をつくる」といった反論がなされたものである。現代においては、それらを凌ぐ巨大化、さらには複合化が進んでいる。

　20世紀初頭、大規模な工場や倉庫、博覧会場、鉄道駅、飛行機や飛行船の格納庫など、かつてなかった種類の建築が登場した。それまでの都市における重要な建築物は教会や宮殿であり、それらは特権的な建築家によってデザインされてきたが、これらの新しいビルディングタイプに真っ先に立ち向かったのは、技術者たちであった、ついで、ル・コルビュジエやミース・ファン・デル・ローエといった、それまでの建築家とは異なるキャリアをもつ建築家たちがこの課題に取り組むことで、近代建築のデザインを推し進めたのである。日本においても、彼らの影響のもとで前川國男や丹下健三らが、公共建築を中心に新たな時代の建築空間をつくり上げていった。それが20世紀末になると、鉄道駅や庁舎などの公共施設、商業施設において、さらなる大規模化、複合化が見られ、それまでのような規模あるいは単一機能のビルディングタイプでは見られなかった種類の空間や、内部と外部の関係があらわれるようになり、近代建築で培われたデザインが適用できなくなってくる。R・コールハースは「ビッグネス」という概念を用いてその特異性を定義している。それは、①ある臨界を超えると、建物は巨大な量塊となって一つの建築的手法ではコントロールできず、②エレベーターなどの設備により、空間は建築的にではなく機械的につながれ、③巨大さゆえに、ファサードは建物の内部（機能）を外部に表現することができず、④善悪を超えた領域に突入し、⑤都市の構成要素でさえなくなる、というもので、古典的な建築はもとより、「形態は機能に従う」といった近代建築の理論が無効となってしまうという論理である＊2。さらにこれまでの駅、庁舎、デパートなど、それぞれのビルディングタイプにあった「その建築らしい」デザインも無効となるなかで、新たな建築表現のありかたが問われている。

＊2 R・コールハース
『S,M,L,XL+　現代都市をめぐるエッセイ』（太田佳代子・渡辺佐智江訳、ちくま学芸文庫、2015年）

　居住空間においても、かつてない状況が起きる。私たち日本人は近世まで、旅籠や遊郭、商家などの一部を除いて、ほとんどが平屋つまり1階で暮らしてきた。庭から縁側を介して室内、そして街路までが連続した生活空間である。明治時代に入ると、過密化する都市部を中心に2階建の住宅が見られるようになり、戦後は3、4階建の団地に住む人口が増えはじめ、徐々に10階前後の集合住宅も珍しくなくなっていく。それが90年代以降では一気に50階を超え200mに達するような「タワーマンション」と俗称される超高層集合住宅が林立するようになり、大規模化も進行していく。地面に接して暮らしてきた日本人が、一気に雲上の住まいを選択しはじめたのである。それは、どのような生活空間なのであろうか。

　日本における建築の急激な巨大化と複合化は、その稠密な都市構造のなかで、周囲の日常的な生活空間や景観との乖離を避けるような配慮をしながらも、新たな空間のありかたとアクティビティの発見を必要としている。

公共空間の巨大化・複合化

　巨大化する公共空間デザインの先駆となったのは、槇文彦の〈幕張メッセ〉[8-1,2]であろう。メッセとは、ドイツ語で「見本市」という意味であるが、展示場、会議場、イベントホールからなる複合施設（コンベンションセンター）であり、世界中の大都市近郊に建設されている。〈幕張メッセ〉は第２期の増築を含めると延床面積が16万㎡を超す巨大さである。ここでは、その規模を直接表現せず、機能ごとにいくつかのボリュームに分節し、それぞれに異なったデザインを与え、それらの複合体として集落のような群造形としている。また、最もスケールの大きい展示場の空間では、巨大なアーチ状のトラス構造を小さな溝形鋼の集積として構成することにより、威圧感のない霞のようなものに覆われた空間とすることを試みている。槇は巨大化、複合化が進む現代建築に対して、正統的な近代建築のデザイン手法を駆使することで、ギリギリ踏みとどまろうと抗っているようにも見える。これに対し、R・コールハースの〈コングレクスポ（リール・グラン・パレ）〉[8-3]はその巨大さを飲み込んだデザインであり、好対照である。〈幕張メッセ〉と同じ三つの機能を一つの巨大な卵形の屋根の下におさめ、会議場棟の中央部をブリッジ状に浮かせることで、イベント

[8-1]
幕張メッセ　展示ホール
1989年／千葉県／槇文彦／
鉄骨造＋鉄筋コンクリート造

[8-2]
幕張メッセ　航空写真

第３部　現代：昭和戦後・平成　409

[8-3]
コングレクスポ
(リール・グラン・パレ)
1994年／フランス・リール／
OMA／鉄骨造＋鉄筋コンクリート造

[8-4]
旧香川県庁舎
1958年／香川県／丹下健三
／鉄筋コンクリート造

ホールと展示場を直結することを可能にするなど、複合されることによるダイナミックな可能性の追求と巨大さを表現するデザインを試みる。さらには地上からは望むことができない広大な屋根面のシート防水を、ホルスタイン柄のように張り分けて「サテライトデザイン」などと嘯く。「ビッグネス」の概念を唱える建築家の面目躍如というところであろう。〈幕張メッセ〉と同様な機能の巨大なコンベンション・センターは、その後各地に立てつづけに建設されていくが、それらはデザインの制御が失われたまま、単に巨大でモニュメンタルな姿にとどまっているようにみえる。

　高さと規模の点で巨大建築の代表と言えるのが、丹下健三の〈新東京都庁舎〉である。延床面積約19万㎡、48階、243mで、竣工当時は日本一の高さを誇った（同じく丹下が設計した旧庁舎は約3万㎡、8階）。かつて丹下は〈旧香川県庁舎〉[8-4]の設計でそれまでの庁舎建築のデザインを一新し、戦後日本における庁舎（行政）と市民、都市と建築の関係を、空間によって鮮やかに描ききった。しかしながら新都庁舎では周囲を睥睨するシンボリックでモニュメンタルな姿しか提示しえなかった。都庁舎の設計は指名コンペであったが、丹下の弟子であり、旧庁舎の設計スタッフの一人でもあった磯崎新の〈都庁応募案〉[8-5]は、業務の効率の点からも超高層を否定し、「超中層」というコンセプトのもとで巨大なボリュームを操作して、City Hallの名にふさわしい、都民のための大アトリウム空間を提案していた。

　これまでの例に比べて規模はさほど大きくないが、地方の市庁舎である〈シティホールプラザアオーレ長岡〉[8-6]は、庁舎以外の公共施設や商業施設との複合や建ちかた、まちへの開きかたという点において、これからの庁舎の姿として興味深い。駅前の街区に埋め込まれるように配置された庁舎は、その外観はほとんど見えない。道路から連続するナカドマと呼ばれる屋根付きの広場を中心的な空間とし、そこに面して議場を含むさまざまな

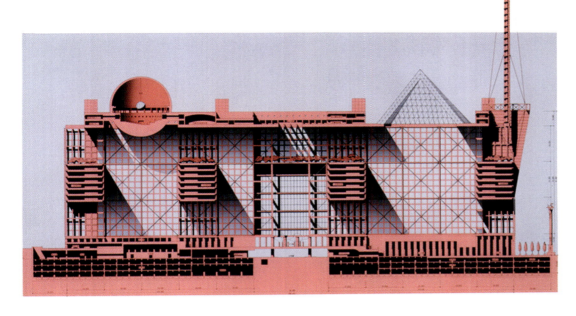

[8-5]
磯崎新の都庁応募案

[8-6]
シティホールプラザアオーレ長岡
2012年／新潟県／隈研吾／鉄筋コンクリート造

機能が配置されている。設計者によれば「ハコモノをさまざまな意味合いで反転させた」空間となっている。〈香川県庁舎〉は戦後民主主義における庁舎のありかたの理念を空間化した傑作であるが、〈アオーレ長岡〉は、より直接的にまちや市民と接続する方法を提示しているともいえよう。

　駅や桟橋のような交通施設においてはどうであろうか。かつての駅は待合室としての駅舎とプラットホームによって構成されていた。郊外の小さな駅である〈田園調布駅〉や〈国立駅〉であろうと、巨大ターミナルである〈東京駅〉であろうと同じ原理であり、滞留空間としての駅舎にふさわしい様式主義的なデザインが選択されていた。やがて列車の運行本数と利用者が増えるにつれ、短時間に大量の乗客をさばき円滑に乗り換えができるようにするために駅舎とホームが一体となった空間へと変貌していく。滞留空間から流動空間への変化である。この転換点となったのが伊藤滋による〈御茶ノ水駅〉である。そこにはかつての駅らしいデザイン要素は微塵もなく、即物的で、交通インフラと建築が一体となった革新的なものであった。鉄道の高架化もこのような傾向に拍車をかけていく。駅はさらに変貌する。いつからか「駅ビル」という呼称が広まっていくことからもわかるように、駅には商業、宿泊、業務、公共サービスなどの機能が複合されて、大規模な複合施設へと姿を変える。国際指名コンペで選ばれた〈京都駅ビル〉[8-7,8]は、ホテル、デパート、文化施設、行政施設が複合されており、延床面積は約

第3部　現代：昭和戦後・平成　411

[8-7]
京都駅ビル
1997年／京都府／原広司／
鉄骨鉄筋コンクリート造＋
鉄骨造

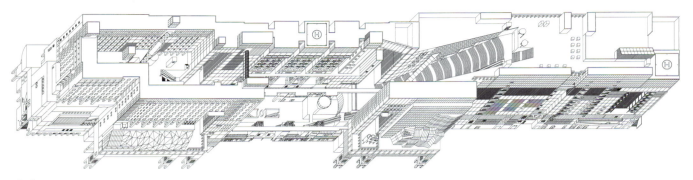

[8-8]
京都駅　アクソノメトリック

[8-9]
横浜港大さん橋国際客船ターミナル　航空写真
2002年／神奈川県／FOA／鉄骨造

[8-10]
横浜港大さん橋国際客船ターミナル　内部

[8-11]
横浜港大さん橋国際客船ターミナル　平面図

24万㎡に及ぶが、そのうち駅施設は5％を占めるにすぎない。京都の街区を構成する道路に合わせてボリュームを分割しつつ高さを抑えるなど、古都の景観に配慮する一方で、西欧のターミナル駅を想起させる巨大なガラス屋根によるアトリウムを架け渡し、屋内の立体公園のような空間を生み出している。巨大化・複合化を、新たな都市空間の創造へと転化しているのである。また、巨大なボリュームを利用したアトリウム空間の創出は、磯崎の〈都庁応募案〉と通じるところもあるように思える。一方で〈たまプラーザ駅〉や〈二子玉川駅〉などの都市近郊の主要駅では、駅前商店街に浸食されたかのように商業施設と連続し一体化していく。「流動空間」となった駅はさらにまちとつながり、その中に埋没して溶けこみ不可視の存在となっている。

海の駅である客船ターミナルも、鉄道駅と同様に待合空間と桟橋によって構成されてきたが、〈横浜港大さん橋国際客船ターミナル〉[8-10,11]は、長さ200m級の大型客船が2隻同時に着岸可能とするために、全長430mに及ぶ長大な建造物となった。国際公開コンペで選ばれたFOAは、柱や梁のない折板状の構造を採用することで、客船ターミナル、駐車場、イベントホール、公園などの異なる機能を、新たなアルゴリズムによって連続する地形のようなデザインで統合し、これまでの土木、建築、ランドスケープの境界を越えた空間を獲得している。

公共建築の急速な巨大化と複合化の傾向は、これまでのデザイン手法の限界を露呈させる一方で、本来の機能を超えた空間のありかた、使われかたを誘発し、新たな空間デザインを生み出し、建築の可能性を押し広げているといえよう。

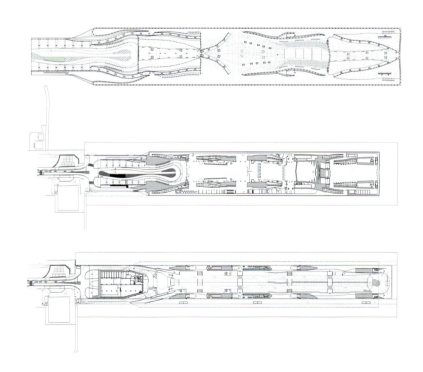

エンターテイメント空間化する複合商業施設

2000（平成12）年、大型店舗の出店を規制していた大店法（大規模小売店舗法）が廃止され、新たに大店立地法（大規模小売店舗立地法）が制定される。これを契機に、ロードサイドの大型店舗やショッピングセンターが郊外を中心に加速度的に増加し、既存の商店街がシャッター通りと呼ばれるほど衰退していく。あえてデパートに行く必要もなくなる。ターミナル駅周辺からは家族連れの姿が消え、若者を中心とした特定の年代層のみが集まることとなる。

ショッピングセンターの多くは、吹き抜けをもつ通路状の空間を中心に構成されているのが特徴であり、ショッピングモールとも呼ばれる。その代表といえる〈イオンレイクタウン〉は700もの店舗からなり、1万台の駐車場と7000台の駐輪場を備え、駅にも直結している。多様な専門店からレストラン、スーパー、コンビニ、レンタルビデオに映画館まであり、さまざまな世代、とくに家族連れがそれぞれの嗜好を満たしながら一日中過ごすことができるエンターテイメント空間となっている。建築として特徴的なのは、外観のデザインがないことである。外側はバックヤード

[8-12]
リバーウォーク北九州
エナジーコート
2003年／福岡県／THE JERDE PARTNERSHIP Inc.、日本設計／鉄骨造＋鉄骨鉄筋コンクリート造

が取り囲み、広大な駐車場に面するだけの開口部もない無表情な箱であり、目を引くのは巨大な看板や広告である。ひたすら書き割りのような内部のモールに向かって開いている、まさにインテリアだけによって成立している建築物といえる。自宅のリビングから自家用車を介し、巨大なインテリア空間であるモールに直結して一日を過ごす、郊外において外部との関係を一切もたずに連続する、特異な生活空間が誕生するのである。

都市部においては、大規模な再開発事業が進行する。〈六本木ヒルズ〉は、20年近くの歳月をかけて11haに及ぶ都心の密集地を新たな巨大街区として再生し、東京の新名所となり、多くの来場者を集めている。延床面積は72万㎡、中央に聳え立つ象徴的なデザインのオフィスタワーと高層集合住宅、ホテル、テレビ局、映画館・美術館などの文化施設と商業施設からなっているが、オフィスワーカーと集合住宅の住人、買い物客が交わることはなく、経済原理のみによって集合された不自然な複合体にも見える。さまざまな機能は低層部を取り巻く商業ゾーンの空間デザインによって、かろうじて連結されているようにみえる。〈六本木ヒルズ〉完成の4年後には、近くの防衛庁跡地に同様な複合施設である〈東京ミッドタウン〉が完成し、六本木交差点を起点に道路に沿って形成されていたまちの賑わいは、二つの巨大施設に吸い寄せられるようにその姿を大きく変貌させていく。ほかに90年代以降の商業空間で注目に値する事例として、〈キャナルシティ博多〉や〈リバーウォーク北九州〉［8-12］が挙げられる。物販と飲食のほかに劇場、シネコン、ホテルが複合した都市型の商業施設である。特徴的なのはショッピングモールの吹き抜けに相当する空間が、外部的な環境を引き込んでデザインされていることであろう。〈六本木ヒルズ〉の商業ゾーンと〈キャナルシティ博多〉〈リバーウォーク北九州（第1期）〉は、いずれもアメリカの建築家J・ジャーディーのデザインによるものである。ジャーディーは、ほかにも複数の商業建築を日本国内で手掛けている。母国においてショッピングモールの設計で名を成し、ラスベガスのカジノホテルなどを数多く手掛ける生粋のアメリカ人建築家のデザインが、これほど日本で受け入れられたのは興味深い。ジャーディーのデザインは、イタリアの街路空間などから着想を得たと言われており、店舗空間そのものではなく、魅力的な街路空間をつくることを目指し、峡谷や運河、川などの自然環境や古い街路などをモチーフとして、豊かなパブリックスペースとしてのモール空間を実現している。外観においても適度に分節したボリュームの構成とすることで単調さを避け、日本においてはいささか違和感がありつつも、飽きさせない魅力をもった建築を実現している。

〈京都駅ビル〉で巨大な容積から新たな都市空間を創出した原広司は、〈梅田スカイビル〉［8-13］において2棟の超高層ビルを空中庭園で連結するという大仕掛けによって、類を見ない商業建築をデザインした。巨大な袋小路でもある超高層ビルの頂部をつなぎ、中間階にブリッジを設けることで循環する経路を生み出し、空中都市の可能性を構想した建築である。原は巨大化する商業建築においても表層的なデザインではなく、構造的アプローチを含む建築的な手法によって、新たな空間の地平を切り開こうとしている。

現代における都市空間は、商業の論理によって巨大化・複合化する空間で再編されつつあるようにみえる。それは前項で触れた駅空間における、エキナカや空港の施設にも当てはまる。まるですべての空間が、交通機関で連続した巨大なショッピングモールと化してしまったかのようである。良し悪しは別として、この傾向を押しとどめることはできない。高齢化や情報空間における消費がさらに加速するなかでも、その空間は機能しつづけるのであろうか。

[8-13]
梅田スカイビル
2002年／大阪府／原広司＋アトリエ・ファイ建築研究所／鉄骨造＋鉄筋コンクリート造＋鉄骨鉄筋コンクリート造

Column

"大空"と"大地"の間に暮らすことの魅力——タワーマンションの登場

　ここ数十年で、東京の景観は大きく変わった。超高層ビル群が多く林立するようになり、その足元には緑豊かなポケットパークがつくられ、公園や並木道の木々もいつの間にか大きくなっている。陽光降り注ぐ緑豊かな公園の中に、超高層ビル群が大空に向かって林立する輝く都市をつくろう、近代都市をそうイメージし提案したのは近代建築の巨匠ル・コルビュジエだった。20世紀初頭のことである。それから約100年後の今、東京をはじめ世界中の大都市は、ほぼそのイメージ通りに景観が形成され、それはこれからも続くことだろう。

　20世紀末、日本は、第二次産業の工業化社会から第三次産業の情報化社会へと大きく構造変換する。その過程で、密集市街地や工場跡地の多くが再開発され、「生産」エリアは「居住」エリアへと、大都市圏が再編成されていく。そのとき登場したのが超高層集合住宅、いわゆるタワーマンションだった。21世紀に入ると、都心の市街地やベイエリアにタワーマンションがあっという間に林立し、東京の景観は大きく変貌していった。

　タワーマンションは、30～40階建、平面は「ロの字」型、外観はシンボリックな「塔」状が一般的である。それは、耐震化に適し、建築計画的にコンパクトにまとめやすい建築形状だからであり、1棟300～500戸規模が多く、いってみれば「塔状超高層大規模集合住宅」ということになろう。その特徴の一つに、共用施設の充実がある。たとえば、エントランスホール[8-14]には住人の日常生活をサポートするコンシェルジュがいるフロントカウンター、さらにその奥の防災センターによる24時間体制の安全管理、また超高層の眺望を楽しみながらホームパーティを開催できるスカイ・ラウンジ[8-15]、来客用宿泊施設のゲストルーム、各階にはいつでもゴミ出し可能なゴミ・ステーション、屋上にヘリポートなど、暮らしの利便性、メンテナンス、セキュリティの充実度は高い。それを、不動産広告的には「ホテルライクなマンションライフ」といい、さらにスポーツジム、プレイルーム、ライブラリー、専用コンビニなどをもつタワーマンションも多い。それも、大規模ならではのスケールメリット、超高層ならではのコンパクトな平面計画によるところが大きい。

　タワーマンションの住戸専有部はどうだろう。各住戸へのアクセスは、吹きさらしの外廊下型でなく、シティホテルのような内廊下型が多い。したがって、タワーマンションの住戸は、居間も寝室も横1列に並ぶ一面採光の間取りが多く、それがタワーマンション住戸間取りの特徴となっている。また最近は、居間の窓を床から天井まで全面ガラスにしてパノラマ化しようというデザインも多い。その際、主室の居間にバルコニーはなく窓も開かないが、室内環境は高気密・高断熱、24時間換気システムなどの設備技術で制御され、オフィスビルに住むような感覚であろうか。

　タワーマンションの魅力は、何といっても眺望にある。タワーマンションの足元には公開空地のポケットパークが広がり、低中層階の窓からは木々の緑や四季のうつろいを楽しむことができる。その木々は、実は地上の歩行者を守る防風林として植栽されたものである。高層階にあっては、向かいのビルとは公開空地分だけ離れ、階下には防風林の緑が広がり、通常の高層マンションよりは高層ビルの谷間にいることをそれほど感じさせない。そして、超高層階からの眺望は開放感に満ち、都心の夜景は美しく、住戸によっては富士山、遠くにキラキラ光る海も見える。しかし、タワーマンションの真の魅力は、窓に広がる大空という大自然を、都市にいながら日々体感できることにある。大空は、日々その表情を変える。その大自然の風景を享受し、利便性の高い都市に暮らす、それがタワーマンションの魅力だろう。21世紀初頭、こうして日本人は初めて大地から離れ、大空に暮らしはじめた。日本の住宅史上、画期的なことである。　　　　（染谷正弘）

[8-14]
ワールドシティタワーズ
エントランスホール（左）
2005年／東京都／日建ハウジング／鉄筋コンクリート造

[8-15]
ワールドシティタワーズ
スカイ・ラウンジ　夜景（右）

>>> [第3部] 現代：昭和戦後・平成

第9章 現代建築の試み

近代建築が産業革命以降の機械時代に対応した建築様式であったとするなら、現代建築は情報化時代に対応した建築といえよう。コンピュータによる構造解析技術や、CADの進歩によって可能となったデザインや、情報空間と物質空間の両方の中で生きる身体に対応した建築空間である。20世紀の終わりに、次の世紀のデザインを予感させながらも対照的な建築が、スペインと日本の地方都市に誕生する。〈ビルバオ・グッゲンハイム美術館〉[9-1]と〈せんだいメディアテーク〉である。かつて、スペイン屈指の工業都市であったが衰退していたビルバオ市の経済活性化を意図して建設されたこの美術館は、航空機の設計に用いるCADを導入してモデリングと構造解析を行ない、複雑な曲面の集合からなる画期的なデザインである。竣工前より世界中から注目され、一躍人気の観光地となり、世界中から観光客を集めて莫大な経済効果を上げた。ただし斬新な外観をもつ反面、中央のホールから各展示室が接続する平面と動線計画は、近代のオーソドックスな美術館を踏襲したものとなっている。ビルバオの成功は有効な都市再生モデルの一つとして注目され、世界各地にスターアーキテクトによるアイコン的建築が建設されていくきっかけともなった。一方〈せんだいメディアテーク〉は箱形のシンプルな外観であるが、内部ではこれまでにないアクティビティを生み出す空間となっており、近代建築のオルタナティブを究極まで追求することによって、近代を超克することを目指した現代建築である。本章では後者のような建築を取り上げる。

60年代後半より、近代建築への反動をベースにしながら、テレビの普及などによるヴァーチャルな世界に反応する建築家たちが現れる。一粒の錠剤[*1]を建築作品として提示してみせたH・ホラインは「すべては建築である」と宣言し、物理的な存在としての建築から解き放たれ、主体の体験に重きを置いた新しい建築の概念を提示し、P・クック率いるアーキグラムは仮設的な虚構の存在としての建築プロジェクトを次々と発表する。磯崎新は〈コンピューター・エイデッド・シティ〉で、高度に制御され、都市において個々の建築が存在意義を失って融解し、可変のインテリア・ランドスケープとして計画される姿を描いた。しかしながら、世界はそのように完全に電子化、情報化された方向には進まない。たとえば、情報化が進めばペーパーレスとなり、書類や書籍は不要となる未来が予測されたが、パソコンと周辺機器の普及により、誰もが簡単に印刷を行なうことが可能となって、紙の消費量は逆に増加した。書籍の出版数は年々減少しているが、それはメディアの選択肢が増加したからでもあって、図書館などが完全に電子化される時代は当分訪れそうにない。インターネットの普及に伴う「IT革命」以降でも、人々はネットゲームに多くの時間を割く一方で、巨大テーマパークの体験型アトラクションも人気を呼ぶ。

私たちは、非物質世界（情報）と物質世界（建築）とがせめぎ合う世界に暮らしている。情報化の波に揺らぎながらフィジカルな身体につなぎとめられつつ生きていくための新たな空間が必要なのである。近代建築の手法を究極まで突き詰める、近代建築の象徴であるホワイトキューブをバラバラに解体して配置し直す、あるいは近代空間そのもの（カルテジアン座標系）を歪めさせ、新たな座標系を導入するなどさまざまな試みがなされている。

*1 non-physical environment (Architekturpille)
一粒の錠剤を服用することで患者の環境が改善されることが、すでに建築的な行為だとする。

[9-1] ビルバオ・グッゲンハイム美術館 外観
1997年／スペイン・ビルバオ／F・O・ゲーリー／鉄骨造＋鉄筋コンクリート造

情報化時代の建築空間

　世界を席巻したインターナショナルスタイルとも呼ばれる近代建築に対する反動として、さまざまな建築運動が起きた20世紀後半は、建築デザインの戦国時代のような様相を呈し、多くのデザインが生み出されては消えていった。そのような方向とは一線を画し、むしろ近代建築のスタイルをさらに加速させ読み替えることで乗り越え、新たな空間を獲得しようとする試みが現代において見られる。

　21世紀の建築は、〈せんだいメディアテーク〉[9-2,3]で幕を開けたと言ってよいだろう。この建築は市立図書館を中心としてギャラリー、シアター、イベントスペースなどが集まった複合施設である。コンペの審査委員長であった磯崎新は、メディアの時代の新しい建築のありかたを探るという意味を込めて「メディアテーク*2」という名前を冠し、よくある複合公共施設ではない新たな空間の提案を促した。この建築のコンセプトは、伊東による1枚のスケッチによく表れている。機能が複合した建築を、揺らめくチューブ、薄いプレート、スキンという3要素のみに還元した、きわめてシンプルな構成である。これら三つを一般的な名称に置き換えれば、柱（または動線・設備コア）、床スラブ、カーテンウォールとなる。また階高は異なるものの、同じ平面の床が反復する「基準階」による建築である。いずれも近代建築を構成する基本要素そのものなのであるが、それらを徹底的にデザインし直すことで、近代建築とはまったく異なるインテリアを実現している。定禅寺通りのケヤキ並木に呼応するように、有機的に揺らぐチューブ状の組柱は、人々の動きを可視化するとともに自然光を導く。チューブで穿たれた薄いプレートの穴からは、上下の様子を窺うことができ、「メディアの棚」として積層された異なるしつらえの階を視覚的に近づける。閉じられた部屋はほとんどなく、家具や什器がランドスケープのように配置される。7階建の建物でありながら、各階がまるで広場のような空間となっている。新しい情報化時代に対応しながらも、街路を歩いているようなフィジカルな快適さを実現する。そのような建築が初めて誕生したのである。

　地方都市に建つ平屋の住宅である〈T house〉[9-4,5]は、4人家族の生活の場であり、現代アートを展示する空間でもある。歪んだ多角形の平面に、12㎜合板の薄い間仕切り壁が放射状に設けられており、白と素地（抽象と具象）で交互に仕上げられている。ワンルームでありながら分節され、薄い壁でありながら距離をもつ。一歩動くだけでインテリアは劇的に変化し、中央に立てばすべての部屋を見渡せる。テレビのチャンネルを切り替えるかのような、あるいはモンタージュされた映像を見るかのような体験であり、リアルな世界とヴァーチャルな世界、住空間とアートギャラリーが同時に存在する。そして、そのような状態がごく当たり前であるかのように成立している、稀有な空間である。

　日本の小さな住宅の小さな部屋を、さらに

*2 メディアテーク
フランス語でメディアの棚を意味する。

[9-2]
せんだいメディアテーク内部
2000年／宮城県／伊東豊雄／地下1階〜屋上階鉄骨造＋地下2階鉄筋コンクリート造

[9-3]
せんだいメディアテーク
スケッチ

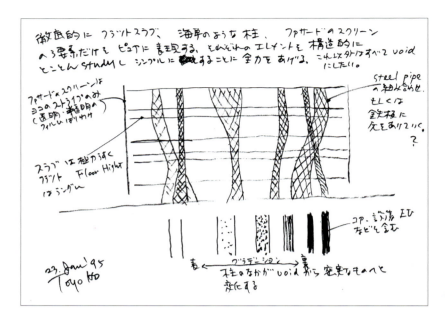

[9-4]
T house　内部
2007年／群馬県／藤本壮介／木造

[9-5]
T house　平面図

小さく壁で分割する。普通ならありえない手法で〈梅林の家〉[9-6,7,8]はつくられている。通常の住宅は、トイレ、浴室、子供部屋、主寝室、居間の順に広さのヒエラルキーができているが、それらが細分化されることで階段や机室（！）までもが等価な場所として並存している。そして、それらの間の壁が極端に薄い（16mmの鉄板）ため、壁で仕切られているというより、小さなキューブ状の空間が隙間なく接して集合しているようでもある。壁に開けられた開口にはドアもガラスもなく、声や食事の匂いも伝わってくるのでワンルームのようでもあるが、壁が極端に薄いために、開口から見える隣の部屋の風景が壁に掛けられた絵のように見えて、距離感が失われる。もともと小さな住空間を極薄の壁で細分化する

1階平面図

2階平面図

3階平面図

[9-6]
梅林の家　平面図
2003年／東京都／妹島和世
／鉄骨造

ことによって、空間に距離と一体性を生み出しているのである。これまでの建築計画学での部屋の配置や設計方法では、想像もできなかった生活空間が生み出されている。

信じられないほど細い無数にあるかのような柱が立ち並ぶ。〈神奈川工科大学KAIT工房〉[9-9]の空間はまるで白い雑木林のようで、少し歪んだ45m角の矩形の平面に、305本もの柱が立っている。柱が少ないほうが建築を利用するための自由度が上がるので、一般的には柱が多くて喜ばれることはない。しかしここでは通常のラーメン構造であれば6スパン、49本で済むところを、その6倍の数の柱を立てている。柱はさまざまな幅のフラットバーで、作業を行なうのに必要な広さに応じて密度や向きを変えて配置されていることで、場所によっては遠くまで見通せたり、視界を遮ったり、遠近感を調整したりといった効果を生み、一見均質にも見える空間に多様な場を生み出している。ストライプ状のトップライトからは光が降り注ぎ、学生たちは屋内の林の中で、各々が好きな場所を選んで作業をしているように見える。

これらの建築の規模や機能はさまざまであるが、極薄の壁やスラブ、細い柱といった共通点もある。これまで慣習的に用いられていた柱、床、壁のスケールや配置を、機能から決定されてきた部屋の配列や動線計画とともに根底から見直すことで、近代建築を超えた新たな空間へと再編集されているのである。

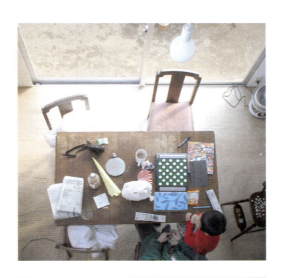

[9-7]
**梅林の家
1階ダイニング**

[9-8]
**梅林の家
3階はなれ**

第3部　現代：昭和戦後・平成　421

[9-9]
神奈川工科大学KAIT工房 内観
2007年／神奈川県／石上純也／鉄骨造

ホワイトキューブの群れ

　建築を独立した空間の集合体として構成することは、住宅においては70年代より黒沢隆の個室群住居論とその実践としての〈武田先生の個室群住居〉、山本理顕の閾論と〈山川山荘〉や〈岡山の住宅〉などに見ることができる。それらは近代以降における家族と個人と社会のありかたを問い直し、nLDKで表記される核家族の容れ物としての住宅とは異なる姿を提示するためのものであり、近代社会を構成する個としての単位を実体化しようとするものであった。現代において試みられている分棟建築は、それらとは少し異なるアプローチであるように思える。現代の分棟建築に共通している特徴は、立ち並ぶ白い箱（ホワイトキューブ）である。ホワイトキューブとは、初めて近代美術館の名を冠したMoMA（ニューヨーク近代美術館、1929年開館）において導入された白い壁と均質な光による四角い空間のことであり、以降の美術館の展示室で標準となったものである。どのような作品にも対応できる抽象的で無個性な展示室は、企画に合わせて可動壁で仕切ることも可能な、フレキシブルな空間でもある。それは展示空間としてだけではなく、近代建築そのものを象徴する均質な空間と言える。

　公園の中央に建つ〈金沢21世紀美術館〉[9-10,11]は、多方向からアクセスできるように正面をもたない巨大な円形の平面となっており、その中にさまざまな大きさのホワイトキューブが通路を挟んで並んでいる。それぞれのキューブの中は企画展示室、常設展示室、市民ギャラリー、シアター、レクチャーホールなどで、街路空間のような通路のアクセスをコントロールすることによって多様な展示計画（順路）が可能となり、有料ゾーンと無料ゾーンの境界を変えることもできる。複数の展覧会の同時開催も可能で通路を展示空間にすることもできる。公園を訪れた市民がふらっと立ち寄って散策するように通り抜けることも、椅子に座って読書をすることもできる。ホワイトキューブを用いながら、これまでの美術館とは異なり、多様な運営と利用を誘発する空間を実現しているのである。いくつかのキューブは内外が反転して光庭となってお

り、奥深い円形平面の中に外部環境を導入し、内部空間に変化を与えている。

　日比谷公園のへりに建つ〈フラワーショップH〉[9-12,13]は、戦後まもなく同地に出店した花屋の建て替えである。小さな店舗であるにもかかわらず五つのボリュームの分棟になっており、遠目にはミニチュアのビル群のようである。白く見える外壁が御影石で仕上げられていることも、周辺のオフィスビルに対応しているように見える。独立性の高い外観であるが、大きな開口が取られているので、中に入ると一転して公園の一部にいることを実感するような開放性が感じられる。遠望される霞ヶ関の省庁群、日比谷公園、道路を挟んで対面する日生ビル、花屋という機能など、属性の異なるさまざまな条件を相手にしながら、それらを統合する手段として分棟を採用しているが、できあがった空間はそのいずれでもあり、いずれでもない、新たな都市空間たりえている。

　東京の下町に建つ〈森山邸〉[9-14,15]は、大小10の白いヴォリュームが建ち並ぶ集合住宅である。施主の住居と5戸の賃貸住戸からなっているが、賃貸収入によってローンが返済されたあとは、すべて施主が住むことを想定するという条件や、あるいは下町の密集した

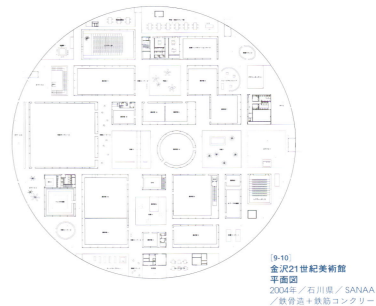

[9-10]
金沢21世紀美術館
平面図
2004年／石川県／SANAA
／鉄骨造＋鉄筋コンクリート造

[9-11]
金沢21世紀美術館
北東側外観

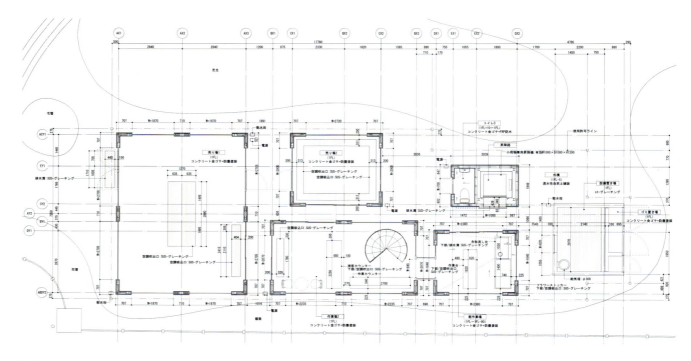

[9-12]
フラワーショップH
平面図（上）

[9-13]
フラワーショップH
外観（下）
2009年／東京都／乾久美子
／鉄骨造

[9-14]
森山邸　外観（左）
2005年／東京都／西沢立衛
／鉄骨造

[9-15]
森山邸　平面図（右）

木造家屋とその間の路地のような外部空間を引き継ぐために、このような配置計画がとられている。浴室だけの小さな棟や離れの居間のような棟、平屋のワンルームに浴室が接続した棟、3階建の棟などさまざまなボリュームによる構成は、その間に多様な外部空間を生み、大きな開口部を通した内部と外部の組み合わせによって豊かな生活空間の風景が生み出され、集合住宅のあらたな住まいかたを提示している。それは、かつての東京の下町で成立していたような生活空間を引き継ぎながら、現代において更新しようとしているともいえよう。同じ設計者による〈十和田市現代美術館〉も、地方都市の街区の一部を構成するかのように白いキューブが建ち並ぶことで、アートとまちを結びつけている。

現代の分棟建築では、近代建築の均質空間の象徴であったホワイトキューブを用いながら、周囲のコンテクストへの対応や新たな美術館のありかたなどが探られている。

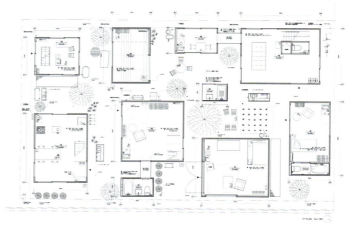

424　第9章　現代建築の試み

ゆがむカルテジアン座標

建築は水平垂直の要素(床、壁、天井、柱、梁)から成り立っている。近代建築の最大の特徴は、カルテジアン座標系[*3]による空間の支配であった。固有性や差異までもが絶対的な座標のもとで相対化されてしまう空間、原広司はその状況を「ミースのガラスの箱に置かれたロンシャンの教会」と表現した。400年ほど前に成立した書院造の柱・梁による規格化されたグリッドシステム、その延長線上の空間に慣れ親しんできた私たち日本人は、それほど躊躇することなく近代の空間に接続することができたのかもしれない。しかし西欧世界において、それは大きな空間認識の変化であった。そのような均質空間の支配、絶対座標が、現代においてゆがみはじめる。

〈台中国家歌劇院(台中オペラハウス)〉[9-16,17]のコンペでザハ・ハディドと最終審査まであらそった伊東豊雄は、「曲面の使いかたの競い合いだった」とふりかえる。確かに両者とも曲面を多用したデザインではあるが、ザハの曲面が形態そのものをつくるためだけに用いられており、いわば「ガラスの箱のロンシャン」にすぎないのに対し、伊東の案はガラスの箱自体を変容させることを意図した

[9-16]
台中国家歌劇院
(台中オペラハウス)
1階エントランス
2013年／台湾台中市／伊東豊雄／鉄筋コンクリート造

*3 カルテジアン座標系
直交座標系のこと。座標の概念を確立した哲学者の名を採ってデカルト座標系(Cartesian coordinate system)とも呼ぶ。

[9-17]
台中国家歌劇院
(台中オペラハウス)
断面図

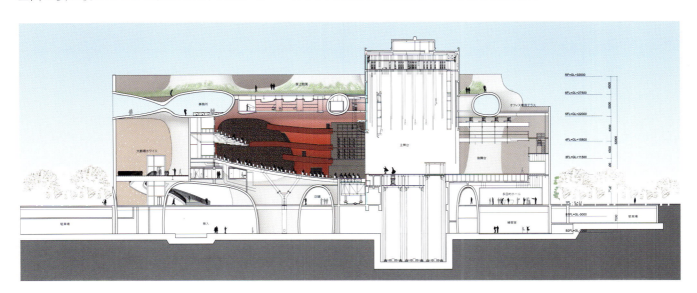

第3部　現代：昭和戦後・平成　425

曲面の使いかたであった。国際コンペから11年もの歳月を費やして竣工したオペラハウスは、伊東が取り組んできた建築手法の一つの到達点であり、直交グリッドを曲面の連続体に変形させた「エマージング・グリッド」によって、床と壁が連続し反転しつづける未曾有の空間となっている。〈せんだいメディアテーク〉で（均質空間の）スラブを貫通していた有機的な形態のチューブがさらに進化して、床や壁と一体になった立体的なワンルームともいえよう。オープニングの日、来場した人々にとって初めて接する空間であり、一見迷路のようにも見える建築でありながら、皆がなんの躊躇もなく、迷いもせず自然に生き生きと振舞っていた。それは、誘導サインや図面に依存しなければ認識しにくい均質空間とは異なり、人々が直感的に把握し行動できる空間が実現されているからかもしれない。

大学キャンパスの広場にカーペットが舞いおりてきたかのような〈ROLEXラーニングセンター〉[9-18,19]は、広大な平面（166.5×121.5m）のワンルームである。それだけであれば巨大な均質空間になってしまうが、床が緩やかに波打ち複数の大きな穴が穿たれることによって、多様な空間が生み出されている。持ち上がった床はアーチ状のゲートとなり、

[9-18]
ROLEXラーニングセンター エントランスホール
2009年／スイス・ローザンヌ／SANAA／鉄筋コンクリート造＋鉄骨造

キャンパスのさまざまな方向から中央のエントランスに直接アプローチすることを可能とし、建物の下にはオープンスペースが生まれている。屋内空間は丘や谷のようなランドスケープ状の室内風景が広がってさまざまな場が生まれ、それぞれにふさわしい場所に図書館やオフィス、多目的ホール、カフェなどが設えられている。学生たちは目的の場所で作業をしたり、思い思いに好きな場所を選んでクッションを移動して読書をしたりしてくつろいだりしている。空間としてはワンルームの平屋でありながら、それがゆがむことによって内外に多様な場が連続する建築が出現しているのである。前章で取り上げた〈横浜大さん橋国際客船ターミナル〉もこのような空間の一つといえよう。

内藤礼によるたった一つの作品を鑑賞するためだけの空間である〈豊島美術館〉[9-20]は、瀬戸内海を望む丘の中腹に半ば埋まるように建っている。水滴のような形状の平面に薄いシェル構造の屋根がかかり、大きな穴が二つ穿たれている。人と自然が共存してきた周囲の環境に馴染みながら、現代美術と一体となった静謐な空間が生み出されている。自然に寄り添うようでいながら圧倒的に人工的であり、内部でも外部でもなく、すべてが1種類

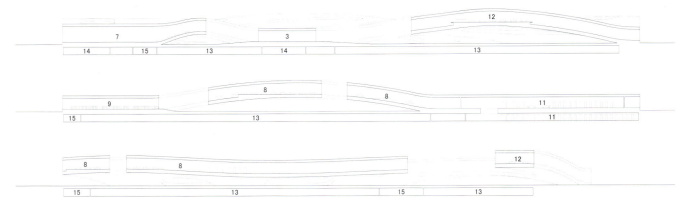

1 エントランスホール
2 カフェ
3 フードコート
4 バンク
5 ショップ
6 オフィス
7 多目的ホール
8 図書室
9 ワークエリア
10 貴重図書コーナー
11 研究資料室
12 レストラン
13 駐車場
14 倉庫
15 機械室

[9-19]
ROLEXラーニングセンター 断面図

[9-20]
豊島美術館 内部
2010年／香川県／西沢立衛／鉄筋コンクリート造

の素材（コンクリート）の平滑面でできていながら豊かな表情を見せる、シンプルでありながら多義的な空間なのである。〈ROLEX〉も〈豊島〉も近代建築を代表する構造体であり構造形式である、コンクリートのシェル構造である。しかし、近代のそれが構造表現主義的な完結した形態であったのに対し、自由な平面形と低いライズとなり大きな穴まで開いていることが大きな違いであろう。これは現代における高度な解析技術と施工技術によって実現可能となったものでもある。〈せんだいメディアテーク〉や〈台中国家歌劇院〉もそうであるが、コンピュータ技術の進化によって近代技術の構造形式が更新され、より自然に近い優しい空間を生み出すことが可能となっているといえよう。

〈KAIT工房〉の石上純也が設計した子どものための施設[9-21]は、モルタルでできた雲のような壁が縦横に配置されている。機能的にはさまざまコーナーを仕切ったり、緩やかにつないだりするための間仕切りであり、子どもが上がったりするための遊具でもあるが、部屋中が淡いグレーの人工の雲で満たされたかのような空間になっている。閉鎖した商業施設のリノベーションであるため、既存の梁上にしか重量物が設置できないという条件が課せられていた。つまり、近代空間そのものである直交グリッドという土俵の上でしかデザインができないということである。その様は、カルテジアン座標と現代の建築家ががっぷり四つに組んで拮抗しているかのようでもあり、グリッドが顕在化した既存の太い四角柱を相対化して、自らのデザインに取り込んでいるようにも見える。

[9-21]
アミューあつぎ8階 屋内広場・託児室・子育支援センター　屋内広場
2014年／神奈川県／石上純也／鉄骨鉄筋コンクリート造

建築素材の新たな可能性を求めて

　近代建築は、コンクリートと鉄とガラスの建築であった。無機的で無彩色なテクスチャーが特徴であり、いわば概念としての空間を目指した建築である。私たちはその延長線上の空間で生活している。今いる部屋を見渡してみれば、塗装か複合素材の仕上げがほとんどであろう。しかし近年、さまざまな理由から、木、土、紙など近代以降忘れ去られてきた有機的な素材を活かした建築空間が増えつつある。

　世界的にも稀有な森林資源に恵まれた日本は、現代においても国土の7割近くが森林である。かつての日本の建築は、木、竹、茅などほぼ植物系の素材のみでつくられていた。建築にとどまらず、建具から家具、調度品、什器にいたるまで、身のまわりのすべてが木で包まれた、柔らかな空間を生きてきたのである。現在でも、住宅に限れば56.5％が木造であるが[*3]、耐火性などの問題から、仕上げとして現れることは少ない。また、災害時における甚大な被害を鑑み、日本建築学会が公共建築における木造の禁止を提言したことなどもあり[*4]、とくに中高層建築物においてはほとんど使用されなくなっていた。しかし、木材の不燃化や耐火性能を向上させる設計方法が確立したこと、森林資源の有効活用と林業の再生を目的として公共建築の木材利用を促す法律[*5]が制定されたことなどにより、公共建築における木造率が徐々に増えつつある[*6]。地産間伐材の利活用による小径木造トラスの体育館から、大断面集成材を用いたドームまで、多様な木質空間が見られるようになった。おおらかな切妻屋根が連なる〈海の博物館〉[9-22]の展示棟は、木造大架構によるワンルームにさまざまな漁船や漁具が陳列された空間である。アーチ型の内部と切妻の外形の間に巧みに組み合わされた架構に沿って棟に走るトラス上部のトップライトと、開放的な足元から入る光がまわり込む。大断面の集成材を用いながらも、明るく繊細な表情をもつ空間が実現されている。緩い勾配の切妻型のワンボリュームの〈馬頭町広重美術館〉[9-23]は、地元産の杉材による30×60mm断面という細さのルーバーの皮膜によって内も外も

[*3]
「新設住宅着工戸数と床面積、木造率」国土交通省総合政策局情報管理部建設調査統計課。

[*4]
1959年の伊勢湾台風で約15万棟の住宅が全半壊した。これを受けて日本建築学会は、火災や風水害防止を目的とした「建築防災に関する決議」で公共建築の「木造禁止」を提起した。

[*5]
「公共建築物等における木材の利用の促進に関する法律」2008年（平成22年）成立。

[*6]
法律制定時の8.3％から平成27年度は11.7％まで増加した。低層建築物は17.9％から26.0％に増加。（床面積ベース）「平成27年度の公共建築物の木造率について」林野庁プレスリリース。

[9-22]
海の博物館　展示棟B 内部
1992年／三重県／内藤廣／架構部木造＋壁・床鉄筋コンクリート造

430　　第9章　現代建築の試み

[9-23]
馬頭町広重美術館
2000年／栃木県／隈研吾／鉄筋コンクリート造

覆われた建築である。構造はRC造（一部鉄骨造）であり、木が用いられているのはその表層にすぎないのだが、それが空間を構成する構造として、建築全体を統括している。シンプルでありながら単調にならない外観のテクスチャーと柔らかく光をまとう内部空間を獲得し、これまでにない木の使用法による建築空間の可能性を切り開いている。木材を屋根に用いるため、木の質感を損なわない新たな不燃処理方法を開発し、認定を受けてもいる。

土はかつて、民家の土壁や土蔵の漆喰壁などに使われてきたが、多くの日本人にとってさほど馴染みがない建築材料かもしれない。〈秋野不矩美術館〉[9-24]では、外壁が藁と土を練り込んだ荒々しいモルタルと杉材、内壁は漆喰によって仕上げられている。杉板、藤ゴザ、大理石と、部屋によって貼り分けられた床に靴を脱いで上がることによって、さまざまな素材と毛深い空間の質を、文字通り肌でも味わうことができる。藤森照信の建築は土にとどまらず、石、炭、藤、銅板など、ヴァナキュラーな素材を多用する。そのデザインは一見土着的でノスタルジックに見えるが、けっして日本的なわけでもなく、無国籍でありながら、どこかに存在していたかもしれない存在感がある。それは本来建築史家であり、あらゆる建築を見聞してきた藤森による、具象的でありながら抽象度の高い建築を目指す試みの成果である。

紙は障子や襖など空間を仕切るための建築資材として古くから使われてきたが、坂茂は紙管を用いた住宅によって、構造材としての可能性を見出した。また、人力で運べるほど軽いことから、災害時や難民のための仮設住宅〈紙のログハウス〉[9-25]を開発、阪神淡路大震災やニュージーランドで起きたカンタベリー地震では、倒壊した教会に代わる〈紙の教会〉[9-26]を設計し、被災者の拠り所となる空間をもたらした。

金属においても新たな試みがなされている。錆びることで表面を保護する耐候性鋼板を構造と仕上げに全面的に用いた〈アイアンハウス〉[9-27]や、鉄に比べて圧倒的に軽く、精度が高く、リサイクルしやすいアルミニウムによる〈箱の家83—アルミの家〉、従来建築に用いられることのなかったチタンによる仕上げなどが挙げられる。現代建築の空間は、古くからある素材の見直しと新たな素材への挑戦によるさまざまなデザインの探求に彩られている。

第3部　現代：昭和戦後・平成　431

[9-24]
秋野不矩美術館　内部
1997年／静岡県／藤森照信＋内田祥士／鉄筋コンクリート造＋木造

[9-25]
紙のログハウス　内部(左)
1995年／兵庫県／坂茂／PTS（紙管構造）

[9-26]
紙の教会　内部(右)
1995年／兵庫県／坂茂／鉄骨造

[9-27]
アイアンハウス　内部
2007年／東京都／椎名英三、権沢良三／鉄骨造＋鉄筋コンクリート造

第3部　現代：昭和戦後・平成　433

>>> [第3部] 現代：昭和戦後・平成

第10章 サスティナブルな建築を目指して
——3.11以降の建築

＊1
D・H・メドウズ『成長の限界
——ローマ・クラブ人類の危
機レポート』（ダイヤモンド社、
1972年）。

『成長の限界』[＊1]という衝撃的なレポートが、ローマクラブから発表されたのは1972（昭和47）年のことである。それは、「人口増加や環境汚染などの現在の傾向が続けば、100年以内に地球上の成長は限界に達する」というものであり、当時の日本の建築界でも大きな話題となった。1990年代、成長の限界はさらに早まったとローマクラブは再報告している。

それが、ますます現実のものとなっていることを、いま私たちの誰もが実感していよう。地球温暖化や異常気象は日々ニュースに流れ、地球の自然破壊と環境汚染は進むばかりである。そして、2011（平成23）年3月11日、東日本大震災は起こる。大自然の猛威によるその大災害の衝撃は、現代日本人、とくに都会に暮らす人々の価値観を大きく変える。現代社会における人と人との絆やコミュニティのありかた、また何よりも日々の暮らしの省エネルギーへの関心を否が応にも高め、建築のありかたをも変えた。いまもなお深い傷跡を残す東日本大震災は、建築家が自らの社会的役割を問い直し、地球環境やコミュニティのありかたと建築との関係をより現実的に具体的に考える契機となったのである。

建築は、何よりもサスティナブルでなければならない。いま地球環境はそれを求めている。建築行為は破壊行為と表裏一体であると認識することから、それは始まるだろう。自然林を切り倒し、不要になった建築を破壊し、人類は建築をつくりつづけてきた。とくに20世紀、経済最優先の近代社会は、建築のスクラップ＆ビルドを繰り返し、地球資源エネルギーを使い放題に使い、都市を拡大し、地球の生態系を破壊しつづけてきた。その結果が、『成長の限界』である。

サスティナブルとは、地球資源エネルギーを循環再生、持続可能にし、地球の生態系を活性化させることにほかならない。そのキーワードが、「エコ」な「省エネ」と「リサイクル」であることは誰もが知るところだろう。サスティナブルな建築の実現は、実際それほど難しいことではない。その方途は大きく三つあり、それをデザインコンセプトにした優れた建築がすでに多く登場している。一つは、日本の四季に対応する省エネ室内環境の実現であり、住宅やオフィスビルでのその技術革新は目覚ましい。それと、建築のリサイクルである。従来のリフォームとは異なる、リノベーションやコンバージョンによる新たな建築再生文化が生まれつつある。さらに、人と人とをつなぎサスティナブルな暮らしを実践する装置としての建築の創造、その試みは重要である。その建築をコミュニティ再生装置、そして生まれた血縁を超えた新しい家族のかたちをサスティナブルコミュニティ、そう呼んでもいいかもしれない。

それらサスティナブルな建築がこれからの日本建築の主役となり、21世紀日本のインテリアを彩っていくことになろう。

エコロジカルな建築を目指して

建築と破壊

　地球環境が悲鳴をあげている。世界中に起きている異常気象による大災害をニュースで知るたびに、誰もがそう感じているに違いない。待ったなしの危機的状況にある地球環境への建築行為の影響は大きい。建築され、日々使われ、役割を終えて解体されるという一連の建築行為のすべてが、とくに現代建築にあっては、地球環境にとても大きな負荷を与えている。その負荷をいかに減らすか、つまりサスティナブルでエコロジカルな建築への取り組みが、いま建築界の大きな課題となっている。

　実際、最近の建築界のさまざまな賞が、環境問題に関する研究や建築作品に多く与えられている。たとえば、2017年度の建築学会賞を受賞した二つの建築作品のいずれも、その優れたデザイン性もさることながら、地球環境に配慮した省エネやCO_2排出削減への取り組みも高く評価されている。

アクティブからパッシブへ

　その一つ〈ROKI Global Innovation Center-ROGIC-〉[10-1,4]を見てみよう。緑と水の自然に恵まれた丘に建つこの建築は、自動車エンジンのフィルターを開発する研究所である。研究員の創造力を豊かにする空間を目指したら、限りなく自然環境に近い快適で省エネの建築になった、そう思えるほど、この内部空間は周辺の自然環境と一体化している。地形に呼応した段状の床それぞれが個性豊かに領域化され、普通の均質的なオフィス空間とは趣が随分違う。それを、木とスチールの巨大なヴォールト状格子天井がすっぽりと覆い、その天井全面に半透明フィルターが貼られ、その天幕に包まれた空間は自然の穏やかな光と風に満ちて清々しい。それで、空調設備は約35％の省エネだという。この建築は、いまエコロジカルな建築の最先端にある。

　同じく建築学会賞受賞作品の三分一博志建築設計事務所による〈直島ホール〉[10-2]もまた、ホールの大空間にそよ風の通り道をつくり、天井の一部には地下水を循環させるなど、室内環境をパッシブにコントロールする仕掛けが満載である。しかも、その巨大な入母屋のある大屋根は総檜葺で、外観も内観も木や漆喰、土壁の自然素材に覆われ、ダイナミックな現代建築でありながらもどこか昔懐かしい。それは、この瀬戸内海の島の昔ながらの建築のつくりかたを踏襲しているからである。自然環境を巧みに利用した建築的仕掛けによるパッシブな室内環境づくりは、つい半世紀前までごく普通のことだった。

　比較的温暖で自然環境豊かな地域に建つこの二つは、実際パッシブな建築にしやすかったろう。機械によるアクティブな熱利用が不可欠

[10-1]
ROKI Global Innovation Center-ROGIC- 研究所
2013年／静岡県／小堀哲夫／鉄筋コンクリート造

木格子の天幕に覆われたこの建築空間は、近未来のエコロジカルなオフィス空間の先駆けといっていい。

第3部　現代：昭和戦後・平成　435

[10-2]
直島ホール
2015年／香川県／三分一博志建築設計事務所／鉄骨造＋鉄筋コンクリート造

設計者の三分一博志は、この建築について「2年半のリサーチから本村の集落は、風、水、太陽から導かれた集落の姿形をしていたことに気付いた。それは集落ができた中世（400年前）からのメッセージと受け取れた」、さらに「……直島ホールが、先人が大切にしてきたこの場所の風や水、動く素材の姿を後世に伝える手紙のような存在になってほしい」と語る。

な高層建築が密集し、大気汚染が進む大都会で、パッシブな自然熱利用は可能だろうか。実は、それもさまざまに試みられている。重要なことは、パッシブとアクティブが互いに補完し合うバランスよい建築の実現であり、熱エネルギーを効率よく再生、循環させることに尽きる。

巨大ビルディングの風の通り道

高層ビルが林立する都市に建つ〈明治安田生命新東陽町ビル〉[10-3] も、やはりエコロジカルであることから建築学会賞を受賞している。研修所を併設するこの複合オフィスビルは、一辺約100mの正方形の平面の中央に一辺約40mの正方形の大吹き抜けをもつ。それが、自然の光や風の通り道になり、建築全体の環境調整のコアになっている。

自然の光と風は、パッシブにアクティブにバランスよくコンピュータ制御されて、各フロアのオフィス空間に満ちていく。その仕掛けを内観デザインの主役にして、快適さと省エネを一挙に実現したのがこの建築である。CO_2排出量は東京の一般的なオフィスビルの約半分に近いという。

やはり、建築全体を縦に貫く大吹き抜けを自然の光や風の通り道にしてパッシブな室内環境を実現し、さらに大胆な建築緑化を実現したのが〈としまエコミューゼタウン〉[10-5,6] である。この大規模複合建築は、地下鉄駅に直結し、店舗や医院、保育園や区役所も入る低層階の上にタワーマンションが聳える、それは立体都市そのものである。斜面状の低層部各階のベランダには空中庭園が広がり、樹木が多彩に植えられ、その足元には雨水利用の小川が流れ、生垣のような緑化パネルや太陽光パネルが宙を舞う。室内からそれは植栽のヴェールのように見える。この都心の巨大建築もまたエコロジカルな建築の最先端にある。

エコハウスへの試み

太陽熱や地熱利用のパッシブなエコハウスは、随分以前からさまざまに試みられている。そのなかでもユニークな建築が実験住宅〈アルミエコハウス〉[10-7] であろう。そ

[10-3]
明治安田生命新東陽町ビル オフィス
2011年／東京都／竹中工務店／鉄骨造

オフィス空間の中央に開けられた室内の風の道である。下方は、エントランスロビーの受付カウンターが見える。この建築には、外気と自然光が流入するもう一つの風の道がある。

[10-4]
ROKI Global Innovation Center-ROGIC
コンセプト断面スケッチ

[10-5]
としまエコミューゼタウン エコヴォイド
2015年／東京都／日本設計＋隈研吾／鉄骨鉄筋コンクリート造

エコヴォイドと名づけられた垂直の風の道である。中央にシースルーのエレベーターシャフト、上方からは陽光が降り注ぐ。

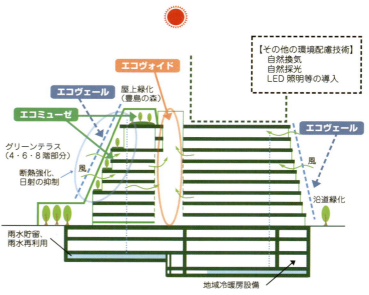

[10-6]
としまエコミューゼタウン エコヴォイド・エコヴェール概念図

[10-7]
アルミエコハウス
居間・中庭
1999年／東京都／難波和彦
／アルミ造

次世代の建材としてのアルミニウムの可能性を徹底追求した実験住宅である。その普及には、さらにいくつものハードルを乗り越えなければならないであろう。しかし、サスティナブルな住宅への可能性は大きい。

[10-8]
コンテナハウス（輿水進邸）
食堂・庭
1955年／東京都／輿水進＋アルクデザインパートナーズ＋川田幸一／コンテナ改装

このコンテナハウスは、幅、高さが2.5m、長さ6.0mのコンテナ6基からなり、閑静な住宅街の一角に建つ、というより並べ置かれている。3基を連結してSOHO（職住併用住居）に、3基をゲストルーム・物置などの離れにして、木製デッキの中庭を囲むように配置し、豊かな生活空間を実現している。居間、キッチン＋食堂、サニタリー＋寝室、それぞれをコンテナ1基分で対応、それらを中庭に全面開放し、室内外一体の低層コートハウスを形成している。

れは、建築軀体や仕上げにもすべてアルミニウムを使い、高気密・高断熱で耐用年限の長いエコロジカルな実験住宅として実現されている。アルミニウムは軽く、耐久性があり、精度高く成形しやすい。そこで、アルミニウムで建築のあらゆる部位を規格部品化し、サスティナブルなエコハウスの量産化とリサイクルシステムの構築を目指したのである。近未来的でクールなエコ空間を、その室内は垣間見せてくれている。

また、地球環境の負荷を減らすなら、建築しないのが一番いい。そこで登場したのが〈コンテナハウス〉[10-8]である。コンテナを並べてつないで必要諸室をつくり、気ままに増築も撤去もできる。しかも金属製で頑丈だから何度でも再利用できる。不動産と動産の中間にある気軽さが、その魅力であろう。日本庶民のそもそもの居住空間は、パッシブで気軽に建て替えや移設可能な木造建築をその成り立ちとしていた。いま、日本の建築界はその再考のときにあるだろう。

第3部　現代：昭和戦後・平成　439

建築のリサイクルへ

リノベーションとコンバージョン

　建築の改築や改装をリノベーションと呼ぶようになったのは、いつの頃からだろう。同じ改装でも、リフォームは外装や内装の表層的な模様替えなどのメンテナンス的な意味合いが強い。それに対し、デザインコンセプトを新たにし、建築的創意がより色濃く投影された改装をリノベーション、さらに建築用途までを変えてしまう改装をコンバージョンと呼んでいる。それらの多くに建築家も参画し、いま新築以上に魅力的なリサイクル建築が数多く登場し、現代日本に新たな建築文化の誕生の気配がある。まず、その社会的背景を確

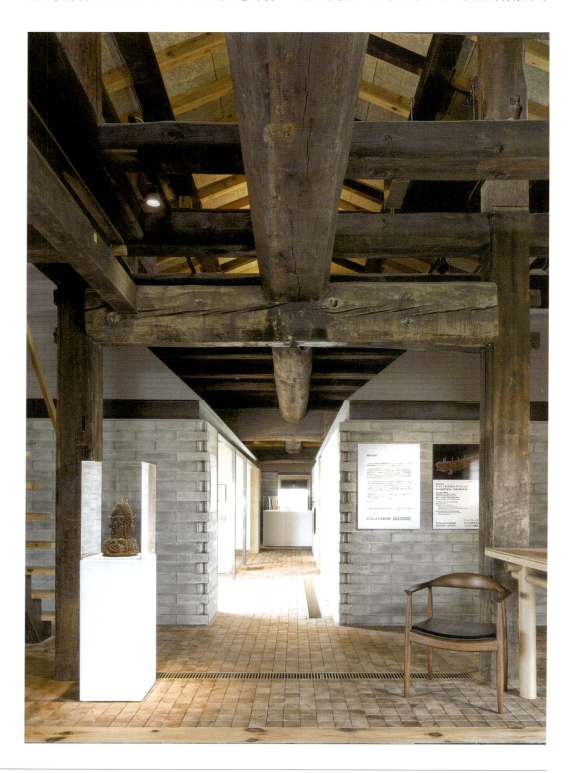

[10-9]
はじまりの美術館　展示室
2014年／福島県／竹原義二／木造

「人の表現が持つ力」「人のつながりから生まれる豊かさ」を大切にする「誰もが集える場所」として、地震で半壊した築130年の酒蔵「十八間蔵」を再生し、この美術館は実現された。十八間＝33mもある小屋組みの巨大な梁は、その象徴である。もともと樹齢数十年もの大木だったに違いないこの梁が生きた時を想うと、その力強い姿は神々しくさえある。それが、この美術館に建築としての永遠性を与えている。

認しておこう。

　第二次世界大戦の敗戦国日本は、戦後を推定420万戸という未曾有の住宅難からスタートする。それからおよそ70年後の現在、いわゆる「空き家」は約750万戸もあるという。また、戦後日本の建築は耐震・耐火に優れたRC造建築が主流になり、改装しやすく耐用年数も伸びている。それが、日本はストックの時代にあると言われる所以である。そして、2007年のリーマン・ショックを契機に、日本の不動産マーケットは高額な「新築」から廉価な「中古」へと移り、リノベーションやコンバージョンが脚光を浴びていく。そして、2011年の東日本大震災は起きる。一瞬のうちに新旧多くの建築は破壊され、残された故郷の歴史建造物への熱い想いが、建築の保存・再生への関心を高めていった。

「はじまり」に向かって

　その象徴的な建築が、会津の〈はじまりの美術館〉[10-9]であろう。築130年といわれる酒蔵「十八間蔵」をコンバージョンしたこの美術館は、日本が目指すべき未来の道標となるように思えてならない。梁の長さが18間（約33m）もあることから「十八間蔵」と呼ばれるこの建築は、酒蔵、ダンスホール、縫製工場へと用途を変え、130年間この地域の人々とともに生きてきた。しかし、東日本大震災で半壊する。それが、「文化醸成を通じて、東北から新しい日本をはじめる」というコンセプトの

もとに、地元民はもとより多くの人々の協力を得て、地域コミュニティの活動拠点として、またアール・ブリュットというジャンルの美術館へと蘇ったのである。それは、障がいをもつ人、罪を犯した人、あるいは無垢な人の心の奥底に宿る「生」への衝動をプリミティブに表現するアートであり、この美術館はさまざまな能力をもつさまざまな人が、さまざまなバリアを超えてともに生きる「はじまり」を目指している。

　「震災を経て瀕死の状態にあった蔵を再生し活用するという決断は、人間としての見識と決意が問われていた。だからこそ、この蔵は機能を超え、私たちの心に訴えてくる美しさがある。蔵の内部は、異なる素材が組み合わさり130年の間時代のニーズに応じて使われてきたことを象徴している。それゆえに蔵そのものが遺産である」という設計者の想いは重要である。

建築文化と歴史への想い

　戦後日本は、驚異的な経済復興を遂げている。それもあり、明治以降の歴史建造物の多くは、経済原則優先のもとに破壊されてきた。しかし、21世紀になり日本が情報化社会へと移行する頃から、歴史建造物はさまざまな形で再生・保存されるようになる。

　東京駅前の〈JPタワー・KITTE〉[10-10,11]は、その一つである。西欧近代のインターナショナルスタイルと日本伝統のフレーム構造を融

[10-10]
**JPタワー・KITTE
アトリウム**
2012年／東京都／三菱地所設計（商業施設：隈研吾）／鉄骨造

〈旧東京中央郵便局舎〉（1931年）は、日本の近代建築の曙を象徴する建築である。設計は旧逓信省営繕課の吉田鉄郎。それは、この建築が鉄筋コンクリート造のラーメン（軸組）構造を、率直に表現していることによる。また、東京駅前ロータリーを囲む建築の一つとして残された唯一の歴史建造物であり、東京駅前の「顔」にもなっている。日本建築史上重要なこの建築の「切断面」を、アトリウムにして再生保存したことの意義は大きい。

[10-11]
**JPタワー・KITTE
外観**

第3部　現代：昭和戦後・平成　441

[10-12]
北九州市立戸畑図書館 回廊
2014年／福岡県／青木茂／鉄筋コンクリート造＋耐震補強

1933年に竣工した〈戸畑市役所庁舎〉は、昭和初期の典型的な官庁建築である。シンメトリーな外観の中央には、望楼の塔が竣え、その頂には方形の瓦屋根が載り、帝冠様式のようでもあるが、全体としてはゼツェッションを基調としている。こうした歴史建造物を、その姿のまま耐震補強しコンバージョンするという試みは、これからの日本の建築界の重要なテーマになっていくだろう。そのとき、耐震補強のデザインなど、建築家の役割は大きい。

[10-13]
花畑団地 団地再生プロジェクト：27号棟リノベーション 住戸
2014年／東京都／藤田雄介／鉄筋コンクリート造

東京都足立区の北端に位置する都市再生機構（UR）の「花畑団地」は、1965年に入居開始した80棟、2725戸の大規模団地で、都内最大級といわれている。その老朽化に伴い実施された「団地再生デザインコンペ：27号棟リノベーション」の最優秀賞の実施作品である。そのポイントは、「2DK」プランからの脱却にある。間仕切り壁を取り払い、木製引き建具で間仕切り、開放感ある居住空間へと大変身させている。

[10-14]
大多喜町役場（新）
2012年／千葉県／千葉学／鉄筋コンクリート造

30m角正方形の平面に、天井高7m、2層吹き抜けのシンプルな建築空間である。ただ、その天井は、対角線上に何枚もの大梁、小梁が複雑に重なり合う架構がそのまま表現され、さらにその上部トップライトからは自然光が降り注ぐ。それがこの建築の意匠特性である。その直角に錯綜し中空に飛ぶ梁群は大胆な天井装飾のようであり、それは直線が織りなす現代の表現主義デザインのようにも思える。

合わせ、それを白いフレームのファサードに端的に表現した〈旧東京中央郵便局〉（第2部第8章を参照）は、日本の近代建築の記念碑として歴史的評価は高い。白いフレームを修景保存するかのようにファサードを大胆に取り込み、ガラスの超高層ビルの足元を飾っている。さらに、その5層のフレーム切断面をそのままに見せるアトリウムは、自然光が満ちて圧巻である。歴史的意義ある建築の本質をシンボリックに再現することも、保存再生の重要なありかたであろう。

保存すべき建築を主役にしてそっくりそのまま残し、その建築機能を補完する建築を黒衣のように増築したのが〈大多喜町役場〉[10-14]である。それら建築を1本の軸線上に並

442　第10章　サスティナブルな建築を目指して——3.11以降の建築

べた新旧内観デザインの対比は、それぞれの時代の、あるいはそれぞれの建築家の個性による建築特性を相乗効果のように映し出し興味深い。〈北九州市立戸畑図書館〉[10-12]は、もともと市庁舎だった昭和初期の帝冠様式の香りを残す外観、内観を可能なかぎり残し、耐震補強し、図書館にコンバージョンするという正統的な保存再生を試みている。その耐震補強デザインは、この時代ならではの内観特性として、この歴史建造物に新たな歴史を刻んだことになろう。

都市のリノベーション

都市にリノベーションされた建築が多くなることは、都市そのものがリノベーションされることにほかならない。東京のごく普通の住宅密集地に建つ〈駒沢公園の家〉[10-15,17]は、築34年の木造住宅の室内空間の成り立ちを水平方向に垂直方向にリノベーションし、狭さを克服し、陽光を満たし、そのデザインはさりげなく、快適な都市の住まいを実現している。延べ床面積約72㎡のこの住宅に、3世代4人家族が快適に暮らすために実践された建築的創意は、ストックの時代の住宅リサイクルにとても有効であろう。

実際、街なかに普通に建つ戸建住宅や集合住宅を、デザイン性高い快適な居住空間へと再生させる不動産事業がいま確実に拡大している。戦後、大量に建設されたいわゆる公団の〈団地再生〉[10-13,16]は、その象徴であろう。都市をリノベーションするリサイクルの時代は始まったばかりである。

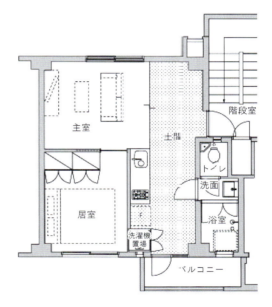

1階平面 S=1:200

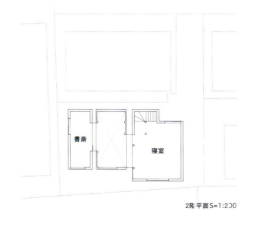

2階平面 S=1:200

[10-15]
駒沢公園の家
居間・食堂（上左）
2011年／東京都／今村水紀＋篠原勲（miCo.）／木造住宅の改装

旗竿敷地に建つ狭小住宅のリノベーションである。この住宅を快適にしている最大のポイントは、家の中心に家の中のどこにも自然光が届く吹き抜け空間をつくったことにある。また、各部屋の広さにメリハリをつけ、廊下をなくし、ロフトへの梯子利用なども挙げられよう。つまり、「住宅はかくあるべき」という既成観念、既成イメージを払拭し、しかも3世代4人の家族が快適に暮らせる居住空間を実現したことに、このリノベーションの革新性がある。

[10-16]
観月橋団地 団地再生プロジェクト 土間のあるプラン：住戸平面図（上右）

典型的な「2DK」間取りを、主寝室だけを引き戸で仕切り、居間、玄関、キッチンを広々とした一体空間にリノベーションしている。玄関の「たたき」がなくとも、靴を履き替えるコーナーがあればそれでよいとする〈土間のあるプラン〉の平面図である。現代都市生活で、靴が泥まみれになることは、そうはない。その土間は、水に濡れてもよい床材で、フレキシブルに利用できる多目的スペースになっている。

[10-17]
駒沢公園の家 平面図（下）

三つの領域に分けられた居住空間がよくわかる平面図である。中央に吹き抜けがあり、1階水まわりのある領域は増築部分で、その上の2階にはロフトのような部屋がある。

人と人をつなぐ建築

再び、建築に何が可能か

「建築か。革命か。革命は避けられる。」そう明言したのは、近代建築の巨匠ル・コルビュジエである。彼は、建築には社会を改革する力があると信じ、革新的な建築を目指していく。近代科学技術の発展のもとに近代社会の未来が明るく輝いていた20世紀初頭のことである。そして半世紀後、さまざまな矛盾を抱えながらも近代社会が成熟した1960年代、「建築に何が可能か」と建築の本義を問うたのは原広司だった。彼は、近代化により人も建築も限りなく均質化したとし、空間の「内」と「外」を発生させる「孔」を手掛かりに、人と建築との根源的な関係を探求していく。

さらに半世紀後の現在、グローバル化した巨大資本は建築を巨大複合化、集客装置化し、それは地球温暖化、経済格差、テロに直結し、いまを生きる私たちに明るい未来は見えにくい。この「不安」の時代に「建築に何が可能か」、いま再び問われている。建築が、かつてのように宗教や国家の権威を表象し、また社会を変革する力をもつとはもはや誰も思わないだろう。しかし、未来への「不安」を払拭してくれそうな建築が、さまざまに登場している。

建築の原型としての方舟

東日本大震災への支援は、その発生直後からさまざまなかたちで行なわれてきた。その一つに仮設建築がある。〈竹の会所―復興の方舟―〉[10-20,21]は、震災の半年後に、建築を学ぶ学生を中心としたボランティアによってつくられた4年間だけの仮設の集会所である。もともとの集会所は津波に流されている。

[10-18]
ぎふメディアコスモス
図書館　内部
2015年／岐阜県／伊東豊雄／鉄筋コンクリート造＋鉄骨造＋木造

天空を思わせる波打つ格子天井に、天蓋が白い雲のようにふわふわと浮かぶその光景は、訪れる者の心を穏やかにさせ、読書をより一層楽しくさせているに違いない。それが、人に優しい地域コミュニティを育んでいくことにもなろう。そのデザインが、サスティナブルでエコロジカルな建築的試みの表現であることが、この図書館を21世紀の革新的な建築にしている。

444　第10章　サスティナブルな建築を目指して――3.11以降の建築

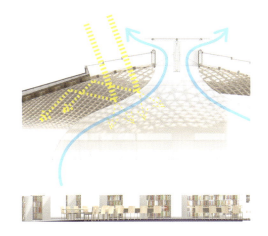

地元に植生していた約1000本の竹でつくられたこのドーム状のテントのような空間は、人と建築との根源的な関係を彷彿させてやまない。被災者も支援者も地元民を中心にさまざまな人々がここに集い、未来を語り、伝統のお祭りやさまざまなイベントが開催されている。それは、人と人との信頼関係を再び育み、再生していったに違いない。

人と人との信頼関係の醸成こそが、私たちの「不安」を払拭してくれる唯一の術である。それに、コミュニティとは、人と人との信頼関係の総体にほかならない。この小さな竹のコミュニティ空間は、古代から近未来経由で気仙沼の海辺へ舞い降りた建築の原形、いにしえの方舟のようである。

〈竹の会所―復興の方舟―〉のワイルドな竹のドームを洗練させたかのような布製の天蓋を、巨大空間にいくつも浮遊させているのは、〈みんなの森 ぎふメディアコスモス〉[10-18,19]の2階の図書館である。地下水や太陽熱をエネルギー源とし、エコロジカルな仕掛けと内観デザインが一体となったこの建築もまたサスティナブルな建築の最先端にある。

ヒノキ板が網のように編まれてダイナミックに波打つ天井とシンクロナイズするかのように吊られているのが大小の布製の天蓋群であり、それは自然の光と空気を図書館内に循環させるパッシブ装置にもなっている。その真下にいると、心は落ち着き、不思議に居心地よい。だから、この建築には多くの人が集

[10-19]
ぎふメディアコスモス
断面概念図

自然の光と空気を図書館内に循環させるパッシブ装置の仕組みを実現した断面イラスト図。

[10-20]
竹の会所―復興の方舟―
外観(上)
2011年／福島県／陶器浩一／竹造

[10-21]
竹の会所―復興の方舟―
集会所・イベントスペース(下)

大地から生えてきた何本もの竹が、噴水のように弓弧を描き大地に放射状に落ちる。そして出現した竹のアーチからなるドーナツ状ヴォールト空間が、〈竹の会所〉の空間構成である。この弓形空間には、不可視の強制力を発生させる求心的な中心がない。このことは重要である。ここで市民のコミュニティ活動が実際どのように展開されたのか、興味は尽きない。困難な状況のなかでの地域社会の再編成に、この建築空間が果たした役割は大きい。

第3部　現代：昭和戦後・平成　　445

[10-22]
**熊本駅西口駅前広場
駅前広場**
2011年／熊本県／佐藤光彦
／鉄筋コンクリート造

「オープンエアーのインテリア」のトップライトが青い空を切り取り、その下に市民が行き交い集うこの駅前ロータリーの光景は、都市景観として新鮮である。いま、都市部では超高層ビルの足元が公開空地としてポケットパーク化され、緑豊かな都市景観形成への機運が高まっている。この駅前広場は、単なる交通路拠点ではない都市の半屋外空間として、21世紀の駅前ロータリーのあるべきかたちの一つであろう。

[10-23]
**THE SHARE
共用スペース：居間**
2011年／東京都／リビタ＋ジーク／鉄筋コンクリート造＋リノベーション

1963年竣工の鉄筋コンクリート造6階建て「社員寮」を全面的にコンバージョンした「複合シェアハウス」である。1階はカフェなど4店舗、2階は小さなオフィス16区画と固定デスク14席のシェアオフィス、3階から5階がシェアハウス64室で、6階に居間、キッチン、食堂、シアタールーム、ライブラリーなどの多彩な共用施設群が用意され、屋上には緑豊かな庭園、それがこの建築の構成である。原宿という立地、またネット社会が、この集住形式を成立させている。

う。これからこの建築を介し、この地域のコミュニティは、ごく自然に新たなかたちで育まれていくことだろう。

「オープンエアーのインテリア」という仕掛け

　どの街にも駅前広場があり、そこは駅と街をつなぎ、街の表玄関になり、朝夕多くの市民が集い通過していく。「新しい都市生活を創造する場」というコンセプトのもとに実現された〈熊本駅西口駅前広場〉[10-22]は、駅前広場の歩車分離を「見え隠れ」という建築手法により図り、同時にこの街に暮らす人々に新たな出会いの場を創出している。

　ゆるやかに円弧を描き浮遊する屋根と、大小の正方形の窓が並ぶ壁が織りなすこの新しい形の駅前広場を、「オープンエアーのインテリア」と呼んでもいいかもしれない。その屋根と壁に穿たれたいくつもの大小の「孔」は、駅前広場空間に「内」と「外」を発生させ、集い行き来する市民のシークエンスに新たなコミュニティ・シーンの誕生を予感させてやまない。

　「オープンエアーのインテリア」を住宅密集

446　第10章　サスティナブルな建築を目指して——3.11以降の建築

地に積極的に実現した木造2階建の集合住宅が、〈ヨコハマアパートメント〉[10-24]である。ワンルーム住戸を田の字につなげた4戸の集住体を地上高く持ち上げる1階ピロティ部分は、ここに住まう芸術家たちのオープンエアーの共用アトリエ、ときには作品展示ギャラリーになっている。四方を吹きさらしにした天井高5mのこのピロティ空間は、新しいかたちの地域コミュニティ発生装置のようである。

新しいかたちの集住体を目指して

いま血縁を超えた新しい家族のかたちといってもいい新しいかたちの集住体が、都市に数多く登場している。いわゆるシェアハウスである。集合住宅は、何を共用にするかによって集住形式が大きく変わる。シェアハウスは、自分の住戸以外の居間や食堂や水まわりのすべてを共用する事例が多い。それは、あたかも大家族の家のようであり、同居人の信頼関係の上にしか成立しない。逆に言えば、人との絆やぬくもりを大切にしたい人たちの住まいかたであろう。〈LT城西〉[10-25]は、共用空間をコミュニティ醸成装置のように立体構成したシェアハウスである。また、シェアオフィスを併設するシェアハウスも登場している。大手企業の社員寮をリノベーションした若者が集う原宿の〈THE SHARE〉[10-23]は

その好例である。その共用空間では、住人同士で多彩なイベントが繰り広げられ、交流を楽しんでいるという。

明るい未来が見えない「不安」の時代だからこそ、これから人と人をつなぐ建築がさまざまに登場し、そのインテリアは人々を優しく抱きつつんでいくことだろう。

[10-24]
ヨコハマアパートメント ピロティ
2009年／神奈川県／西田司＋中川エリカ／木造

向う三軒両隣にオープンなこのピロティ空間が、地域コミュニティの発生装置になっている。それが、「オープンエアーのインテリア」の何よりも重要な役割である。かつて、その機能を担っていたのは、住宅街のごく普通の「路地空間」だった。いま都市空間は「公」と「私」だけになり、その中間領域が消え、地域コミュニティも希薄である。その中間領域にこそ、21世紀の地域コミュニティ発生の可能性が秘められている。その先駆けとして、この建築の意義は大きい。

[10-25]
LT城西 共用スペース
2012年／千葉県／猪熊純＋成瀬友梨／木造

普通の一軒家をシェアして共同生活する、それがそもそものシェアハウスだった。最近は、共用空間・設備を豊かにし、専用空間を簡素化した賃貸集合住宅をシェアハウスと呼んでいる。ここでも、専用空間には収納しかなく、立体路地空間を連想させる豊かな共用空間が実現されている。共有できるものは可能なかぎり共有する、血縁を超えた大家族のような暮らしかたは、エコロジカルでもあり、21世紀の新しいコミュニティの姿を垣間見せてくれている。

［参考文献］

ICSカレッジオブアーツ校友会編、遠藤現監修『インテリアデザインの半世紀——戦後日本のインテリアデザインはいかに生まれどう発展したのか？』六耀社、2014年

青木淳・後藤治・田中禎彦・西和夫・西沢大良監修『日本の建築空間』（『新建築』80巻14号臨時増刊）、新建築社、2005年11月

東浩紀・大山顕『ショッピングモールから考える——ユートピア・バックヤード・未来都市』（幻冬舎新書）、幻冬舎、2016年

石田潤一郎『関西の近代建築——ウォートルスから村野藤吾まで』中央公論美術出版、1996年

石田潤一郎・中川理編『近代建築史』昭和堂、1998年

磯達雄「建築巡礼プレモダン編　昭和期　機械のための住まい——黒部川第二発電所（1936年）」『日経アーキテクチュア』1066号、日経BP社、2016年2月

厳島神社編『重要文化財厳島神社末社豊国神社本殿修理工事報告書』厳島神社、1989年

井出建・元倉眞琴編著『ハウジング・コンプレックス——集住の多様な展開』彰国社、2001年

伊藤ていじ『民家は生きてきた』（美術選書）、美術出版社、1963年

伊藤延男『中世和様建築の研究』彰国社、1961年

稲垣栄三『日本の近代建築——その成立過程　上・下』（SD選書）、鹿島出版会、1979年

稲垣栄三『原色日本の美術　第16巻　神社と霊廟』小学館、1997年

稲垣栄三著、福田晴虔編『茶室・数寄屋建築研究』（稲垣栄三著作集）、中央公論美術出版、2006年

稲葉和也・中山繁信『日本人のすまい——住居と生活の歴史』（建築の絵本）、彰国社、1983年

井上章一『現代の建築家』エーディーエー・エディタ・トーキョー、2014年

井上充夫『日本建築の空間』（SD選書）、鹿島研究所出版会、1969年

上野勝久「中世仏堂の空間と様式——寺院建築の重層性」『運慶・快慶と中世寺院——鎌倉・南北朝時代1　日本美術全集7』小学館、2014年

内田青蔵・大川三雄・藤谷陽悦編著『図説・近代日本住宅史——幕末から現代まで』鹿島出版会、2001年

内田青蔵『同潤会に学べ——住まいの思想とそのデザイン』王国社、2004年

近江栄・柏木博・松葉一清「現代建築50選　特集　現代建築の冒険」『太陽』349号、平凡社、1990年8月

大河直躬『東照宮』（SD選書）、鹿島研究所出版会、1970年

大河直躬「権現造りと建築彫刻」『佛教藝術』170号、毎日新聞社、1987年1月

大河直躬編『日本建築史基礎資料集成3　社殿III』中央公論美術出版、1981年

大河直躬編『日本建築史基礎資料集成21　民家』中央公論美術出版、1976年

大河直躬先生退官記念会『民家小論集・著作目録』大河直躬先生退官記念会、1995年

大川三雄・川向正人・初田亨・吉田鋼市『図説近代建築の系譜——日本と西欧の空間表現を読む』彰国社、1997年

大川三雄・田所辰之助・濱嵜良実・矢代眞己『建築モダニズム——近代生活の夢とかたち』エクスナレッジ、2001年

大川三雄・モダニズム建築研究会「再読・日本のモダニズム4　大阪ガスビルディング」『建築知識』1996年7月号

太田博太郎『日本の建築——歴史と伝統』（筑摩叢書）、筑摩書房、1968年

太田博太郎編『大和古寺大観　第三巻——元興寺極楽坊・元興寺・大安寺・般若寺・十輪院』岩波書店、1977年

太田博太郎ほか編『図説日本の町並み　第3巻　関東編』第一法規出版、1982年

太田博太郎『日本建築史論集I日本建築の特質』岩波書店、1983年

太田博太郎『日本建築史論集II日本住宅史の研究』岩波書店、1984年

太田博太郎『日本建築史論集III社寺建築の研究』岩波書店、1986年

大田博太郎監修『カラー版　日本建築様式史』美術出版社、1999年

大月敏雄・安武敦子・谷口尚弘・朴晟源・石川孝織「特集　炭鉱住宅から考える」『建築士』Vol.64、No.756、日本建築士会連合会、2015年9月号

岡田譲「床の間と床飾り」『日本の美術』152号、至文堂、1979年1月

小川光陽『寝所と寝具の文化史』（雄山閣books）、雄山閣出版、1984年

小沢朝江、水沼淑子『日本住居史』吉川弘文館、2006年

尾上亮介・竹内正明・小池志保子『図解　ニッポン住宅建築——建築家の空間を読む』学芸出版社、2008年

川上貢編『日本建築史基礎資料集成16　書院I』中央公論美術出版、1971年

川本重雄『寝殿造の空間と儀式』中央公論美術出版、2005年

北尾春道『茶室の展開図』光村推古書院、1970年

京都府編『京都府史蹟勝地調査会報告　第五冊』京都府、1923年

京都府教育庁財保護課編『国宝清水寺本堂修理工事報告書』京都府教育庁文化財保護課、1967年

京都府教育庁文化財保護課編『国宝浄瑠璃寺本堂・三重塔修理工事報告書』京都府教育委員会、1967年

京都府教育庁指導部文化財保護課編『重要文化財萬福寺大雄宝殿・禅堂修理工事報告書』京都府教育委員会、1970年

桐敷真次郎『近代建築史』（建築学の基礎）、共立出版、2001年

桐敷真次郎『明治の建築　復刻版』本の友社、2001年

工藤圭章「組物ゆたかな禅宗仏殿」『不滅の建築7　円覚寺舎利殿　神奈川・円覚寺』毎日新聞社、1988年

工藤圭章「東山文化を伝える庭園建築」『不滅の建築8　銀閣寺　京都・慈照寺』毎日新聞社、1989年

工藤圭章「金碧まばゆい将軍上洛の館」『不滅の建築11　二条城二の丸御殿　京都・京都市』毎日新聞社、1989年

工藤圭章「山岳霊地の優美な伽藍—室生寺」『日本名建築写真選集　第1巻　室生寺』新潮社、1992年

工藤圭章編『日本建築史基礎資料集成11　塔婆I』中央公論美術出版、1984年

黒沢隆『近代　時代のなかの住居——近代建築をもたらした46件の住宅』リクルート出版、1993年

建築家山田守展実行委員会編『建築家山田守作品集』東海大学出版会、2006年

建築知識編『「奇跡」と呼ばれた日本の名作住宅50——建築知識700号記念出版』（エクスナレッジムック）、エクスナレッジ、2014年6月

神代雄一郎『間・日本建築の意匠』（SD選書）、鹿島出版会、1999年

国宝延暦寺根本中堂修理事務所編『国宝延暦寺根本中堂及重要文化財根本中堂廻廊修理工事報告書』国宝延暦寺根本中堂修理事務所、1955年

国宝大崎八幡神社社殿修復委員会編『国宝大崎八幡神社社殿（本殿・石の間・拝殿）修理工事報告書』大崎八幡神社、1968年

国宝白水阿弥陀堂修理工事事務所編『国宝白水阿弥陀堂修理工事報告書』国宝白水阿弥陀堂修理工事事務所、1956年

国宝中尊寺金色堂保存修理委員会編『国宝中尊寺金色堂保存修理工事報告書』国宝中尊寺金色堂保存修理委員会、1968年

後藤治『日本建築史』（建築学の基礎）、共立出版、2003年

小林正泰『関東大震災と「復興小学校」——学校建築にみる新教育思想』勁草書房、2012年

金蓮寺弥陀堂修理委員会編『国宝金蓮寺弥陀堂修理工事報告書』金蓮寺弥陀堂修理工事委員会、1954年

今和次郎『日本の民家』相模書房、1954年

文化財建造物保存技術協会編『重要文化財旧新発田藩足軽長屋修理工事報告書』重要文化財旧新発田藩足軽長屋修理委員会、1972年

斎藤公男『空間構造物語——ストラクチュラル・デザインのゆくえ』彰国社、2003年

［参考文献］

斎藤英俊著、穂積和夫イラストレーション『桂離宮——日本建築の美しさの秘密』（日本人はどのように建造物をつくってきたか）、草思社、1993年

斉藤英俊監修、合掌造り集落世界遺産記念事業実行委員会編『世界遺産白川郷・五箇山の合掌造り集落』合掌造り集落世界遺産記念事業実行委員会、1996年

佐々木宏・水谷頴介・山下和正『建築戦後35年史——21世紀に繋ぐ』（『新建築』1980年7月臨時増刊）、新建築社、1980年7月

佐藤滋・高見澤邦郎・伊藤裕久・大月敏雄・真野洋介『同潤会のアパートメントとその時代』鹿島出版会、1998年

澤村仁編『日本建築史基礎資料集成4　仏堂Ⅰ』中央公論美術出版、1981年

澤村仁編『日本建築史基礎資料集成5　仏堂Ⅱ』中央公論美術出版、2006年

ジョン・サマーソン著、鈴木博之訳『古典主義建築の系譜』中央公論美術出版、1989年

滋賀県教育委員会延暦寺根本中堂及同廻廊修理寺務所編『延暦寺根本中堂及重要文化財根本中堂廻廊修理工事報告書』滋賀県教育委員会延暦寺根本中堂及同廻廊修理寺務所、1955年

滋賀県教育委員会事務局社会教育課編『国寶石山寺本堂修理工事報告書』滋賀県教育委員会事務局社会教育課、1961年

滋賀県教育委員会事務局文化財保護課編『重要文化財延暦寺常行堂及び法華堂修理工事報告書』滋賀県教育委員会事務局文化財保護課、1968年

清水重敦「擬洋風建築」『日本の美術』446号、至文堂、2003年7月

重要文化財石山寺修理事務所編『重要文化財石山寺鐘楼修理工事調査報告書』滋賀県教育委員会石山寺重要文化財鐘楼修理事務所、1955年

重要文化財久能山東照宮修理委員会編『重要文化財久能山東照宮第1期第2期修理工事報告書第1集』重要文化財久能山東照宮修理委員会、1968年

重要文化財東照宮社殿修理委員会編『重要文化財東照宮社殿修理工事報告書』東照宮、1965年

重要文化財竜岩寺奥院礼堂修理委員会編『重要文化財竜岩寺奥院礼堂修理工事報告書』重要文化財竜岩寺奥院礼堂修理委員会、1959年

新建築学大系編集委員会編『新建築学大系2——日本建築史』彰国社、1999年

新建築学大系編集委員会編『新建築学大系5——近代・現代建築史』彰国社、1993年

新建築社編「現代建築の軌跡　1925-1995　「新建築」に見る建築と日本の近代」『新建築』創刊70周年記念号（1995年12月臨時増刊）、新建築社、1995年12月

新建築社編「文化遺産としてのモダニズム建築　DOCOMOMO100選展」図録』新建築社、2005年

新建築社、東京国立近代美術館編『日本の家——1945年以降の建築と暮らし』（『新建築住宅特集』別冊2017年8月号）、新建築社、2017年8月

鈴木嘉吉監修、宮澤智士執筆、堀啓二イラスト『日本の民家——近世民家75に旅して考える日本人のくらしの謎』（万有ガイド・シリーズ）、小学館、1985年

鈴木嘉吉「偉容を誇る東大寺南大門」『不滅の建築5　東大寺南大門　奈良・東大寺』毎日新聞社、1988年

鈴木嘉吉「技術と意匠を競った中世本堂」『不滅の建築6　長弓寺本堂　奈良・長弓寺』毎日新聞社、1988年

鈴木嘉吉「日本建築の歴史」『日本名建築写真選集　第20巻　名建築選』新潮社、1993年

鈴木紀慶・今村創平著、内田繁監修『日本インテリアデザイン史』オーム社、2013年

鈴木紀慶『インテリアデザインが生まれたとき』鹿島出版会、2015年

鈴木博之・中川武・藤森照信・隈研吾監修『建築20世紀　PART1』（『新建築』1991年1月臨時増刊）、新建築社、1991年1月

鈴木博之・中川武・藤森照信・隈研吾監修『建築20世紀　PART2』（『新建築』1991年6月臨時増刊）、新建築社、1991年6月

鈴木博之編著、五十嵐太郎・横手義洋著『近代建築史』市ヶ谷出版社、2008年

鈴木博之『庭師　小川治兵衛とその時代』東京大学出版会、2013年

鈴木博之著、伊藤毅編『建築——未来への遺産』東京大学出版会、2017年

鈴木充「折衷様の成立と展開」『日本古寺美術全集　第19巻　山陰・山陽の古寺』集英社、1982年

鈴木充「海上の社殿—厳島神社」『日本名建築写真選集　第8巻　厳島神社』新潮社、1992年

生闘学舎・자림『生闘学舎・자림建設記録——敗者復活戦』修羅書房、1982年

関口欣也編『日本建築史基礎資料集成7　仏堂Ⅳ』中央公論美術出版、1975年

関口欣也『鎌倉の古建築』（有隣新書）、有隣堂、1997年

関野克「金閣と銀閣」『日本の美術』153号、至文堂、1979年2月

五十嵐太郎監修『戦後日本住宅伝説——挑発する家・内省する家』新建築社、2014年

台東区教育委員会社会教育課編『谷中のすまい』（台東区文化財報告書第三集）、東京都台東区教育委員会、1985年

高藤晴俊『日光東照宮の謎』（講談社現代新書）、講談社、1996年

高宮眞介・大川三雄・飯田善彦『高宮眞介建築史意匠講義——日本の建築家20人とその作品を巡る』（Archiship Library）、飯田善彦建築工房／Archiship Library&Café、2017年

田所辰之助・モダニズム建築研究会「再読・日本のモダニズム10　四谷第五小学校（現花園小学校）」『建築知識』1997月1月号

田中厚子「モダニズム建築のさきがけとしての土浦亀城邸」『住宅建築』437号、建築資料研究社、2013年2月

田中禎彦「日本人建築家の軌跡」『日本の美術』448号、至文堂、2003年9月

田邉泰『徳川家霊廟』（東亜建築撰書）彰国社、1942年

谷口汎邦ほか監修、藤岡洋保著『近代建築史』（建築学入門シリーズ）、森北出版、2011年

東京大学史料編纂所編『日本関係海外史料（3）上　イギリス商館長日記　原文編之上』東京大学、1978年

東京大学史料編纂所編『日本関係海外史料（4）上　イギリス商館長日記　譯文編之上』東京大学、1979年

「特集・戦後建築の50年」『建築ジャーナル』第857〜874号、建築ジャーナル、1995年1月〜12月

内藤廣「構築物の風景　黒部川第二発電所・小屋平ダム」『CE建設業界』52巻9号、日本土木工業協会、2003年9月

永井規男「折衷様の建築」『全集日本の古寺　第17巻　山陰・山陽の古寺』集英社、1985年

永井規男「禅宗建築の再考」『日本美術全集　第11巻　禅宗寺院と庭園——南北朝・室町の建築・彫刻・工芸』講談社、1993年

中村昌生『茶匠と建築』（SD選書）、鹿島出版会、1971年

中村昌生編『日本建築史基礎資料集成20　茶室』中央公論美術出版、1974年

中村昌生「侘数寄の結晶—待庵・如庵」『日本名建築写真選集　第10巻　待庵・如庵』新潮社、1992年

奈良県教育委員会事務局文化財保存事務所編『国宝東大寺金堂（大仏殿）修理工事報告書』東大寺大仏殿昭和大修理修理委員会、1980年

奈良県教育委員会事務局文化財保存事務所編『重要文化財室生寺御影堂修理工事報告書』奈良県教育委員会、1976年

奈良県教育委員会事務局文化財保存事務所編『国宝法隆寺廻廊他五棟修理工事報告書』奈良県教育委員会、1983年

奈良県教育委員会事務局文化財保存事務所編『国宝金峯山寺本堂修理工事報告書』奈良県教育委員会、1984年

奈良県教育委員会事務局文化財保存事務所編『重要文化財大峰山寺本堂修理工事報告書』奈良県教育委員会、1986年

奈良県教育委員会事務局文化財保存事務所編『国宝新薬師寺本堂　重要文化財地蔵堂・重要文化財南門・重要文化財鐘楼修理工事報告書』奈良県教育委員会、1996年

奈良県教育委員会事務局文化財保存事務所編『国宝唐招提寺金堂修理工事報告書』奈良県教育委員会、2009年

奈良六大寺大観刊行会編『奈良六大寺大観　第一巻　法隆寺一』岩波書店、1972年

奈良六大寺大観刊行会編『奈良六大寺大観　第五巻　法隆寺五』岩波書店、1971年

奈良六大寺大観刊行会編『奈良六大寺大観　第六巻　薬師寺全』岩波書店、1970年

奈良六大寺大観刊行会編『奈良六大寺大観　第九巻　東大寺一』岩波書店、1970年

奈良六大寺大観刊行会編『奈良六大寺大観　第十二巻　唐招提寺一』岩波書店、1969年

西和夫「平安王朝への追慕―京都御所と仙洞御所」『日本名建築写真選集　第18巻　京都御所・仙洞御所』新潮社、1993年

西和彦「近代和風建築」『日本の美術』450号、至文堂、2003年11月

西田雅嗣・矢ケ崎善太郎編『カラー版　図説建築の歴史――西洋・日本・近代』学芸出版社、2013年

西山夘三・神代雄一郎・村松貞次郎・山本学治・佐々木宏・浜口隆一『昭和建築史』(『新建築』創刊40周年記念特集号)、新建築社、1964年6月

西山夘三『日本のすまい1』勁草書房、1975年

西山夘三『日本のすまい3』勁草書房、1980年

西山夘三『すまい考今学――現代日本住宅史』彰国社、1989年

日光二社一寺文化財保存委員会編『国宝東照宮本殿石之間拝殿』東照宮、1967年

日本科学史学会編『日本科学技術史体系　第17巻　建築技術』第一法規出版、1964年

日本建築家協会関東甲信越支部千代田地域会『神田淡路町すまいの記録』日本建築家協会関東甲信越支部千代田地域会、2011年

日本建築学会編『近代日本建築学発達史』丸善、1972年

日本建築学会編『日本建築史図集　新訂第2版』彰国社、2007年

日本建築学会民家語彙集録部会編『日本民家語彙資料』日外アソシエーツ、1985年

橋本文雄「書院造」『日本の美術』75号、至文堂、1972年8月

初田亨・大川三雄・藤谷陽悦『近代和風建築――伝統を超えた世界』建築知識社、1992年

初田亨『東京都市の明治――路上からの建築史』(ちくま学芸文庫)、筑摩書房、1994年

初田亨『職人たちの西洋建築』(講談社選書メチエ)、講談社、1997年

初田亨『模倣と創造の空間史――西洋に学んだ日本の近・現代建築』彰国社、1999年

濵島正士「湖東の密教寺院――西明寺と金剛輪寺」『日本名建築写真選集　第7巻　西明寺・金剛輪寺』新潮社、1992年

濵島正士編『日本建築史基礎資料集成12　塔婆II』中央公論美術出版、1999年

濵田隆編『日本古寺美術全集　第14巻　醍醐寺と仁和寺・大覚寺』集英社、1982年

濵田直嗣監修『国宝　大崎八幡宮』大崎八幡宮、2004年

林野全孝『近畿の民家――畿内を中心とする四間取り民家の研究』相模書房、1980年

平井聖『図説日本住宅の歴史』学芸出版社、1980年

平井聖編『日本建築史基礎資料集成17　書院II』中央公論美術出版、1974年

平井聖「桃山建築」『日本の美術』200号、至文堂、1983年1月

平松剛『磯崎新の「都庁」――戦後日本最大のコンペ』文藝春秋、2008年

福山敏男「石の間」『建築史』2巻1号、吉川弘文館、1940年1月

藤井明『集落探訪』建築資料研究社、2000年

藤井恵介『法隆寺II建築　日本の古寺美術2』保育社、1987年

藤井恵介「醍醐寺―山上・山下の伽藍と歴史」『日本名建築写真選集　第9巻　醍醐寺』新潮社、1992年

藤岡洋保監修『明石小学校の建築――復興小学校のデザイン思想』東洋書店、2012年

藤岡通夫・鈴木充ほか『文化財講座日本の建築4　近世I』第一法規出版、1976年

藤岡通夫・渡辺保忠・桐敷真次郎・平井聖・河東義之・齊藤哲也『建築史』増補改訂版、市ヶ谷出版社、2010年

藤田治彦ほか『民芸運動と建築』淡交社、2010年

藤森照信『日本の近代建築　上(幕末・明治篇)』(岩波新書)、岩波書店、1993年

藤森照信『日本の近代建築　下(大正・昭和篇)』(岩波新書)、岩波書店、1993年

藤森照信著、増田彰久撮影『アール・デコの館――旧朝香宮邸』(ちくま文庫)、筑摩書房、1993年

藤森照信『近代日本の洋風建築――開花篇』筑摩書房、2017年

藤森照信『近代日本の洋風建築――栄華篇』筑摩書房、2017年

藤谷陽悦「第11回『近代和風』を探る　住宅作家の新和風」『建築知識』1990年6月号、建築知識、1990年6月

復興小学校研究会編『図面で見る復興小学校――現存する戦前につくられた東京市の鉄筋コンクリート造小学校』復興小学校研究会、2014年

復興小学校研究会「シリーズ　生き続ける復興小学校(第1回)表現主義の潮流『常盤小学校』」『住宅建築』、建築資料出版社、2016年

布野修司『戦後建築の終焉――世紀末建築論ノート』れんが書房新社、1995年

布野修司編『日本の住宅戦後50年――21世紀へ――変わるものと変わらないものを検証する』彰国社、1995年

布野修司『国家・様式・テクノロジー――建築の昭和　布野修司建築論集III』彰国社、1998年

マルク・ブルディエ『同潤会アパート原景――日本建築史における役割』(住まい学大系)、住まいの図書館出版局、1992年

文化財建造物保存技術協会編『重要文化財高蔵寺阿弥陀堂保存修理工事報告書』文化財建造物保存技術協会、2003年

文化財建造物保存技術協会編『国宝大崎八幡宮本殿・石の間・拝殿保存修理工事報告書』大崎八幡宮、2004年

文化財建造物保存技術協会編『国宝鶴林寺本堂ほか三棟保存修理工事報告書』鶴林寺、2009年

文化財建造物保存技術協会編『国宝三佛寺奥院(投入堂)・重要文化財三仏寺納経堂・重要文化財三仏寺地蔵堂・重要文化財三仏寺文殊堂保存修理工事報告書』三佛寺、2006年

文化財建造物保存技術協会編『史跡　越中五箇山菅沼集落(休憩所)修理工事報告書』、1989年

文化財建造物保存技術協会編『重要文化財　歓喜院聖天堂保存修理工事報告書』文化財建造物保存技術協会・歓喜院、2011年

文化財保護委員会『民家のみかた調べかた』第一法規出版、1967年

ニコラウス・ペヴスナー著、小林文次訳『新版　ヨーロッパ建築序説』彰国社、1989年

法隆寺国宝保存事業部『国宝建造物食堂及細殿修理工事報告　法隆寺国宝保存工事報告書　第二冊』法隆寺国宝保存事業部、1936年

法隆寺国宝保存事業部『法隆寺国宝保存工事報告書　第九冊　国宝建造物法隆寺夢殿及東院回廊修理工事報告』法隆寺国宝保存事業部、1943年

法隆寺国宝保存委員会『法隆寺国宝保存工事報告書　第十三冊　国宝法隆寺五重塔修理工事報告』法隆寺国宝保存委員会、1955年

[参考文献]

法隆寺国宝保存委員会『法隆寺国宝保存工事報告書 第十四冊 国宝法隆寺金堂修理工事報告附図』法隆寺国宝保存委員会、1956年〜1962年

堀勇良「外国人建築家の系譜」『日本の美術』447号、2003年8月、至文堂

本田昭四「炭鉱住宅の計画と供給に関する住宅計画・政策論的研究(2)」『財団法人新住宅普及会住宅建築研究所報』No.8515、1986年

丸山雅子監修『日本近代建築家列伝——生き続ける建築』鹿島出版会、2017年

三浦展・藤村龍至・南後由和『商業空間は何の夢を見たか——1960〜2010年代の都市と建築』平凡社、2016年

南一誠「生き続ける建築——完 吉田鉄郎｜Tetsuro Yoshida」『INAX REPORT』No.178、LIXIL、2009年4月

宮上茂隆「足利将軍の建築文化」『日本名建築写真選集 第11巻 金閣寺・銀閣寺』新潮社、1992年

宮本長二郎「東大寺伽藍の歴史と特色」『日本名建築写真選集 第2巻 東大寺』新潮社、1992年

村上訒一「霊廟建築」『日本の美術』295号、至文堂、1990年12月

村松貞次郎編『明治の洋風建築』(近代の美術)、至文堂、1974年

村松貞次郎著、加藤渉ほか編『日本近代建築技術史』(新建築技術叢書)、彰国社、1976年

村松貞次郎ほか「日本の様式建築」『新建築』51巻7号、新建築社、1976年6月

村松貞次郎企画・編集、増田彰久撮影『日本の建築 明治大正昭和 全10巻』三省堂、1979-81年

矢代眞己・田所辰之助・濱嵜良実『マトリクスで読む20世紀の空間デザイン』彰国社、2003年

八束はじめ『思想としての日本近代建築』岩波書店、2005年

山岸常人『塔と仏堂の旅——寺院建築から歴史を読む』(朝日選書)、朝日新聞社、2005年

山澤学『日光東照宮の成立——近世日光山の「荘厳」と祭祀・組織』思文閣出版、2009年

山下裕二監修『週刊日本の美をめぐる 桃山3 利休・織部と茶のしつらえ』(小学館ウイークリーブック)No.18、小学館、2002年9月

大和智「城と御殿」『日本の美術』405号、至文堂、2000年2月

山本長水・山本長水の本をつくる会『建築家の土着——地域の知恵と「土佐派の家」の仲間たち』建築ジャーナル、2016年

横山正ほか「昭和住宅史」『新建築』51巻13号、新建築社、1976年11月

横山正ほか著、新建築社編集部編『昭和住宅史』新建築社、1977年

吉田鉄郎建築作品集刊行会『吉田鉄郎建築作品集』東海大学出版会、1968年

米山勇「巨匠の美術館建築」『東京人』20巻215号、都市出版、2005年6月

米山勇監修、伊藤隆之撮影『日本近代建築大全 東日本篇』講談社、2010年

米山勇監修、伊藤隆之撮影『日本近代建築大全 西日本篇』講談社、2010年

RIA建築綜合研究所編『建築家山口文象——人と作品』相模書房、1982年

アントニン・レーモンド著、三沢浩訳『自伝アントニン・レーモンド 新装版』鹿島出版会、2007年

コーリン・ロウ、レオン・ザトコウスキ著、稲川直樹訳『イタリア十六世紀の建築』六耀社、2006年

若林純撮影・構成、窪寺茂本文監修『妻沼聖天山 歓喜院聖天堂——彫刻と彩色の美』平凡社、2011年

早稲田大学演劇博物館編『芝居絵に見る江戸・明治の歌舞伎』小学館、2003年

［図版出典および提供者一覧］

第Ⅰ部

［1-3］竹島卓一編『国宝法隆寺金堂修理工事報告附図』法隆寺国宝保存委員会、1956年

［1-4］奈良六大寺大観刊行会編『奈良六大寺大観　第1巻　法隆寺1　補訂版』岩波書店、2001年

［1-10］奈良六大寺大観刊行会編『奈良六大寺大観　第12巻　唐招提寺1　補訂版』岩波書店、2000年

［1-11］奈良県教育委員会事務局文化財保存事務所『国宝新薬師寺本堂重要文化財地蔵堂・重要文化財南門・重要文化財鐘楼修理工事報告書』奈良県文化財保存事務所、1996年

［1-15］法隆寺国宝保存事業部『法隆寺国宝保存工事報告書　第2冊　国宝建造物食堂及細殿修理工事報告』法隆寺国宝保存事業部、1936年

［1-17,21,24］澤村仁編『日本建築史基礎資料集成5　仏堂Ⅱ』中央公論美術出版、2006年

［1-19］澤村仁『日本建築史基礎資料集成4　仏堂Ⅰ』中央公論美術出版、1981年

［1-24,25］滋賀県教育委員会『国宝石山寺本堂修理工事報告書』滋賀県教育委員会事務局社会教育課、1961年

［1-26］工藤圭章編『日本建築史基礎資料集成11　塔婆Ⅰ』中央公論美術出版、1984年

［1-29］浅野清『薬師寺東塔に関する調査報告書』薬師寺、1981年

［1-32］伊藤ていじほか編『日本名建築写真選集　第1巻　室生寺』新潮社、1992年

［1-33］伊藤ていじほか編『日本名建築写真選集　第9巻　醍醐寺』新潮社、1992年

［1-36］京都府教育委員会『国宝浄瑠璃寺本堂・三重塔修理工事報告書』京都府教育委員会、1967年

［1-38］重要文化財石山寺修理事務所編輯『重要文化財石山寺鐘楼修理工事調査報告書』滋賀県教育委員会社会教育課、1955年

［2-2］滋賀県教育委員会『重要文化財延暦寺常行堂及び法華堂修理工事報告書』滋賀県教育委員会事務局文化財保護課、1968年

［2-4,6,7］平等院

［2-5,25,28］澤村仁編『日本建築史基礎資料集成5　仏堂Ⅱ』中央公論美術出版、2006年

［2-11,18］伊藤ていじほか編『日本名建築写真選集　第2巻　名建築選』新潮社、1993年

［2-12,15］文化財建造物保存技術協会『国宝鶴林寺本堂ほか三棟保存修理工事報告書』鶴林寺、2009年

［2-17］国宝中尊寺金色堂保存修理委員会編『国宝中尊寺金色堂保存修理工事報告書』彰国社、1968年

［2-19］中尊寺

［2-20,22］国宝白水阿弥陀堂修理工事事務所『国宝白水阿弥陀堂修理工事報告書』国宝白水阿弥陀堂修理工事事務所、1956年

［2-23,24］文化財建造物保存技術協会『重要文化財高蔵寺阿弥陀堂保存修理工事報告書』文化財建造物保存技術協会、2003年

［2-27,29,30］蓮華王院

［2-31］西尾市教育委員会

［2-33,34］金蓮寺弥陀堂修理委員会『国宝金蓮寺弥陀堂修理工事報告書』金蓮寺弥陀堂修理委員会、1954年

［3-1］奈良六大寺大観刊行会編『奈良六大寺大観　第5巻　法隆寺5　補訂版』岩波書店、2001年

［3-4,6］澤村仁編『日本建築史基礎資料集成4　仏堂Ⅰ』中央公論美術出版、1981年

［3-11］日本建築学会編『日本建築史図集　新訂第2版』彰国社、2007年

［3-12,13］奈良県教育委員会事務局奈良県文化財保存事務所編『重要文化財室生寺御影堂修理工事報告書』奈良県教育委員会、1976年

［3-14］川崎市立日本民家園

［3-16,21］文化財建造物保存技術協会編『国宝三佛寺奥院（投入堂）・重要文化財三佛寺納経堂・重要文化財三佛寺地蔵堂・重要文化財三佛寺文殊堂保存修理工事報告書』三仏寺、2006年

［3-19］重要文化財竜岩寺奥院礼堂修理委員会『重要文化財竜岩寺奥院礼堂修理工事報告書』重要文化財竜岩寺奥院礼堂修理委員会、1959年

［3-22］京都府立京都学・歴彩館　京の記憶アーカイブ

［4-1,14,26,28］奈良六大寺大観刊行会編『奈良六大寺大観　第1巻　法隆寺1補訂版』岩波書店、2001年

［4-9］奈良六大寺大観刊行会編『奈良六大寺大観　第9巻　東大寺1　補訂版』岩波書店、2001年

［4-11,12,13］文化財建造物保存技術協会編『正倉院正倉整備記録』宮内庁、2015年

［4-11］伊藤ていじほか編『日本名建築写真選集　第2巻　名建築選』新潮社、1993年

［4-14］奈良県文化財保存事務所『重要文化財法隆寺綱封蔵修理工事報告書』奈良県文化財保存事務所、1966年

［4-20,21,23］奈良県教育委員会事務局奈良県文化財保存事務所編『国宝法隆寺廻廊他五棟修理工事報告書』奈良県文化財保存事務所、1983年

［4-32,35］藤井恵介『日本の古寺美術2　法隆寺Ⅱ建築』保育社、1987年

［4-36,37］『大和古寺大観　第3巻　元興寺極楽坊、元興寺、大安寺、般若寺、十輪院』岩波書店、1977年

［5-9］和歌山県文化財研究会編『国宝善福院釈迦堂修理工事報告書』和歌山県文化財研究会、1974年

［6-3］滋賀県教育委員会事務局文化財保護課

［6-10,11］滋賀県教育委員会編『国宝西明寺本堂及塔婆修理工事報告　付：国寶西明寺本堂及塔婆修理工事報告（復刻版）』滋賀県教育委員会、1982年

［7-3］川本重雄『寝殿造の空間と儀式』中央公論美術出版、2005年

［7-4］東京国立博物館

［7-11,12］鹿苑寺

［7-16］園城寺

［7-17］太田博太郎編『日本建築史基礎資料集成16　書院Ⅰ』中央公論美術出版、1971年

［7-23］本願寺

［8-1,4,21,23,31］中村昌生編『日本建築史基礎資料集成20　茶室』中央公論美術出版、1984年

［8-2,3,5］伊藤ていじほか編『日本名建築写真選集　第1巻　待庵・如庵』新潮社、1992年

［8-6,8,9,14,26,29］北尾春道『茶室の展開図』光村推古書院、1970年

［8-12,17］『週刊日本の美をめぐる　No.18　桃山3　利休・織部と茶のしつらえ』小学館ウイークリーブック小学館、2002年

［8-20］金地院

［9-1,2］厳島神社編『重要文化財厳島神社末社豊国神社本殿修理工事報告書』厳島神社、1989年

［9-4］奈良県教育委員会事務局奈良県文化財保存事務所編『国宝金峯山寺本堂修理工事報告書』奈良県教育委員会、1984年

［9-8］国宝延暦寺根本中堂修理事務所『国宝延暦寺根本中堂及重要文化財根本中堂廻廊修理工事報告書』国宝延暦寺根本中堂修理事務所、1955年

［9-9,10］奈良県文化財保存事務所編『重要文化財大峰山寺本堂修理工事報告書』奈良県教育委員会、1986年

［9-13］京都府教育委員会、京都府教育庁文化財保護課編『国宝清水寺本堂修理工事報告書』京都府教育委員会、1967年

［9-15］京都府教育委員会編『重要文化財万福寺大雄宝殿・禅堂修理工事報告書』京都府教育庁文化財保護課、1970年

［9-18］奈良六大寺大観刊行会編『奈良六大寺大観　第9巻　東大寺1　補訂版』岩波書店、2001年

［9-21］奈良県文化財保存事務所編『国宝東大寺金堂（大仏殿）修理工事報告書』東大寺大仏殿昭和大修理修理委員会、1980年

［9-22］座右宝刊行会編集制作『日本古寺美術全集　第14巻　醍醐寺・仁和寺・大覚寺』集英社、1982年

［9-24,28］伊藤ていじほか編『日本名建築写真選集　第18巻　京都御所・仙洞御所』新潮社、1993年

［10-1］豊国神社宝物館

［10-2］国立歴史民俗博物館

［10-3］至文堂編、国立文化財機構監修『日本の美術』295号、ぎょうせい、

1990年

[10-4] 京都府立京都学・歴彩館　京の記憶アーカイブ

[10-9,10,11] 大崎八幡宮

[10-14,18] 日光社寺文化財保存会

[10-19,20] 上野東照宮

[11-6] 川崎市立日本民家園

[11-12] 聖戒撰、円伊画『一遍上人絵伝』

[11-13] 東京国立博物館

[11-23] MOMAT/DNPartcom

[11-27] 国立公文書館デジタルアーカイブ

[11-29] 奈良県立美術館

第Ⅱ部

[1-1] ライデン大学

[1-2] 横須賀海軍工廠編『横須賀海軍船廠史　第1巻』横須賀海軍工廠、1915年

[1-10,24] 建築学会編『明治大正建築写真聚覧』建築学会、1936年

[1-27] 致道博物館

[2-1,2] 内閣府迎賓館総務課

[2-4] 『グラヒック TheGraphic』第1巻1号、有楽社、1909年

[2-5] 兵庫県庁企画県民部秘書課秘書室

[2-6] 京都府総務部府有資産活用課

[2-12] 京都府教育庁指導部文化財保護課編『重要文化財同志社礼拝堂修理工事報告書』京都府教育委員会、1990年

[2-15] 『新建築』第14巻3号、新建築社、1938年

[2-17] 山口県総務部管財課

[2-18] 京都府立京都学・歴彩館　京の記憶アーカイブ

[3-1,7] 建築学会編『明治大正建築写真聚覧』建築学会、1936年

[3-13,14] 富士屋ホテル

[3-20,21] 京都市体育協会

[4-2] 明治学院

[4-18,19] プリンスホテル

[4-20,21] 西武プロパティーズ

[5-3,4] 中島卯三郎『皇城』雄山閣、1959年

[5-6] 明治記念館

[5-7,8] 『建築工芸叢誌』第5冊、建築工芸協会、1912年

[5-9] 東京都立中央図書館木子文庫

[5-12,13,14] 三井八郎右衛門高棟伝編纂委員会編『三井八郎右衛門高棟伝』三井文庫、1988年

[5-15] DNP

[5-17,18] 泉屋博古館学芸部編『住友春翠—美の夢は終わらない—』泉谷博古館、2016年

[5-19] 今和次郎監修『建築百年史』有明書房、1957年

[5-20] 東洋英和女学院

[5-22,23] 渋沢史料館

[5-37,38] TNM Image Archives

[5-45,46] 二期リゾート

[6-3,4] 参議院事務局

[6-11] 日本建築学会妻木文庫

[6-11] "Deutsche Bauzeitung" No.21,Kommissionsverlag von Carl Beelitz,1891年

[6-12] 『東京帝室博物館建築設計懸賞入選図案集』日本建築協会、1931年

[6-13] TNM Image Archives

[6-14] JR西日本ホテルズ

[6-15] 愛知県総務部財産管理課

[6-16] 東京都慰霊協会横網町公園管理所

[6-18] 下田菊太郎『思想ト建築』1919年

[6-19] 中条建築事務所編『曽禰達蔵・中条精一郎建築事務所作品集』中条建築事務所、1939年

[6-21,22,23] 中村勝哉編『渡辺節作品集』波紋社、1932年

[6-24] 築地本願寺

[6-27,28] 聖徳記念絵画館

[7-1] 『建築写真類聚』第6期11回、洪洋社、1935年

[7-3] 分離派建築会『分離派建築会宣言と作品』岩波書店、1920年

[7-5] 郵政博物館

[7-9] 分離派建築会『紫烟荘図集』洪洋社、1927年

[7-11] 後藤慶二著、中村鎭編輯『後藤慶二氏遺稿』後藤芳香、1925年

[7-12] 建築学会編『明治大正建築写真聚覧』建築学会、1936年

[7-19] サッポロライオン

[7-20] 内閣官房内閣広報室

[7-24] USC Digital Library

[7-26] 明治学院

[8-9,10] 郵政博物館

[8-13] 『建築写真類聚』別巻8、洪洋社、1934年

[8-16] 『国際建築』第10巻11号、国際建築協会、1934年

[8-22,23,24,25] 北澤興一

第Ⅲ部

[1-1] 『新建築』第23巻8号、新建築社、1948年

[1-4] 藤岡洋保(ドコモモジャパン)

[1-9] 『美術』第14巻11号、美術発行所、1939年

[1-12] ユース・プランニングセンター

[1-18] 佐藤総合計画

[2-3] 小池新二、浜口隆一、阿部公正編『世界の現代住宅』第6巻、彰国社、1955年

[2-4] 丹下健三、藤森照信『丹下健三』新建築社、2002年

[2-8] 新建築社編集『谷口吉郎作品集』淡交社、1981年

[2-9] 高砂正弘『バルセロナ・パヴィリオンの空間構成の方法』パレード、2009年

[2-13] 『建築』36号、中外出版、1963年

[2-17] 栗田勇監修『現代日本建築家全集』第9巻、三一書房、1970年

[2-18] ホテルオークラ東京

[3-1] 『国際建築』第26巻1号、美術出版社、1959年

[3-12] 『土木技術』第14巻8号、土木技術社、1959年

[3-15] 清水建設

[4-8] 『新建築』第28巻1号、新建築社、1953年

[4-11] 日建設計

[6-9] 釧路観光コンベンション協会

[6-15] 岡山市立オリエント美術館

[6-18] 国立国会図書館

[7-10] Atelier and I

[7-21] スタジオ建築計画

[8-5] 磯崎新アトリエ

[8-8] アトリエファイ建築研究所

[8-9,10,11] AZPML

[8-12] 積水ハウス梅田オペレーション

[9-3,15] 伊東豊雄建築設計事務所

[9-5] Sou Fujimoto Architects

[9-6,7,8] 妹島和世建築設計事務所

[9-11,19] SANAA

[9-12] 乾久美子建築設計事務所

[9-14,15] Office of Ryue Nishizawa

[9-21] 石上純也建築設計事務所

[10-4] 小堀哲夫建築設計事務所

[10-6] 豊島区庁舎運営課

[10-9,10] トイロ KITTE PR事務局

[10-11] 福島県土木部建築住宅課

[10-12] 北九州市教育委員会

[10-16] 都市再生機構(UR)

[10-17] miCo.

[10-19] ぎふメディアコスモス

[10-23] リビタ

［撮影者一覧］

第Ⅰ部

飛鳥園　1-2,6,9,27,28／4-2,4,6／5-1／6-7,9
荒巻万佐行　5-12
井上博道　9-17,19,20
入江泰吉　1-20
大橋治三　1-35
岡本茂男　5-13,14／7-8,9／8-11,13／9-3／10-17
桑原英文　6-19／9-5
後藤親郎　9-7
宍戸慈光　10-7
小学館　8-6,7,10,12,18,27,32
杉本和樹　2-13／10-12
高井潔　11-16,21,33
田畑みなお　9-11,12
西川孟　9-27
堤勝雄　6-17
日本写真保存センター　1-1,5,12,13,14,16,18,22,23,30,37／
　2-8,9／3-1,2,7,8,9／4-3,8,10,16,18,27,29,30,31,33,34,38／
　6-14,22
便利堂　4-15,17,22,24,25／5-19／6-4／7-10／8-28
三沢博昭　5-3,10,15／7-18,21,22,24,26,27,29／
　9-25,26,28,30／11-1,7,10,11,14,15,22,24,32
水野克比古　11-37
宮原正行　3-10
宮本隆司　5-16
山本建三　1-40
若林純　10-22,23

第Ⅱ部

相原功　7-21
飯田鉄　3-4,5,6
岡本茂男　7-27,30
齋藤さだむ　7-18
清水襄　1-3／2-11／3-8,9,10,18,19／5-24,25／6-6,7,8,25／7-7／
　8-3,4,5,6,7,11,19,20,21
須藤史朗　1-15,16,25,30,31／4-6,7,8,9,10,14,15,17,22,23,24,
　25,26,33,34,35,36,37,38／5-32,34,39,40／8-1,2,12,13
原田嘉一　2-7
福永一夫　6-17
三沢博昭　1-14,18,19,20,21,22,23／4-32
山田新治郎　1-32,33,34
Mosoen,Robert V.　6-1
OsthaUs,Kanl Ernst　7-6

第Ⅲ部

相田武文　7-15
相原功　7-20
阿野太一　9-4,13
新井隆弘　10-1
荒井政夫　7-7
イクマサトシ　10-22
大橋富夫　3-23／5-13／6-4,5,6,17／7-8,9,13,18,22
小川重雄　10-2
小川泰祐　10-3
川澄明男　4-12／7-16
川澄・小林写真事務所　10-6
北嶋俊治　6-14／8-1,2
北田英治　5-4,5
輿水進　10-8
小林浩志　7-24
佐伯義勝　1-5
坂口裕康　10-7
佐藤可奈子　10-13
佐藤成範　6-7
清水襄　1-11／4-1／5-1
彰国社　1-14,15,20／3-9,10,13,17,18／4-6,10／5-7／6-13／
　7-2,6,23,25
白鳥美雄　6-20,22,23
鈴木研一　9-20
鈴木悠　7-5
田中宏明　7-17
鳥村鋼一　10-14,24
西川公朗　10-15,25
西森秀一　5-3
日経BP社　6-3,12
畑亮　5-6
平井広行　6-21／9-25,26
平山忠治　1-2,3,6／3-11
藤塚光政　6-11／7-4,11／8-6
古舘克明　7-12,14
堀田貞雄　10-20,21
宮本隆司　6-8,10,19／7-19
村井修　3-16／6-16／7-1,3
村上佑樹　2-13
矢代佳織　6-2
読売新聞社　1-13
渡辺誠　2-16

［索引］

［ア］

アイアンハウス......431,433
曖依村荘......272,274
相田武文......382,401
相田土居設計......402
愛知県庁舎......292,294
會津八一記念博物館......299
相原努......387
青木繁......361
青木茂......442
アオーレ長岡......410,411
赤坂仮皇居御会食所→明治記念館本館
赤坂プリンスクラシックハウス（旧貴賓館）→李王家東京邸
我妻住宅......186,187,189
アーキグラム......350,418
秋野不矩美術館→浜松市秋野不矩美術館
朝香宮邸......259,260
浅蔵五十吉美術館......381
浅田孝......334
旭川市庁舎......336
味の素記念館......283
芦原義信建築設計事務所......369
飛鳥寺......8
東孝光......395,397,398
足立鳩吉......258
安達善幸......216
安土城天主書院......127
渥美謙......327
アテネフランセ......332
アトリエ・ファイ......385,416
アトリエ・モビル......373,375,376
アーバンシングルの家......407
阿部勤......397,398
アミューあつぎ......429
アメリカ合衆国会議事堂......233
アメリカ館→大阪万博
あめりか屋......317
新井旅館......247
有栖川宮邸......250,252,254
有栖川宮邸翁島別邸・天鏡閣......256,261
アルクデザインパートナーズ......439
アールト，A......353
アルミエコハウス......436,439
アレグザンダー，C......384
栗辻邸......396,398
安藤忠雄......382,396

［イ］

遺愛女学校本館......251
遺愛女学校宣教師館......251
イオンレイクタウン......415
伊賀八幡宮......172
斑鳩宮......54
イギリス国会議事堂......227
池原義郎......363,381
池辺陽......327,328
石井和紘......382,385,386
石井幹子......352
石上純也......422,428,429
石田家住宅......190
石本喜久治......298,300
石山修武......381
石山寺......30

──鐘楼......30
──多宝塔......8,30
──本堂......8,21,22,31
──本堂正堂......20,22
──本堂礼堂......20,22
──礼堂......22
伊豆修善寺......247
伊豆の長八美術館......381
出雲大社......246
──庁の舎......345,346,351
──本殿......346
伊勢神宮......294
磯崎新......372,382-384,418,419
──の都庁応募案......410,411,414
磯谷宗庸......273
イタリア大使館別荘......323
市川代治郎......222
一条院
──玄関......52
──宸殿......52
──殿上......52
一乗寺......148
嚴島神社......351
──大経堂......152,153
イッセイ・ミヤケ・メンズ渋谷西武B館店......392,393
伊藤喜三郎......327
伊藤滋......411
伊藤忠太......235,241,284,293,296
伊藤藤一......277
伊東豊雄......382,387,398-400,419,425,426,444
伊藤博文別邸......268
伊藤本家......277
乾新兵衛邸......263
猪熊純......447
今井兼次......299,301,337,380,381,445
今西家住宅......196-199
今治市庁舎・公会堂......337
今村吉之助......276
今村天主堂......220,221
今村水紀......441
岩崎家熱海別邸・陽和洞......264
岩崎家茅町本邸......252,253,271,274
岩崎家高輪別邸......252,253,271
岩崎家鳥居坂本邸......272,273
岩崎家深川別邸......252,253,271,273
岩崎小弥太邸......345
石清水八幡宮......177

［ウ］

ヴィラ・バルバロ......292,296
ヴィラ・ロトンダ......239
ウィーン中央郵便局......239
ウェスティン都ホテル京都......340
上野東照宮......179,181-183
上原通りの家......398-400
上六小学校......314
ウォートルス，T・J......213,214
ヴォーリズ，W・M......250,251,298,308,309,310,311
宇佐八幡宮......68,177
内井昭蔵......367
内田定槌邸......251
内田繁......393
内田祥士......432
内田祥三......306,317
内田祥哉......407

内山隈三......323
ウツソン，J......353
ウッディハウス......407
宇都宮駅......246
宇都宮市民会館......301
海の博物館......430
梅沢良三......433
梅田スカイビル......416
梅林の家......420,421
裏千家又隠......132,134,135
浦邸......332
浦辺鎮太郎......327,375,377
雲林院......144

［エ］

英雲荘......274,275,280
栄山寺八角堂......52,54,55
盈進学園東野高等学校......384,385
永保寺
──開山堂......52,58,59,175
──祠堂......58
──礼堂（昭堂）......58
江川家住宅......190,191
エキスポタワー→大阪万博
エストベリ，R......380
愛媛県民会館......337,353
エラズリウス邸......322
円覚寺舎利殿......90-92,94
エンデ＆ベックマン事務所......290,291,303
遠藤新......304-307
遠藤於菟......294
延暦寺
──根本中堂......152,155,156
──常行堂......33-35
──法華堂......34

［オ］

応挙館......278,280
仰木魯堂......279,280
王立図書館再建計画案......383
大井家住宅......206
大浦天主堂......219,220
大江新太郎......272,273,283,296
大江宏......333
大河喜十郎......252,274
大川邸......317
大木吉太郎......242
大隈講堂......300,301
大熊喜邦......206
大倉喜八郎向島別邸......274,276
大蔵省臨時議員建築局......285
大倉精神文化研究所......289
大倉土木......276
大阪ガスビルディング......314
大阪芸術大学塚本英世記念館・芸術情報センター......389,391
大阪市長公邸......282
大阪市立美術館......271
大阪造幣寮→造幣寮
大阪中央郵便局......316
大阪万博
──アメリカ館......355
──エキスポタワー......348,349
──お祭り広場......348,355,358
──タカラ・ビューティリオン......349
──富士グループ館......355,360

大阪府立中之島図書館......231,239
大阪ロイヤルホテル......346
大崎八幡宮......174-178
大高正人......327,349,351,352,366,367,406,407
大多喜町役場（旧）......337,381,443
大多喜町役場（新）......442
大塚女子アパートメント......318
大谷幸夫......345,404,405
大橋晃朗......398
大原美術館分館......375
大峯山寺本堂（山上伽藍）......152,157
大渡伊勢吉......220
小笠原伯爵邸......263,264,310
岡田新一......389,390
岡田信一郎......249,263,287
岡見健彦......306
岡山市立オリエント美術館......389,390
岡山の住宅......401,420
小川三知......263,273
小川治兵衛......265,272,273
小熊邸......307
織田有楽斎......132,140
小田垣清三郎......269
小樽市公会堂......248
小樽ホテル......385
越智操......302
御茶ノ水駅......411
小布施町並修景計画......377
オペラ座......236
お祭り広場→大阪万博
尾山神社神門......222
オルヴィエート飛行機格納庫......353
オルト邸......215,216
園城寺......124
──勧学院客殿......124
──光浄院客殿......124,125

［カ］

海運橋三井組ハウス......210,221,222
ガイガー，D......355
外交官の家→内田定槌邸
外国人旅館→築地ホテル
海上都市......349
開智学校......222
柏原八幡宮......172
ガウディ，A......301,381
香川県建築課......373
香川県庁舎......334,336,392,408,410,411
学習院高等科昭和寮→日立目白クラブ
鶴林寺
──常行堂......42,43
──太子堂（法華堂）......35,40,42,43
鹿児島紡績所......211
──技師館......211
風見鶏の館......250-252
頭ケ島天主堂......220
柏木貨一郎......252,272-274,278
柏木祐三郎......283
佳水園......340
霞が関ビル建設委員会......371
霞が関ビルディング......370
片桐石州......148
かたつむり山荘......373,376
片山東熊......227,229,231,254,258
加地邸......306,307

桂離宮 129,131,316,339,340
　──楽器の間 129,130
　──月波楼 129
　──持仏堂 129
　──笑意軒御茶屋 129
　──松琴亭 129,131
　──新御殿 129,130
　──中書院 129,130
　──古書院 129,130
ガーディナー，J・M 250-252
加藤渉 353
カトリック高輪教会 306
神奈川県立近代美術館 332
神奈川県立図書館・音楽堂 330,337
神奈川工科大学KAIT工房 421,422,428
金具屋旅館 248
金沢21世紀美術館 422,423
金谷ホテル 246
カフェ・ボンゴ 385,386
歌舞伎座 203,249,293
鎌倉宝物館 297
紙の教会 431,433
紙のログハウス 431,433
神谷宏治 334
亀岡末吉 249
カレン，G 372
河井寛次郎邸 207
川口衛 355
川崎河原町高層住宅団地 404,405
川島甚兵衛 268
川添登 351
川田幸一 437
河原兵次郎 247
カーン，L 353
勧学院客殿 124,125,128
歓喜院 181
　──聖天堂 181,183
環境構造センター 385
元興寺 82
　──禅室 64,82,83
　──本堂（極楽坊）64,82,83
関西学院大学図書館 309,310
神田淡路町の長屋 201
観音殿 133
カンピドリオ広場 383

[キ]

菊竹清訓 327,346,348,349,351,352,403
木子清敬 240
木子幸三郎 206,247,248,258,260,262,269,283
木子七郎 308
北河原温 385,386
北九州市立中央図書館 383,384
北九州市立戸畑図書館 442,443
喜多家住宅 199
北白川宮邸 268,269
北野天満宮 172-175
北村耕三 259,260
北山殿 121,122
ぎふメディアコスモス 444,445
木村産業研究所 330
木村俊彦 353
キャナルシティ博多 416
求道会館礼拝堂 235

京都駅ビル 411,412,414,416
京都会館 330,336
京都国立博物館 229
京都御所
　──朝餉の間 169,170
　──御手水の間 169,170
　──御常御殿 167,267
　──御湯殿 169,170
　──紫宸殿 152,167-171
　──清涼殿 152,167-171
　──台盤所 169,170
　──高御座 168
　──昼御座 169-171
　──御帳台 168,170
　──夜御座 169,170
京都市公会堂 248
京都市美術館 293,294
京都聖三一教会大聖堂 251
京都府庁舎 230,231
京都武徳殿 249
京都府立図書館 239
清洲橋 316
清水寺 351
　──本堂 52,63,152,158,159,160,161
桐2号組立住宅 327
銀座煉瓦街 214
近三ビルヂング 313,314
金城俊光 375
金城信吉 375
近代建築国際会議 312,318,349,364
金峯山寺 154
　──蔵王堂（本堂）152
　──蔵王堂（山下伽藍）152
　──本堂 154,155,157

[ク]

日下部家住宅 195,198,207
釧路市湿原展望資料館 385,387
釧路市立博物館 385
九段小学校→上六小学校
究竟頂→鹿苑寺
クック，P 350,416
宮内省内匠寮 258-262,267,269,277,283
国立駅 411
久邇宮邸 254,269
　──クニハウス 269
　──パレス 268
久能山東照宮 177-179,181
隈研吾 411,431,438,440
くまもとアートポリス 405
熊本駅西口駅前広場 446
熊本県立美術館 331
熊谷家住宅 197,198
組立鉄筋コンクリート住宅C40型 327
久米権九郎 246
クラケンC型組立住宅 327
倉敷アイビースクエア 375,377
倉敷国際ホテル 375
倉敷市庁舎 344
倉敷紡績所 375,377
グラバー邸 215,250
倉俣史朗 392,393
倉吉市庁舎 334
グランドプリンスホテル高輪貴賓館→竹田宮邸洋館

栗山家住宅 196
グリーン，D・C 234
グリーンボックス#1 396
呉服座 203
黒川紀章 349,350,358,384
黒沢隆 402,403,422
グロピウス，W 316,318
黒部川第二発電所 316
群馬音楽センター 337,354

[ケ]

慶應義塾図書館 234,235
慶應義塾幼稚舎 315
警視庁総監会計課営繕係 302
迎賓館赤坂離宮 227,229,231,238,255,268
啓明学園→三井家拝島別邸
月波楼 130
ケネディ空港TWAターミナル 353
ゲーリー，F・O 418
幻庵 381
建設大臣官房官庁営繕部 391
現代計画・三上設計共同企業体 367
現代建築設計事務所 375
現代都市建築設計営繕部 367
建築計画工房 391
建長寺 90,96
建仁寺 123
剣持勇 392

[コ]

コアのあるH氏の住まい 328
51C型 328
皇居 369
皇居御造営事務局 268
功山寺仏殿 91
甲子園ホテル→武庫川女子大学甲子園会館
光浄院客殿 124,125,127,128
高蔵寺阿弥陀堂 35,47
高台寺 151
　──傘亭 151
　──時雨亭 151
興福寺 18,51,56,61,65,82,97,101,108,112,241,242
　──東金堂 112,113
　──南円堂 52
　──北円堂 52,54,56
神戸女学院図書館 308-310
港北ニュータウン 365
広隆寺桂宮院本堂 52
高林庵 148
国際文化会館 272,344,345
国鉄渋谷駅西口ビル 331
国立屋内総合競技場 344,354
　──付属体育館 355
　──主体育館 357
国立京都国際会館 336
国立京都国際会館設計競技応募案 351
国立国会図書館新館 389,391
国立西洋美術館 333
古谿荘 273
護国寺 279
　──茶苑 278
奥水進 439

小菅刑務所 303
コーツ，N 385,386
国会議事院
　──第1案 290,291
　──第2案 290-292
国会議事堂 244,284,287,298,303,344
　──設計競技1等案 294
小槻貫一 334
後藤新平 312
後藤慶二 303
五島美術館 282
小西朝太郎 216
近衛公爵邸 262
小林家別邸 267
小林政一 297
孤篷庵忘筌 132,141,142
小堀遠州 132,141,144,145,148,151
小堀哲夫 435
駒井家住宅 251,311
駒沢公園の家 443
小森忍 273
小山秀之進 215,219
ゴルコンド　スリ・オーロビンド・ゴース僧院宿舎 323
コールハース，R 408,409
コルビュジエ→ル・コルビュジエ
コロッセオ 233
コングレクスポ（リール・グラン・パレ）409,410
金剛寺 30
金地院八窓席 132
コンテナハウス（奥水進邸）439
権藤要吉 259,260
コンドル，J 227,229,231,234,250,252-255,271,278
コンピューター・エイデッド・シティ 418
金毘羅大芝居 203,204
金蓮寺弥陀堂 49,51

[サ]

西園寺 121
サイクス，A 322
西郷従道邸 217
再春館製薬女子寮 404
済生館本館 222,223
埼玉会館 331
埼玉県立博物館 331
斎藤金蔵 277
斉藤助教授の家 328
西芳寺 119,121,122
　──西来堂 122
　──舎利殿 121
　──瑠璃殿 122,123
西明寺本堂 101,106,107
坂出人工土地 366,367
坂倉準三 272,331,332,345
酒田市美術館 381
坂本一成 399,401
坂本又八郎 248
作州一宮 172
作田家住宅 186
桜台コートビレッジ 367
佐々木岩次郎 264
佐々木孝之助 264
札幌時計台→札幌農学校演舞場
札幌の家（上遠野徹自邸）373
札幌農学校演舞場 216

[索引]

薩摩藩白糖製造工場………213
佐藤功一………206,300
佐藤武夫………336,373,375,392
佐藤光彦………446
佐野利器………284,295,297,298,314
サーリネン，E………353
サルスエラ競馬場………353
三溪園………281
　──鶴翔閣………279,281
　──臨春閣………279,281
三千院本堂………33
三田清助………248
サンハイツ金沢八景………367
三分一博志………435,436
三仏寺
　──愛染堂………61
　──奥院（投入堂／蔵王堂）……52,60,61
　──地蔵堂………52,63
　──文殊堂………52,63

[シ]

椎名英三………433
紫烟荘………302,303
滋賀武徳殿………249
式場隆三郎邸………207
ジーク………444
慈光院高林庵………148
獅子閣………222,223
慈照寺………118,339
　──観音殿（銀閣）………60,121,133,339
　──観音殿心空殿………123
　──観音殿潮音閣………123
　──東求堂………118-120,133,134,339
　──東求堂同仁斎………120,124,133,134,339
資生堂アートハウス………388
実験住宅NEXT21………407
四天王寺………8,13,19
シドニー・オペラハウス………353
篠原勲………441
篠原一男………398,399
芝川又右衛門邸………262
新発田藩足軽長屋………200
渋沢王子飛鳥山邸………272,274
渋沢兜町邸………272
渋沢深川邸………272
渋谷パルコ………393
島津公爵邸………252,254
島根県立博物館………351
清水喜助………210,221,272
清水建設（清水組）………272
清水市庁舎………334
志水正太郎………249
清水米吉………269,270
下田菊太郎………293,.294
下村正太郎邸………251,310,311
下元連………307
ジャーディー，J………415,416
自由学園明日館………305,307
習作舎………432
住宅営団………326
十輪院本堂………108,109
首相官邸………298,307
聚楽屋敷………135
如庵（有楽苑）………132,136,140,270

蕉雨園………273
松琴亭………130,131
勝光明院………32
相国寺………119,121
尚古集成館（集成館機械工場）………211
正倉院………64,297
　──正倉………70,71
　──宝庫………74
松殿山荘………279
樟徳館………275,277
聖徳記念絵画館………297
浄土寺浄土堂………33,49,85-87,94
正福寺地蔵堂………90,91,94,95
城山荘………270,271
浄瑠璃寺三重塔………8,28,29
　──本堂（九体阿弥陀堂）………28,29,33,36,40,41,49
ジョージ・ナカシマ………322,323
白井晟一………336,347,379
白水阿弥陀堂（願成寺）………33,35,44,46,47
シルバーハット………399,400
白木屋………298
　──呉服店………248
白の家………343
心空殿→慈照寺
神言神学院………360,361
震災記念堂→東京都慰霊堂
新宿駅西口広場・地下駐車場……332
新宿ターミナル再開発プロジェクト………349
神代雄一郎研究室………372
新高輪プリンスホテル………268
新日本建築家集団………326
新日本文学会館………326
仁風閣………256
新薬師寺………13
　──本堂………8,12,13,15,16

[ス]

崇源院霊牌所………172
スカイハウス………42,403
菅原栄蔵………307
杉本貴志………393
鈴木家住宅………317
鈴木三郎助邸………283
鈴木鎮雄………259
鈴木恂………387
スタジオ建築計画………405
スタルク，P………387
角南隆………247
スパイラル………388,389
スーパーポテト………393
住友営繕部………272
住友家鰻谷本邸………270
住友家鹿ケ谷別邸………270,271
住友家須磨別邸………270
住友家茶臼山本邸………270-272
住友家舞子別邸………270
住友ビルディング………285,288
角屋………198,205
住吉の長屋………396
駿河町三井組………222
スワガー，J………322
駿府会館………353

[セ]

聖アグネス教会
　→京都聖三一教会大聖堂
聖アンセルモ目黒教会………360
青淵文庫………272
清家清………327-329
聖ザビエル天主堂………232,235
生闢学舎………375,377
聖パウロカトリック教会………322,323
盛美園………223,225
西武百貨店………393
聖ヨハネ教会………235
聖路加国際病院………322
清和文楽館………385,386
関野貞………240,241
妹島和世………406,421→SANAA
世田谷区民会館………330,337,354
設計工房………388
瀬戸内海歴史民俗資料館………373
泉屋博古館………271
禅居庵………278
善照寺………346,347
せんだいメディアテーク………418,419,420,426,428
全日本造船労働組合会館………326
千宗旦………134,135
千利休………99,132,134-136,140,148,151
泉布観………213,214
善福院釈迦堂………91
千里ニュータウン………363

[ソ]

掃雲台………278
蔵春閣………276
象設計集団………373,375,376
造幣寮………214
　──工場………213
　──鋳造所正面玄関………213,214
ソニービル………367
曾禰達蔵………227,229,234,262,264,294,310,315

[タ]

待庵………132,135,145
第一工房………391
大英博物館………227
大学セミナーハウス………332,333
代官山アパートメント………318
太閤閣・淀川邸→藤田綱島邸東邸
醍醐寺………27
　──五重塔………8,27,28
　──金堂………152
　──三宝院………340
　──如意輪堂………63
大社駅………244,246
大嘗宮正殿………115,117
大石寺正本堂………359
台中国家歌劇院（台中オペラハウス）………425,428
大東亜建設忠霊神域計画………355
台徳院………172
　──霊廟………178,181
大徳寺………120,121,141,144
　──雲林院………141
　──孤篷庵忘筌………141
　──三門………99

　──大仙院本堂………121
　──法堂………95,96
　──法堂………99
　──仏殿………95,96
　──龍光院………141
　──龍光院密庵………144
大報恩寺本堂………101,102,103
當麻寺………20
　──金堂………20
　──曼荼羅堂正堂………21
　──曼荼羅堂（本堂）………8,20,21
　──曼荼羅堂礼堂………21
大丸ヴィラ→下村正太郎邸
大明寺教会………220
大猷院霊廟………181
大礼記念京都美術館→京都市美術館
タウト，B………302,303,316
高倉殿………123
高須賀晋………375,377
高取伊好邸………277
高輪教会→カトリック高輪教会
高輪消防署………302
高橋兼吉………222
髙橋靗一………389,391
高橋貞太郎………264
高原弘道………254
高松伸建築設計事務所………387
高宮眞介………388
高谷宗範………281
タカラ・ビューティリオン→大阪万博
武雄温泉………247,249
　──新館………247,249
竹腰建蔵………271
武田五一………235-239,244,262,283,300
武田先生の個室群住居………422
竹田宮邸………266
　──洋館………254,258
竹中工務店………367,368,436
竹の会所─復興の方舟………444,445
武野紹鷗………132,133,135
竹原義二………440
田崎美術館ロビー………385
橘夫人宅………115
辰野片岡建築事務所………242,263
辰野金吾………227,229,231,235,237,249,272,284,292
立石清重………222
立川知方………240
田中家住宅………184
田中次郎邸………322
田中光顕邸→蕉雨園
棚橋諒………327
田辺平学………327
谷口吉生………388
谷口吉郎………315,343,347
田上義也………307
多摩ニュータウン………365
たまプラーザ駅………414
手向山八幡宮………68
ダムダン空間工作所………381
田村鎮………206
田母沢御用邸………267
丹下健三………333,336,340,344,348,352,355,357,358,360,361,364,392,408
　──自邸………340,341
ダンスホール………385,387
団地再生プロジェクト………442,443

[チ]

知恩院……52,152,160
　──御廟……52
　──三門……99
　──御影堂……52
千葉県立中央図書館……351
千葉学……442
チームX……364
中條精一郎……234,262,264,294,310,315
中心のある家……397,398
中尊寺……42,44
　──金色堂……33,35,42,44,46,47
長安殿→蔵春閣
潮音閣→慈照寺
潮音洞→鹿苑寺
長弓寺本堂……104,106,109
長寿寺本堂……101,102,105,107
朝鮮総督府庁舎……250,251
聴竹居……283,320
長楽館……251,252
直方体の家……398
千代田生命保険本社ビル……379
椿山荘……273

[ツ]

塚田邸……401
塚田邸パートⅡ……401
築地ホテル……210,221
築地本願寺……296
筑波研究学園都市……383
つくばセンタービル……383
都久夫須麻神社……177
津田吉之助……222
土浦亀城……320,373
　──自邸……320
土御門東洞院殿内裏……168
筒井明俊……223
綱町三井倶楽部……252,253,256,257
坪井善勝……353,354
妻木頼黄……230,231,,237,244
積木の家シリーズ……401
積木の家Ⅲ……401
鶴岡警察署……222
鶴岡八幡宮……296,331
　──若宮……172
鶴巻鶴一邸……318

[テ]

帝国議会議事堂→国会議事堂
帝国議会設計案……294
帝国キネマ長瀬撮影所……278
帝国奈良博物館→奈良国立博物館
帝国ホテル……298,303-307
逓信省営繕課……316,338,441
豊島美術館……427,428
鉄川与助……220
デ・ラランデ,G……250-252
田園調布駅……411
天鏡閣……121,122
天鏡閣→有栖川宮翁島別邸・天鏡閣
テンピエット……233

[ト]

東院庭園正殿……115

桃華楽堂……381
陶器浩一……445
東京駅……411,441
東京海上ビルディング本館……370
東京カテドラル聖マリア大聖堂……353,360,361
東京計画1960……364
東京国際貿易センター2号館……353
東京国立博物館……278,291,293,294
東京市建築家学校建設掛……314
東京市土木局建築課……315
東京女子大学……322
東京中央電信局……300,301,316
東京中央郵便局……316,440,442
東京帝室博物館設計競技1等案……290,293,294
東京帝室博物館の設計競技案……330
東京逓信病院……316
東京都慰霊堂……293,294
東京都庁舎(旧)……334,410
東京都庁舎(新)……410
東京都庭園美術館……259
東京文化会館……330,331
東京ミッドタウン……416
東京ローンテニスクラブ……322
東宮御所→迎賓館赤坂離宮
東求堂→慈照寺
東求堂同仁斎→慈照寺
東光園……351
道後温泉本館……247,248
東寺……52
東寺御影堂(大師堂)……52
同志社大学礼拝堂……234,235
同潤会……317
唐招提寺……52,65
　──開山堂……52
　──鼓楼(舎利殿)……74
　──金堂……8,12-14,32,112,155,164
　──鐘楼……75
　──中門……32
　──御影堂……52
塔状都市……349
同仁斎→慈照寺
灯心亭……145
藤村記念堂……342,343
東大寺……8,56,57,64,67,69,70,82,85,87,97,101,112,152
　──阿弥陀堂……33
　──開山堂……57,58
　──勧進所経庫……64
　──金堂(大仏殿)……164,166
　──正倉院宝庫……67,69
　──鐘楼……89
　──大仏殿……67,84,85,87,152,154,163
　──手向山神社宝庫……64
　──轉害門……67,69
　──南大門……23,57,67,84,87-89,97,98,152
　──二月堂……52,63,152,163,164
　──法華堂……8,12
　──法華堂経庫……64
　──法華堂正堂……15,17
　──法華堂礼堂……15,17
　──本坊経庫……64
塔の家……393
東福寺……98
　──愛染堂……52

　──三門……97-99
　──仏殿……98,99
　──龍吟庵方丈……117,118
遠山元一邸……275,276,278,279
常磐小学校……314,315
徳川義親邸……309
所沢聖地霊園礼拝堂・納骨堂……363,381
都市・建築設計研究所……355,361
都市再生機構……442
としまエコミューゼタウン……436,438
都住創……407
都住創徳井町……407
栃木県議会棟庁舎……351
戸畑市役所庁舎……442
富岡製糸場……210,211,213
富ヶ谷のアトリエ……390
豊国神社……152,172-175,177
トヨタ鞍ヶ池記念館→渡辺千秋邸
豊多摩監獄……303
トロハ,E……353
十和田市現代美術館……424

[ナ]

内藤多仲……295,310
内藤廣……430
内藤礼……427
直島ホール……435,436
中川エリカ……447
中川準一……391
中銀カプセルタワー……349,350
中込学校……222
中里清五郎……269,277
中島家住宅……192
中島知久平邸……275,277
中筋修……407
長野宇平治……231,240,241,242,246,284,289
中野本町の家……398,399
中村順平……272,273
中村登一……327
今帰仁村中央公民館……373,376
名護市庁舎……373,375,376
名古屋城上洛殿……179,182
梨本宮邸……268,269
夏の家……322
那覇市民会館……375
鍋島直大侯爵邸……272
奈良県庁舎……241,242,246
奈良県物産陳列所……241
奈良県立戦捷記念図書館→大和郡山市民会館
奈良国立博物館……229,240,241
奈良市庁舎(初代)……292
奈良物産陳列所……292
奈良ホテル……242,292,293
成瀬友梨……447
南禅寺……271
　──金地院八窓席……145,146
難波和彦……439

[ニ]

新潟市体育館……353
新潟市庁舎……336
新潟税関……222

新島襄自邸……250
西沢立衛……424,428→SANAA
西田川郡役所……222
西田司……447
西日本工業倶楽部→松本健次郎邸
西村好時……292
西谷市助……223
西山夘三……326-328
二条駅……244,246
二条城……161,179
　──大広間……126,128
　──黒書院……126-128
　──式台……126
　──白書院……126-128
　──遠侍……126,128
　──二の丸御殿……126,127,128,179
日仏会館……332
日活国際会館……368
日建設計……271,370
　──工務……369
　──東京……370
日建ハウジング……417
日光聖公会教会……251
日光東照宮……172-183
日生ビル……423
日本26聖人殉教記念施設記念館……380
日本26聖人殉教記念施設記念聖堂(聖フィリッポ教会)……380
日本勧業銀行本店……237,244
日本銀行本店……229,231,313
日本興業銀行本店……295,380
日本工業倶楽部会館……239,289
日本歯科医学専門学校……316
日本住宅公団……326,328,368
日本聖公会奈良基督教会……242
日本生命日比谷ビル……379
日本設計……415,438
日本相互銀行本店……331,369
日本電力……316
日本二十六聖殉教者天主堂→大浦天主堂
日本民藝館……207
　──西館……207
ニューヨーク近代美術館……422
丹羽三雄……244
仁和寺……167
　──金堂……152,167
　──御影堂……152,167

[ヌ]

沼津御用邸……267

[ネ]

根津美術館……281
ネルヴィ,P・L……353

[ノ]

農村都市……349
野口孫市……231,270,271
ノートルダム大聖堂……226
ノルベルグ＝シュルツ,C……372

[索引]

[ハ]

萩市民館 351,352
白雲洞茶苑 280,282
　──対字斎 280
　──不染庵 280
箱木家住宅 184,185,187,190
筥崎宮 172
函館区公会堂 216
箱の家83─アルミの家 431
バージェス，W 227
はじまりの美術館 440,441
長谷川逸子 382,390,391
長谷川堯 378
長谷部鋭吉 271,282
バチカン大聖堂 233
ハッサム邸 217
八勝館御幸の間 339
曼殊院小書院八窓軒 148,16
ハディド，Z 425
馬頭町広重美術館 430,431
鳩山邸 262,263
花畑団地 442
パネル式組立住宅 327
羽場家住宅 192
パピノ 232
浜口ミホ 328
浜口隆一 327,330
浜松市秋野不矩美術館 429,430
早川邦彦 382,401,402
林昌二 370
原口祐之 223
原邦三邸 319
バー・ラジオ 393
パラディオ，A 239,292,296
原広司 385,404,412,414,416,425
　──自邸 404
パリ・スイス学生会館 344
パリ中央市場 236
パリ万国博覧会日本館 332
バルコン 393
バルセロナ・パビリオン 343
ハルデス，H 211
パルテノン神殿 226,233
晴海高層アパート 330,365,367
パレスサイドビル 369,370
晩香盧 272
坂茂 433
ハンセル邸 217
ハンター邸 217
パンテオン 226,233
鑁阿寺本堂 109-112

[ヒ]

比叡山
　──根本中堂 101
　──寺 155
東三条殿 116,117
　──寝殿 116,117
東伏見宮邸 250,252,266
東本願寺御影堂 52
東山殿 119,121-123,133
光格子の家 390
日髙胖 270,271
日立目白クラブ 259
日土小学校 373,374
一橋大学兼松講堂 235
冷水天主堂 220

日向別邸 302,303
兵庫県庁舎 230,231
平等院 33
　──鳳凰堂 32,33,35,36,40,47,48,297
　──鳳凰堂中堂 23,32,33,35,36
ヒルサイドテラス 366
ビルバオ・グッゲンハイム美術館 418
広島子供の家 353
広島市基町団地 406,407
広島世界平和記念堂 378,379
広島復興都市計画 334
広島平和記念公園 334,353
広島平和記念資料館 334,344
広島基町・長寿園高層アパート 367
広瀬家住宅 184,187
広瀬鎌二 328
ビヤホールライオン銀座七丁目店 307

[フ]

フェラー，A 322
フォイエルシュタイン，B 322
富貫寺大堂 33
福島県教育会館 337,353
福島行信邸 237,260
藤井厚二 283,320
藤井博巳 399,401
藤江和子 390
富士グループ館→大阪万博
富士山本宮浅間大社 172
藤田網島邸
　──西邸 280,282
　──東邸 280,282
　──本邸 280,282
藤田美術館 281
藤田雄介 442
伏見稲荷大社御茶屋 132,149,150
伏見宮別邸 271
藤本壮介 420
藤本昌也 367
藤森照信 431,432
富士屋ホテル 246,247
　──食堂部 247
　──花御殿 247
　──本館 247
二子玉川駅 414
復古館頼家住宅 198
プティジャン 219
フューレ 219
プラグ・イン・シティ 350
ブラマンテ 233
フラワーショップH 423,424
フランプトン，K 372
ブリジェンス 221
ブリヂストンビルディング 368
古井家住宅 184,190
古河邸 252,253,255
古田織部 132,140
ブーレー，E・L 383
プレモス 327
ブレル 220
フロム・ファースト・ビル 366,367

[ヘ]

平安神宮 240,248,249

ヘキサ 405
ペルツィヒ，H 301
ベルリン大劇場 299,301
ペレ，A 322,323
ヘロン，R 350

[ホ]

望海楼 271
方広寺 152,173
宝厳寺
　──唐門 172
　──観音堂 177
法政大学55年館および58年館 333
忘筌 141,144
豊平舘 216
法隆寺 13,23,24,27,29,54,65-67,72,74,77,80,177
　──絵殿 53,54
　──経蔵 19,75
　──綱封蔵 64,70,72,73,74
　──五重塔 8,23,24,32
　──金堂 8,9,11,12,13,15,17,19,23,29,32,36,53,54,112,176
　──西院伽藍 9,10,53,64,74
　──西院経蔵 76
　──西円堂 52
　──三経院 64,81
　──食堂 8,17,18
　──舎利殿 53,54
　──聖霊院 64,77,79,80
　──鐘楼 19,75,76
　──僧房 19
　──大講堂 8,10,20,54,75
　──妻室 64,80,81
　──伝法堂 53
　──東院伽藍 53,66
　──東院鐘楼 75,76
　──東院伝法堂 115
　──東大門 66,69
　──中門 10,12,23,53,64,65
　──南大門 10,64,65,67-69
　──西室 19,81,82
　──東室 19,64,76,77,80-82
　──細殿 8,18
　──政屋 17
　──夢殿 52-56,66
法輪寺 24
北斎館 377
北泉閣 270
ホシカワ・キュービクルズ 402,403
星製薬商業学校 322
細川侯爵邸 264
保田窪第一団地 403
法界寺 48
　──阿弥陀堂 33,48,49
北海道開拓記念館 373,375
北海道開拓記念公園 375
北海道拓殖銀行小樽支店 385
北海道百年記念塔 375
法起寺 24
　──三重塔 8,24
法華寺浄土堂 33
法水院→鹿苑寺
北方文化博物館→伊藤本家
ホテル安比グランド 389
ホテルオークラ東京本館 346,347
ホテル・ニュージャパン 392
ホライン，H 418

ポーラ五反田ビル 370
堀江佐吉 223
堀口捨巳 283,298,302,339
ホール，E・S 311
ホール，E・T 311
ホワイトハウス 226
本願寺 52
　──御影堂 52
　──書院(対面所・白書院) 126,128,129,179

[マ]

前川國男 272,312,322,327,330,331,337,345,353,354,365,369,389,371,408
前沢ガーデンハウス 389
前田健二郎 293
前田侯爵邸洋館 264,265
牧野清 327
槇文彦 349,366,388-390,409
幕張メッセ 409,410
増沢洵 322,328,330
　──自邸 328,330
益田克徳 274
益田御殿山邸 278
松井源吾 352
松井田町役場 336
松川ボックス 396
松木輝殷 222
マッキントッシュ，C・R 290
松田権六 272,273
松田平田設計事務所 368
松村正恒 373,374
松室重光 230,231,249
松本健次郎邸 237,262,263
マニンビル 387
丸の内ビルディング 295
曼殊院 148
　──小書院 148
　──小書院黄昏の間 149
　──小書院富士野間 149
　──小書院無窓席 149
萬福寺 152,161
　──開山堂 163
　──大雄宝殿 161,162,163
　──天王殿 161,162
　──法堂 161,163

[ミ]

三岸好太郎・節子アトリエ 314
三嶋大社 172
三島通庸 222
ミース・ファン・デル・ローエ，L 343,353,408,424
溝口市蔵 219
三田演説館 221,222
三井家今井町邸 269,270
三井家京都本邸 270,271
三井家西麻布邸 270
三井家拝島別邸 270,271
三井集会所 256
三井物産神戸支店 239
三井物産横浜支店 294,295
三井不動産 371
三井本館 313
観月橋団地 443
三越本店 313

水谷武彦 312
密庵 132
三橋いく代 393
三菱一号館 227,229
三菱地所設計 441
光吉健次 334
水戸会神原団地 367
ミド同人 391
水戸六番池団地 367
水無瀬神宮 145
　——灯心亭 132,147
水無瀬の町家 399
南青山の家 401,402
南座 249
宮川英二 353
宮島邸 399
宮本忠長 377
宮脇檀 372,397
明王院本堂 111,112
妙喜庵 136
　——待庵 136-138
妙心寺法堂 95
三輪善兵衛沼津別邸・松岩亭 283

[ム]

無限成長美術館 332
武庫川女子大学甲子園会館 306,307
無心庵 274
夢窓疎石 121
睦沢学校 222
村田珠光 134
村田政真 353
村田豊 355,360
村野藤吾 268,301,313,314,340,379,380
無量光院 32,42
室生寺 18,27,61
　——五重塔 8,26,29
　——金堂 18,19,33
　——本堂 59
　——御影堂 52,58,59
　——礼堂 33
室岡惣七 279

[メ]

明月堂 136
明治学院
　——インブリー館 250
　——礼拝堂 310,311
明治記念館本館 267,268
明治宮殿 240,244,266,267
　——正殿 266,267
　——豊明殿 266,267
明治神宮 240,296,355
　——宝物殿 296,297
明治生命館 285,289
明治安田生命新東陽町ビル 436,437
目黒雅叙園 248
綿業会館 288,289

[モ]

毛越寺 42
毛利家三田尻邸→英雲荘
毛綱毅曠 382,385,387,401
元倉眞琴 405,406
本野精吾 318

　——自邸 318
森五商店東京支店→近三ビルヂング
モリス，W 232
森博士の家 328,329
森平蔵邸→樟徳館
森山邸 423,424
森山松之助 269
諸戸清六邸 252
モンドリアン,P 401

[ヤ]

八木甚兵衛 270,272
薬師寺 8,24,65
　——金堂 24
　——三重塔 8
　——東塔 24,25
安井武雄 314
保岡勝也 283
靖国神社 310
安原秀 407
八千代座 203
八ヶ岳高原 309
谷中の長屋 201
柳宗悦邸→日本民藝館
柳瀬荘・黄林閣 280
矢橋賢吉 383
藪内節庵 271
山縣有朋邸→椿山荘
山川山荘 422
山口県庁舎 238
山口半六 230,231
山口文象 316
山口蓬春画室 342
山口蓬春記念館 340
山口萬吉邸 308,310
山下和正 367
山下寿郎設計事務所 371
山田家住宅 184,190
山田寺 113
山田守 301,316
大和郡山市民会館 242
山中彦三 276
山梨文化会館 352
山邑邸 304
山本忠司 373
山本長水建築設計事務所 376
山本理顕 403,405,422
山脇巌 319
八幡浜市立八幡浜総合病院 373

[ユ]

又隠 135
郵船ビルディング 294,295
ユニテ・ダビタシオン 332,365
湯の島館 248

[ヨ]

葉祥栄 382,390,391
陽和洞→岩崎熱海別邸・陽和洞
浴風会本館礼拝堂 306,307
横河民輔 284,289
横須賀製鉄所 210,211,213
ヨコハマアパートメント 447
横浜大さん橋国際客船ターミナル 414,427

横浜正金銀行 230,231
横山公男 361,362
横山不学 331,369
吉阪隆正 327,332
　——自邸 332
吉島家住宅 195,197,198
吉田五十八 283,298,342,346
吉武泰水研究室 326
吉田鉄郎 316,319,441
吉村順三 272,322,345,369
吉本興業東京本部→四谷第五小学校
代居邸 401
四谷第五小学校 315
ヨドコウ迎賓館→山邑邸

[ラ]

ライジングサン石油会社 322
ライズ 385,386
ライト，F・L 291,298,304-307,311,312,320,322,323
ライブタウン浜田山 367
ラパン，H 259,260
攬秀亭 123

[リ]

李王家東京邸 256,259
リーダーズダイジェスト東京支社 368
立教学院
　——校舎 251
　——聖パウロ礼拝堂 360
立体最小限住宅No.3 328
リバーウォーク北九州 415,416
リバティ百貨店 311
リビタ 446
龍岩寺 52,61
　——奥院礼堂 61,62
龍吟庵方丈 121,128
龍穴神社 18
竜蛇平団地 405,406
龍光院 144
霊山寺本堂 104-106,109
涼亭 273
リンチ，K 370

[ル]

ル・コルビュジエ 312,318,320,322,327,330-333,336,340,344,355,365,380,408,417,444
ルドルフスキー，B 372
ル・ランシーのノートルダム教会 322

[レ]

霊南坂の自邸 322,323
レスカス 217
レストラン・ノマド 387
レーモンド，A 312,322,323,328,337,354,360,361,368
蓮華王院本堂(三十三間堂) 49,50
連合設計社 361,362

[ロ]

老欅荘 280

鹿苑寺 122
　——舎利殿(金閣) 60,121-123
　——舎利殿究竟頂 122
　——舎利殿潮音閣 122
　——舎利殿法水院 122
鹿鳴館 244,250,290
六華苑→諸戸清六邸
六角鬼丈 382,401
六本木ヒルズ 416
ROLEXラーニング・センター 426,428
ロンシャン教会堂 344,425
ロンドン・パディントン駅 236

[ワ]

ワイドリンガー，P 368
若林奮 393
ワーグナー，O 239
輪湖文一郎 259
ワコール麹町ビル 384
早稲田大学
　——建築学科U研究室 333
　——図書館 299,301
私の家 328,329
渡辺明 283
渡辺仁 290,291,309,319,320
渡辺節 263,288,289,295,314
渡辺千秋邸 260,262
渡辺譲 258
ワールドシティタワーズ 417

[欧文]

CIAM→近代建築国際会議
FOA 414
HOW HIGH THE MOON 393
ILCD 386
JPタワー・KITTE 441
KAIT工房→神奈川工科大学KAIT工房
KN日本大通ビル 294
LT城西 446,447
MoMA→ニューヨーク近代美術館
NAU→新日本建築家集団
NCRビルディング 369
OMA 410
ROKI Global Innovation Center-ROGIC- 435,437
SANAA 423,426
SH-1 328
SH-30 328
T house 419,420
THE SHARE 446,447
UR→都市再生機構

執筆者一覧(五〇音順)

大川 三雄　おおかわ みつお
【担当／第2部　第1章、3章、4章、5章】

1950年群馬県生まれ。日本大学大学院博士前期課程修了。博士（工学）。現在は日本大学理工学部建築学科特任教授。専門は日本近代建築史。

大橋 智子　おおはし さとこ
【担当／第1部　第11章、11章コラム】

1954年千葉県生まれ。文化学院建築科卒業。古橋建築事務所勤務を経て、現在は大橋智子建築事務所代表。東京家政学院大学非常勤講師。民家や近代建築の調査および保存活動に参画。

大山 亜紀子　おおやま あきこ
【担当／第1部　第5章、6章、7章】

1975年鹿児島県生まれ。日本大学大学院理工学研究科博士後期課程修了。博士（工学）。日本大学理工学部助手、日本大学工学部助教を経て、現在はフリー。専門は東洋の建築史。

勝原 基貴　かつはら もとき
【担当／第2部　第8章3節】

1984年東京都生まれ。日本大学大学院理工学研究科博士後期課程修了。博士（工学）。文化庁国立近現代建築資料館建勤務。専門は日本近代建築史。

加藤 千晶　かとう ちあき
【担当／第1部　第10章】

1989年茨城県生まれ。日本大学大学院理工学研究科博士前期課程修了。修士（工学）。現在は日本大学理工学部建築学科助手。専門は日本近世建築史。

佐藤 光彦　さとう みつひこ
【担当／第3部　第8章、9章】

1962年神奈川県生まれ。日本大学理工学部卒業。伊東豊雄建築設計事務所を経て、佐藤光彦建築設計事務所設立。現在は日本大学理工学部建築学科教授。専門は建築設計およびデザイン論。

重枝 豊　しげえだ ゆたか
【担当／第1部　第1章、2章、3章、4章、8章、9章】

1954年山口県生まれ。日本大学大学院理工学研究科博士後期課程修了。博士（工学）。現在は日本大学理工学部建築学科教授。専門は東洋建築史から読み取る日本建築の歴史。

染谷 正弘　そめや まさひろ
【担当／第2部 第2章、6章、7章、第3部　第2章、10章、8章コラム】

1953年千葉県生まれ。日本大学大学院理工学研究科博士前期課程修了。修士（工学）。日本大学理工学部および大学院において非常勤講師。専門は住居史・住居論、建築論およびデザイン論。建築家。

高木 愛子　たかぎ あいこ
【担当／第2部　第8章1節、2節】

1983年東京都生まれ。日本大学大学院理工学研究科博士前期課程修了。国学院大学大学院文学研究科博士後期史学専攻博物館学コース単位取得退学。国立科学博物館、東京農工大学科学博物館を経て、現在は文化庁国立近現代建築資料館の建築資料調査官。

田所 辰之助　たどころ しんのすけ
【担当／第3部　第1章、3章、4章、5章】

1962年東京都生まれ。日本大学大学院理工学研究科博士後期課程単位取得退学。博士（工学）。現在は日本大学理工学部建築学科教授。専門は近代建築史および建築論。

矢代 眞己　やしろ まさき
【担当／第3部　第6章、7章】

1961年東京都生まれ。日本大学大学院理工学研究科博士後期課程修了。1987〜89年にデルフト工科大学留学。博士（工学）。現在は日本大学短期大学部建築・生活デザイン学科教授。専門は近代建築史および建築論。

日本のインテリアデザイン全史

2018 年 4 月 20 日　第 1 刷発行

著　者　大川三雄・大橋智子・大山亜紀子・勝原基貴・加藤千晶・
　　　　佐藤光彦・重枝豊・染谷正弘・高木愛子・田所辰之助・矢代眞己

発行者　富澤凡子

発行所　柏書房株式会社
　　　　東京都文京区本郷 2-15-13（〒 113-0033）
　　　　電　話　（03）3830-1891［営業］
　　　　　　　　（03）3830-1894［編集］

装　丁　鈴木正道（Suzuki Design）

組　版　有限会社 CREATE-J

印　刷　壮光舎印刷株式会社

製　本　株式会社ブックアート

©2018, Printed in Japan
ISBN978-4-7601-4920-9

 柏書房の本

〈価格税別〉

インテリアデザインの歴史

ジョン・パイル [著] 　　　　　　　　　　　　　　　A4変型判上製520頁　本体28,000円

居住の歴史が始まった約6000年前に遡り、宗教建築から現代の個人住居までそれぞれに活かされたインテリアデザインを500点以上の図版とともに紹介。ヨーロッパ、アジア、イスラム圏までを網羅した迫力の一冊。

戦前日本の家具・インテリア
『近代家具装飾資料』でよみがえる帝都の生活【上・下巻】

新井竜二 [編著] 　　　　　　　　　　　　　A4判上製　上巻824頁／下巻880頁　各本体23,000円

帝都東京の百貨店が富裕層向けに開催した新作家具展。その貴重な記録である『近代家具装飾資料』(洪洋社) 全47集を再構成。戦前の裕福な家庭が求めた最上質の室内装飾や家具が3000点の写真でよみがえる。

ライト式建築

井上祐一 [著]　小野吉彦 [写真] 　　　　　　　　　　A5判並製　214頁　本体2,800円

近代建築の巨匠が日本に遺したDNA。ライトの建築哲学の真髄を受けついだ弟子たちによる日本各地の名建築を、オールカラーで一挙紹介！　フランク・ロイド・ライト生誕150年記念出版。

写真でたどる ヨーロッパ建築インテリア大事典

田島恭子 [著] 　　　　　　　　　　　　　　　　　B5判上製282頁　本体15,000円

古代文明から現在に至る建築・インテリア様式の変遷を、現存する建築物の写真をふんだんに用いて通史的に解説。建物の外観のみならずインテリアの細部までわかるオールカラー事典。

写真集
幻景の東京　大正・昭和の街と住い

藤森照信・初田亨・藤岡洋保 [編著] 　　　　　　　　　A4判並製338頁　本体5,800円

劇的に変貌してゆく大正・昭和の都市東京の姿を鮮やかによみがえらせるモダンな建築物の数々。近代建築史上、第一級の資料として評価の高い『建築写真類聚』を再編集し、厳選した800点で構成する建築写真集。